SHAKESPEARE

TRADUZIDO POR
MILLÔR FERNANDES

SHAKESPEARE

TRADUZIDO POR
MILLÔR FERNANDES

2ª EDIÇÃO

L&PM EDITORES

Texto de acordo com a nova ortografia.

Títulos originais: *The Taming of the Shrew*; *The Merry Wives of Windsor*; *Hamlet*; *King Lear*

Todas as peças da presente edição encontram-se publicadas na Coleção **L&PM POCKET**

Primeira edição: inverno de 2014
2ª edição: inverno de 2019

Capa: Ivan Pinheiro Machado
Ilustração: *Retrato de Shakespeare,* desenho de Jason Zamajtuk
Revisão: L&PM Editores

CIP-Brasil. Catalogação na fonte
Sindicato Nacional dos Editores de Livros, RJ

S539

Shakespeare, William, 1564-1616
   Shakespeare traduzido por Millôr Fernandes / William Shakespeare; tradução Millôr Fernandes. – 2. ed. – Porto Alegre, RS: L&PM, 2019.
   440 p. ; 21 cm.

   Tradução de: *The Taming of the Shrew*; *The Merry Wives of Windsor*; *Hamlet*; *King Lear*
   ISBN 978.85.254.3143-1

   1. Teatro inglês (Literatura). I. Fernandes, Millôr, 1924-2012.

14-12566
CDD: 822
CDU: 821.111-2

© das traduções, 2014 by Ivan Fernandes

Todos os direitos desta edição reservados a L&PM Editores
Rua Comendador Coruja, 314, loja 9 – Floresta – 90.220-180
Porto Alegre – RS – Brasil / Fone: 51.3225.5777

PEDIDOS & DEPTO. COMERCIAL: vendas@lpm.com.br
FALE CONOSCO: info@lpm.com.br
www.lpm.com.br

Impresso no Brasil
Inverno de 2019

Sumário

Sobre tradução – *Millôr Fernandes* 7

A megera domada 9
As alegres matronas de Windsor 91
Hamlet 191
O Rei Lear 325

Sobre o autor 431
Sobre o tradutor 435

SOBRE TRADUÇÃO

Millôr Fernandes

Passei boa parte de minha vida traduzindo furiosamente, sobretudo do inglês. Para ser mais preciso, até os vinte anos, quando traduzi um livro de Pearl Buck para a José Olympio. O livro se chamava *Dragon Seed*, foi publicado com o nome de *A estirpe do dragão* e, como eu não tinha contato com o editor, foi assinado pelo intermediário, o escritor Antônio Pinto Nogueira de Accioly Netto, diretor da revista *O Cruzeiro*, mediante 60% dos direitos. Depois disso abandonei a profissão *para nunca mais*, por ser trabalho exaustivo, anônimo, mal remunerado. Só voltei à tradução em 1960, com a peça *Good People (A fábula de Brooklyn)*, de Irwin Shaw, para o Teatro da Praça. Depois disso traduzi mais três ou quatro peças – entre elas *The Playboy of The Western World*, uma obra-prima, de tradução quase impossível devido à sua linguagem extremamente peculiar.

Com a experiência que tenho, hoje, em vários ramos de atividade cultural, considero a tradução a mais difícil das empreitadas intelectuais. É mais difícil mesmo do que criar originais, embora, claro, não tão importante. E tanto isso é verdade que, no que me diz respeito, continuo a achar aceitáveis alguns contos e outros trabalhos meus de vinte anos atrás; mas não teria coragem de assinar nenhuma de minhas traduções da mesma época. Só hoje sou, do ponto de vista cultural e profissional, suficientemente amadurecido para traduzir. As traduções, quase sem exceção (e não falo só do Brasil), têm tanto a ver com o original quanto uma filha tem a ver com o pai ou um filho a ver com a mãe. Lembram, no todo, de onde saíram, mas, pra começo de conversa, adquirem como que um outro sexo. No Brasil, especialmente (o problema econômico é básico), entre o ir e o vir da tradução perde-se o humor, a graça, o talento, a poesia, o pensamento, e, mais que tudo, o estilo do autor. Fica dito – não se pode traduzir sem ter uma filosofia a respeito do assunto. Não se pode traduzir sem ter o mais absoluto respeito pelo original e, paradoxalmente, sem o atrevimento ocasional de desrespeitar a *letra* do original exatamente para lhe captar melhor o espírito. Não se pode traduzir sem o mais amplo conhecimento da língua traduzida mas, acima de tudo, sem o fácil domínio da língua para a qual se traduz. Não se pode traduzir sem cultura e, também, contraditoriamente, não se pode traduzir quando se é um erudito, profissional utilíssimo pelas informações que nos presta – que seria de nós sem os eruditos em Shakespeare? –, mas cuja tendência fatal é empalhar a borboleta. Não se pode traduzir sem intuição. Não se pode traduzir sem ser escritor, com estilo próprio, originalidade sua, senso profissional. Não se pode traduzir sem dignidade.

De uma entrevista para a revista *Senhor*, 1962

A MEGERA DOMADA

Uma das primeiras peças do autor, estima-se que esta comédia tenha sido escrita e encenada entre 1591-1592. Foi publicada somente em 1623, no famoso Primeiro Fólio, a primeira coletânea – póstuma – a reunir as obras de Shakespeare.

Colocando em cena um personagem feminino com opiniões fortes e comportamento independente, é célebre por abordar a disputa entre os supostos "sexo forte" e "sexo frágil".

Neste texto, Shakespeare lança mão do recurso da história dentro da história, ou *mise-en-abîme*: há na peça a encenação de uma peça, esta passada em Pádua, na Itália: Lucêncio se apaixona por Bianca, cujo pai, no entanto, não quer dar a mão da filha mais nova em casamento para ninguém antes que Catarina – a megera do título e irmã mais velha de Bianca – se case. Petrúquio, que está em busca de uma esposa, concorda em casar-se com Catarina, que, no entanto, mostra-se irritada e desdenhosa, dando início a uma série de peripécias.

PERSONAGENS:

Um lorde
CRISTÓVÃO SLY, um funileiro
Hospedeira, Pajem, Comediantes,
Caçadores e Criados

Personagens do prólogo

BATISTA, fidalgo rico de Pádua
VINCÊNCIO, um velho fidalgo de Pisa
LUCÊNCIO, filho de Vincêncio e apaixonado por Bianca
PETRÚQUIO, um fidalgo de Verona, pretendente de Catarina

GRÊMIO
HORTÊNSIO
Pretendentes de Bianca

TRÂNIO
BIONDELLO
Criados de Lucêncio

GRÚMIO
CURTIS
Criados de Petrúquio

Professor, um viajante que se fará passar por Vincêncio

CATARINA, a megera
BIANCA
Filhas de Batista

Viúva
Alfaiate, Mascate e Criados, que prestam serviço a Batista e Petrúquio

CENÁRIO: Pádua e na casa de Petrúquio no campo.

NOTA DO TRADUTOR

As notas de pé de página, resultado de trabalho exaustivo que, literalmente, milhares de trabalhadores intelectuais já fizeram na obra de Shakespeare, explicando, com aprofundamento super-humano, a nuance etimológica, histórica, poética ou apenas referencial de cada palavra do poeta, não são fundamentais nesta tradução, que pretende ser substancialmente dramática, i. e., teatral. Dou aqui apenas meia dúzia de notas, essenciais, para informar, sucintamente, sobre um estilo de trabalho.

PRÓLOGO

CENA I

À porta de uma cervejaria, num prado.

SLY – Vou te arrancar a pele, eu juro!
HOSPEDEIRA – Um bom par de algemas, seu canalha!
SLY – Canalha é você! Os Sly não são canalhas. Leia nas crônicas. Viemos com Ricardo, o Conquistador. Portanto, *paucas pallabris.** Deixa o mundo girar. Estanca!**
HOSPEDEIRA – Paga ou não paga os copos que quebrou?
SLY – Nem um vintém. Por São Jerônimo, vai! Vai pra tua cama fria; vai te esquentar.
HOSPEDEIRA – Já sei o teu remédio, vou chamar o sentinela.
SLY – Sentinela e senta nela!*** Eu lhe respondo é com a lei. Não

---

* *Paucas pallabris.* Poucas palavras. Alguns estudiosos afirmam que a expressão vem do espanhol. Às vezes surge em espanhol mesmo, no original – *pocas palabras*. Como *paucas pallabris* soa estranho no texto inglês e *pocas palabras* não soaria assim no texto brasileiro, preferi conservar a primeira expressão. (N.T.)
** *Estanca.* No original *sessa*. Alguns eruditos dão a palavra como de origem italiana, *cessa*, ou francesa, *cessez*. Eruditos, como se sabe, trabalham ao acaso do que encontram e, quase sempre, lutam pelo que encontraram como verdade definitiva. Acabam agindo como Sly, o nosso personagem bêbado que, ignorante mas pernóstico, já chamou de Ricardo, Guilherme, o Conquistador. *Sessa* que, em algumas edições, vem mesmo *Cesa*, é mais provável que provenha do espanhol.
Não coloquei *cessa* em brasileiro pois aqui também a palavra se incluiria sem relevo no texto. Escolhi *estanca* que, levemente estranha para nós, conserva a graça de *sessa* do texto inglês. (N.T.)
*** *Sentinela.* No original *Thirdborough*. Sly responde com um trocadilho imbecil – "Third, or fourth ou fifth borough". Em geral as traduções esbarram nos trocadilhos e passam por cima com uma nota (*ou nem isso*) – "Expressão intraduzível", e o Bardo dá mais uma volta em seu túmulo. Não há expressões intraduzíveis, sobretudo em criações dramáticas e poéticas, que permitem uma ampla variação de escolhas. *Thirdborough*, que alguns comentaristas dão (cont.)

cedo um palmo. Que ele venha devagar *[Deita-se no chão e dorme. Soam trompas. Entra um lorde, vindo da caça, acompanhado de caçadores e criados.]*

LORDE – Caçador, eu te recomendo, trata bem de meus cães. O pobre Merriman até espuma, de tão cansado. Bota o Clowder para cobrir a cadela de latido rouco. Você viu, meu rapaz, a esperteza de Silver, na saída do bosque, quando todos os outros cães já estavam perdidos? Eu não venderia esse cão nem por vinte libras.*

PRIMEIRO CAÇADOR – Ora, senhor, Bellman é tão bom quanto ele: ladra ao menor desvio de caminho e hoje, duas vezes seguidas, conseguiu reencontrar um cheiro quase extinto. Confie em mim, é o melhor cão de todos os seus cachorros.

LORDE – Você está louco. Bastaria que Eco fosse tão rápido quanto ele e valeria vinte vezes mais. Mas alimenta-o bem, cuida igual de todos. Amanhã vamos caçar de novo.

PRIMEIRO CAÇADOR – Fique tranquilo, meu senhor.

LORDE – *[Descobrindo Sly.]* Que é isso? Um morto ou um bêbado? Vê se respira.

SEGUNDO CAÇADOR – Respira, meu senhor. Se não estivesse tão quente de cerveja isto seria uma cama demasiado fria para cair em sono tão profundo.

NOBRE – Oh, animal monstruoso! Dorme como um porco! Morte

(cont.) como corruptela de *Fridborgh*, "garantia de paz", significa para outros uma corruptela de *Frith*, também paz. Pensei, primeiro, em colocar na boca da estalajadeira – "Vou chamar o guarda do quarteirão", com Sly respondendo – "Quarteirão ou quintilhão". Mas duvidando da validade urbanística do termo *"quarteirão"* no século XVI, preferi a palavra *sentinela*, o que dá também uma forma mais simples à resposta de Sly – "Sentinela e senta nela". (N.T.)

* *Merriman, Clowder, Silver e Bellman.* Há sempre, para o tradutor, a difícil opção de traduzir ou não os nomes próprios, pois em qualquer língua eles são uma mistura de influências culturais *(imitações, ascendências e corruptelas)* e, portanto, o ouvido está permanentemente acostumado a sons estrangeiros quando se trata de pessoas. Nem se nota os nomes quando um José da Silva conversa com um Giani Ratto, um Richbieter e um Jost. No caso presente, nomes de animais, preferi, na época desta tradução – 1963 – deixar no original. Hoje sou a favor de traduzir tudo. (N.T.)

sombria, que fétida e nojenta é tua imagem! Senhores, quero fazer uma experiência com este bêbado! Que acham de o colocarmos numa cama, cobrindo-o com lençóis preciosos, pondo-lhe anéis nos dedos e, junto à cama, o mais delicioso dos banquetes com criados atentos ao seu despertar? O mendigo não esqueceria logo a sua condição?

PRIMEIRO CAÇADOR – Claro, senhor, não teria outra escolha.

SEGUNDO CAÇADOR – Ficaria assombrado ao despertar.

LORDE – Como num sonho espantoso ou fabulosa fantasia. Levem-no então, preparem bem a brincadeira. Coloquem-no, gentilmente, no meu quarto melhor, e enfeitem as paredes com meus quadros mais belos; lavem-lhe a cabeça imunda em água quente e perfumada e queimem madeiras aromáticas para envolver de doçura o aposento. Tenham a música preparada para que, acordando, ouça sons delicados e celestes. E se, por acaso, conseguir falar, estejam prontos com mesuras e reverências submissas... "Que ordena Vossa Honra?" Um lhe apresentará a bacia de prata cheia de água-de-rosas salpicada de flores; outro trará o jarro; e o terceiro, a toalha, dizendo: "A Vossa Honra não lhe agradaria agora refrescar as mãos?". Que alguém tenha pronto um soberbo costume e lhe pergunte, então, que roupa ele prefere. Outro deve falar dos seus cães e cavalos e que sua mulher está inconsolável por tê-lo tão doente. Convençam-no de que esteve louco e, quando ele insistir que se chama Sly, digam que sonha, pois é realmente um poderoso lorde. Façam isso, mas com habilidade, amáveis senhores. Se agirem em tudo com prudência será passar um belo passatempo.

PRIMEIRO CAÇADOR – Senhor, eu lhe garanto, vamos representar tão bem nosso papel que, por força de nossa habilidade, ele não poderá pensar ser menos do que aquilo que afirmamos que ele é.

LORDE – Peguem-no, pois, com cuidado e ao leito com ele! Cada qual no seu posto, quando ele acordar! *[Sly sai, carregado pelos caçadores. Soam trompas.]* Menino, vai ver que trompa é essa que ressoa. *[Sai o criado.]* Talvez algum fidalgo amigo que pretenda, em meio a uma viagem um tanto longa, pedir repouso aqui. *[Entra criado.]* Então? Quem é?

CRIADO – Com permissão de V. Senhoria, comediantes que vêm oferecer serviço.

LORDE – Diga-lhes que se aproximem. *[Entram os atores.]* Então, camaradas? São bem-vindos.

ATORES – Agradecemos a V. Senhoria.

LORDE – Pretendem passar a noite aqui?

SEGUNDO COMEDIANTE – Se for do agrado de V. Senhoria aceitar nossos préstimos.

LORDE – De todo coração. Conheço este nosso companheiro. Vi-o uma vez representando o filho mais velho de um senhor do campo. Cortejava habilmente uma donzela nobre. Esqueci o seu nome; mas esteja certo de que representou essa parte com grande aptidão e perfeita naturalidade.

PRIMEIRO COMEDIANTE – Acho que é ao papel de Soto que V. Senhoria se refere.

LORDE – Esse mesmo! E você o fez magnífico. Bem, chegam mesmo em boa hora, pois estou preparando uma diversão na qual a perícia de vocês pode me ajudar muito. Está comigo um nobre que esta noite assistirá à representação. Porém, duvido que se controlem quando ele começar a agir de modo estranho, pois Sua Senhoria jamais assistiu a uma peça. Receio que tenham um acesso qualquer de hilaridade e o ofendam com isso: aviso-os, pois, senhores; basta um sorriso para deixá-lo irritado.

PRIMEIRO COMEDIANTE – Nada tema, senhor; saberemos conter-nos, seja ele a criatura mais ridícula do mundo.

LORDE – Vai, garoto, mostra-lhe a despensa e dá boa acolhida a todos e a cada um. Que não lhes falte nada do que há em minha casa. *[Sai criado com os atores. A outro criado.]* Menino, procura meu pajem Bartolomeu e diz-lhe que se vista inteiramente de mulher. Isso feito, leva-o ao aposento do bêbado, sempre chamando-o de senhora e obedecendo-lhe como tal. Diz que, se quiser manter a minha estima, deve se comportar com atitude nobre e recatada como uma grande dama em frente ao esposo. Assim fará diante do bêbado, falando com voz doce e humilde cortesia, dizendo: "Que deseja Vossa Honra, e que ordena, a fim de que esta simples dama, dedicada esposa, possa mostrar seu afeto, testemunhar seu amor?". E então, com abraços cheios de ternura e beijos tentadores, deve inclinar a cabeça sobre o peito dele, inundando-o de lágrimas de alegria. Como se estivesse transbordando de felicidade por ver seu nobre senhor recobrar a razão depois de viver em delírio duas vezes sete anos, julgando ser apenas um pobre e desprezível vagabundo. E se o rapaz não tem o dom tão feminino de derramar lágrimas à vontade, uma cebola servirá ao mesmo fim. Deve ocultá-la num lenço, o qual, levado aos olhos, provará que chora lágrimas sentidas. Faça com que isso se realize o mais depressa possível. Depois darei mais instruções. *[Sai o criado.]* Tenho certeza de que o rapaz usurpará a graça, a voz, o jeito e os meneios de uma dama. Só quero vê--lo chamando o bêbado de esposo e meus criados contendo-se de rir enquanto prestam homenagens a esse simples campônio. Tenho que prepará-los. Com minha presença espero conter-lhes o ânimo brincalhão que, de outro modo, poderia chegar a não sei que extremo. *[Sai.]*

CENA II

Um quarto de dormir na casa do Lorde. [Entra Sly, vestido com uma esplêndida camisa de dormir, acompanhado de vários servidores. Mostram belas peças de vestuário, uma bacia, um jarro e diversos objetos de toucador. Entra o Lorde, vestido de criado.]

SLY – Pelo amor de Deus, uma caneca de cerveja.

PRIMEIRO CRIADO – Não agradará a V. Senhoria uma taça de xerez?

SEGUNDO CRIADO – Não quererá V. Honra provar destas conservas?

TERCEIRO CRIADO – Que traje V. Honra pretende vestir hoje?

SLY – Eu sou Cristóvão Sly! Não me chamem de honra nem de senhoria. Nunca bebi xerez em toda a minha vida. E se querem me oferecer conservas, que sejam de carne de vaca. Também não venham perguntar que roupa quero usar, pois não tenho mais roupas do que corpo, mais meias do que pernas, nem mais sapatos do que pés, isto é, às vezes tenho mais pés do que sapatos, que é quando meus dedos ficam olhando pelos buracos do couro.

LORDE – Oh, que o céu faça cessar esse delírio de V. Senhoria! Oh, que um homem de poder e nascimento, tão rico em possessões e alta estima, esteja dominado por tão baixo espírito!

SLY – Querem dizer, então, que estou maluco? Que eu não sou Cristóvão Sly, filho do velho Sly de Burton-Heath, mascate por parte de pai, fabricante de cartas por educação, domador de ursos por imitação e tendo a de funileiro como minha atual profissão? Perguntem a Mariana Hacket, a cervejeira gorda lá de Wincot, se ela não me conhece. Se ela não disser que só de cerveja eu lhe devo catorze pences, então eu quero ser o mais mentiroso de todos os canalhas desta cristandade. Qual, eu estou delirando? Olha aqui...

PRIMEIRO CRIADO – Isso é o que deixa triste sua esposa.

SEGUNDO CRIADO – Isso é o que faz desolar seus servidores.

LORDE – É por isso, senhor, que teus parentes evitam esta mansão, assustados por teus estranhos desvarios. Ó nobre amo, relembra onde nasceste, faz voltar do desterro os velhos pensamentos e expulsa daqui os pensamentos vis, os sentimentos baixos. Olha como te atendem teus criados, cada um no seu posto, atentos ao menor gesto teu. Queres música? Pois ouve; Apolo toca *[música]* – e logo, nas gaiolas, dez rouxinóis o acompanham. Ou preferes dormir? Dar-te-emos um leito mais amplo e mais macio do que a cama sensual preparada em intenção de Semíramis. Dize que desejas apenas passear; encheremos de flores os caminhos. Preferes cavalgar? Teus cavalos serão logo encilhados com arreios de ouro e pedrarias. Amas a caça? Terás falcões que voarão mais alto e mais distante do que a cotovia matinal. Mas, se queres caçar doutra maneira, teus cães obrigarão o azul a responder-lhes – e arrancarão ecos frementes do oco das montanhas.

PRIMEIRO CRIADO – Diz que te agradam as corridas e terás perdigueiros mais rápidos do que o cervo, ah, mais velozes do que os antílopes de fôlego.

Segundo Criado – Gostas de quadros? Traremos imediatamente Adonis pintado às margens de um regato e uma Citérea oculta por juncos que parecem mexer e farfalhar se ela respira.

Lorde – Te mostraremos Io quando virgem e como foi pegada e seduzida. Pintado com a mesma paixão com que o fato foi feito.

Terceiro Criado – Ou Dáfne correndo entre espinheiros, ferindo as pernas, que se juraria sangrarem e que, olhando isso, o triste Apolo chora: tal o primor com que foram pintados o sangue e as lágrimas.

Lorde – Tu és um nobre e nada mais que um nobre. E tens uma esposa mais bela do que qualquer outra mulher na idade do mundo em que vivemos.

Primeiro Criado – Antes que as lágrimas que por ti derramou corressem invejosas, sulcando-lhe a face encantadora, era a mais bela criatura deste mundo e, ainda assim, não é inferior a qualquer outra.

Sly – Então sou um fidalgo? E tenho tal esposa? Ou estou sonhando? Ou será que sonhei até agora? Dormindo eu não estou – vejo, ouço, falo. Só respiro perfumes! E toco em coisas brandas. Por minha vida! Sou, realmente, um nobre e não um funileiro, um Cristóvão Sly. Pois bem; tragam aqui minha mulher e, outra vez, uma caneca da melhor cerveja.

Segundo Criado – V. Alteza gostaria de lavar as mãos? *[Os criados apresentam bacia, toalha etc.]* Oh, como ficamos alegres em vê-lo com o juízo restabelecido! Que agora, para sempre, seja apenas quem é. Esses quinze anos viveu sempre num sonho e, mesmo se acordava, ainda assim dormia.

Sly – Esses quinze anos! É o que eu chamo um cochilo. E não falei durante todo o tempo?

Primeiro Criado – Oh, sim, meu senhor, mas palavras sem nexo, pois, embora estivesse deitado nesta bela câmara, reclamava sempre que o punham na rua a pontapés – e lançava os piores insultos contra a dona da casa ameaçando levá-la aos tribunais, porque ela o servia em canecos de barro e não em cântaros lacrados; algumas vezes gritava chamando Cecília Hacket.

SLY – Ah, é a criada da cervejaria.

TERCEIRO CRIADO – Ora, o senhor não conhece tal criada, nem tal cervejaria. Nem nenhum desses nomes que chamava, como Estêvão Sly, o grego João Dorminhoco, Pedro Turf e Henrique Pimpernell. E mais duas dezenas de nomes e homens semelhantes que nunca ninguém viu, nem existiram.

SLY – Que Deus, então, seja louvado pela minha recuperação.

TODOS – Amém.

SLY – Agradeço a todos. Saberei recompensá-los. *[Entra o Pajem vestido de mulher, acompanhado de outros servidores.]*

PAJEM – Como se sente o meu nobre senhor?

SLY – Muito bem, estou muito bem; isto aqui é bastante divertido. Onde está minha esposa?

PAJEM – Aqui, nobre senhor. Que desejas com ela?

SLY – Então és minha esposa e não me chamas de esposo? Sou senhor para os criados; para ti, um companheiro.

PAJEM – Meu esposo e meu senhor, meu senhor e marido. Sou tua mulher obediente em tudo.

SLY – Eu bem sei. Como devo chamá-la?

LORDE – Madame.

SLY – Madame Joana ou madame Alice?

LORDE – Madame e nada mais; é assim que os nobres chamam as esposas.

SLY – Madame esposa, afirmam que eu dormi e delirei por mais de quinze anos.

PAJEM – Oh, e a mim me pareceram trinta, vivendo tanto tempo longe de teu leito!

SLY – É muito, é muito. Criados; deixem-nos sós. Madame, dispa-se e venha para a cama.

PAJEM – Senhor três vezes nobre, eu te suplico desculpar-me ainda por uma noite ou duas ou, pelo menos, até que o sol se ponha. Os nossos médicos recomendaram isso expressamente, pois há perigo de uma recaída e é aconselhável que eu me conserve ausente do teu leito. Espero que essa razão me justifique.

SLY – Ai, que é quase impossível me conter por mais tempo. Mas eu estaria perdido se caísse em delírio novamente. Assim, me conterei e que se contenham a carne e o sangue. *[Entra um Mensageiro.]*

CRIADO – Os comediantes de V. Senhoria, ouvindo falar de sua cura, vieram representar uma agradável comédia. Acham os médicos que isso lhe convém, pois observaram que o excesso de tristeza deixou seu sangue congelado. A melancolia é a mãe dos desvarios. Assim, acham bom que assista a um espetáculo. Pois quando a alegria e a animação nos envolvem o espírito, afastam muitos males e prolongam a vida.

SLY – Está bem, eu assisto. Que representem. Não é uma dança de Natal, nem truques de saltimbancos?

PAJEM – Não, meu bom senhor; o miolo é melhor.

SLY – É miolo de pão?

PAJEM – O miolo da história.

SLY – Pois bem, vejamos. Vem, madame esposa, senta aqui a meu lado e deixa o mundo girar. Jamais seremos tão jovens. *[Fanfarras.]*

PRIMEIRO ATO

CENA I

Pádua. Uma praça pública. [Entram Lucêncio e Trânio.]

LUCÊNCIO – Trânio, foi o enorme desejo de conhecer a bela Pádua, mãe das artes, que me trouxe à gentil Lombardia – o agradável jardim da grande Itália. Chego armado de boa vontade, da licença e do amor do meu pai e de tua bela companhia, meu criado fiel, tantas vezes provado. Respiremos um pouco, pois logo iniciaremos um curso de sabedoria e elevados estudos. Pisa, famosa por seus graves cidadãos, foi onde nasci e onde nasceu meu pai, Vincêncio, pertencente à família Bentivolli e mercador conhecido em todo o mundo. Lucêncio, este seu filho, educado em Florença, pretende realizar as esperanças do pai adornando--lhe a fortuna com ações virtuosas. E assim, Trânio, enquanto eu estudar, virtude, e procurarei me aplicar a essa parte da filosofia segundo a qual a felicidade está na virtude. Diz tua opinião; pois deixei Pisa e vim morar em Pádua como quem sai de uma poça d'água e cai no mar profundo.

TRÂNIO – *Mi perdonato*, meu gentil senhor, pois concordo nisso tudo, contente de que persista no intento de aspirar as doçuras da doce filosofia. Apenas, meu bom amo, por mais que admiremos essa virtude, essa disciplina moral, rogo-lhe não nos tornemos estoicos ou insensíveis. Nem tão devotos da ética de Aristóteles a ponto de achar Ovídio desprezível. Apoie a lógica nos seus conhecimentos do mundo e pratique a retórica na conversa usual; inspire-se na música e na poesia e não tome da matemática e da metafísica mais do que o estômago pode suportar; o que não dá prazer não dá proveito. Em resumo, senhor, estude apenas o que lhe agradar.

LUCÊNCIO – Agradecido, Trânio, aconselhas bem. Ah, se Biondello já tivesse chegado poderíamos estar prontos sem demora. Arranjar uma casa onde ficar, local digno de receber os amigos que a permanência em Pádua há de trazer-nos. Mas, espera um pouco; quem será essa gente?

TRÂNIO – Na certa uma delegação para nos receber. *[Entra Batista com as duas filhas, Catarina e Bianca; Grêmio, um pantalão. E Hortênsio, pretendente de Bianca. Lucêncio e Trânio põem-se de lado.]*

BATISTA – Cavalheiros, não me aborreçam mais, pois sabem como é firme o meu propósito; isto é, não ceder minha filha mais jovem enquanto a mais velha não tiver marido. Se um dos dois gosta de Catarina, porque eu os conheço e os estimo, concedo a permissão de cortejá-la.

GRÊMIO – Ou esquartejá-la? É grosseira demais para meu gosto; não é você, Hortênsio, quem procura esposa?

CATARINA – *[A Batista.]* Eu pergunto, senhor, é seu intuito transformar-me em brinquedo desses pretendentes?

HORTÊNSIO – Pretendentes, mocinha! A pretensão é sua! Não haverá pretendentes enquanto não se torne mais suave e gentil.

CATARINA – Lhe garanto, senhor, não precisa ter medo pois não está nem a meio caminho do meu coração. Mas se estivesse, meu cuidado maior seria pentear-lhe a juba com um tridente, pintar a sua cara de outra cor e usá-lo como aquilo que é: um imbecil.

HORTÊNSIO – De um diabo desses, Deus me livre.

GRÊMIO – E a mim também, meu Deus.

TRÂNIO – *[À parte, para Lucêncio.]* Temos aí, patrão, um belo passatempo; a pequena ou é louca varrida ou a mais assombrosa insolência que já vi na vida.

LUCÊNCIO – *[À parte, para Trânio.]* No silêncio da outra vejo, porém, o comportamento gentil de uma donzela cheia de recato. Silêncio, Trânio!

TRÂNIO – *[À parte, para Lucêncio.]* Muito bem dito, senhor. Hum! É de encher a vista.

BATISTA – Cavalheiros, para mostrar que pretendo cumprir bem depressa... Bianca, para dentro. E não fique aborrecida com a minha decisão, pois continuo a te amar mais do que nunca, minha filha.

CATARINA – Que linda bonequinha! E tão mimada! É só enfiar-lhe um dedo no olho e deixará de ser tão delicada.

BIANCA – Alegre-se, irmã, com minha tristeza. Senhor, para lhe agradar me curvo humildemente. Meus livros e instrumentos serão minha companhia; neles aprenderei e tocarei, sozinha.

LUCÊNCIO – *[A Trânio.]* Presta atenção, Trânio! É Minerva quem fala.

HORTÊNSIO – *Signior* Batista, por que comportamento tão estranho? Lamento que nossas boas intenções causem a Bianca esse aborrecimento.

GRÊMIO – Pretende enjaulá-la, *Signior* Batista, fazendo-a pagar pela língua desse demônio infernal?

BATISTA – Conformem-se, senhores: estou resolvido – entra, Bianca! *[Sai Bianca.]* E, como eu sei que seus maiores prazeres são a música e a poesia, contratarei professores capazes, para instruir sua juventude. Se tu, Hortênsio – ou o *Signior* Grêmio – conhecem alguns em condições, mandem-no aqui. Sou sempre amigo dos homens de cultura e nada poupo para que minhas filhas recebam boa educação. E com isso, adeus. Você pode ficar, Catarina. Tenho que conversar com tua irmã. *[Sai.]*

CATARINA – Ué, e por que não vou embora também eu? Por quê? Como se alguém pudesse me dizer o que devo fazer. Como se eu não soubesse o que devo pegar e o que devo largar. Ora! *[Sai.]*

GRÊMIO – Vai para junto de tua parceira, a mulher do diabo – tuas qualidades são tão grandes que ninguém te quer. Nosso amor não é tão extraordinário, Hortênsio, que não possamos deixá-lo certo tempo em jejum; nosso bolo solou de ambos os lados. Adeus; contudo, pelo amor que dedico à minha doce Bianca, se eu encontrar por aí um erudito capaz de ensinar-lhe aquilo que aprecia, o enviarei ao pai.

HORTÊNSIO – Eu também, *Signior* Grêmio; porém lhe peço uma palavra a mais. Embora a natureza da nossa rivalidade não nos tenha permitido qualquer entendimento, é fundamental (caso ainda venhamos a ter acesso à nossa bela amada e continuemos rivais no amor de Bianca) que trabalhemos juntos numa coisa.

GRÊMIO – Que coisa, por favor?

HORTÊNSIO – Ora, senhor, arranjar um marido para a irmã mais velha.

GRÊMIO – Um marido! Um demônio!

HORTÊNSIO – Um marido, eu digo.

GRÊMIO – Um demônio, eu repito. Pensas tu, caro Hortênsio, que apesar da fortuna do pai dela, existe alguém tão louco que pretenda casar com o próprio inferno?

HORTÊNSIO – Ah, Grêmio, muito embora exceda a tua paciência – e a minha – suportar sua fúria e gritaria, podes crer que há no mundo bons rapazes (o problema é apenas encontrá-los) que a aceitariam com todos os seus defeitos... e bom dinheiro.

GRÊMIO – Não sei! Por mim, aceitaria o dote, mas em vez de suportá-la preferia ser açoitado todo dia em praça pública.

HORTÊNSIO – Vá lá, realmente, não há o que escolher num saco de batatas podres. Mas, entenda, uma vez que a exigência do pai nos faz amigos, é indispensável mantermos essa amizade até que, encontrando marido para a filha mais velha de Batista, deixamos livre a mais nova e voltamos a ser rivais no seu amor. Doce Bianca! Feliz o homem a quem for destinada! Que o mais ágil de nós alcance o anel. Sua resposta, *Signior* Grêmio?

GRÊMIO – Concordo em tudo; e ofereço a esse desconhecido o melhor cavalo de Pádua para que a namore, a seduza, se case, durma com ela, mas livre a casa dela! Vamos. *[Saem Grêmio e Hortênsio.]*

TRÂNIO – Eu lhe peço, senhor, que me esclareça, é possível o amor dominar um homem, de repente?

LUCÊNCIO – Oh, Trânio, antes de eu mesmo o sentir nunca pensei que isso fosse provável, nem possível. Mas veja, enquanto eu olhava, curioso, percebi que era amor a própria curiosidade. E agora te confesso francamente, a ti, meu confidente, tão íntimo e querido quanto Ana para a rainha de Cartago, eu te confesso, Trânio, que queimo, desfaleço, eu morro, Trânio, se não tiver o amor dessa donzela, Trânio. Aconselha-me, Trânio, pois sei que tu o sabes, Trânio. Me ampara, Trânio, pois sei que tu o podes, Trânio.

Trânio – Não há mais tempo, senhor, de censurá-lo; pois não se arranca uma paixão com recriminações. Se o amor o dominou, agora só nos resta *redime te captum, quam queas minimo*. Salvá-lo da prisão ao menor preço.

Lucêncio – Obrigado, rapaz; vamos embora. Isso me basta. O resto se arranjará naturalmente, pois teu conselho é sábio.

Trânio – Senhor, olhaste a moça tão intensamente que talvez te escapasse o principal.

Lucêncio – Oh, sim, vi a estranha beleza de seu rosto, igual à da filha de Agenor, que fez o onipotente Júpiter curvar-se humildemente diante dela, beijando o riacho de Creta com os joelhos.

Trânio – Não viu mais nada? Não percebeu que a irmã começou a invectivar, erguendo tamanha tempestade que o ouvido mortal nem podia suportar o estrondo?

Lucêncio – Trânio, vi apenas a outra movendo os lábios de coral e perfumando o ar com seu alento. Sagrado e doce é tudo que vi nela.

Trânio – Ei, ai, acho que é hora de tirá-lo desse transe. Acorda, senhor, eu te suplico; se amas realmente essa menina, deves juntar pensamento e ação pra consegui-la. Estamos neste pé: a irmã mais velha é tão ruim e infernal que, enquanto o pai não se vir livre dela, senhor, tua amada deve permanecer em casa. Por isso o pai fechou-a a sete chaves para que os pretendentes não possam importuná-la.

Lucêncio – Ah, Trânio, é um pai muito cruel! Mas não o ouviste, dizer que deseja professores para a filha?

Trânio – Oh, sim, ouvi, senhor. E já formei meu plano.

Lucêncio – E eu também, rapaz.

Trânio – Aposto, patrão, que os nossos dois projetos são um só.

Lucêncio – Conta primeiro o teu.

Trânio – Serás professor e cuidarás da educação da jovem – não é esse teu plano?

Lucêncio – Exato. Pode ser feito?

Trânio – Impossível. Pois quem faria o teu papel e seria, aqui em Pádua, o filho de Vincêncio? Quem manteria a casa, cuidaria de teus livros; quem estaria lá para receber os conterrâneos, visitá-los e banqueteá-los?

Lucêncio – Para. Fica tranquilo; meu plano está completo. Ninguém ainda nos viu aqui e ninguém poderá distinguir em nossos rostos quem é servo ou senhor. Assim faremos; tu serás o senhor, Trânio, e, no meu posto, terás casa, comida e criados, como eu próprio teria. Eu serei outro homem; um florentino, algum napolitano, um pobre-diabo qualquer vindo de Pisa. Assim foi decidido – assim será. Tira logo essa roupa, pega meu chapéu colorido e minha capa: quando Biondello chegar, deve servir-te – porém é necessário preveni-lo para que saiba refrear a língua *[Trocam de roupa.]*

Trânio – É bom que o faça. Em resumo, senhor, se é do seu gosto, eu lhe obedecerei em tudo, pois, quando partimos, disse o senhor seu pai: "Serve em tudo a meu filho". Embora tenha eu a impressão de que falou noutro sentido, me agrada representar Lucêncio pelo grande amor que a Lucêncio tenho...

Lucêncio – Sê Lucêncio, Trânio, pelo amor de Lucêncio e permite que eu vire um pobre escravo para conquistar essa mulher, cuja repentina visão deixou o meu olhar ferido. Aí vem o canalha... *[Entra Biondello.]* Onde é que estiveste, tratante?

Biondello – Onde é que eu estive? Mas ora, ora veja! Onde é que estamos? Meu amo, será que Trânio roubou as suas roupas? Ou o senhor as dele? Ou ambos se roubaram? Que se passou? Me contem.

Lucêncio – Escuta aqui, rapaz, não há tempo para brincadeiras. Deves te adaptar às circunstâncias. Aqui, teu companheiro Trânio tomou meu nome e minhas posses para salvar-me a vida, enquanto eu, para escapar, tomei o que era dele. Matei um homem numa briga, mal saltei em terra; receio que me descubram. Ordeno-te, portanto, que o sirvas como convém, enquanto fujo daqui para salvar a pele, compreendeste?

Biondello – Eu, senhor? Nem uma palavra.

Lucêncio – E nem sombra de Trânio em tua boca – Trânio transformou-se em Lucêncio.

Biondello – Melhor para ele. Isso queria eu.

Trânio – Por minha fé, rapaz, eu também queria, mas, quando Lucêncio tiver nos braços a filha mais nova de Batista. Porém, cretino, não por mim, mas por teu amo, aconselho que sejas discreto quando falares comigo, estejamos onde for. Quando estivermos sós, bem, eu sou Trânio, mas em qualquer lugar público sou o teu patrão, Lucêncio.

Lucêncio – Agora vamos, Trânio, só falta ainda uma coisa a ser feita, por ti – deves te apresentar também como um dos pretendentes e, se me perguntas por que, bem, basta saber que minhas razões são boas e de peso. *[Saem. Falam as personagens que assistem à representação.]*

Primeiro Criado – Mas, senhor, cabeceias de sono; não prestas atenção no que se representa.

Sly – Presto, como não, por Sant'Ana! Uma história excelente não há dúvida: ainda tem mais?

Pajem – Senhor, apenas começou.

Sly – É um trabalho muito magnífico, madame esposa. Quero ver logo o fim! *[Sentam-se e assistem.]*

CENA II

Mesmo local. Diante da casa de Hortênsio. [Entram Petrúquio e Grúmio.]

Petrúquio – Verona, te abandonei por algum tempo para rever os amigos de Pádua – especialmente o mais amado e mais fiel de todos, Hortênsio. Sua casa é esta aqui, se não me engano. Anda, Grúmio! Bate, rapaz! Estou mandando, bate.

Grúmio – Bater, senhor? Bater em quem? Alguém ofendeu V. Senhoria?

PETRÚQUIO – Ah, vilão, faz o que eu digo, e bate-me aqui com toda força.

GRÚMIO – Bater-lhe aqui, senhor? Por que, senhor? Mas quem sou eu para bater-lhe?

PETRÚQUIO – Vilão, ordeno que me batas nessa porta e com toda a força que tiveres, ou baterei eu os teus miolos pra fora dessa cabeça de velhaco.

GRÚMIO – Meu amo está querendo brigar mesmo. Mas se eu bato o senhor contra essa porta, já sei quem sairá com a pior parte.

PETRÚQUIO – Então não bates? Pois bem, patife, já que não queres bater, farei eu soar os tímpanos... dos teus ouvidos. Quero ouvir se eles tocam o dó-ré-mi. *[Torce-lhe as orelhas.]*

GRÚMIO – Socorro, senhores, socorro! Meu amo enlouqueceu!

PETRÚQUIO – Poltrão, patife, agora baterás quando eu mandar. *[Entra Hortênsio.]*

HORTÊNSIO – O que é que há? Que aconteceu? Meu velho amigo Grúmio! E meu grande amigo Petrúquio! Como vão todos em Verona?

PETRÚQUIO – Se vens terminar a nossa briga, caro amigo, *con tutto il cuore ben trovato,* é o que lhe digo.

HORTÊNSIO – *Alla nostra casa ben venuto molto honorato signior mio Petruchio.* Levanta, Grúmio, levanta: a briga já acabou.

GRÚMIO – *[Levantando-se.]* Afirmo-lhe, senhor, que o que ele diz em latim não me interessa a não ser que seja uma forma legal de me dispensar do serviço. Veja o senhor, ordenou-me que eu lhe batesse com toda a minha força; ora, deve um criado espancar o patrão, um homem de mais de trinta anos? Oxalá, meu Deus, tivesse eu batido mesmo – o resultado talvez fosse melhor.

PETRÚQUIO – Patife e estúpido! Caro Hortênsio, ordenei a este canalha que me batesse à sua porta e não consegui fazer com que obedecesse!

GRÚMIO – Bater na porta! Oh, céus! Mas eu o ouvi dizer bem claramente – "Bate-me aqui, vilão", "Me bate nessa porta", "Me bate com toda a força que tiveres". E agora o senhor me vem com esse "bater na porta"?

PETRÚQUIO – Vai embora daqui, rapaz, ou cala a boca.

HORTÊNSIO – Paciência, Petrúquio, eu lhe peço, por Grúmio – é uma discussão lamentável entre você e esse criado antigo, fiel e divertido! E agora me diga, bom amigo, que bons ventos o sopraram da velha Verona até aqui, em Pádua!?

PETRÚQUIO – O vento que espalha os jovens pelo mundo em busca de fortuna fora da própria terra, onde não há mais o que aprender. Em resumo, velho Hortênsio, eis o que há comigo: Antônio, meu pai, acaba de morrer. Atirei-me, então, em meio ao caos, decidido a casar do melhor modo e prosperar o mais possível. Tenho dinheiro na bolsa e bens na pátria. Resolvi viajar e ver o mundo.

HORTÊNSIO – Então, Petrúquio, devo eu, sem rodeios, aconselhar-te uma mulher grosseira e detestável? Sei que não parece um conselho aconselhável; garanto porém que ela é rica, e muito rica – mas qual, és muito amigo meu para que eu queira apresentar-te a ela.

PETRÚQUIO – *Signior* Hortênsio, entre amigos, como nós, poucas palavras bastam. Assim, se conhece uma mulher bastante rica para ser esposa de Petrúquio, como a riqueza deve ser a chave de ouro do meu soneto matrimonial, essa mulher pode ser tão feia quanto a amada de Florêncio, tão velha ou mais velha que a Sibila, tão abominável e feroz quanto Xantipa, companheira de Sócrates, que não me moverá do meu intento e nem removerá minha afeição, mesmo que seja tão perigosa quanto o Adriático. Vim arranjar em Pádua um casamento rico – se o casamento é rico, estou feliz em Pádua.

GRÚMIO – Veja, senhor, que ele lhe diz francamente o que tem na cabeça, dê-lhe ouro bastante que ele se casa com um espantalho, uma réstia de cebola ou uma velha de um dente só, mesmo que tenha as cinquenta e duas doenças do cavalo. Nada disso lhe importa, se vier com dinheiro.

HORTÊNSIO – Bem, Petrúquio, uma vez que chegamos tão longe, continuo o que era, de início, apenas brincadeira. Posso ajudar-te a conseguir uma mulher bastante rica, jovem e bem bonita. Educada como convém a uma dama. Seu único defeito – e é defeito demais – é ser brusca, teimosa e violenta. Isso a tal ponto que, fosse minha situação inda muito pior, não me casaria com ela nem por uma mina de ouro.

PETRÚQUIO – Já chega, Hortênsio! Tu não conheces o poder do ouro. Diz-me o nome do pai, isso me basta. Eu a dominarei, inda que berre mais alto que o trovão ribombando pelos céus de outono.

HORTÊNSIO – Seu pai é Batista Minola, cavalheiro gentil e educado. Ela se chama Catarina Minola, famosa, em Pádua, por sua língua viperina.

PETRÚQUIO – Eu conheço o pai dela, embora não a conheça. Ele se dava bem com meu defunto pai. Não dormirei, Hortênsio, antes de vê-la. Assim, perdoa-me a ousadia de abandonar-te aqui neste primeiro encontro. A menos que me acompanhes até lá.

GRÚMIO – Eu lhe peço, senhor, deixe-o partir quando quiser. Palavra de honra que, se ela o conhecesse como eu, saberia que com ele de nada valem insultos. Pode chamá-lo de canalha vinte vezes que pouco se lhe dá; quando ele começa não para antes do fim. E garanto, senhor, que se ela resistir um só momento ele lhe marcará o rosto de tal modo que ficará mais cega do que um gato cego. Ah, o senhor não o conhece.

HORTÊNSIO – Espera Petrúquio, eu vou contigo, pois meu tesouro está sob a guarda de Batista – ele tem em custódia a flor de minha vida, sua filha mais jovem, a bela Bianca. E a esconde de mim, assim como de outros que a cortejam, rivais do meu amor. Por achar impossível, em vista dos defeitos há pouco enumerados, arranjar pretendente à mão de Catarina, Batista decidiu que ninguém se aproxime de Bianca antes que a megera arranje um esposo.

GRÚMIO – Catarina, a megera! Belo apelido para uma donzela.

HORTÊNSIO – Faz-me agora um favor, caro Petrúquio: o de apresentar-me, vestido em roupas bem solenes, ao velho Batista, como sendo um competente professor de música para instruir Bianca; dessa maneira eu tenho, pelo menos, vagar e liberdade de namorá-la sem que alguém suspeite.

GRÚMIO – E sem qualquer maldade! Vejam como se aliam os jovens pra enganar os velhos! *[Entram Grêmio e Lucêncio, disfarçados.]* Patrão, patrão. Olha, ali! Quem vai lá, hã?

HORTÊNSIO – Silêncio, Grúmio, aquele é meu rival, Petrúquio, para o lado, um instante!

GRÚMIO – Um rapagão bonito e apaixonado! *[Põem-se todos de lado.]*

GRÊMIO – Pois muito bem. Verifiquei a lista. Preste atenção, senhor: mandarei encaderná-los ricamente. Livros de amor, apenas; e procure não ler qualquer outro assunto para ela. Compreende? Além e acima da generosidade de *Signior* Batista, eu lhe darei a minha recompensa. Pegue também os meus papéis e traga-os sempre perfumados, pois aquela a quem são destinados é mais suave do que o próprio perfume. Que pensa ler?

LUCÊNCIO – Seja o que for que eu leia será em seu favor, senhor, esteja certo. Usarei da firmeza que usaria estando em meu lugar. Sim, e talvez até use palavras mais propícias, salvo se fosses, meu senhor, um sábio.

GRÊMIO – Oh, o saber! Que belo é!

GRÚMIO – Oh, o paspalhão. Que burro é!

PETRÚQUIO – Silêncio, ô imbecil!

HORTÊNSIO – Cala a boca, Grúmio. *[Faz-se ver.]* Deus esteja consigo, *Signior* Grêmio.

GRÊMIO – E que oportuno encontrá-lo, *Signior* Hortênsio. Sabe aonde vou? À casa de Batista Minola. Prometi-lhe escolher com o máximo cuidado um professor para a belíssima Bianca – e, por feliz casualidade, conheci este jovem, cuja instrução e comportamento são ideais para a missão; competente em poesia e outros livros: só os bons, convém frisar.

Hortênsio – Excelente. Por acaso encontrei também um cavalheiro que ficou de me arranjar um esplêndido professor de música para instruir nossa amada. Assim não ficarei atrás no meu dever para com a bela Bianca, a quem tanto amo.

Grêmio – Não tanto quanto eu – hei de provar com atos.

Grúmio – *[À parte]* Há de provar com sacos de dinheiro.

Hortênsio – Grêmio, agora não é hora de discutirmos sobre nosso amor. Preste atenção, pois vou dar-lhe notícia igualmente boa pra nós dois. Está aqui um cavalheiro que encontrei por acaso e que concorda em cortejar a feroz Catarina. Sim, e até casar com ela, se o dote for satisfatório.

Grêmio – Pois, do dito ao feito e muito bem – mas lhe falaste, Hortênsio, de todos os defeitos dela?

Petrúquio – Sei que é brigona, grosseira e impertinente – se é só isso, senhores, não vejo mal algum.

Grêmio – Nenhum! Amigo? Qual é a sua terra?

Petrúquio – Nasci em Verona, filho do velho Antônio. Meu pai é morto mas seu dinheiro é vivo e espero ver dias longos e felizes.

Grêmio – Oh, senhor, tal vida com tal mulher seria estranho! Porém, se tem um bom estômago, para a frente, em nome de Deus, que eu ajudarei em tudo que puder. Mas é verdade mesmo que pretende cortejar esse gato-do-mato?

Petrúquio – Quero viver?

Grúmio – Se pretende cortejá-la? Se não, eu me enforco!

Petrúquio – Mas eu não vim cá com essa intenção? Pensam que qualquer barulhinho me ensurdece? Já não ouvi nesta vida o rugir dos leões? Já não ouvi o mar, batido pelos ventos, rosnar como um javali enfurecido empapado de suor? Já não ouvi o canhão nos campos de batalha e a artilharia do céu arrebentar em raios sobre a terra? Nunca escutei, no meio de um combate, os gritos de alarme, o nitrir dos cavalos, trombetas ecoarem? E você me vem falar de uma língua de mulher que não faz no ouvido a metade do ruído de uma castanha estalando num fogão do campo: ora! ora! Fantasma é pra criança!

Grúmio – Não tem medo de nada.

Grêmio – Escuta, Hortênsio, tenho o pressentimento de que esse senhor chegou em boa hora; para seu próprio bem e para o nosso.

Hortênsio – Prometi-lhe que ajudaríamos em todos os gastos que tiver, sejam quais forem.

Grêmio – E faremos assim, contanto que a conquiste.

Grúmio – Ah, se um gostoso jantar fosse tão certo. *[Entram Trânio, muito bem-vestido, e Biondello.]*

Trânio – Deus esteja convosco, cavalheiros! Poderiam informar-me, se não é muita ousadia perguntar, qual o caminho mais rápido para a casa do *Signior* Batista Minola?

Grêmio – Um que tem duas filhas bem bonitas? É desse que fala?

Trânio – Ele mesmo! Biondello...

Grêmio – Um instante, senhor. Não está se referindo à filha mais...

Trânio – Talvez. Talvez a ele e a ela, senhor: que lhe importa?

Petrúquio – Espero ao menos que não se refira à brigona...

Trânio – Não gosto de brigonas, senhor. Biondello, vamos.

Lucêncio – *[À parte.]* Bom começo, Trânio.

Hortênsio – Senhor, uma palavra só, antes que parta; é pretendente à mão da jovem de que fala, sim ou não?

Trânio – E se for, caro senhor, ofendo alguém?

Grêmio – Não, se sair daqui imediatamente, sem dizer mais uma palavra.

Trânio – Por que, cavalheiro? As ruas, por acaso, são menos livres para mim do que para o senhor?

Grêmio – As ruas, não, mas a jovem.

Trânio – Por que razão, se mal pergunto?

Grêmio – Se quer mesmo sabê-lo, pela simples razão de ser a eleita do coração do *Signior* Grêmio.

Hortênsio – A preferida do *Signior* Hortênsio.

TRÂNIO – Devagar, meus senhores. Se são cavalheiros, escutem com paciência e façam-me justiça. Batista é um nobre fidalgo de quem meu pai não é desconhecido; e fosse a filha dele mais bela do que é, com mais adoradores, eu, ainda assim, também seria um deles. A filha da formosa Leda teve mil pretendentes; bem pode ter mais um a formosa Bianca. E assim será: Lucêncio será seu pretendente mesmo que o próprio Páris surja como rival.

GRÊMIO – Como! No jogo das palavras esse senhor vai nos vencer a todos!

LUCÊNCIO – É dar-lhe rédea, na certa não tem fôlego.

PETRÚQUIO – Hortênsio, qual é o fim de tanto palavrório?

HORTÊNSIO – Cavalheiro, permita-me a audácia da pergunta: já viu alguma vez a filha de Batista?

TRÂNIO – Não, senhor, mas ouvi falar que tem duas: uma famosa pela língua envenenada, a outra, pela modéstia e formosura.

PETRÚQUIO – Senhor, senhor. A primeira é a minha. Deixe-a em paz.

GRÊMIO – Sim, entreguem esse trabalho ao forte Hércules, pois é ainda maior que os outros doze.

PETRÚQUIO – Amigo, já lhe conto o que há, em confidência: a tal filha mais jovem, pela qual tanto anseia, o pai a mantém afastada do acesso de qualquer pretendente. E não a cederá a nenhum jovem sem antes casar a outra filha. Só então a mais jovem será livre – nunca antes disso.

TRÂNIO – Se assim é, senhor, e se pretende ajudar-nos a todos – e estou entre os demais –, se conseguir romper o gelo e realizar a proeza de dominar a mais velha, deixando a mais jovem livre ao nosso acesso, o que a conquistar não será tão sovina que se mostre ingrato.

HORTÊNSIO – Muito bem dito, senhor, e tão bem pensado. E já que afirma ser um pretendente, deve recompensar também o nobre cavalheiro a quem todos ficamos devedores.

TRÂNIO – Não sou um miserável, senhores; e, como prova, convido-os a passar a tarde juntos, bebendo à saúde de nossa bela amada, como fazem os defensores da lei nos tribunais: brigam e disputam em público, mas comem e bebem como amigos.

GRÚMIO e **BIONDELLO** – Excelente proposta. Amigos, vamos!

HORTÊNSIO – A proposta é excelente, na verdade; vamos a ela, Petrúquio, serei teu *ben venuto*. *[Saem.]*

SEGUNDO ATO

CENA I

Pádua – aposento em casa de Batista. [Entram Catarina e Bianca.]

BIANCA – Querida irmã, não me tortures fazendo-me de criada e de escrava. Isso me humilha. Quanto aos enfeites, porém, solta minhas mãos que eu mesma os tirarei, sim, minhas roupas todas, até a anágua. Isto, e tudo mais que ordenares, pois sei bem meus deveres para com os mais velhos.

CATARINA – Pois ordeno que me digas; de todos os teus pretendentes, qual é o teu preferido? E não me venhas com fingimentos.

BIANCA – Acredita-me, irmã, de todos os homens deste mundo ainda não conheci um cujo rosto eu preferisse ao rosto de outro homem.

CATARINA – Mentirosa engraçadinha – não é Hortênsio?

BIANCA – Se gostas dele, irmã, eu juro interceder e fazer tudo para que o conquistes.

CATARINA – Ah, talvez então prefiras um rico. Quem sabe Grêmio, que te conservará em ouro?

BIANCA – É ele que te causa inveja? Ah, não, percebo que tu zombas – e tens zombado de mim o tempo todo. Por favor, irmã Cata, solta minhas mãos.

CATARINA – Se isto é zombaria, tudo o mais também. *[Bate nela. Entra Batista.]*

BATISTA – Ei, que é isso, que insolência é essa? De onde vem essa fúria? Afasta-te, Bianca – pobrezinha! Está chorando. Vai buscar tua agulha e sai de perto dela. Não te envergonhas, espírito maligno, de maltratar essa que nunca te ofendeu e jamais cruzou contigo uma só palavra descortês?

CATARINA – Porém me insulta com o seu silêncio. E vou vingar-me. *[Corre atrás dela.]*

BATISTA – *[Segurando-a.]* Como? Na minha frente! Entra Bianca! *[Sai Bianca.]*

CATARINA – Está claro; percebo que não me suporta. Agora sei: ela é o seu tesouro e deve ter logo um marido. No dia em que ela casar, devo dançar descalça e, porque o senhor a idolatra tanto, eu ficarei para esposa do demônio.* Não me fale mais. Vou me fechar, chorando, até chegar a hora da vingança. *[Sai.]*

BATISTA – Houve jamais um homem tão amargurado? Mas, quem vem lá? *[Entram Grêmio, com Lucêncio vestido como um homem comum; Petrúquio, com Hortênsio, como um músico; e Trânio, com Biondello trazendo um alaúde e livros.]*

GRÊMIO – Bom dia, vizinho Batista.

BATISTA – Bom dia, vizinho Grêmio. Deus os guarde a todos, cavalheiros.

PETRÚQUIO – E ao senhor, meu senhor. Desculpe, mas não tem uma filha bela e virtuosa chamada Catarina?

BATISTA – Tenho uma filha chamada Catarina.

GRÊMIO – Você está muito rápido – vá por etapas.

PETRÚQUIO – Está me atrapalhando, *Signior* Grêmio; com licença. Sou um cavalheiro de Verona, senhor; ouvindo falar da beleza e da inteligência de sua filha, afabilidade e doçura de maneiras, suas qualidades maravilhosas de modéstia e recato, apressei-me em vir a esta casa, hóspede ousado, para que meus olhos fossem testemunhas do que ouvi tantas vezes. E como penhor para que me receba, apresento-lhe um dos meus servidores *[apresenta Hortênsio.]*, versado em música e matemática, que instruirá sua filha nessas ciências, das quais sei que ela pouco ignora. Aceite-o, que senão me ofendo. Seu nome é Lício, natural de Mântua.

BATISTA – Seja bem-vindo, amigo, e ele em seu nome. Mas, quanto a minha filha Catarina, sei o que digo, não é para o seu gosto, por mais que eu sinta.

---

* *Leads apes in hell*. As moças que não casavam levavam macacos pro inferno, isto é, ficavam solteironas. Expressão proverbial que preferi modificar pra forma mais compreensível, mas não demasiado explícita, conservando um certo mistério. (N.T.)

Petrúquio – Vejo que não pretende casar sua filha ou, então, não lhe convém a minha companhia.

Batista – Não interprete mal as minhas palavras; falo o que sinto. De onde é que vem, senhor? E com que nome devo eu chamá-lo?

Petrúquio – Petrúquio é o meu nome. Filho de Antônio, homem bem conhecido em toda a Itália.

Batista – Eu o conheço muito; seja bem-vindo pois, em sua honra.

Grêmio – Por favor, Petrúquio, encurta tua história, que nós, pobres pretendentes também queremos falar. Mais lento, amigo. Vais com pressa incrível.

Petrúquio – Oh, perdão, *Signior* Grêmio – queria acabar logo!

Grêmio – Não o duvido, senhor; mas ainda há de amaldiçoar o que corteja. Vizinho, o presente dele será muito útil, estou bem certo. É querendo expressar igual estima que lhe trago este jovem erudito *[apresenta Lucêncio]* que estudou em Reims por muito tempo e é tão versado em grego, latim e outras línguas quanto aquele, na música e na matemática: seu nome é Câmbio, e eu lhe peço que aceite seus serviços.

Batista – Mil agradecimentos, *Signior* Grêmio. Seja bem-vindo, gentil Câmbio. Mas, nobre senhor, *[a Trânio]* sua aparência é de estrangeiro. Se não é ousadia, poderia perguntar-lhe por que se encontra aqui?

Trânio – Perdão, senhor, mas a ousadia é minha, pois sendo um estranho na cidade, vim me pôr entre os que almejam a mão de Bianca. Não desconheço também o seu propósito de primeiro casar a irmã mais velha. Só lhe peço, porém, a liberdade de, uma vez conhecida minha linhagem, me receber como um dos pretendentes, com o mesmo acolhimento e liberdade dos outros – e, quanto à educação de sua filha, ofereço este instrumento simples e este humilde pacote de livros gregos e latinos. Se os aceitar, senhor, aumenta o valor deles. Lucêncio é o meu nome.

Batista – De onde, por favor?

Trânio – De Pisa, senhor, filho de Vincêncio.

Batista – Um homem poderoso – conheço bem sua reputação; seja muito bem-vindo, senhor. Você aí, pegue o alaúde *[a Hortênsio]* e você, os livros *[a Lucêncio]*. Verão suas alunas imediatamente. Olá, alguém de dentro! *[Entra um Criado.]* Rapaz, conduz estes senhores aonde estão minhas filhas e diz a ambas que eles serão seus professores; devem ser bem tratados. *[Sai o Criado com Hortênsio, Lucêncio e Biondello.]* Vamos agora passear um pouco no jardim e depois, jantar. São todos bem-vindos aqui e bem-vindos desejo que se sintam.

Petrúquio – *Signior* Batista, meu negócio me toma o tempo todo e não posso vir diariamente aqui, fazer a corte a sua filha. O senhor conheceu bem meu pai e, por conhecer meu pai, conhece a mim, herdeiro de todos os seus bens e terras, heranças que não esbanjei, antes ampliei. Diga-me então; se eu conseguir o amor de Catarina, que dote receberei quando casar com ela?

Batista – Quando eu morrer, metade destas terras e, no momento, vinte mil coroas.

Petrúquio – Bem. E em troca eu asseguro que, se ela enviuvar, sobrevivendo a mim, ficará com todas as minhas terras e mais arrendamentos. Redigiremos, pois, um contrato, a fim de que esta combinação fique garantida para ambas as partes.

Batista – Sim, quando for conseguida a coisa principal, ou seja, o amor de minha filha – pois isso é, afinal, o tudo do total.

Petrúquio – Ora, isto não é nada. Eu lhe garanto, pai; sou tão peremptório quanto ela é orgulhosa; e quando dois fogos violentos se defrontam, consomem logo tudo que lhes alimenta a fúria. Embora um fogo fraco se atice e aumente com um vento fraco, os vendavais maiores destroem o fogo e tudo. Sou vendaval e ela que se curve. Sou homem rude; não cortejo ninguém como criança.

Batista – Que sejas triunfante em tua corte, feliz em tua pressa. Mas fica armado para algumas palavras mais pesadas.

Petrúquio – Então, à prova; sou como a montanha em frente aos ventos, sem tremer jamais; embora eles soprem eternamente. *[Entra Hortênsio com a cabeça quebrada.]*

Batista – Que aconteceu, amigo? Por que estás tão pálido?

Hortênsio – Se estou pálido, senhor, só pode ser de medo.

Batista – Por quê? Minha filha não tem vocação musical?

Hortênsio – Tem mais vocação para soldado. Uma espada poderá servir-lhe, jamais um alaúde.

Batista – Como, não conseguiste dobrá-la à celeste harmonia do alaúde?

Hortênsio – Consegui apenas, senhor, que ela dobrasse em mim o instrumento. Eu lhe disse somente que ela errava ao dedilhar os bordões e segurei-lhe a mão para ensinar a posição correta. Mas ela, com aquele seu espírito diabólico e impaciente, me gritou: "Ah, você chama isso de bordões? Pois vou esbordoá-lo." E assim dizendo me acertou na cabeça com tal força que meu corpo passou pelo instrumento. E lá fiquei eu, um instante apalermado, como num pelourinho, olhando através das cordas do alaúde, enquanto ela me chamava de rabequista porco, professor de burros e outras expressões menos gentis.

Petrúquio – Mas não me conte, é a graça em pessoa! Amo-a dez vezes mais do que amava. Oh, como anseio vê-la e conversar com ela.

Batista – Venha comigo e não fique assim desconsolado; continuará a ensinar minha filha mais moça, que gosta de aprender e é muito agradecida. *Signior* Petrúquio, o senhor vem conosco ou prefere que eu mande aqui minha filha Cata?

Petrúquio – Mande-a aqui, por favor, eu a espero. *[Saem Batista, Grêmio, Trânio e Hortênsio.]* Vou lhe fazer a corte com algumas ironias. Se me insultar, bem, eu lhe direi que canta tão suavemente quanto o rouxinol. Se fizer cara feia, aí direi que seu olhar tem o frescor e a limpidez das rosas matinais banhadas pelo orvalho. Que fique muda, sem pronunciar sequer uma palavra – louvarei sua maneira jovial, frisando que tem uma eloquência admirável. Que me mande ir embora – e lhe agradecerei como se me pedisse para ficar a seu lado uma semana. E se se recusa a casar, fingirei ansiar pelo dia das bodas. Mas, lá vem ela. Agora,

Petrúquio, fala! *[Entra Catarina.]* Bom dia, Cata, pois ouvi dizer que assim a chamam.*

CATARINA – Pois ouviu muito bem pra quem é meio surdo: os que podem me chamar, me chamam Catarina.

PETRÚQUIO – Tu mentes, Catarina; pois te chamam simplesmente Cata. Cata, a formosa e, algumas vezes, a megera Cata. Mas Cata, a mais bela Cata de toda a Cristandade. Cata esse cata-vento, minha recatada Cata, a quem tantos catam, ah, portanto, por isso, Cata, meu consolo, ouvindo cantar tua meiguice em todas as cidades, falar de tuas virtudes, louvar tua beleza, me senti movido a vir aqui pedir-te em casamento.

CATARINA – Movido? Em boa hora! Pois quem o moveu até aqui que daqui o remova. Assim que o vi percebi imediatamente que se tratava de um móvel.

PETRÚQUIO – Como, um móvel?

CATARINA – Um móvel. Um banco.

PETRÚQUIO – Você percebeu bem; pois vem e senta em mim.

CATARINA – Os burros foram feitos para a carga. Como você.

PETRÚQUIO – Para carregar-nos, muito antes de nascer, foram feitas as mulheres.

CATARINA – Mas não a animais, quer me parecer.

PETRÚQUIO – Ai, Cata gentil. Não pesarei quando estiver em cima de ti... pois és tão jovem e tão leve...

CATARINA – Leve demais para ser carregada por um grosseirão como você, e, no entanto pesada, por ter de ouvi-lo e vê-lo.

PETRÚQUIO – Não maltrate aquele que a corteja.

CATARINA – Corteja ou corveja?

PETRÚQUIO – Oh, pombinha delicada, um corvo te agradaria?

---

* Todo o diálogo entre Catarina e Petrúquio é uma série de trocadilhos, alguns graciosos, outros estúpidos, alguns francamente grosseiros, uns poucos poéticos. A cena se sustenta na agilidade vocabular dos personagens, única forma de o trocadilho ser válido. É fundamental, na tradução, mais que a letra exata dos trocadilhos, manter o fogo do diálogo, seu ritmo e sua melodia. O mesmo foi pretendido em muitos outros momentos da peça. (N.T.)

CATARINA – É melhor que um abutre!
PETRÚQUIO – Vejo-a agora irritada demais; a pombinha virou vespa.
CATARINA – Se virei, cuidado com o meu ferrão.
PETRÚQUIO – Só me resta um remédio – arrancá-lo.
CATARINA – Sim, se o imbecil soubesse onde ele é.
PETRÚQUIO – Mas quem não sabe onde é o ferrão da vespa? No rabo.
CATARINA – Na língua.
PETRÚQUIO – De quem?
CATARINA – Na sua, que fala de maneira tão grosseira! E agora, adeus.
PETRÚQUIO – Assim, com a minha língua no rabo? Não, volta aqui, boa Cata – eu sou um cavalheiro.
CATARINA – Vou verificar. *[Esbofeteia-o.]*
PETRÚQUIO – Volte a fazê-lo e juro que a estraçalho.
CATARINA – Com que armas? As de cavalheiro? Se me bater não será cavalheiro e, não sendo cavalheiro, não terás armas.
PETRÚQUIO – Ah, entendes de heráldica? Põe-me, então, no teu brasão, que estou em brasas.
CATARINA – Qual é o seu emblema? Uma crista de galo?
PETRÚQUIO – Um galinho sem crista, se queres ser minha franga.
CATARINA – Galo sem crista não é galo pra mim.
PETRÚQUIO – Vamos, Cata, vamos: não sejas tão azeda.
CATARINA – É como eu fico quando vejo um rato.
PETRÚQUIO – Não há ratos aqui; portanto não se azede.
CATARINA – Há sim, há sim.
PETRÚQUIO – Mostre-me então.
CATARINA – Se tivesse um espelho, mostraria.
PETRÚQUIO – Como? O rato, então, sou eu?
CATARINA – Que perspicácia em rapaz tão jovem.

Petrúquio – Jovem mesmo, por São Jorge. Sobretudo em relação a você.

Catarina – E no entanto todo encarquilhado.

Petrúquio – São as penas do amor.

Catarina – Não me dê pena.

Petrúquio – Agora, ouve aqui, Cata; juro que não me escapas assim.

Catarina – Se eu ficar é só para irritá-lo: largue-me!

Petrúquio – Não, tu não me irritas. Acho que és a própria flor da gentileza. Tinham-me dito que eras brusca, áspera, grosseira e descubro que me informaram toda uma mentira, pois és deliciosa, divertida, a flor da cortesia. Um pouco lenta no falar, mas com a beleza do despontar da primavera. Não amarras a cara, não olhas contrafeita, nem mordes os lábios como usam fazer as moças geniosas. Não tens nenhum prazer em dizer palavras ofensivas, recebendo, ao contrário, teus enamorados com distinção e amabilidades. Por que essa gente afirma que Cata é manca de uma perna? Oh, mundo vil. Cata é esbelta e reta como uma aveleira, tem na pele o moreno azulado da avelã e possui o estranho gosto dessa amêndoa. Anda, para que eu aprecie o teu andar – tu não claudicas.

Catarina – Vá mandar nos teus criados, imbecil.

Petrúquio – Terá Diana jamais ornado um bosque com o principesco encanto com que Cata adorna este aposento? Ah, Cata, seja você Diana e deixe que ela seja Cata. Que essa Cata seja casta então, enquanto for amorosa esta Diana...

Catarina – Onde é que você aprendeu esses discursos?

Petrúquio – São de improviso. Herdei de minha mãe essa virtude.

Catarina – Mãe espirituosa demais para um filho tão sem graça.

Petrúquio – Então não tenho espírito?

Catarina – É, porém, um pouco frio.

PETRÚQUIO – É por isso que pretendo aquecer-me em teu leito – e agora, pondo de lado tudo o que dissemos, vou falar claro: teu pai já consentiu em que cases comigo. Já concordamos com respeito ao dote. E queiras ou não queiras, vou me casar contigo. Olha, Cata, sou o marido que te convém, pois, por esta luz que me permite contemplar tua beleza, essa beleza que me faz te amar com tal profundidade – tu não deves casar com nenhum outro. Eu sou aquele que nasceu para domar-te e transformar a Cata selvagem numa gata mansa. Mas aí vem teu pai – não recuses nada, pois eu quero e terei Catarina como esposa. *[Entram Batista, Grêmio e Trânio.]*

BATISTA – Então, *Signior* Petrúquio, fez algum progresso com minha filha?

PETRÚQUIO – E poderia ser de outra maneira? Vai tudo bem, vai tudo bem!

BATISTA – E você, filhinha, sempre zangada?

CATARINA – E o senhor vem me chamar filhinha? Pois mostra um estranho zelo paternal querendo que eu me case com esse doido e meio; um rufião lunático que procura se impor com pragas e ameaças.

PETRÚQUIO – O que acontece é isto, caro pai: o senhor e todos que falam de Catarina não a compreenderam. Ela é violenta apenas por política, pois seu temperamento nada tem de insolente. Ao contrário, é manso como o de uma pomba. Não é afogueada, mas fresca como a aurora. Quanto à paciência, dir-se-ia uma nova Griselda, e uma Lucrécia, a Romana, em castidade. Em resumo, combinamos tanto que o casamento está marcado para domingo que vem.

CATARINA – O que eu gostaria, no domingo que vem, era de te ver na forca!

GRÊMIO – Que é isso, Petrúquio? Ela diz que quer te ver na forca!

TRÂNIO – Foi assim que você a conquistou? Boa noite para o nosso acordo.

PETRÚQUIO – Paciência, amigos; foi para mim que a escolhi. Se ela e eu estamos satisfeitos, que lhes importa a maneira como nos tratamos? Combinamos, quando estávamos sós, que, em público, ela continuaria a se portar como sempre. Afirmo-lhes que é impossível acreditar o quanto ela me adora – oh, que encanto é Catarina! Pendurou-se em meu pescoço e respondia, beijo a beijo e jura a jura, com tão sincero afeto que, num piscar de olhos, ganhou o meu amor. Ah, vocês são novatos! É espantoso ver, quando um homem e uma mulher ficam sozinhos, como, às vezes, um maricotas de última classe consegue dominar a mais terrível megera! Dá-me tua mão, Cata; parto para Veneza, onde vou comprar o necessário às bodas. Prepare a festa, pai, e avise os convidados. Farei com que esteja um encanto a minha Catarina!

BATISTA – Não sei o que dizer – mas deem-me as mãos. Deus lhe mande alegria, Petrúquio! Estamos combinados.

GRÊMIO e TRÂNIO – Nós dizemos amém como testemunhas.

PETRÚQUIO – Pai, esposa, cavalheiros, adeus; vou para Veneza. O domingo chega logo. Comprarei anéis, broches e outras coisas. Um beijo, Catarina; domingo nos casaremos. *[Saem Petrúquio e Catarina, um para cada lado.]*

GRÊMIO – Houve, jamais, um casamento combinado com tanta rapidez?

BATISTA – Palavra, cavalheiros; faço agora o papel do mercador que se aventura em negócio desesperador.

TRÂNIO – Era uma mercadoria que se estragava abandonada; agora ou traz lucro ou perde-se nos mares.

BATISTA – O lucro que procuro é a paz desse casal.

GRÊMIO – Não há dúvida de que ele a conquistou sem estardalhaço. Mas agora, Batista, falemos de sua filha menor. Hoje é o dia por que esperamos tanto: sou vizinho seu e o primeiro entre todos os pretendentes.

TRÂNIO – E eu sou aquele que ama Bianca mais do que podem exprimir simples palavras.

Grêmio – Rapazinho, não podes amar da maneira intensa com que eu amo.

Trânio – Vovozinho, o teu amor congela.

Grêmio – E o teu derrete. Para trás, doidivanas – o que fecunda é a idade.

Trânio – Mas para o olhar das mulheres o que faz florescer é a juventude.

Batista – Contenham-se, cavalheiros, eu decido a questão. O que importa são os atos; aquele dos dois que garantir dote maior terá o amor de Bianca. Diga, *Signior* Grêmio, que tem a oferecer?

Grêmio – Primeiro, como sabe, minha casa na cidade é ricamente guarnecida de pratas e de ouro – jarros e bacias onde ela poderá lavar as mãos tão delicadas. Meus gobelinos são todos de tapeceiros tírios; em cofres de marfim atulham-se as coroas – nas arcas de carvalho, colchas e cortinados, dosséis, vestes custosas, linhos finíssimos, almofadas turcas com brocados de pérolas, damascos de Veneza, todos feitos a mão em fio de ouro – estanhos, cobres e todas as coisas necessárias à vida de uma casa; depois, na minha propriedade de campo, tenho ainda cem vacas leiteiras das melhores, cento e vinte bois engordados no estábulo e tudo o mais em proporção igual. Sou entrado em anos, reconheço e, se morro amanhã, tudo isso é dela, se, enquanto eu viver, ela consente em ser somente minha.

Trânio – Esse somente veio bem a tempo. Senhor, peço atenção. Sou filho e herdeiro único de meu pai. Se me der sua filha como esposa, deixarei para ela, dentro dos muros de Pisa, três ou quatro casas tão boas quanto a que o velho *Signior* Grêmio tem em Pádua. Além disso, dois mil ducados anuais provenientes de terras de cultura. Tudo será propriedade dela. Como? Deixei-o atrapalhado, *Signior* Grêmio?

Grêmio – Dois mil ducados anuais é o que rendem suas terras? O valor total de minhas terras mal chega a isso. Mas serão dela – além de uma galera que se encontra agora no rumo de Marselha. Não diga que o engasguei com essa galera!

Trânio – Grêmio, todos sabem que meu pai possui nada menos que três grandes galeras; possui ainda dois galeões e doze embarcações menores; é o que, desde já, fica prometido a Bianca e mais o dobro de tudo que você pensar em oferecer.

Grêmio – Chega; já ofereci tudo, nada mais possuo – ela não poderá ter mais do que tudo que tenho; se o senhor me aceitar, ela receberá a mim e o que é meu.

Trânio – Então, se é assim, se está de pé sua proposta, a jovem é minha: Grêmio, confesse estar vencido.

Batista – Devo admitir que a sua oferta é melhor. Se seu pai confirmar essa proposta, Bianca será sua. Contudo, me perdoe: no caso de você morrer antes do velho, em que fica o tal dote?

Trânio – Isso é só uma hipótese: ele é velho, eu moço.

Grêmio – E os moços não morrem, só os velhos?

Batista – Bem, cavalheiros, eis minha resolução; como ouviram, minha filha Catarina casa-se no domingo que vem – assim, no domingo seguinte, Bianca será a sua noiva, se você me trouxer uma garantia. Se não, será do *Signior* Grêmio. E assim, senhores, eu me despeço, agradecido a ambos.

Grêmio – Adeus, bom vizinho. *[Sai Batista.]* Não pense que eu o temo, meu mocinho presunçoso. Seu pai seria um tolo se, na sua idade, lhe entregasse tudo e passasse a comer suas migalhas. Qual, uma piada! Uma velha raposa italiana não tem tanta bondade, meu garoto. *[Sai.]*

Trânio – Maldição sobre tua velha pele engelhada. Mas eu te enfrentarei com um belo trunfo. Minha obrigação é servir a meu senhor o melhor que puder. Assim, não vejo razão para que um falso Lucêncio não tenha um pai Vincêncio também falso. E aí está o espantoso: são os pais, normalmente, que geram e criam os filhos, mas, neste caso de amor, se não me falha o engenho, o filho dará à luz um pai. *[Sai.]*

TERCEIRO ATO

CENA I

Pádua. Aposento em casa de Batista. [Entram Lucêncio, Hortênsio e Bianca.]

LUCÊNCIO – Para com esse instrumento; que impertinência! Já esqueceu a maneira como Catarina o recebeu?

HORTÊNSIO – Seu brigão e pretensioso, esta é a padroeira da harmonia celeste! Portanto, é natural que a preferência seja minha. Depois que eu acabar minha hora de ensino musical, poderás dedicar um tempo igual a essas leituras.

LUCÊNCIO – Asno imbecil, que nunca leu sequer o bastante para saber por que motivo se inventou a música! Não foi, então, para aliviar o espírito do homem depois dos estudos ou de um trabalho árduo? Deixa-me ler filosofia e, quando eu parar, esteja pronto para servir a harmonia.

HORTÊNSIO – Rapaz, não pense que vou suportar sua insolência!

BIANCA – Como, senhores, me fazem dupla ofensa, discutindo uma primazia que depende só de mim; não estão ensinando a uma aluna de escola; não quero que me amarrem a horas ou horários. Desejo aprender minhas lições como mais me agradar. E para acabar a discussão, sentemo-nos aqui. Pegue seu alaúde e vá tocando; nossa leitura não demorará mais do que o tempo de afinar o instrumento.

HORTÊNSIO – Quando estiver afinado acabará a lição? *[Sai.]*

LUCÊNCIO – Então a lição não acabará nunca – vai afinando.

BIANCA – Onde tínhamos parado?

LUCÊNCIO – Aqui senhorita. *[Lê]*
    Hac ibat Simois – hic est Sigeia tellus;
    hic steterat Priami regia celsa senis.

BIANCA – Traduz.

LUCÊNCIO – *Hac ibat* – como lhe disse antes – *Simois* – eu sou Lucêncio, *hic est* – filho de Vincêncio de Pisa – *Sigeia tellus* – disfarçado assim para conseguir seu amor, *hic stetarat* – e esse Lucêncio que se apresenta como pretendente – *Priami* – é meu criado Trânio – *regia* –, que tomou o meu nome –, *celsa senis* – para que juntos pudéssemos enganar o velho pantalão.

HORTÊNSIO – *[Entrando.]* Senhora, o instrumento está afinado.

BIANCA – Vamos ouvir. *[Hortênsio toca.]* Oh, para! O agudo está desafinado.

LUCÊNCIO – Cospe na corda, amigo, e afina novamente.

BIANCA – Bem, deixe ver agora se consigo traduzir: *Hac ibat Simois,* eu não o conheço. – *Hic est Sigeia tellus*, não confio no senhor; – *Hic steterat Priami*, cuidado para que ele não nos ouça. – *Regia*, nada espere –; *celsa senis*, mas também não desespere.

HORTÊNSIO – Agora está bem afinado, senhorita.

LUCÊNCIO – Exceto o baixo.

HORTÊNSIO – O baixo está certo; o que destoa aqui é algo mais baixo. *[À parte.]* Como é atrevido e entusiasmado esse pedante! Por minha vida, que o canalha namora a minha namorada! Pedásculo, eu te vigiarei melhor que nunca.

BIANCA – Talvez eu venha a acreditar – agora desconfio.

LUCÊNCIO – Não desconfie: *Ajácida* também foi *Ajax* – assim chamado em nome do avô.

BIANCA – Devo acreditar no meu mestre, de outra forma, pode crer, ainda teria muito a indagar sobre esse ponto. Mas, paremos aqui. Agora, Lício, a sua vez; meus bons mestres, não levem a mal, por favor, que eu tenha gracejado com os dois, talvez demais...

HORTÊNSIO – *[A Lucêncio.]* Quer ir andando agora e nos deixar sozinhos um momento? Minhas lições não servem pra três vozes.

LUCÊNCIO – É tão formal assim, senhor? Bem, fico esperando *[À parte.]* – e vigiando – pois, salvo engano, o nosso belo músico está enamorado.

HORTÊNSIO – Senhorita, antes que pegue este instrumento para aprender a posição dos dedos, devo explicar os rudimentos desta arte. Para lhe ensinar a escala de maneira mais rápida, mais agradável, e mais eficiente do que poderia fazê-lo qualquer dos meus colegas, escrevi aqui meu método com a minha melhor letra.
BIANCA – Mas como? Já passei da escala há muito tempo!
HORTÊNSIO – Contudo, leia a escala de Hortênsio.
BIANCA – *[Lendo.]* "Escala": sou a magia que invade o silêncio. Para encantar o grande amor de Hortênsio:
B mi, Bianca, aceita-o como teu senhor.
C fa dó, porque te ama com imenso ardor.
D sol ré, pus em você meu ideal do mundo.
E lá mi, tem pena de mim, ou eu sucumbo.
E chama isto escala? Qual, não me agrada – prefiro ficar com a tradição; não sou leviana para trocar regras antigas por loucas invenções. *[Entra um Criado.]*
CRIADO – Senhora, seu pai pede que deixe os livros para ajudar na arrumação do quarto de sua irmã. Manda lembrar que amanhã é o dia do casamento dela.
BIANCA – Adeus, mestres queridos, a ambos; devo deixá-los. *[Saem Bianca e o Criado.]*
LUCÊNCIO – Se vai embora, senhorita, já não tenho motivo para ficar aqui. *[Sai.]*
HORTÊNSIO – Mas eu tenho muito para vigiar esse janota; tem todo o ar de quem está amando. Porém, minha Bianca, se és tão leviana que derramas olhares para qualquer embusteiro, pegue-te então quem quiser – basta outra vez eu te encontrar como encontrei aqui, que Hortênsio irá embora vingando-se de ti. *[Sai.]*

CENA II

O mesmo em frente à casa de Batista. [Entram Batista, Grêmio, Trânio, Catarina, Bianca, Lucêncio e outros com Criados.]

BATISTA – *[Para Trânio.]* Signior Lucêncio, é hoje o dia do casamento de Petrúquio e nem sabemos onde está meu genro. Que irão falar? Que zombaria não farão ao saber que o sacerdote aguarda e não há noivo para cumprir o cerimonial do enlace? Que diz Lucêncio diante dessa vergonha que passamos?

CATARINA – A vergonha é toda minha: obrigada a conceder a mão, contra a vontade, a um maluco estúpido e cheio de capricho que ficou noivo às pressas mas pretende casar bem devagar. Eu bem dizia que era um louco varrido, escondendo sentimentos vis sob a capa de um comportamento excêntrico. Para ter fama de engraçado é bem capaz de cortejar mil moças, marcar o dia dos enlaces, organizar as festas, convidar amigos e espalhar os proclamas; sem ter sequer intenção de casar com quem antes noivou. Agora o mundo pode apontar para a pobre Catarina e dizer: "Olhem, aí vai a mulher do doido Petrúquio se a Petrúquio lhe agradar voltar e se casar com ela".

TRÂNIO – Paciência, boa Catarina, e o senhor também, Batista. Por minha vida, as intenções de Petrúquio são honradas, seja qual for o azar que o impede de cumprir sua palavra – embora um tanto brusco, é mais do que sensato e, apesar de suas brincadeiras, é homem muito sério.

CATARINA – Ah, antes não o tivesse visto nunca! *[Sai chorando, seguida por Bianca e outros.]*

BATISTA – Vai, filha, vai; não posso censurá-la por chorar. Pois tal afronta envergonharia um santo, quanto mais um gênio impaciente como o seu. *[Entra Biondello.]*

BIONDELLO – Patrão! Patrão! Novidades! Velhas novidades e novidades tais como jamais ouviste.

BATISTA – Novidades velhas? Como pode ser isso?

BIONDELLO – Então não é novidade saber da chegada de Petrúquio?

Batista – Ele chegou?
Biondello – Não, senhor.
Batista – E então?
Biondello – Está chegando.
Batista – Quando estará aqui?
Biondello – Quando estiver onde eu estou e vir o senhor como o estou vendo.
Trânio – Mas, então, qual é tua velha novidade?
Biondello – Uah! Petrúquio vem com um chapéu novo e uma jaqueta velha – tem culotes três vezes revirados; um par de botas que já foram candelabros, uma de fivela, de cordão a outra; uma espada velha e enferrujada roubada do arsenal desta cidade, com o punho partido e a folha retorcida, quebrada em duas partes. Seu cavalo vem capengando sob uma velha sela corroída pelas traças, e de estribos desiguais. O animal sofre de gosma e de bicheiras; está cheio de sarna, infectado de escrófulas, gordo de tumores, coberto de perebas, amarelo de icterícia, rendado de varizes, roído de lombrigas, quase cego de vertigem. Tem a espinha arrebentada, as ancas deslocadas e é manco das duas mãos. Vem preso só com a metade de um freio e por uma rédea de couro de carneiro que, à força de ser puxada para impedir que ele caia, já arrebentou tanto que é só nó. A cilha foi remendada dez vezes e o selim de veludo é de mulher, cujo nome está lá em duas belas letras, gravadas com tachas, e aqui e ali cosidas com barbante.
Batista – Quem vem com ele?
Biondello – Oh, senhor, o lacaio, equipado tal qual o cavalo. Uma meia de linho numa perna e na outra uma perneira bem grossa com ligas de listas azuis e encarnadas; um chapéu velho e, em vez de plumas, uma divisa dizendo: "O humor de quarenta fantasias." Um monstro, um verdadeiro monstro em indumentária, sem qualquer semelhança com um criado cristão ou com o lacaio de um cavalheiro.
Trânio – Algum capricho estranho o leva a se vestir assim, embora, o mais das vezes, não ande bem trajado.

Batista – Estou satisfeito que ele chegue, venha como vier.

Biondello – Mas, senhor, ele não vem.

Batista – Mas você não disse que ele vinha?

Biondello – Quem, Petrúquio?

Batista – Sim, que Petrúquio vinha.

Biondello – Não, senhor; eu disse que vinha era o cavalo... com Petrúquio às costas.

Batista – Ora bolas, dá tudo no mesmo.

Biondello – Por Tiago, o santo,
dinheiro eu lhe garanto,
que homem e cavalo
somam mais que um
e, porém, não tanto.

[Entram Petrúquio e Grúmio.]

Petrúquio – Vamos, vamos, onde estão esses elegantes? Ninguém em casa?

Batista – Seja bem-vindo, senhor.

Petrúquio – Contudo não venho bem.

Batista – Contudo não está capenga.

Trânio – Nem tão bem-vestido quanto eu gostaria.

Petrúquio – Estaria melhor, não fosse a pressa de chegar. Mas, onde está Cata? Onde se encontra minha noiva encantadora? Como vai, meu pai? Cavalheiros, tanta cara feia! Olham para esta agradável companhia como se contemplassem um monumento estranho, algum cometa ou um prodígio fora do comum!

Batista – Ora, senhor, não ignora que hoje é o dia do seu casamento. Antes estávamos tristes, temendo que não aparecesse. E eis-nos ainda mais tristes, por vê-lo em tal estado. Arre! Tire esse traje, vergonha deste dia, dolorosa visão nesta solene cerimônia!

Trânio – E conte-nos que assunto de tal magnitude o manteve tão longo tempo afastado da esposa e agora o traz como um desconhecido.

PETRÚQUIO – Seria tedioso de contar, duro de ouvir; basta saber que vim cumprir minha palavra, embora forçado a falhar em alguns pontos, dos quais, com mais vagar, eu lhes darei desculpas que sei satisfatórias. Mas, onde está Cata? Permaneci sem ela tanto tempo! A manhã se gasta – já era tempo de estarmos na igreja.

TRÂNIO – Não se apresente à sua noiva em roupas tão irreverentes. Vá ao meu quarto e vista roupas minhas.

PETRÚQUIO – Não eu, pode crer. Vou vê-la assim mesmo.

BATISTA – Mas, espere, não irá se casar vestido assim.

PETRÚQUIO – Exatamente, exatamente assim – portanto, basta de palavras – ela casa comigo, não com minhas roupas. Pudesse eu consertar tudo que Cata tornará usado em Petrúquio, com a mesma facilidade com que posso trocar estes andrajos, seria bom pra ela e melhor pra mim. Mas que insensato sou – fico aqui conversando, quando devia ir dar bom dia à minha amada, selando o nosso compromisso com um beijo ardente. *[Saem Petrúquio e Grúmio.]*

TRÂNIO – Deve ter suas razões para esse traje doido – mas, se possível, nós o convenceremos a vestir-se melhor, antes de ir à igreja.

BATISTA – Vou atrás dele, ver o que acontece. *[Saem Batista, Grêmio e Criados.]*

TRÂNIO – Mas, senhor, ao amor que ela lhe tem, devemos juntar a permissão do pai. A fim de consegui-la, como já disse antes a V. Senhoria, vou arranjar um homem – seja qual for, sua habilidade não importa, pois nós o instruiremos com cuidado – que represente ser Vincêncio de Pisa; e dê, aqui em Pádua, garantias de bens inda maiores do que eu prometi. Assim se cumprirá sua esperança e, com o consentimento do pai, poderá desposar a doce Bianca.

LUCÊNCIO – Se o meu companheiro professor não vigiasse tão de perto os passos de Bianca, bem que poderíamos realizar em segredo o nosso casamento. E, uma vez realizado, ainda que todo o mundo estivesse contra o fato, o fato existiria, ela seria minha.

Trânio – Para alcançar o nosso objetivo devemos avançar aos poucos. Botaremos de lado o barbudo grisalho, o velho Grêmio, o pai Minola que não enxerga muito, e o músico finório, esse amoroso Lício. Tudo em favor de meu senhor, Lucêncio. *[Entra Grêmio.]* Senhor Grêmio, está vindo da Igreja?

Grêmio – Com o mesmo prazer com que vinha da escola.

Trânio – E os recém-casados também vêm para casa?

Grêmio – Falou recém-casados? Ela devia se chamar recém-caçada, pois entregaram a moça a uma fera!

Trânio – Pior que ela? Vamos, é impossível!

Grêmio – Ora! Ele é um demônio, é um demônio, o próprio cão!

Trânio – Ora! Ela é um demônio, é um demônio, a fêmea do demônio.

Grêmio – Nem diga isso, ela é uma ovelha, uma pomba, uma tolinha diante dele. Eu lhe conto, senhor Lucêncio; quando o padre perguntou se aceitava Catarina como esposa, ele gritou: "Sim, pelas chagas do diabo!" E começou a praguejar tão alto que o padre, em seu espanto, deixou cair o livro. E, quando se curvava pra apanhá-lo, o noivo, ensandecido, lhe desferiu tal trompaço que lá se foi ao chão o padre e o livro, o livro e o padre: "Agora que os levante" – gritou ele – "quem tiver coragem."

Trânio – E que disse a moça ao levantar-se o padre?

Grêmio – Tremia e se sacudia, pois o noivo não parava de rugir e praguejar como se o padre quisesse tapeá-lo. E, ao ver a cerimônia terminada ele gritou por vinho: "À saúde de todos", como se estivesse a bordo, berrando aos companheiros depois da tempestade. Bebeu um golão de moscatel e atirou todo o resto na cara do sacristão pela simples razão de que sua barba rala pareceu-lhe tão seca que implorava um trago. Feito o que, segurou a mulher pelo cangote e beijou-a nos lábios com tal fúria que, ao se separarem, o estalo ecoou em toda a igreja. Vendo isso escapei envergonhado e, atrás de mim, estou certo, todos que estavam lá. Um casamento doido como esse, tenho a impressão que nunca houve antes. Escuta! Escuta! Já se aproximam os menestréis tocando. *[Música. Entram Petrúquio, Catarina, Bianca, Batista e Grúmio, com Hortênsio e o Séquito.]*

PETRÚQUIO – Cavalheiros e amigos, eu lhes agradeço por terem se incomodado em vir até aqui; sei que pensavam jantar comigo hoje e para isso preparamos majestoso banquete. Acontece, porém, que a pressa me chama para longe e, assim, aproveito o momento e me despeço.

BATISTA – Mas, pelo menos, não é possível deixar para ir à noite?

PETRÚQUIO – Devo partir com o dia, antes que a noite chegue. Não se espante; se o senhor soubesse dos meus negócios, pediria que eu partisse mais depressa. Assim, honrada companhia, agradeço a todos que assistiram ao ato de entregar-me à mais paciente, carinhosa e virtuosa esposa; jantem com meu pai, bebam à minha saúde. Tenho de ir embora. A todos digo adeus.

TRÂNIO – Permita-me rogar-lhe que fique, só até o jantar.

PETRÚQUIO – Não pode ser.

GRÊMIO – Permita que eu lhe peça.

PETRÚQUIO – Não pode ser.

CATARINA – Eu lhe rogo também.

PETRÚQUIO – Isso muito me agrada.

CATARINA – Agrada-lhe ficar?

PETRÚQUIO – Agrada que me rogue, mas eu não ficaria nem que você rogasse tudo de que é capaz.

CATARINA – Bem, se me ama mesmo, fique.

PETRÚQUIO – Grúmio, o cavalo!

GRÚMIO – Sim, senhor – um momentinho só. A aveia devorou os cavalos.

CATARINA – Pois bem, faça o que bem entender, mas eu não parto hoje. Nem hoje, nem amanhã – só quando me agradar. A porta, senhor, está aberta; o seu caminho, livre. Pode trotar enquanto tiver forças. Quanto a mim, só partirei na hora que quiser. É bem da sua espécie tamanha grosseria e o prova comportando-se assim logo de início.

Petrúquio – Oh, Cata, acalme-se; eu lhe peço, não se enfureça.

Catarina – Não me enfureço? Que tem o senhor com isso? Fique tranquilo, pai; ele não partirá até que eu mande.

Grêmio – Xi, senhor, agora é que são elas!

Catarina – Cavalheiros, todos para o banquete nupcial; ah, como fazem de boba uma mulher, se ela não tem coragem para resistir!

Petrúquio – Eles vão ao banquete, Cata, porque ordenas. Obedeçam à noiva, todos que aqui estão. Festejem, divirtam-se, embriaguem-se; que não haja limites na orgia em louvor de sua virgindade. Fiquem loucos ou alegres ou vão para o diabo. Quanto à minha noivinha, parte comigo. Não, não arregalem os olhos, não batam os pés, não rilhem os dentes, não espumem; quero ser dono do que me pertence. Ela é os meus bens, minha fortuna, minha casa, minha mobília, meu campo, meu celeiro, meu cavalo, meu boi, meu burro, meu tudo que existe. E aqui está ela, quem ousar que a toque. Mostrarei quem sou ao vaidoso que atravessar meu caminho para Pádua. Grúmio, desembainha a espada – estamos cercados de larápios! Se és um homem, protege tua senhora. Não tenha medo, meiga jovem; ninguém terá coragem de tocá-la. Eu a protegerei contra um milhão. *[Saem Petrúquio, Catarina e Grúmio.]*

Batista – He! É melhor deixar que parta esse casal tranquilo.

Grêmio – Se não partissem logo eu ia estourar de rir.

Trânio – Nunca vi casal mais doido.

Lucêncio – Senhorita, que opinião me dá de sua irmã?

Bianca – Como ela própria é louca, casou-se loucamente.

Grêmio – Pois eu garanto que Petrúquio está catarinado.

Batista – Vizinhos e amigos, embora o noivo e a noiva estejam ausentes, não há, na festa, falta de doçura. Lucêncio, tome o lugar do noivo e ofereça a Bianca o lugar da irmã.

Trânio – A formosa Bianca vai ensaiar de noiva?

Batista – Sim, Lucêncio. Por favor, cavalheiros. *[Saem.]*

QUARTO ATO

CENA I

Casa de campo de Petrúquio.

GRÚMIO – *[Entra.]* Danem-se, danem-se todos os cavalos fatigados, todos os patrões malucos, todos os caminhos lamacentos! Existiu jamais um homem tão cansado? Houve jamais um homem mais moído? Alguém já viu um homem mais emporcalhado? Mandam-me na frente pra que acenda o fogo e vêm vindo atrás pra se esquentarem. Ah, se eu não fosse um vaso bem pequeno, que esquenta depressa, meus lábios gelados se colariam aos dentes, a língua ao céu da boca, e o coração ao estômago, antes de encontrar um fogo pra me derreter. Mas agora, enquanto sopro o fogo, vou aquecendo o corpo; com esse tempo, mesmo um homem maior acabaria resfriado. Ó de casa! Olá! Curtis! *[Entra Curtis.]*

CURTIS – Quem grita de maneira tão gelada?

GRÚMIO – Um pedaço de gelo; se duvida, podes deslizar de minha cabeça aos meus pés. Uma lareira, bom Curtis.

CURTIS – Meu amo e a esposa vêm chegando?

GRÚMIO – Oh, claro, Curtis, claro! Portanto, fogo, fogo! E não bota água na fervura.

CURTIS – Ela é uma megera tão terrível quanto dizem?

GRÚMIO – Era, amigo Curtis, antes da nevada! Mas você bem sabe que o inverno amansa o homem, a mulher e a fera; este amansou meu antigo patrão, minha nova patroa e a mim mesmo, camarada.

CURTIS – E eu sei lá, anão maluco? Eu não sou fera!

GRÚMIO – E eu sou anão? Tens razão – sou bastante menor do que teus chifres. Mas vai acender essa lareira ou devo me queixar logo à patroa para que sintas o agradável calor de sua mão?

Curtis – Vamos lá, meu bom Grúmio, conta aí... como é que vai o mundo?

Grúmio – Um mundo frio, Curtis, exceto para ti, no teu trabalho. Vamos, esquenta o mundo! Cumpre teu dever, que terás teu direito; o patrão e a patroa estão mortos de frio.

Curtis – Pronto, aí está o fogo. E agora, Grúmio, as novidades?

Grúmio – Tré-lé-lé, tré-lé-lé, tenho notícias a dar com o pé.

Curtis – Vamos, espirra logo!

Grúmio – Não é difícil; pois peguei um resfriado imenso. Onde está o cozinheiro? O jantar está pronto, a casa arrumada, as esteiras postas, as aranhas mortas, os criados com os trajes novos, meia branca, e todos os demais em roupa de gala? Está tudo em ordem?

Curtis – Tudo pronto. E assim sendo – às notícias.

Grúmio – Saibas primeiro que meu cavalo arrebentou – o patrão e a patroa foram ao chão.

Curtis – Como?

Grúmio – Das selas foram parar na lama; aí toda uma história.

Curtis – Conta, Grúmio, conta.

Grúmio – Apronta o ouvido.

Petrúquio – Sou todo ouvidos.

Grúmio – Toma! *[Dá-lhe um tapa.]*

Curtis – Isso é sentir uma história, não ouvi-la.

Grúmio – É justamente pra que você sinta melhor a história – dei-lhe o tapa para abrir-lhe as portas da audição. Agora começo: *Imprimis*, íamos descendo uma ladeira enlameada, o patrão na traseira da patroa...

Curtis – No mesmo cavalo?

Grúmio – Que te importa isso?

Curtis – Mas, ao cavalo...

Grúmio – Então conta você a história. Não tivesse você me interrompido e eu lhe teria contado como o cavalo caiu e ela embaixo dele; teria também sabido em que lamaçal nojento; como ela ficou enlameada; como ele nem ligou que o cavalo estivesse em cima dela; como ele me bateu culpando-me pela queda do animal; como ela se atolou no lamaçal para vir arrancar-me das mãos dele; como ele praguejava; como ela implorava, ela que nunca implorou nada; como eu chorava; os cavalos fugiram; como se arrebentaram as rédeas do cavalo dela; como perdi o meu rebenque – e muitas outras coisas dignas de memória que, agora, cairão no esquecimento – é uma experiência a menos com que você baixará à sepultura.

Curtis – Pelo que ouço ele é mais feroz que ela.

Grúmio – Ora! Você e o mais atrevido de todos vocês verão, assim que ele chegar. Mas por que falar disso? Chama Nataniel, José, Nicolau, Walter, "Torrão de Açúcar", todo mundo. Que estejam bem penteados, a jaqueta azul bem escovada e com ligas de cores variadas. Que cumprimentem dobrando a perna esquerda e não ousem tocar num fio da cauda do cavalo de meu amo antes de beijarem a mão dos noivos. Estão todos prontos?

Curtis – Prontos.

Grúmio – Chama-os então.

Curtis – Olá, estão ouvindo? Temos que ir ao encontro do patrão para apresentar nossos respeitos à patroa.

Grúmio – Ela já tem respeito próprio.

Curtis – E quem não sabe disso?

Grúmio – Você, parece, pois reúne um grupo para lhe apresentar respeitos.

Curtis – Queremos demonstrar o quanto nos é cara.

Grúmio – Mas, mas ela não vem aqui para saber quanto custa.
[Entram quatro ou cinco Criados.]

Nataniel – Bem-vindo, Grúmio!

Filipe – Como vai, Grúmio?

José – Que é que há, Grúmio?

Nicolau – Grúmio, camarada!

Nataniel – Como é que é, meu velho?

Grúmio – Bem-vindo, você! Como vai, você! Que é que há, você! Camarada, você – chega de cumprimentação. E então, afetados companheiros, está tudo pronto, tudo limpo?

Nataniel – Tudo pronto. A que distância se encontra o nosso amo?

Grúmio – Mais perto do que pensa; saltando do cavalo. Portanto, não procure... Pelo Galo da Paixão, silêncio! Ouço o patrão! *[Entram Petrúquio e Catarina.]*

Petrúquio – Onde está a canalha? Então, ninguém na porta para me segurar o estribo e pegar meu cavalo? Onde estão Nataniel, Gregório, Filipe?

Todos os criados – Aqui, aqui, senhor, aqui, senhor.

Petrúquio – Aqui, senhor! Aqui, senhor! Aqui, senhor! Aqui, senhor! São todos insolentes e grosseiros! Ninguém me espera, ninguém presta atenção, não há obrigações? Onde está o canalha imbecil que enviei na frente?

Grúmio – Aqui, senhor – tão imbecil quanto antes.

Petrúquio – Criado grosseirão e vagabundo! Seu filho de uma égua engalicada, eu não mandei que fosses me encontrar no parque e que levasses contigo esses patifes?

Grúmio – O casaco de Nataniel não estava pronto, senhor, e os sapatos de Gabriel desprendiam-se dos saltos. Não havia com que pintar o chapéu de Pedro, e a espada de Walter estava no armeiro. Só havia, bem trajados, Adão, Ralph e Gregório – os outros, esfarrapados, velhos, miseráveis. Contudo, como estavam, aqui estão. Vieram recebê-lo.

Petrúquio – Anda, canalha! Tragam logo a ceia. *[Saem Criados. Canta.]*

    Onde está a vida que levei um dia –
    onde estão aqueles...

Senta, Cata, senta, sê bem-vinda, Puf. Puf. Puf. *[Entram Criados com a ceia.]* Como, quando, acabem com isso! Ah, bela Cata, um

pouco mais alegre. Tirem minhas botas, patifes! Excomungados, vocês verão! *[Canta.]*
    Um frade de traje cinzento
    que fugia de um convento – ...
Fora, desgraçado! Me arrancou o pé. *[Bate.]* Toma! Vê se com esta aprendes a tirar a outra. Um sorriso, Cata. Tragam água aqui. Como, hã! Onde está meu perdigueiro Troilo? Vai correndo, velhaco, e traz aqui o primo Ferdinando. *[Sai Criado.]* É uma pessoa que você deve beijar e cultivar, suave Cata. Onde estão meus chinelos? Não vão trazer a água? *[Entra Criado com água.]* Vem, Cata, lava-te aí. És bem-vinda de todo coração. Ah, vilão, filho sem mãe. Deixas cair... *[Bate-lhe].*

CATARINA – Paciência, eu lhe peço; foi sem querer.

PETRÚQUIO – É um orelhudo, um cabeçudo, um filho de uma vaca! Vamos, Cata, senta. Deves estar com fome. Você dá graças a Deus ou eu o faço? Que coisa é esta; carneiro?

PRIMEIRO CRIADO – Sim, senhor.

PETRÚQUIO – Quem o trouxe?

PEDRO – Eu.

PETRÚQUIO – Está queimado – e todo o resto também. Que cachorros! Onde anda o animal do cozinheiro? Como ousaram, canalhas, trazer isto da cozinha, e servir-me, esperando que eu gostasse? Vamos, levem tudo daqui, copos, pratos, tudo! *[Atira tudo sobre eles.]* – Negligentes, imundos, escravos sem maneiras! Como? Resmungam? Pois já nos encontramos. *[Saem os Criados.]*

CATARINA – Marido, por favor, não fique tão raivoso. A carne estava boa; bastava que tivesse tolerância.

PETRÚQUIO – Eu disse, Cata, estava queimada e ressequida, e eu me acho expressamente proibido de tocar em comida assim, pois transmite o cólera e aumenta a ira. Portanto, acho melhor nós jejuarmos ambos, pois já temos, de natural, tamanha cólera, que não convém alimentá-la mais com carne mal-assada. Tem paciência, que amanhã tudo estará remediado. Esta noite, porém,

jejuaremos juntos. Vem, quero levar-te à câmara matrimonial. *[Saem. Vão entrando os Criados.]*
NATANIEL – Pedro, você já tinha visto coisa parecida?
PEDRO – Quer afogá-la em seu próprio molho. *[Entra Curtis.]*
GRÚMIO – Onde está ele?
CURTIS – No quarto dela, fazendo-lhe um sermão de abstinência; injuria e blasfema e ruge tanto que ela, a pobrezinha, não sabe onde ficar, aonde olhar, o que falar. Parece uma pessoa que acabou de despertar de um sonho. Vamos, vamos, aí vem ele. *[Saem. Entra Petrúquio.]*
PETRÚQUIO – Assim, com muita astúcia, começo meu reinado e espero terminá-lo com sucesso. Meu falcão agora está faminto, de barriga vazia. E, enquanto não ficar bem amestrado, não mandarei matar a sua fome. Assim, aprenderá a obedecer ao dono. Outra maneira que tenho de amansar meu milhafre, de ensiná-lo a voltar e a conhecer meu chamado, é obrigá-lo à vigília como se faz com os falcões que bicam e batem as asas para não obedecer. Ela não comeu nada hoje, nem comerá. Não dormiu a noite passada, também não dormirá esta. Como fiz com a comida hei de encontrar também algum defeito na arrumação da cama. Atirarei pra cá o travesseiro, pra lá as almofadas, prum lado o cobertor, para outro os lençóis. Ah, e no meio de infernal balbúrdia não esquecerei de mostrar que faço tudo por cuidado e reverência a ela. Concluindo, porém – ficará acordada a noite inteira. E se, por um acaso, cochilar, me ponho aos gritos e aos impropérios, com tal furor que a manterei desperta. Assim se mata uma mulher com gentilezas. Assim eu dobrarei seu gênio áspero e raivoso. Se alguém conhece algum modo melhor de domar uma megera, tem a palavra. *[Sai.]*

CENA II

Pádua, diante da casa de Batista. [Entram Trânio e Hortênsio.]

TRÂNIO – Será possível, amigo Lício, que Bianca ame a outro que não Lucêncio? Eu lhe garanto, senhor, que ela me tem tratado às maravilhas.

HORTÊNSIO – Senhor, para o convencer do que narrei, basta ficar de lado e observar a maneira dele lecionar. *[Ficam de lado. Entram Bianca e Lucêncio.]*

LUCÊNCIO – Então, senhorita, aproveitou bem sua leitura?

BIANCA – E o senhor, mestre, o que lê? Responda-me primeiro.

LUCÊNCIO – Leio o que ensino: a arte de amar.

BIANCA – E nessa, professor, é realmente um mestre!

LUCÊNCIO – Oh, suave amada, nesse tipo de lição, só é mestre o coração.

HORTÊNSIO – Vão depressa, sim senhor! Diga-me agora: continua a jurar que sua adoradinha não ama a mais ninguém como ama a Lucêncio?

TRÂNIO – Oh, amargurante amor, eterna inconstância feminina! Eu lhe confesso, Lício, isso é espantoso!

HORTÊNSIO – Basta de enganos. Eu não sou Lício, nem sou músico, como finjo ser. Sou apenas um homem envergonhado de usar este disfarce por uma mulher que deixa um cavalheiro e diviniza um biltre. Saiba, senhor, meu nome é Hortênsio.

TRÂNIO – *Signior* Hortênsio, ouvi falar bastante de sua enorme afeição por essa moça. E, como meus olhos foram testemunhas da ligeireza dela, me ponho a seu lado – se assim o permitir, para que abjuremos juntos esse amor – para sempre.

HORTÊNSIO – Veja como se beijam e acariciam! *Signior* Lucêncio, eis aqui minha mão, e aqui o firme juramento de jamais voltar a cortejá-la; pelo contrário, desprezá-la por ser indigna de qualquer dos favores com que, apaixonadamente, eu a lisonjeava.

Trânio – E eu também, solenemente, me comprometo a não casar com ela, mesmo que me suplique desvairada. Basta com ela! Veja a maneira animal como o acaricia!

Hortênsio – Gostaria que o mundo inteiro, menos ele, a abandonasse! Quanto a mim, para melhor cumprir meu juramento, casar-me-ei nos próximos três dias com uma viúva, que me ama tanto quanto amei essa mulher ruim e presunçosa. Adeus, *Signior* Lucêncio. À bondade das mulheres, e não à bela aparência, entregarei agora o meu amor. Parto decidido a cumprir meu juramento. *[Sai Hortênsio. Avançam Lucêncio e Bianca.]*

Trânio – Senhorita Bianca, abençoada seja pela graça que cobre os amantes venturosos. Ah, peguei-a num momento de descuido, amor gentil! Renunciamos a seu amor, eu e Hortênsio.

Bianca – Está brincando, Trânio? Isso é verdade?

Trânio – Verdade, senhorita.

Lucêncio – Então, estamos livres de Lício.

Trânio – Eu o garanto. Arranjou uma viúva generosa, com quem pensa noivar e se casar num dia.

Bianca – Deus lhe dê alegria.

Trânio – Sim, mas terá de domá-la.

Bianca – É o que ele pensa, Trânio.

Trânio – É o que pretende, pois entrou para a escola de domação.

Bianca – Escola de domação! Existe tal lugar?

Trânio – Sim, senhor, e Petrúquio é o professor,
      que ensina truques mil, com que deixar uma megera muda
      e enfeitiçar a fera linguaruda.
[Entra Biondello.]

Biondello – Oh, patrão, patrão, vigiei tanto tempo! Estou cansado como um cão. Mas afinal descobri um anjo velho que vem descendo o morro. Acho que serve.

Trânio – Quem é ele?

Biondello – Patrão, parece um mercador, talvez um professor, não sei; as roupas são discretas e, no jeito e na cara, é um verdadeiro pai.

Lucêncio – E, agora, Trânio?

Trânio – Se acreditar na minha história ficará contente em poder passar como Vincêncio, e, como tal, oferecer a Batista as garantias que este exige. Vá com sua namorada. Deixe-me sozinho.

[Saem Lucêncio e Bianca. Entra o Professor.]

Professor – Deus o guarde, senhor!

Trânio – E ao senhor também. Seja bem-vindo. Ainda vai para mais longe ou já chegou ao extremo da viagem?

Professor – Vou me deter aqui uma semana ou duas e continuo, então, na direção de Roma. Pretendo ir até Trípoli, Deus me empreste vida.

Trânio – E, por favor, qual é sua cidade?

Professor – Eu sou de Mântua.

Trânio – Mântua, senhor? Deus não o permita! E vem, assim, a Pádua, arriscando a vida?

Professor – A vida? Explique como, senhor! Isso me assusta!

Trânio – Qualquer cidadão de Mântua achado aqui está sob pena de morte. Quer saber a causa? Os navios de Mântua foram apreendidos em Veneza e o duque, por uma questão pessoal com o Duque de Mântua, fez publicar e proclamar tal decisão em toda parte. É de admirar – não fosse estar chegando agora mesmo – que ainda não tenha ouvido alguém falando nisso.

Professor – Ai, senhor, para mim é ainda pior do que parece, pois trago letras de câmbio de Florença que deveria descontar aqui.

Trânio – Bem, amigo, para lhe ser gentil eu o ajudo. Diga-me antes, porém; já esteve em Pisa alguma vez?

Professor – Sim, senhor, já estive em Pisa muitas vezes. Pisa é famosa pela seriedade dos seus cidadãos.

Trânio – Entre eles, por acaso, conheceu um tal Vincêncio?

Professor – Não conheci, mas ouvi falar nessa pessoa; um mercador com uma fortuna incalculável.

Trânio – Pois é meu pai – e pode crer que, de rosto, pelo menos, se parece bastante com o senhor.

Biondello – *[À parte.]* Como uma ostra e um cavalo manco.

Trânio – Para salvar-lhe a vida neste apuro, lhe darei proteção, por amor de meu pai. Já vê assim que não é pequena a sorte de parecer-se tanto com Vincêncio. Dele lhe emprestarei o nome e o crédito. E terá amistosa acolhida em minha casa. É só cuidar para que os outros não suspeitem – sei que me compreende. Assim poderá demorar nesta cidade até resolver os seus negócios. Se vale a cortesia, senhor, queira aceitá-la.

Professor – Claro que aceito, amigo! E para sempre passo a considerá-lo o protetor de minha vida e liberdade.

Trânio – Então, venha comigo, a fim de preparar o necessário. Mas, ah, devo avisá-lo de que meu pai é esperado aqui a todo instante para garantir o dote de meu casamento com a filha de um certo Batista. Depois lhe explicarei isso em detalhe. Venha comigo, senhor, para se vestir como convém. *[Saem.]*

CENA III

Um quarto em casa de Petrúquio. [Entram Catarina e Grúmio.]

Grúmio – Não, não me atrevo. Por minha vida, não!

Catarina – Quanto pior me trata, mais se irrita. Parece que se casou comigo pra me matar de fome. Mendigos que batem à porta de meu pai recebem sempre esmola; e quando não, logo adiante encontram caridade. Eu, porém, que nunca implorei nada em minha vida, nem a implorar me vi forçada nunca, estou aqui faminta e tonta de sono. As pragas dele conservam-me acordada e, com seus gritos, me crê alimentada. E o que me irrita mais do que isso tudo é que ele o faz em nome de um amor perfeito. Como se o alimento ou o sono pudessem me causar mortal doença ou mesmo a própria morte. Por favor, traga-me alguma coisa de comer, não importa o que, estando em bom estado.

GRÚMIO – Gostaria de um pernil de vitela?

CATARINA – É mais do que eu desejo. Me traga, por favor.

GRÚMIO – Receio que transmita o cólera. Que tal uma bela tripa, ricamente assada?

CATARINA – Acho excelente! Bom Grúmio, traz depressa!

GRÚMIO – Não, não; receio que tenha o cólera também. Que diria de uma fatia de carne com mostarda?

CATARINA – É um prato que adoro.

GRÚMIO – É. Mas a mostarda é um pouquinho quente demais.

CATARINA – Então me traz a carne e esquece essa mostarda.

GRÚMIO – Não, isso eu não faço; se não comer a mostarda, Grúmio não lhe dará a fatia de carne.

CATARINA – Então traz ambos, um dos dois, qualquer um, qualquer coisa.

GRÚMIO – Nesse caso, então, a mostarda sem a carne.

CATARINA – Sai! Desaparece daqui, escravo falso e traidor *[Bate nele.]*, que pensa alimentar-me apenas com o nome das comidas. Que sejas tu maldito e toda a tua malta que assim se vangloria de me ver sofrendo. Sai, some, eu já disse! *[Entram Petrúquio e Hortênsio, trazendo carne.]*

PETRÚQUIO – Como vai minha Cata? Oh, doçura, está abatida.

HORTÊNSIO – Como se sente senhora?

CATARINA – É impossível me sentir mais fria.

PETRÚQUIO – Alegria, Cata, olha sorrindo para mim. Vê, amor, aqui está a prova da minha atenção para contigo. Eu mesmo preparei a carne, eu mesmo a trouxe. Estou certo, querida, que essa bondade merece um elogio. Como? Não me dizes nada? Ah, será então porque não gostas desse prato? Não valeu nada o meu esforço todo. Você aí, leve esse prato!

CATARINA – Eu lhe peço que o deixe.

Petrúquio – O mais humilde trabalho merece um obrigado. Aqui espero o meu, antes que você toque na carne.

Catarina – Muito obrigada, senhor.

Hortênsio – Que vergonha, *Signior* Petrúquio. Fora! Venha, senhora Catarina, eu lhe farei companhia.

Petrúquio – *[À parte, a Hortênsio.]* Devora tudo, Hortênsio, se me tens estima. *[A Catarina.]* Que isso traga calor a teu bom coração. Come tranquila, Cata. E agora, doce amada, voltaremos à casa de teu pai para fazer-te estourar na maior alegria, com teus mantos de seda, chapéus, anéis de ouro, punho, golas, espartilhos, coisas. Com estolas, leques, braceletes de âmbar, pedrarias, uma magnificência duplicada. Como, já acabaste? O alfaiate está aí fora a teu dispor para cobrir teu corpo com seu tesouro de futilidades. *[Entra Alfaiate.]* Vem, alfaiate. Vejamos essas bugigangas. Estende esse vestido. *[Entra Mascate.]* Que novidades traz o cavalheiro?

Mascate – Este chapéu que V. Senhoria encomendou.

Petrúquio – Isso? Foi inspirado numa frigideira? É uma bela terrina de veludo. Ora! Ora! É indecente e feio. É um caramujo, uma casca de noz, um gorro de criança, uma brincadeira de mau gosto, uma bobagem. Bota isso fora. Mostra-me um maior.

Catarina – Eu não quero um maior! A moda é essa! É o que usam as mulheres de gosto delicado.

Petrúquio – Então ganharás um – quando tu fores delicada.

Hortênsio – *[À parte.]* Penso que não vai ser tão cedo.

Catarina – Bem, cavalheiro, acho que tenho o direito de falar – e vou falar. Não sou criança, não sou bebezinho; gente melhor do que o senhor tem me dado atenção quando digo o que penso. Se não quiser ouvir, tape os ouvidos. Minha língua vai expressar o ódio do meu peito porque, se me contenho um pouco mais, meu coração estoura. E para evitar isso usarei das palavras com liberdade extrema, como tanto me agrada.

Petrúquio – Mas claro! Tu tens toda razão; é um capuz horroroso, uma forma de bolo, uma torta de seda. Amo-te mais ainda por não gostares disso.

Catarina – Ame ou não ame, pouco importa – eu gosto do chapéu. E eu fico com esse ou fico sem nenhum.

Petrúquio – O teu vestido? Ah, sim, chega aqui, alfaiate, e mostra a roupa. Deus da misericórdia, que fantasia é essa? E isto aqui? Uma manga? Parece mais a boca de um canhão. E isto, que vem de cima a baixo, bordado como um bolo de noivado? E aqui este buraco, este babado, esse corte, esta abertura e esse pano todo furadinho como braseiro de barbearia? O que e como, em nome do demônio, você chama isto?

Hortênsio – *[À parte]* Pelo que vejo, o chapéu vai combinar com a roupa – ela não ganhará nem um nem outro.

Alfaiate – A ordem que o senhor me deu foi de cortá-lo de acordo com o tempo e a moda.

Petrúquio – Hum, é certo; mas se estás bem lembrado não mandei que estragasses a fazenda só porque é moda. Vai, volta para o lugar de onde vieste e trata de saltar todos os obstáculos do caminho, antes que eu te obrigue a isso. Não quero nada disso, fora!

Catarina – Nunca vi um vestido mais bem-feito, mais belo, agradável e elegante. Tenho a impressão de que deseja me transformar numa boneca.

Petrúquio – É isso! Ele deseja te transformar numa boneca.

Alfaiate – Ela diz que V. Senhoria é que deseja transformá-la numa boneca.

Petrúquio – Oh, arrogância monstruosa! Tu, mentira, tu dedal, tu novelo, tu jarda, meia jarda, polegada, zero! Tu pulga, tu piolho, tu grilo de inverno, tu! Desafiado em minha própria casa por um carretel de linha! Some, trapo, quantidade ínfima, resto! Ou queres ser medido com tua própria régua a fim de não esqueceres jamais esta velhacaria? Repito: foste tu que estragaste a roupa dela.

Alfaiate – V. Senhoria se engana; o traje foi feito exatamente como ordenou o patrão. Grúmio foi quem me encomendou como fazê-lo.

Grúmio – Eu não encomendei; entreguei o pano.

ALFAIATE – Mas não disse, então, como devíamos fazê-lo?

GRÚMIO – Sim, claro, com agulha e linha.

ALFAIATE – Mas não mandou cortá-lo?

GRÚMIO – Já tomaste a medida a muita gente?

ALFAIATE – Já.

GRÚMIO – Pois a minha medida ninguém toma. Já provaste também muitos fregueses, mas a mim ninguém prova. Não quero ser medido nem provado. Digo e na cara: ordenei a teu patrão que cortasse a fazenda, mas não em mil pedaços; *ergo*, mentes.

ALFAIATE – Bem, como prova do que eu disse, aqui está a nota da encomenda.

PETRÚQUIO – Lê.

ALFAIATE – *[Lê.]* Imprimis, um vestido folgado...

GRÚMIO – Patrão, se eu jamais falei em vestido folgado, quero que me cosam dentro dele e me espanquem até a morte com uma trança de fibra bem dura. Eu disse: "um vestido".

PETRÚQUIO – Segue.

ALFAIATE – *[Lê.]* Com um grande decote arredondado.

GRÚMIO – O decote eu confesso.

ALFAIATE – *[Lê.]* Uma manga comprida...

GRÚMIO – Eu ordenei duas mangas.

ALFAIATE – *[Lê.]* As mangas artisticamente recortadas.

PETRÚQUIO – Eis aí a safadeza.

GRÚMIO – Há um erro na carta, senhor; erro na carta. Eu ordenei que recortassem as mangas, e depois cosessem-nas de novo. E vou lhe provar isso, mesmo que ele me ataque armado de dedal.

ALFAIATE – O que eu disse é verdade; e, se te pego num lugar a jeito, tu vais concordar.

GRÚMIO – Estou às tuas ordens.

PETRÚQUIO – Em resumo, senhor, o vestido não me serve.

GRÚMIO – Mas, evidentemente, patrão; por que não o experimenta na senhora?

Petrúquio – Leva o vestido e diz a teu patrão que o use como achar melhor.

Grúmio – Não faz isso, patife, se tens amor à vida; levar o vestido de minha patroa para ser usado pelo teu patrão! Fora! Fora!

Petrúquio – Como? O que quer dizer com essas palavras?

Grúmio – Oh, senhor, o conceito é mais profundo que supõe. Levar o vestido de minha patroa para ser usado pelo patrão dele! Ora, ora, ora!

Petrúquio – *[À parte, para Hortênsio.]* Hortênsio, providencia para que o alfaiate seja pago. *[Ao Alfaiate.]* Retira-te; some daqui, não digas mais nada.

Hortênsio – Alfaiate, pagarei amanhã o teu vestido. Não leves a mal essas palavras irritadas. Vai. E recomenda-me a teu amo. *[Saem o Alfaiate e o Mascate.]*

Petrúquio – Bem, partamos, Cata. Iremos visitar teu pai, vestidos assim mesmo, nestes trajes modestos mas honestos; nossas bolsas são fartas, nossos vestidos, simples. Pois é a mente que faz o corpo rico. E assim como, através das nuvens mais espessas, o sol irrompe, assim a honra brilha nas vestes mais humildes. Será o pavão mais precioso do que a cotovia por ter penas mais belas? Ou a serpente melhor do que a enguia porque sua pele colorida alegra o nosso olhar? Ah, não, Cata querida; nem tu ficas pior por te faltar um séquito e usares roupa modesta. Porém, se te envergonhas, põe toda a culpa em mim. E agora, alegra-te: partimos logo pra festejar e divertir-nos em casa do teu pai. Chama os criados, que saímos logo. Levem os cavalos ao fim da estrada principal. Montaremos ali. Até ali andaremos a pé. Vejamos; são mais ou menos sete horas. Chegaremos com calma à hora do jantar.

Catarina – Tenho a ousadia de corrigir a hora, senhor; são quase duas. Quando chegarmos lá nem mesmo a ceia pegaremos.

Petrúquio – Antes que eu monte a cavalo, serão sete horas. Olhe, em tudo que eu falo, ou faço, ou penso fazer, você acha maneira de me contrariar. Podem deixar, senhores. Já não vamos mais hoje. Mas, no momento em que partirmos, será a hora que eu disser que for.

Hortênsio – O quê, senhor! Até no sol esse elegante manda? *[Saem.]*

CENA IV

Pádua, diante da casa de Batista. [Entram Trânio e o Professor, vestidos da mesma maneira.]

Trânio – É esta a casa, senhor; posso chamar?

Professor – E que outra coisa? Mas tenho receio de que o senhor Batista se recorde de mim, pois moramos juntos na Hospedaria Pégaso, em Gênova, vinte anos atrás.

Trânio – Vamos ver – de qualquer maneira, porém, procure comportar-se com a austeridade que se espera de um pai.

Professor – Fique tranquilo. Mas, cuidado, aí vem o seu pajem. Acho bom preveni-lo. *[Entra Biondello.]*

Trânio – Não se preocupe com ele. Biondello, rapaz, cuidado com teu comportamento, eu te aviso! Consegues ver aqui o verdadeiro Vincêncio?

Biondello – Ora, não tenha receio.

Trânio – Deste o recado a Batista?

Biondello – Contei-lhe que o senhor seu pai estava em Veneza e que hoje era esperado aqui em Pádua.

Trânio – Eis um rapaz sabido! Pega lá; para tomar um trago. Mas aí vem Batista. Cara séria, amigo! *[Entram Batista e Lucêncio.]* Senhor Batista, que feliz encontro! *[Ao Professor.]* Senhor, é este o cavalheiro de quem lhe falava. Rogo-lhe agora que seja um pai bondoso e me ofereça os meios de obter Bianca.

Professor – Calma, filho. Senhor, se me permite – tendo vindo a Pádua para cobrar algumas dívidas, meu filho, Lucêncio, pôs-me a par da grande causa – o amor que o une a sua filha. Dadas as boas referências que tenho a seu respeito, e considerado o amor que os dois proclamam, para não deixá-lo esperar por muito tempo, eu, como bom pai, aprovo o matrimônio. E se o senhor não encontrar obstáculo maior, aqui estou ao seu dispor para o que desejar. Quanto ao senhor, *Signior* Batista, nada posso exigir – de si só tenho ouvido o bem.

BATISTA – Senhor, perdoe-me o que vou dizer; muito me agrada sua simplicidade e concisão. É verdade, seu filho Lucêncio, aqui presente, diz amar minha filha e ela o ama também, ou estão ambos fingindo muito bem. Basta pois o senhor prometer que o tratará como um verdadeiro pai, garantindo o adequado dote à minha filha, que tudo é feito e o casamento é um fato. Eu dou consentimento.

TRÂNIO – Eu lhe agradeço, senhor. Onde, então, prefere que seja realizado o enlace e se contratem os detalhes para que ambos os lados fiquem satisfeitos?

BATISTA – Não em minha casa, Lucêncio, pois, como você sabe, as paredes têm ouvidos e a casa está cheia de criados. Além disso o velho Grêmio continua à espreita e pode nos interromper a todo instante.

TRÂNIO – Então, na minha casa, se for de seu agrado. É onde mora meu pai. Ali, à noite, poderemos tratar de nosso assunto com segredo e calma. Mande avisar Bianca pelo seu criado, que eu mandarei meu pajem chamar o escrivão. Só há um contratempo: dada a pressa do encontro vão ter uma comida pobre e sem fartura.

BATISTA – Aceito com prazer. Biondello, corre até em casa e diz a Bianca que se apronte depressa. Se necessário, conta o que aconteceu; o pai de Lucêncio está em Pádua e parece que ela vai ser a esposa de Lucêncio.

BIONDELLO – É o que suplico ao céu, de todo o coração.

TRÂNIO – Deixa o céu em paz e mete o pé na estrada. *[Sai Biondello.] Signior* Batista, quer acompanhar-me? Bem-vindo! Embora o banquete seja só um prato, venha, por favor; em Pisa farei tudo melhor.

Batista – Eu o sigo. *[Saem Trânio, Professor, Batista. Entra Biondello.]*

Biondello – Câmbio...

Lucêncio – Que me dizes, Biondello?

Biondello – Percebeu quando meu amo sorriu e lhe piscou o olho?

Lucêncio – Qual foi a intenção dele?

Biondello – Nada, dou minha palavra. Deixou-me aqui exatamente para que explique o sentido ou a moral de seus sinais e gestos.

Lucêncio – Pois moraliza logo!

Biondello – Lá vai; Batista está seguro, conversando com o pai falsificado e o filho falsificador.

Lucêncio – E daí?

Biondello – O senhor deverá conduzir a filha dele para a ceia.

Lucêncio – E depois?

Biondello – O velho padre da igreja de São Lucas estará noite e dia a seu dispor.

Lucêncio – E disso tudo?

Biondello – Nada posso dizer, a não ser aconselhá-lo a, enquanto eles redigem um contrato falso, tomar posse dela verdadeira. *Cum privilegio ad imprimendum solum.* À igreja! Pegue o padre, o sacristão e algumas testemunhas de certa honestidade.

> Se não é isso o que queria,
> só resta-lhe dizer que se despeça de Bianca
> para sempre e um dia. *[Vai saindo.]*

Lucêncio – Biondello, estás me ouvindo?

Biondello – Não posso demorar – conheci uma jovem que se casou numa tarde quando foi à horta buscar salsa para rechear um coelho. O senhor pode fazer o mesmo. E assim sendo, adeus. Meu amo mandou que eu vá a São Lucas avisar o padre para que esteja pronto quando o senhor chegar com seu apêndice. *[Sai.]*

LUCÊNCIO – O que posso fazer, farei, se ela quiser. E quererá. Por que duvidar disso? Aconteça o que acontecer, vou agarrá-la agora.

CENA V

Uma estrada. [Entram Petrúquio, Catarina e Hortênsio.]

PETRÚQUIO – Para a frente, em nome de Deus. Voltamos à casa de teu pai. Oh, céu bondoso, como é terna e brilhante a luz da lua!

CATARINA – Lua?! O sol! Não há luar agora.

PETRÚQUIO – Brilhando assim só pode ser a lua.

CATARINA – Brilhando assim só pode ser o sol.

PETRÚQUIO – Pois eu juro, pelo filho de minha mãe, ou seja, por mim mesmo, que é a lua, ou uma estrela ou o que eu bem disser – se pretendes chegar à casa de teu pai. Alguém aí recolha novamente todos os cavalos. Sempre a mesma teimosia e teimosia – nada mais que teimosia!

HORTÊNSIO – *[À parte, a Catarina.]* Concorde com ele ou nunca chegaremos.

CATARINA – Continuemos, por favor, já que chegamos tão longe. E seja lua ou sol, ou o que mais te agradar. E se te agrada dizer que é lamparina, lamparina será, daqui em diante.

PETRÚQUIO – Eu digo que é a lua.

CATARINA – Eu sei que é a lua.

PETRÚQUIO – Não é então, sua mentirosa! É o sol bendito!

CATARINA – Bendito seja Deus então. É o sol bendito. Mas já não é mais o sol, se dizes que não é. E a lua muda com o teu pensar. O nome que lhe deres isso ela será e o parecerá também a Catarina.

HORTÊNSIO – *[À parte.]* Vai em frente, Petrúquio; tens vencida a batalha.

PETRÚQUIO – Bem, para a frente, para a frente! Assim deve correr a bola evitando bater nos obstáculos. Mas, atenção! Quem vem chegando? *[Entra Vincêncio. A Vincêncio.]* Bom dia, gentil donzela. Onde é que estamos? Diga-me, querida Catarina, e fala com franqueza, já viste por acaso uma jovem com frescor semelhante? Há em seu rosto uma guerra de branco e de vermelho. Jamais estrelas conseguiram emprestar ao céu tanta beleza quanto esses dois olhos sobre essa face angelical. Esplêndida, adorável donzela. Mais uma vez, bom dia. Cata, querida, abraça-a em louvor de sua formosura.

HORTÊNSIO – *[À parte.]* O homem vai ficar furioso transformado em mulher!

CATARINA – Bela virgem em botão, suave e fresca, aonde vais? Onde resides? Felizes pais de tão formosa filha; e mais feliz o homem a quem boas estrelas destinarem companheira de leito tão bonita.

PETRÚQUIO – Que é isso, Cata! Espero que não tenhas enlouquecido! Isso é um homem, velho, enrugado, murcho e ressecado e não uma virgem em botão, como tu dizes.

CATARINA – Perdoa-me, velho pai, o erro de meus olhos. Estão tão ofuscados pela luz do sol que tudo que vejo me parece verde. Percebo agora que és um venerando ancião. Peço-te perdão de novo, por meu louco engano.

PETRÚQUIO – Perdoa-me, venerável patriarca, e faz-nos saber qual o teu caminho. Sendo o mesmo que o nosso, gozaremos o prazer de tua companhia.

VINCÊNCIO – Simpático senhor e alegre senhora, cujo encontro tanto me espantou. Os que me conhecem chamam-me Vincêncio; sou natural de Pisa; minha direção é Pádua, onde pretendo visitar um filho que não vejo há muito.

PETRÚQUIO – O nome dele?

VINCÊNCIO – Lucêncio, amável cavalheiro.

PETRÚQUIO – É um encontro feliz; e mais feliz ainda pra teu filho. E agora, por lei, e também por tua aparência venerável, passo a chamar-te de querido pai. A irmã de minha esposa, a dama aqui presente, acaba de casar-se com teu filho. Não se espante ou entristeça, pois tem bom conceito, traz dote precioso e é muito bem-nascida. Em tudo, assim, qualificada para ser esposa digna do mais nobre fidalgo. Deixe que o abrace, venerável Vincêncio. E prossigamos juntos para encontrar seu honrado filho, que o receberá com a máxima alegria.

Vincêncio – Será verdade isso ou é desses viajantes brincalhões que gostam de zombar das pessoas que encontram?

Hortênsio – Dou minha palavra, pai, é a verdade.

Petrúquio – Venha, venha conosco e verá a verdade por si próprio. Nossa brincadeira anterior deixou-o, é natural, desconfiado.
[Saem Petrúquio, Catarina e Vincêncio.]

Hortênsio – Bem, Petrúquio, acabas de me dar coragem.
>Vou buscar a viúva.
>Se ela for irritável,
>Hortênsio já aprendeu contigo
>a ser indominável.

QUINTO ATO

CENA I

Pádua, diante da casa de Lucêncio. [Entram Biondello, Lucêncio e Bianca. Grêmio está do lado de fora.]

BIONDELLO – Prudência e rapidez, senhor; o padre já está pronto.

LUCÊNCIO – Estou voando, Biondello; mas pode acontecer que eles te chamem em casa. Vai embora.

BIONDELLO – Não, por minha fé, quero ver primeiro esse negócio da igreja resolvido; depois voltarei para meu amo o mais depressa que puder. *[Saem Lucêncio, Bianca e Biondello.]*

GRÊMIO – É estranho; Câmbio ainda não veio. *[Entram Petrúquio, Catarina, Vincêncio, Grúmio e Criados.]*

PETRÚQUIO – Senhor, é esta a porta; é aqui a casa de Lucêncio; a de meu pai fica mais perto do mercado. Devo ir até lá, por isso me despeço.

VINCÊNCIO – Não antes de beber alguma coisa. Não antes que eu lhe ofereça aqui minhas boas-vindas. Mas, a julgar pelas aparências, estão se divertindo aí. *[Bate.]*

GRÊMIO – Estão muito ocupados; bata mais forte! *[O professor olha pela janela.]*

PROFESSOR – Quem é que está querendo derrubar a porta?

VINCÊNCIO – O senhor Lucêncio está em casa, amigo?

PROFESSOR – Está em casa, mas não pode atender.

VINCÊNCIO – Mesmo que seja para receber cem ou duzentas libras com que alegrar a festa?

PROFESSOR – Pode guardar suas libras; enquanto eu for vivo, ele não vai precisar delas.

PETRÚQUIO – Ah, eu não lhe disse que seu filho era muito estimado aqui em Pádua? O senhor está me ouvindo? Pondo de lado essas frivolidades, faça o favor de avisar o *Signior* Lucêncio de que o pai dele acaba de chegar de Pisa e quer falar com ele aqui na porta.

Professor – Mentira sua – o pai de Lucêncio já chegou de Pisa há muito tempo e está olhando vocês desta janela.

Vincêncio – O senhor é o pai dele?

Professor – Sim, senhor. Pelo menos é o que diz minha mulher.

Petrúquio – *[Para Vincêncio.]* Ora, ora, com que então, meu cavalheiro! Sabe o nobre senhor, que é da mais pura velhacaria assumir o nome de outra pessoa?

Professor – Segurem esse canalha; na certa faz-se passar por mim para enganar alguém nesta cidade. *[Entra Biondello.]*

Biondello – Acabo de deixá-los juntos na igreja; que Deus os faça navegar em paz! Mas, quem está aí? Vincêncio, o meu velho amo! Estamos perdidos, já não somos nada.

Vincêncio – Chega, aqui, ó cara de defunto.

Biondello – Posso ir e posso não ir, senhor.

Vincêncio – Chega aqui, patife. Já esqueceste quem eu sou?

Biondello – Esquecê-lo, senhor! Como poderia esquecê-lo? Jamais vi sua cara em toda minha vida!

Vincêncio – Como, refinado patife? Nunca viste Vincêncio, o pai de teu patrão?

Biondello – Fala do velho amo, do venerado velho? Como não, senhor; ei-lo ali, olhando da janela.

Vincêncio – Ah, é assim? *[Bate em Biondello.]*

Biondello – Socorro! Socorro! Socorro! Esse louco quer me assassinar. *[Sai.]*

Professor – Socorro, meu filho! Socorro, *Signior* Batista!

Petrúquio – Vem, Cata, por favor, vamos ficar de lado e ver onde vai dar toda essa encrenca. *[Retiram-se. Entram o Professor, Batista, Trânio e Criados.]*

Trânio – Quem é o senhor, que tem a audácia de bater em meu criado?

Vincêncio – Quem sou eu, senhor? Antes – quem é o senhor, senhor? Oh, deuses imortais! Oh, canalha bem-vestido! Um casaco de seda! Os calções de veludo! O manto purpurino! E o chapéu de ponta! Oh, estou arruinado! Estou arruinado! Enquanto em casa levo uma vida de economias, meu filho e meu criado esbanjam tudo na Universidade.

Trânio – Como? Como? De que se trata?

Batista – Ele é maluco?

Trânio – Senhor, pelas roupas que traja dir-se-ia que é um cavalheiro responsável; mas suas palavras mostram que é um louco. Se uso ouro e pérolas, que tem o senhor a ver com isso? Agradeço a meu bom pai poder vestir-me assim.

Vincêncio – Teu pai, vilão! Um costureiro de velas em Bérgamo, teu pai!

Batista – Engano seu senhor, engano seu. Me diga o nome dele, por favor.

Vincêncio – O nome dele! Como se eu não soubesse o nome dele! Criei-o desde a idade dos três anos. É Trânio, o nome dele!

Professor – Fora, fora daqui, asno maluco! Ele se chama Lucêncio e é meu filho, o único herdeiro de todas as minhas terras – *Signior* Vincêncio.

Vincêncio – Lucêncio! Oh, terá assassinado o amo! Prendam-no em nome do duque, eu os intimo. Ó meu filho, meu filho! Diz-me canalha, onde é que está meu filho?

Trânio – Chamem a guarda! *[Entra Criado, trazendo um Guarda.]* Ponha esse maluco na prisão. *Signior* Batista, peço-lhe que providencie o julgamento.

Vincêncio – Eu ir para a prisão?

Grêmio – Um momento, guarda – não o leve!

Batista – Não se meta, *Signior* Grêmio; ele está preso.

Grêmio – *Signior* Batista, tome cuidado para não ser enganado nesse negócio. Atrevo-me a jurar que este é o Vincêncio verdadeiro.

Professor – Pois jure, se se atreve.

Grêmio – Acho que não me atrevo.

Trânio – Talvez seja melhor você dizer que eu não sou Lucêncio.

Grêmio – Sim, eu sei que és Lucêncio.

Batista – Levem esse velho tonto! Para a prisão com ele!

Vincêncio – Assim se trata e maltrata os forasteiros – oh, monstruosa infâmia! *[Entram Biondello, com Lucêncio e Bianca.]*

Biondello – Oh, estamos perdidos, aí vem ele. Temos que negá-lo, não o reconhecer, ou estamos desgraçados.

Lucêncio – Perdão, querido pai. *[Ajoelha-se.]*

Vincêncio – Está vivo o meu amado filho. *[Saem Biondello, Trânio e o Professor, tão depressa quanto possível.]*

Batista – Por que pedes perdão? Onde está Lucêncio?

Lucêncio – Aqui está Lucêncio, o verdadeiro filho do Vincêncio verdadeiro. Foi assim que me casei com tua filha e a fiz minha, enquanto personagens falsos mistificavam teus olhos.

Grêmio – Uma fraude em que fomos todos enganados!

Vincêncio – Mas onde anda esse maldito Trânio, que teve a insolência de enfrentar-me e de insultar-me?

Batista – Digam-me, por favor, agora: este não é o meu criado Câmbio?

Bianca – Câmbio se transformou em Lucêncio.

Lucêncio – Foi o amor que realizou esses milagres. O amor de Bianca fez com que eu tomasse a posição de Trânio, enquanto ele se comporta como eu pela cidade. E feliz, chego assim, afinal, ao almejado porto das delícias. O que Trânio fez foi a meu mandado e pois, amado pai, eu peço que o perdoe, pelo bem que me quer.

Vincêncio – Arrancarei o nariz desse canalha cuja intenção era meter-me na enxovia.

Batista – *[A Lucêncio.]* Mas como, então, senhor, casa com minha filha sem meu consentimento?

Vincêncio – Nada receies, Batista; faremos tudo para que fiques satisfeito, vamos. E agora eu entro para vingar-me de uma vilania. *[Sai.]*

Batista – E eu, para sondar mais fundo esta velhacaria. *[Sai.]*

Lucêncio – Não empalideças, trêmula Bianca; teu pai não vai ficar zangado. *[Saem Lucêncio e Bianca.]*

Grêmio – Meu bolo está solado – mas entrarei junto com os outros. Perdi toda esperança, não vou perder o meu lugar na festa. *[Sai. Petrúquio e Catarina avançam.]*

Catarina – Esposo, vamos segui-los e ver onde termina esse barulho todo.

Petrúquio – Primeiro um beijo, Cata; e logo entramos.

Catarina – Aqui, em plena rua?

Petrúquio – Como, tens vergonha de mim?

Catarina – Não, senhor, Deus me perdoe. Vergonha de beijar.

Petrúquio – Se é assim, voltamos para casa; vamos, cambada – embora!

Catarina – Não! Eu dou o beijo! *[Beija-o.]* E agora, eu peço, amor, vamos ficar.

Petrúquio – Não está bem assim? Vem, querida Cata; é melhor tarde do que nunca, pois *nunca* é demasiado tarde. *[Saem.]*

CENA II

Aposento na casa de Lucêncio. [Entram Batista, Vincêncio, Grêmio, o Professor, Lucêncio, Bianca, Petrúquio, Catarina, Hortênsio e sua Viúva, Trânio, Biondello e Grúmio. Os Criados e Trânio trazem o banquete.]

Lucêncio – Por fim, depois de tanto tempo, se afinam as nossas notas dissonantes. É o momento, agora, acabada a batalha furiosa, de sorrir a perigos e ameaças passadas. Minha bela Bianca, dá a meu pai as boas-vindas, que, com a mesma ternura, me dirijo ao teu. Irmão Petrúquio, Catarina irmã, e tu, Hortênsio, com a viúva amada, é meu prazer que se divirtam ao máximo: sejam bem-vindos a esta casa. Um bom banquete aquecerá o nosso estômago, arrematando a nossa alegre festa. Sentem-se, por favor. Sentados podemos conversar mais à vontade – sem deixar de comer. *[Sentam-se.]*

Petrúquio – Não se faz outra coisa – é sentar e sentar e comer e comer.

Batista – São os prazeres de viver em Pádua, meu Petrúquio.

Petrúquio – Tudo de Pádua só nos traz prazeres.

Hortênsio – Por nós ambos, Petrúquio, gostaria que fosse verdadeiro o que tu dizes.

Petrúquio – Ai, por minha vida, Hortênsio tem receio da viúva.

Viúva – Então jamais confie em mim, se meto medo.

Petrúquio – Criatura tão sensível e não percebeu o meu sentido. Eu quis dizer que Hortênsio receia por você.

Viúva – Quem está gira diz que o mundo gira.

Petrúquio – É uma resposta louca.

Catarina – Senhora, que pretende dizer com essa frase?

Viúva – É a concepção que tenho dele.

Petrúquio – Concebe de mim? Oh, que dirá Hortênsio?

Hortênsio – Minha viúva quis dizer que concebeu um conceito a seu respeito.

Petrúquio – Muito bem remendado. Boa viúva, ele merece um beijo.

Catarina – "Quem está gira diz que o mundo gira". Lhe perguntei o que pretende dizer com essa frase.

Viúva – Que seu marido, torturado por viver com uma megera, pensa que meu marido sofre igual desdita. Já sabe agora a minha intenção.

Catarina – Intenção de ferir.

Viúva – Referir... a você.

Catarina – Sou megera, em verdade; mas em comparação, quem sabe?

Petrúquio – A ela, Cata!

Hortênsio – Nela, viúva!

Petrúquio – Cem marcos, como minha mulher fica por cima.

Hortênsio – Ei, é minha essa função!

Petrúquio – Ao funcionário. *[Bebe.]*

Batista – Então, Grêmio, que acha dessa gente de cabeça ágil?

Grêmio – Acho, senhor, que estão trocando boas cabeçadas.

Bianca – Boas cabeçadas. Certas cabeças lutariam melhor se tivessem os chifres que merecem.

Vincêncio – Oh, a bela noiva; a discussão acordou-a!

Bianca – Ligeiramente. Torno a dormir.

Petrúquio – Não torne, não. Agora que entrou, prepare-se para flechadas mais certeiras.

Bianca – Sou seu passarinho? Pertenço ao seu viveiro? Pois vou mudar de bosque. E quem tiver bom arco me persiga. Sejam bem-vindos, todos. *[Saem Bianca, Catarina e a Viúva.]*

Petrúquio – Oh, perdi a mira! Aqui, senhor Trânio, ao pássaro que alvejou e não feriu. À saúde de todos que atiram e falham.

Trânio – Oh, senhor, Lucêncio usou-me como um perdigueiro que corre muito mas, quando apanha a caça, é para o dono.

Petrúquio – Boa comparação; e bem ligeira; mas um tanto canina.

Trânio – Quanto ao senhor, fez bem em perseguir a própria caça; dizem, porém, que a corça que persegue mantém sua distância.

Batista – Eh, oh, Petrúquio! Trânio acertou uma!

Lucêncio – Agradeço a estocada, amigo Trânio.

Hortênsio – Confessa, confessa que ele te acertou!

Petrúquio – Confesso, me arranhou um pouco. Mas, como o golpe pegou-me de raspão, aposto dez por um que atingiu em cheio vocês dois.

Batista – Agora, bom Petrúquio, falo a sério; acho que a mais megera é mesmo a que te coube.

Petrúquio – Não discuto; vamos verificar. Cada um de nós manda chamar a esposa. Aquele cuja esposa for mais obediente, vindo assim que chamada, ganhará o prêmio que nós combinarmos.

Hortênsio – De acordo! Qual é o prêmio?

Lucêncio – Vinte coroas.

Petrúquio – Vinte Coroas! Isso eu aposto em meu falcão ou em meu cão de caça. Em minha esposa aposto vinte vezes.

Lucêncio – Cem coroas, então.

Hortênsio – De acordo.

Petrúquio – O jogo está fechado.

Hortênsio – Quem começa?

Lucêncio – Eu começo. Vai, Biondello, e diz a minha esposa que venha até aqui.

Biondello – Já vou. *[Sai.]*

Batista – Meu filho, fico com metade da aposta. Bianca vem.

Lucêncio – Nada de sócio. Vou ganhar sozinho. *[Entra Biondello.]* Então, então? Que aconteceu?

Biondello – Patrão, sua senhora manda dizer que está ocupada e que não pode vir.

Petrúquio – Olá, está ocupada e não pode vir! Isso é resposta?

Grêmio – Sim, e por sinal, gentil. Peça a Deus, senhor, que não lhe mande uma pior.

Petrúquio – Melhor, melhor!

Hortênsio – Biondello, seu tonto, corre e roga a minha esposa que venha ter comigo, por favor. *[Sai Biondello.]*

Petrúquio – Ah, eh! Rogando, bem, pode ser que ela venha.

Hortênsio – Acho, senhor, que a sua nem rogando vem. *[Entra Biondello.]* Então, onde está minha esposa?

Biondello – Disse para o senhor deixar de brincadeira. Disse que não vem; se o senhor quiser pode ir lá.

Petrúquio – Cada vez pior – se o senhor quiser pode ir lá! Absurdo, vergonhoso, intolerável! Grúmio, vá procurar sua patroa e diga-lhe que lhe ordeno vir aqui! *[Sai Grúmio.]*

Hortênsio – Já sei a resposta.

Petrúquio – Qual é?

Hortênsio – Não vem.

Petrúquio – Tanto pior minha sorte. Aí, o fim.

Batista – Por Nossa Senhora, lá vem Catarina! *[Entra Catarina.]*

Catarina – Que deseja, senhor, pra que me chama?

Petrúquio – Onde está tua irmã e a mulher de Hortênsio?

Catarina – Conversam, senhor, junto à lareira do salão.

Petrúquio – Vai buscá-las; se recusarem vir, podes bater-lhes com vontade, desde que venham ter com os maridos. Vai, anda; que venham sem demora! *[Sai Catarina.]*

Lucêncio – Se existem milagres, acabo de ver um.

Hortênsio – Milagre é; não sei é o que anuncia.

Petrúquio – Ora, anuncia a paz, o amor, a vida calma, respeito a quem se deve, justa supremacia. Para ser breve: tudo que traz prazer, felicidade.

Batista – Que tudo de bom te aconteça, meu Petrúquio! A aposta é tua e junto mais vinte mil libras ao que os dois perderam; é um outro dote para outra filha. Está tão mudada que não é mais a mesma.

Petrúquio – Não, quero ganhar melhor a minha aposta mostrando outros sinais de sua obediência. Obediência; essa virtude que aprendeu agora. Vejam, lá vem ela, trazendo pela mão as duas mulheres geniosas, prisioneiras de sua atual convicção. *[Entra Catarina, com Bianca e a Viúva.]* Catarina, não te assenta esse chapéu que trazes. Bota fora e pisa essa besteira. *[Ela obedece.]*

Viúva – Meu Deus, não me dê jamais o infortúnio de padecer semelhante humilhação!

Bianca – Que vergonha! Isso é uma obediência estúpida.

Lucêncio – Gostaria que tua obediência fosse igualmente estúpida, formosa Bianca. Pois tua obediência sábia já me custou cem coroas.

Bianca – Pois mais estúpido é você que aposta em minha obediência.

Petrúquio – Catarina, encarrego-te de dizer a essas senhoras cabeçudas as obrigações que têm para com seus maridos e senhores.

Viúva – Vamos, vamos, está zombando. Não queremos sermão.

Petrúquio – Estou mandando, vamos; e começa com ela.

Viúva – Não o fará.

Petrúquio – Fará – e começa com ela.

Catarina – Tem vergonha! Desfaz essa expressão ameaçadora e não lança olhares desdenhosos para ferir teu senhor, teu rei, teu soberano. Isso corrói tua beleza, como a geada queima o verde prado, destrói tua reputação como o redemoinho os botões em flor; e não é nem sensato nem gracioso. A mulher irritada é uma fonte turva, enlameada, desagradável de aspecto, ausente de beleza. E enquanto está assim não há ninguém, por mais seco e sedento, que toque os lábios nela, que lhe beba uma gota. O marido é teu senhor, tua vida, teu protetor, teu chefe e soberano. É quem cuida de ti, e, para manter-te, submete seu corpo a trabalho penoso seja em terra ou no mar. Sofrendo a tempestade à noite, de dia o frio, enquanto dormes no teu leito morno, salva e segura, segura e salva. E não exige de ti outro tributo senão amor, beleza, sincera obediência. Pagamento reduzido demais para tão grande esforço. O mesmo dever que prende o servo ao soberano prende, ao marido, a mulher. E quando ela é teimosa, impertinente, azeda, desabrida, não obedecendo às suas ordens justas, que é então senão rebelde, infame, uma traidora que não merece as graças de seu amo e amante? Tenho vergonha de ver mulheres tão ingênuas que pensam em fazer guerra quando deviam ajoelhar e pedir paz. Ou procurando poder, supremacia e força, quando deviam amar, servir, obedecer. Por que razão o nosso corpo é liso, macio, delicado, não preparado para a fadiga e a confusão do mundo, senão para que o nosso coração e o nosso espírito tenham delicadeza igual ao exterior? Vamos, vamos, vermes teimosos e impotentes. Também já tive um gênio tão difícil, um coração pior. E mais razão, talvez, pra revidar palavra por palavra, ofensa por ofensa. Vejo agora, porém, que nossas lanças são de palha. Nossa força é fraqueza, nossa fraqueza, sem remédio. E quanto mais queremos ser, menos nós somos. Assim, compreendido o inútil desse orgulho, devemos colocar as mãos, humildemente, sob os pés do senhor. Para esse dever, quando meu esposo quiser, a minha mão está pronta.

Petrúquio – Sim, eis uma mulher! Vem, dá-me um beijo, Cata.

Lucêncio – Vai, segue teu caminho, amigo; chegaste onde querias.

Vincêncio – É agradável ouvir a juventude em tão belo momento.

Lucêncio – Mas mulheres teimosas, meu Deus, que abatimento!

Hortênsio – Vai, segue teu caminho; domaste uma megera brava.

Lucêncio – Permita-me dizer; é um assombro que esteja assim domada.

Petrúquio – Estamos os três casados, mas vocês dois, vencidos! Como vencedor, porém, eu peço a Deus que lhes favoreça uma boa noite! E agora, Catarina, para a cama! *[Saem.]**

FIM

---

* Transpus esta frase, no original colocada algumas linhas antes, para o final. É definitivamente conclusiva. Depois disso não há mais nada a dizer. O poeta não ficou zangado. (N.T.)

AS ALEGRES MATRONAS DE WINDSOR

A criação e primeira encenação da peça é situada entre 1597-1598, e sua primeira publicação de que se tem notícia foi em 1602. Portanto, esta comédia de costumes é uma das últimas escritas pelo bardo logo antes do início do seu "período sombrio", em que prevaleceriam as tragédias. É sua única comédia passada em um cenário inglês.

As alegres matronas de Windsor retoma Falstaff, um dos mais conhecidos personagens do autor, que aparecera nos dramas históricos *Henrique IV* partes 1 e 2 (imediatamente anteriores), além de ser citado em *Henrique V* (1599). Trata-se de um personagem de origem cômica, mas à la Shakespeare: encerrando, em suas falas e atitudes, certa profundidade filosófica, além de humor. Aqui o gordo e beberrão Falstaff corteja, com cartas idênticas, duas mulheres ricas. Mas elas descobrem suas tramoias e decidem tirar a desforra.

PERSONAGENS:

Dom João Falstaff
Fenton, Um cavalheiro
Reduzido, Juiz de Paz
Magrela, Sobrinho de Reduzido
Ford, Cavalheiro-cidadão de Windsor
Pajem, Cavalheiro-cidadão de Windsor
Dom Hugo Evans, Padre galês
Dr. Caio, Médico francês
Hospedeiro da Estalagem da Jarreteira
Bardolfo, Sequaz de Falstaff
Pistola, Sequaz de Falstaff
Nunca, Sequaz de Falstaff
Robin, Pajem de Falstaff
Simplicíssimus, Criado de Magrela
Passarinho, Criado do Dr. Caio
Madame Ford, Mulher de Ford
Madame Pajem, Mulher de Pajem
Ana Pajem, Filha de Pajem
Madame Leva-e-traz, Governanta do Doutor Caio
Criados de Pajem, Ford etc.

CENÁRIO: Windsor e arredores.

Nota do tradutor

Na tentativa de representar graficamente as pronúncias estrangeiras de Caio e Evans, francês e galês, respectivamente, dei apenas indicações, para não tornar incompreensível para os leitores o que eles dizem. Os atores saberão completar o "pronunciamento" das falas.

PRIMEIRO ATO

CENA I

Windsor, em frente à casa de Pajem. [Entram o Juiz Reduzido, Magrela e Dom Hugo Evans.]

Reduzido – É inútil, Reverendo. Não adianta querer me convencer. Mesmo que em vez de só um Dom João Falstaff, houvesse dez Dons, vinte Joões e trinta Falstaffs, os sessenta juntos não conseguiriam menoscabar, menosprezar nem menoscacetear Roberto Reduzido, escudeiro do Rei.

Magrela – Escudeiro do Rei, Par da Rainha, Ímpar da coroa. E Juiz de Paz no condado de Gloster; rogado!

Reduzido – Correto, sobrinho Magrela; rogado e togado.

Magrela – Ninguém com tanto gado. E cavalheiro nato, senhor Reverendo; fidalgo com direito ao uso do timbre de *Armígero* em todas as notas, mandatos, recibos e requerimentos; *Armígero*!

Reduzido – Direito que uso e temos usado, sobrinho, há mais de trezentos anos.

Magrela – Pois é: assim fizeram todos os descendentes que o antecederam, e farão todos os antepassados que deixar no mundo. E com direito ainda de usar doze lírios douro em seu brasão.

Reduzido – Um brasão muito antigo.

Evans – Tôze lírios touro? Manganífico. O lírio é o símbolo da pureza. Fica muito pem num prasão.

Reduzido – Pois não usamos esse símbolo à toa, verá quem tentar conspurcá-lo.

Evans – Sim, pela Firgem, tampém fejo assim. Se Tom João Falstaff cometeu alcuma ofensividade contra do senhor, eu, que ser do Icrexa *(Igreja)*, me oferece foluntária e mente para restapele-e-cer um gompromisso, uma baz entra os tôs *(dois)*.

Reduzido – O Conselho o julgará – é um baderneiro.

Evans – Mas o Sacro Conzelho non xulga um paterneiro. O meto te Teus non entarar no gorasson do paterneiro. O Conzelho, bresta atenzão, está à zó gapacitato a xulcar o temor te Teus, non entente de paternas: é o meu avisamento, de minha capeça.

Reduzido – Ah, por minha vida! Queria ter de novo a juventude por um só instante, e minha espada resolveria tudo.

Evans – Enton famos usar os amicos como espata: e os amicos-espa-ta ressolfem o queston. Eu tenho aqui no capeça um estrataclara...

Reduzido – Estratagema.

Evans – Xêma, clara. Ô! Eu sapia que era alcuma coisa da ôvo. Estrataxema, onte entra Ana Paxem, que é a filha do Cafalheiro Jórge Paxem, uma doncela pelíssima, uma lintíssima firxintate.

Magrela – A senhorita Ana Pajem? Ó Meu Deus, a que tem um cabelo castanho e uma vozinha tímida, canto de passarinho, como convém à mais pura das virgens?

Evans – Essata-e-mente essa mesma bessoa, que nom ter no munto inteira nenhuma outra iqual, mesmo que fôce procurar cem tias e cem anos. O afô – o afô tela – quanto moreu *(que Teus estexa presente na sua ressureiçon)* lhe deixou-lhe a ela sete cens libras de tinheiro e muito ouro e tampém prata que ela poterá castar quanto atravessar a crassa *(graça)* dos tez-e-sete anos. Aconselho a teixarem todas essas prigas e intrigas, esses batatis-e-batatás, e tratar de opter um pélo *(belo)* cassamento entre a senhorita Paxem e aqui nosso afilhato Apraão *(Abraão)* Magrela.

Reduzido – O avô deixou setecentas libras pra ela?

Evans – Teixou. E o pai tiz que quanto ela casar ainta põe mais de sete-cens nesse montão.

Reduzido – Conheço muito a mocinha em questão: é cheia de virtudes.

EVANS – Sete-cens firtudes em lipras esterlinas, sem contar as firtudes que o pai fai lhe teixar.

REDUZIDO – Bem, então vamos imediatamente ao encontro do honesto Cavalheiro Jorge Pajem. Mas... Falstaff não estará lá?

EVANS – Eu xamais lhe tiria uma mentira. Tesprezo um mentiroso mais to que um sujeito falso e tanto quanto tesprezo quem não diz a fertate *(verdade)*. O cafalheiro, esse Tom Falstaff, está lá. Mas eu só peço se orientarem-se por o quem lhes teseja só o pem. Fou pater na porta te Mestre Paxem. *[Bate.]* Ó te casa! Teus pentica essa morata.

PAJEM – *[De dentro.]* Quem é?

EVANS – Quem está aqui. Com a pentição te Teus, seu amico, o Xuiz Retussido: E fem de quepra *(quebra)* o xóvem Apraão Macrela que tem uma péla *(bela)* história pra contar se o senhor teixar ele começar, e oufir até ele acapar.

PAJEM – *[Entrando.]* Não imaginam o prazer enorme com que vejo os meus respeitabilíssimos amigos. Aproveito a oportunidade, Mestre Reduzido, para lhe agradecer a magnífica caça que me enviou.

REDUZIDO – Mestre Pajem, não sabe como me alegra ver o senhor. Que o meu modesto presente faça bem ao seu generoso coração. Gostaria que fosse caça melhor ou pelo menos abatida com mais habilidade. Como vai sua estimadíssima esposa? Ah, não pode avaliar o quanto estimo a ambos. O digo de todo coração. Repito: de todo coração.

PAJEM – Eu lhe agradeço, amigo.

REDUZIDO – Senhor, o agradecido aqui sou eu. Pelo sim e pelo não, torno a lhe agradecer.

PAJEM – Estou muito contente de vê-lo, meu bom Magrela.

MAGRELA – Como vai o seu galgo branco, Dom Pajem? Ouvi dizer que ele perdeu em Roseburgo.

PAJEM – O julgamento foi muito parcial, muito parcial.

Magrela – O senhor não quer dar o braço a torcer, a torcer.

Reduzido – *[À parte.]* Cala a boca! Cala a boca! *[Alto.]* É um cão excelente.

Pajem – Um senhor mastim, eu lhe garanto. Um cão e tanto.

Reduzido – Claro, senhor, um cachorrão; um belo belo cão. Que se pode dizer mais de um cachorro? É bom e belo. Por falar nisso – Dom João Falstaff está aí?

Pajem – Sim, está lá dentro. Aliás, eu gostaria muito se pudesse ajudar a desfazer o mal-entendido que há entre os senhores.

Evans – Assim fala um pom cristão.

Reduzido – Ele me ofendeu profundamente, Mestre Pajem.

Pajem – Ele reconhece que agiu mal.

Reduzido – Reconhecer não quer dizer consertar. Eu fui ofendido. Ele reconhece. Isso basta? Mestre Pajem, eu lhe repito, Roberto Reduzido, fidalgo e cavalheiro, foi ofendido, e se declara ofendidíssimo.

Pajem – Aí vem Dom João. *[Entram Falstaff, Bardolfo, Nunca e Pistola.]*

Falstaff – Então, Senhor Reduzido, soube que vai se queixar de mim ao rei?

Reduzido – Cavalheiro, o senhor espancou meus homens, matou meus animais e arrombou minha porta.

Falstaff – Mas não violentei a filha do porteiro.

Reduzido – Que pretende? Que eu o condecore pelo que não fez? Terá que responder por tudo.

Falstaff – Mas, com todo prazer! Fiz isso tudo. Pronto, está respondido.

Reduzido – Vamos ver se terá essa desfaçatez diante do Conselho.

Falstaff – Conselho lhe dou eu – é melhor não falar mais no que aconteceu. Todos riem do senhor.

Evans – Pauca Verba, cafalheiro Falstaff, cuitato com as palafras.

Falstaff – Aqui que eu vou tomar cuidado com as *palafras*. Magrela, tá bem, quebrei tua cabeça: você tem alguma coisa a alegar contra isso? Ficou de mau humor?

Magrela – De mau humor e com um baita de um tumor. Pretendo usar ambos na Justiça contra o senhor e sua cambada de patifes, Bardolfo, Nunca e Pistola. Me arrastaram pra taverna, me embriagaram e limparam os meus bolsos.

Bardolfo – *[Desembainhando a espada.]* Quer ser transformado em manteiga, nata da sociedade?

Magrela – Não, não! Deixa pra lá. Não disse nada.

Pistola – Você disse meu nome, Mefistófoles? *[Desembainha a espada.]*

Magrela – Seu nome, Senhor? Mas nem lhe fui apresentado.

Nunca – *[Estocando-o com a espada.]* Muito prazer. Meu nome é Nunca. Agora e sempre, Nunca. Se quer me conhecer mais profundamente *[aperta a espada]* basta repetir-se. Eis meu estilo.

Magrela – Onde está Simplicíssimus, meu criado? Onde é que se meteu?

Evans – Silêncio, por fafor! Famos esclarecer pem essa questão. Se ententi pem, há três árpitros pressentes: primeiro, Mestre Paxem, honoráfel Mestre Paxem, secunto, loco *(logo)* tepois, meu hospeteiro da Hospetaria da Xarreteira, honoráfel hospeteiro. E ultimamente e finalmente, tem eu mesmo, honoráfel eu mesmo.

Pajem – Muito bem, então cabe a nós três escutar e julgar.

Evans – Muito pem: potarei um ressumo no meu lifro de notas parra tepois tiscutirmos a questão com a sapetoria de que formos gapazes.

Falstaff – Pistola.

Pistola – Sou todo ouvidos.

Evans – Pela senhora mãe to Tiabo *(Diabo)*! Que maneira de falar-se: "Sou toto oufidos!" Que afetação!

Falstaff – Pistola, você tirou a bolsa ou limpou os bolsos do senhor Magrela?

MAGRELA – Juro pelos dez dedos destas luvas, como ele roubou. Se não for verdade, de hoje em diante só entrarei em minha própria casa pela entrada dos criados – suprema humilhação. Me roubou sete peças de seis dinheiros e cinco efígies de Eduardo que me custaram dois shillings e dois pences cada uma na loja de Philip Miller; juro por estas luvas que me esquentam.

FALSTAFF – Verdade, Pistola?

PISTOLA – Ah, forasteiro de fora, montanhês da montanha! Dom João, mestre e senhor deste lacaio, aceito o desafio desse monte de ossos. É mais fácil pegar um mentiroso do que um coxo e esse mentiroso aí eu vou deixar coxo das quatro patas. Boca de peixe, escória de lixo, tu mentes!

MAGRELA – Pelo calor das minhas luvas, então foi aquele ali!

NUNCA – Aquele ali, sou eu aqui? Brinca com fogo, amigo! Que deseja de mim, conhecer meu estilo? Diz que fui eu outra vez e verá uma demonstração inigualável – uma estocada no fígado tão veloz que a espada sairá limpa como entrou. Dito e feito ou retira o dito e evita o feito?

MAGRELA – Pela pluma do meu chapéu, então foi aquele ali, do nariz vermelho. É verdade que, bêbado como estava, eu não sabia o que fazia e o que me faziam, mas jamais fiquei asno completo.

FALSTAFF – Foi você então, Nariz Vermelho?

BARDOLFO – Mas que, senhor, esse daí não sabe o que diz. Tinha bebido tanto que perdeu até os cinco sentimentos...

EVANS – Cinco sentitos! Xesus, que icnorância!

BARDOLFO – E como estava mamado, lhe roubaram até o culote, pois todos sabem que culote de bêbado não tem dono.

MAGRELA – Só não me ofendo porque o linguajar que falas é latim pra mim. Mas, viva eu quanto viver, jamais tornarei a me embriagar a não ser em companhia de gente honesta e temente a Deus. Aprendi que quem bebe com velhacos amanhece molhado.

EVANS – Assim tizia Noé, quanto pepeu com os pichos tepois to Tilúfio.

Falstaff – Cavalheiros, acabaram de ouvir todas as acusações peremptoriamente negadas. A coisa depende pois de vosso ouvido e vosso juízo. *[Entram Ana Pajem, com vinho, Madame Ford e Madame Pajem.]*

Pajem – Não aqui, minha filha, leva o vinho pra dentro; beberemos lá. *[Sai Ana Pajem.]*

Magrela – Ó Céus, essa daí é Ana Pajem?!

Pajem – Então, Madame Ford? Que foi?

Falstaff – Madame Ford, que prazer vê-la. Permita-me, permita-me... *[Beija-a.]*

Pajem – Mulher, dá boa acolhida aos gentis cavalheiros. Entrem, amigos, temos à mesa um magnífico pastel de veado. E se ainda há, entre os senhores, algum ressentimento, afogaremos no vinho o infeliz. *[Saem todos, exceto Reduzido, Magrela e Evans...]*

Magrela – Ah, eu daria bem quarenta shillings pra ter aqui meu livro de sonetos e canções. *[Entra Simplicíssimus.]* Hei, Simplicíssimus, onde é que você se meteu? Quer dizer que agora tenho que me servir sozinho? Por acaso trouxe aí o meu livro de charadas?

Simplicíssimus – O Livro de Charadas, é? Mas o senhor não emprestou ele pra Alice Fura-Bolo, na Festa de Todos-Os-Santos, pra ela devolver no Dia-De-São-Nunca?

Reduzido – Vamos, sobrinho, vamos; estamos todos te esperando. *[Toma Magrela por um braço.]* E escuta aqui, te alegra um pouco, isto é, sem exagero. O reverendo Evans, sabe? Falou em casamento, uma espécie de proposta, em teu nome. Uma coisa vaga, é verdade, mas falou. De longe, mas falou. Assim como quem não quer nada. Me entendes?

Magrela – Claro, sim, como não, meu tio? Sabe bem que minha razão entende tudo que é razoável.

Reduzido – Tá, mas vê se me compreende.

Magrela – É o que eu estou tentando.

Evans – *[Tomando-lhe o outro braço.]* Ouvito, ouvito, meu xóvem Magrela, apre o ouvito a que teu tio tiz; se quicér eu explico tepois a explicaçôm.

Magrela – Pode deixar, farei tudo que o tio me ordenar. Afinal, ele é Juiz de Paz em nossa terra e eu não represento nada, nem lá nem em parte alguma.

Evans – Mas a guestão não é essa. Estamos falanto do zeu cassamento.

Reduzido – O ponto é esse, filho.

Evans – É esse o ponto. Cassamento com a senhorita Paxem.

Magrela – Ué, é só isso? Mas, se é só isso, eu entendi tudo. E estou disposto a casar com ela – quer dizer, em condições razoáveis.

Evans – Mas você pote afeiçoar a moça? Tem de responter com sua própria poca ou com seus próprios lápios; pois tem fários filósofos que afirmam os lápios non serem mais que uma parte da poca. Insumamente o que tesejamos saper é se focê poterá tar a ela o seu afeto, a sua afetação?

Reduzido – Querido sobrinho Abraão Magrela, vê se entende: você pode amá-la?

Magrela – Espero que sim, tio, e estou disposto a fazer todo o razoável. Amar não é razoável?

Evans – Espera aí, por totos os santos de Teus e suas santíssimas esposas, tem que falar com positivitate; se pote orientar em fafôr dela os tesexos te seu coraçon.

Reduzido – Sobrinho meu, simplificando: com um bom dote, você casa com ela?

Magrela – A pedido seu, tio, farei até muito mais – desde que apresentadas as razões.

Reduzido – Olha aqui, gentil sobrinho, procura compreender: o que eu faço, faço apenas pra teu bem e alegria. Você é ou não é capaz de amar essa donzela?

Magrela – O senhor me pede? Se o senhor me pede o que é que eu não faço? Inda que a princípio não haja grande amor, ele certamente irá diminuindo à medida que formos conhecendo um ao outro e houver entre nós maior incompreensão. É de esperar que a intimidade aumente a aversão. De modo que se o senhor diz "Casa com ela", eu faço isso; caso com ela. Estou firmemente dissolvido e o afirmo de maneira dissoluta.

EVANS – Eis uma resposta cheia de tiscernimento; sem notar a palafra "tissoluta" que non é forma atférpica *(advérbica)*, o sentido xeral é muito pom.

REDUZIDO – E parece também que as intenções de meu sobrinho... bem, não pode haver melhores.

MAGRELA – Se não digo o que penso, que me enforquem.

REDUZIDO – Caluda! Aí vem a bela senhorita Ana. *[Entra Ana Pajem.]* Perdoe, senhorita Ana, mas vê-la é sentir em mim a angústia de não ser mais jovem.

ANA – O jantar está na mesa; meu pai roga com insistência que vossas senhorias me acompanhem.

REDUZIDO – Estou inteiramente às suas ordens, bela jovem.

EVANS – Teus sexa pentito. Fou me sentar à mesa para tar as craças. *[Saem Reduzido e Evans.]*

ANA – Quer fazer o favor de entrar também, senhor?

MAGRELA – *[Sorrindo bestamente.]* Não, muito obrigado, lhe digo cordialmente, isto é, sem rancor; estou muito bem aqui.

ANA – Eu insisto, senhor, o jantar espera.

MAGRELA – Não tenho a mínima fome, lhe agradeço. Vai, rapaz, vai servir a meu tio Reduzido. *[Sai Simplicíssimus.]* Ele é meu criado, mas gosto de emprestá-lo para servir meu tio. Meu tio é Juiz de Paz, sempre é prudente a gente lhe prestar alguns serviços. Só tenho três homens e um pajem, porque minha mãe teima em não morrer, mas assim que ela se for, poderei deixar esta vida de fidalgo pobre.

ANA – Eu não posso entrar sem o senhor; meu pai não servirá o jantar sem a sua presença.

MAGRELA – Juro que já estou de barriga cheia: mas lhe agradeço com a mesma satisfação de um morto de fome.

ANA – *[Perdendo a paciência.]* Eu rogo, senhor, venha comigo.

Magrela – Prefiro andar um pouco, muito obrigado. Machuquei a canela noutro dia, quando estava treinando esgrima com meu professor. A aposta era uma rapariga da zona para quem acertasse as primeiras três estocadas.

Ana – Como, senhor? Que diz? Não entendo!

Magrela – Ah, não entende de esgrima? Pois olhe que nem vi bem o que aconteceu. Mal aparava um golpe contra a cabeça e já sentia a estocada na canela. Mas por que os seus cães latem dessa maneira? Há ursos por aqui?

Ana – É bem possível, senhor. Ouvi dizer.

Magrela – Adoro a luta de ursos, acho sensacional. Mas, aqui entre nós, em público, ninguém se põe mais ferozmente contra ela. Aposto que se a senhorita vir um urso solto, morre de medo, hein? Diz, diz.

Ana – Morro, está bem. Mas vamos entrar?

Magrela – Pois pra mim, urso, por mais feroz que seja, é como um irmão. Sacker, conhece o urso Sacker, aquele gigante? Pois eu, mais de vinte vezes já agarrei ele e passeei com ele na corrente. Mas as mulheres, puxa, a senhorita precisava ver o medo delas, e a gritaria, os faniquitos, enquanto eu passeava. Eu acho mesmo que nenhuma mulher gosta de urso; são muito sanguinários. *[Entra Pajem.]*

Pajem – Venha, gentil Abraão Magrela, venha conosco, por favor; só falta você para o jantar.

Magrela – Não vou comer, não, Dom Pajem, muito obrigado.

Pajem – Com oitenta diabos, eu não estou lhe dando escolha. É uma ordem, vamos, vamos. *[Abre a porta e se põe violentamente de lado, pra deixá-lo passar.]*

Magrela – Bem, já que é assim... Mas, o senhor na frente, por favor.

Pajem – Entra logo!

Magrela – *[Avança, mas logo para.]* Senhorita Ana, pelo menos a senhorita...

Ana – Oh, senhor, pelo amor de Deus.

Magrela – Ah, não, primeiro eu não entro. Não faltaria mais nada. Não entro mesmo. Seria uma depreciação de sua pessoa.

Ana – Olha aqui, meu senhor, eu...

Magrela – Bem, nesse caso, quem está se ofendendo é você mesma. Prefiro ser mal-educado do que chato. E já percebi que, se não entro, sou. *[Saem.]*

CENA II

A mesma. [Entram Dom Hugo Evans e Simplicíssimus.]

Evans – Olha, Simplicíssimus, a goiza é fácil. Seque em frente e pergunta bêla casa to Toutor Caio. Lá focê procura uma senhora chamata Lefa-e-traz.

Simplicíssimus – Madame Leva-e-traz.

Evans – Pois é. Ela fife com o dr. Caio, é sua cofernanta, sua cocinheira, sua lafateira, arrumadeira, enxucateira, passateira...

Simplicíssimus – E ainda Leva-e-traz?

Evans – Pois é. Mas espera. Peca esta carta e entreca a ela. Essa mulher tem muita influença sôpre a senhorita Ana Paxem. E a carta é petinto a ela (com alcum tinheiro, não é, Simplicíssimus?) para protexer o téssexo *(desejo)* do teu amo, Apraão Macrela, se casar com a péla Aninha. Te orteno e te peço – fai tepressa. Eu fou terminar o meu xantar. Ainta falta *(conta nos dedos)* a torta, o finho pranco, a fruta e o quexo. Ah, quanta coza poa nessa Criatzon te Teus. *[Saem.]*

CENA III

Um quarto na Estalagem da Jarreteira. [Entram Falstaff, Hospedeiro, Bardolfo, Nunca, Pistola e Robin.]

Falstaff – *[Levantando o caneco.]* Meu Hospedeiro da Jarreteira...

Hospedeiro – Que diz o amigo dos amigos, bandalho dos bandalhos? Ninguém fala com mais sabedoria e mais filosofia.

Falstaff – Em verdade, meu bom anfitrião, estou precisando despedir alguns dos meus homens.

Hospedeiro – Pois despede, Rei dos Hércules. Manda via! Despacha! Põe pra fora, a trote uns. Outros a galope.

Falstaff – Aqui a coisa vai a mais de dez libras por semana...

Hospedeiro – Mas tu és um Imperador. Que são dez libras para um Cesar, um Viking, um Tzar? Que são dez moedas dessas para um Faraó? Fala meu Vizir, manda e desmanda, corta minha cabeça, mandarim! Eu fico com Bardolfo. Dar-lhe-ei o encargo de embarrilhar o vinho ou envinhar os barris. Te convém, meu Argonauta?

Falstaff – Convenientíssimo, caro Hospedeiro.

Hospedeiro – Pois então, do dito ao feito. Que ele me siga. *[A Bardolfo.]* Vais aprender a servir o vinho sem borra e a cerveja com bastante espuma. Sou um homem de muitas palavras, cada uma valendo por todas e todas valendo por nenhuma. Me segue. *[Sai.]*

Falstaff – Vai com ele, Bardolfo. Taverneiro é uma bela profissão. Assim como de um capote velho se faz um casaco novo, de um criado cansado bem pode nascer um taverneiro fresco. Vai com ele e *adieu mon vieux.*

Bardolfo – Mas é a vida que eu pedi a Deus. Farei fortuna.

Pistola – Miserável desertor húngaro. Pensa que vai sair dinheiro pela bica?

Bardolfo – Do bolso dos fregueses, flamengo miserável! *[Sai.]*

Nunca – Esse foi gerado num porre e por isso não vai lá das pernas.

Falstaff – Estou contente de me livrar desse pote de cerveja azeda. Só tem uma utilidade; quando arrota, os insetos em volta morrem todos. Mas rouba demais e sem prudência. A velhice lhe aumentou a cupidez e diminuiu o tato. É como um cantor ruim – sempre fora de tempo e de compasso.

Nunca – E todos sabem que para o roubo só há um estilo – roubar no tempo de uma semicolcheia. Meter a mão no bolso quando a nota entra e retirar a mão antes que a nota saia.

Pistola – Mas isso não é roubar: é *transferir*.

Falstaff – O que interessa, senhores, é que estou completamente liso.

Pistola – Então é melhor deixar de beber um pouco para não esticar mais a barriga.

Falstaff – Tem que haver um remédio. Meu talento tem que encontrar um expediente.

Pistola – E que vai fazer o jovem velho belo hediondo?

Falstaff – Vocês conhecem um cavalheiro Ford, aqui de Windsor?

Pistola – Conheço o personagem. Tem boa massa. *[Gesto de dinheiro.]*

Falstaff – Pois atenção, garotos, que agora vou tomar minhas medidas.

Pistola – *[Medindo.]* Barriga, quatro metros. Papada, doze quilos.

Falstaff – Chega de gracinhas, Pistola. Na verdade tenho quatro metros de cintura e não me ressinto de falarem de minha cinta ou de meu cinto; mas, agora, não consinto. Pois sinto que no momento o mais importante é o meu sentimento sintomático: pretendo conquistar a mulher de Ford. Percebi que, quando me vê, ela flue e flói, sabem?, e fica mole, e convida com os olhos e fala sem dizer e diz o que não quer; em suma, é toda convidante. Do seu comportamento presente dirigirei o seu comportamento futuro, se me entendem. Pois todas as suas expressões analisadas, resumidas e sintetizadas, dizem apenas em língua de adultério: "Eu quero dar pra João Falstaff".

Pistola – É. Ele a estudou bem e a traduziu melhor. Da língua-mãe para a vulgaridade.

Nunca – O problema agora é conservar o estilo. Traduz o resto, patrão.

Falstaff – O mais importante de tudo é que – segundo dizem – ela controla a bolsa do marido. E o marido tem uma legião de príncipes e anjos que o seguem noite e dia.

Nunca – Não segui bem o estilo.

Falstaff – Os anjos e príncipes que figuram na cara e na coroa das libras esterlinas – gostou da imagem?

Nunca – Um estilo de ouro.

Pistola – E o senhor, Patrão, com que legiões combate essas?

Falstaff – Com a legião dos demônios da concupiscência que não têm cara e muito menos coroa. Vai bem meu estilo, Nunca?

Nunca – O estilo se eleva. Resta ver apenas se concorda com a ação.

Falstaff – Taqui uma carta que escrevi pra ela; e aqui outra carta que escrevi para a mulher do Pajem, porque essa jovem senhora também me tem olhado com olhares judiciosos, isto é, de conhecedora, examinando sobretudo as partes flutuantes e ambivalentes do meu vasto tronco. Se meu olhar a surpreende, o olhar dela baixa para os meus pés, aquecendo-me as plantas com o calor de seus raios. Mas quando eu finjo que não vejo, o seu olhar recai, imediatamente, abaixo do meu ventre e acima de meus joelhos.

Pistola – Como um raio de sol dando vida ao monturo.

Nunca – Gostei do estilo eclesiástico.

Falstaff – O fato é que ela percorre os meus exteriores com tão despudorada gula que eu sinto meus apetites se erguerem ao nível da imprudência. Vou procurar reunir o seu útil ao meu agradável. Aqui está uma carta para ela; dizem que ela, também, controla a bolsa do marido. Estou certo de que descobri duas Guianas, cheias de ouro e liberalidades. Explorarei as duas, de ambos os lados, minhas Índias ocidentais, orientais e horizontais. Vai, entrega esta carta a Madame Pajem. E esta aqui, você a entrega a Madame Ford. Chegou nossa hora, meninos, chegou nossa hora. Vamos enriquecer.

Pistola – Quer dizer que eu, que nunca deixei espada embainhada à menor afronta, vou ser agora um moço de recados abjetos? Que o demônio me despreze se eu fizer isso.

Nunca – Você me conhece bem, Dom Falstaff: posso descer um pouco, mas jamais chegarei a porcarias. Guarda sua carta que eu pretendo guardar o meu estilo.

Falstaff – *[A Robin.]* Vem cá, rapaz, leva estas cartas a seu destino. Navega em minhas águas até às praias douradas. Vocês, patifes, fora! Desapareçam da minha frente, derretam-se como geada, que eu não pretendo mais vê-los nem lhes sentir o cheiro. Hienas, para outro covil! Ousam censurar Falstaff, o único capaz de se integrar ao estilo do seu tempo. Não preciso de vocês, canalhas. A mim este meu pajem basta. Vai, carta, de pajem à Pajem, pra minha fortuna. *[Saem Falstaff e Robin.]*

Pistola – Que os abutres te roam as entranhas, desgraçado! Vai com teus dados viciados roubando ricos e pobres. As moedas hão de tilintar no meu bolso quando eu passar por ti, morto de fome, turco nojento.

Nunca – Minha cabeça estala projetando uma vingança em belo estilo.

Pistola – Vais te vingar?

Nunca – Tão certo quanto haver estrela e firmamento.

Pistola – Que pretendes usar – o aço ou o espírito?

Nunca – Um estilo misto. Pretendo discutir a história com o próprio Dom Pajem e colocar a serviço dele, se for o caso, minha espada.

Pistola – E eu irei a Dom Ford e lhe contarei como Falstaff, vassalo abjeto, quer lhe comer a mulher, roubar seu ouro e desonrar seu teto.

Nunca – Não deixarei que meu ânimo se esfrie. Farei penetrar no sangue de Pajem o veneno amarelo do ciúme. Falstaff verá que comigo não se brinca; conhecerá o meu melhor estilo.

Pistola – És o Deus Marte do descontentamento. Vai, que eu te secundo. Marcha! *[Saem.]*

CENA IV

Um quarto na casa do Doutor Caio. [Entram Madame Leva-e--traz e Simplicíssimus.]

LEVA-E-TRAZ – Hei, João Passarinho! *[Entra Passarinho.]* Por favor, vai até à janela e avisa quando vier chegando o meu patrão, o Dr. Caio. Porque se ele chegar e encontrar em casa alguém estranho põe em duras provas a paciência de Deus e o inglês do rei.

PASSARINHO – Eu vigio.

LEVA-E-TRAZ – Ótimo. Esta noite, antes que a lareira apague, beberemos juntos um belo copo de vinho quente. *[Sai Passarinho.]* Eis um rapaz gentil, honesto e diligente – um criado como já não se encontra mais hoje em dia. Só tem um defeito – reza o tempo todo. Mas quem não tem também as suas defeituosidades – deixa ele em paz. Teu nome é Simples ou Simplicíssimo?

SIMPLICÍSSIMUS – Simplicíssimus, senhora. À falta de melhor, naturalmente. Nem todos podem se chamar Henrique Oitavo.

LEVA-E-TRAZ – Seu patrão é o senhor Magrela?

SIMPLICÍSSIMUS – Precisamente sim.

LEVA-E-TRAZ – É um que usa uma barbona redonda em forma de bacia de barbeiro?

SIMPLICÍSSIMUS – Precisamente não. Tem uma carinha de cachorro com uma barbicha de macaco, barba assim, amarelada, bem cor de Caim depois de matar o irmão.

LEVA-E-TRAZ – Um homem bem tranquilo, é isso mesmo?

SIMPLICÍSSIMUS – Precisamente talvez, ou melhor precisamente nem sempre. Porque, quando é necessário, usa as munhecas com mais decisão do que outro qualquer. Não tem muito tempo arrebentou com um guarda-florestal.

LEVA-E-TRAZ – Ah, agora me lembro. Não é um que anda assim, de cabeça levantada, todo empertigado?

SIMPLICÍSSIMUS – Ele mesmo, sem dúvida alguma, caso não seja outro.

Leva-e-traz – Bem, o céu ainda podia mandar coisa pior pra Ana Pajem. Diga ao reverendo Evans que farei tudo que puder pelo teu patrão. Ana é uma pequena excelente e eu desejo de todo... *[Entra Passarinho.]*

Passarinho – Sai depressa. O patrão vem aí.

Leva-e-traz – Ele vai nos matar a todos. Sai. *[Sai Passarinho.]* Entra aqui meu rapaz; aqui neste armário: ele não vai demorar muito. *[Fecha Simplicíssimus no armário.]* Hei, João Passarinho! Onde é que você se meteu, Passarinho? João! João! Olha, rapaz, vai procurar teu patrão, ver se lhe aconteceu alguma coisa. Ele ainda não voltou pra casa. *[Canta.]*

    A gagueira do filho da moleira
    a besteira do filho da copeira...
    [Entra o Doutor Caio.]

Caio – *[Deve ter sempre sotaque francês.]* Que cantação ser esta? Não costo nata dessas expançon. Por favor fechar a boca e vai me pegar no meu armárrio *un boitier vert* – sape, non? Uma caixa verte – comprrreeende do meu falarr? U-m-a ca-í-xá vertê.

Leva-e-traz – Ah, trago logo. *[À parte.]* Ainda bem que não resolveu ir ele mesmo. Se encontrar lá dentro o rapazinho sofriam a minha reputação e as minhas costas.

Caio – *[Limpando a testa.]* Fe, fe, fe,fe! *Ma foi, il fait fort chaud. Je m'en vais à la cour, – la grande affaire.*

Leva-e-traz – É esta aqui, doutor?

Caio – *Oui, mettez le au mon* bolsô, *dépechez-vous*, depressá. Onde anda o patife do Passarinho?

Leva-e-traz – João Passarinho! Vem cá, João! *[Entra Passarinho.]*

Passarinho – Pronto, patrão.

Caio – Olha aqui, seu João Urubu, pega a tua espada, me segue *à la cour*, ao tribunal. Depressa, nas meus calcanhares.

Passarinho – Pronto, senhor, a espada já está aqui e eu já estou lá.

Caio – Acapei ficando atrasado. Ih, meu Deus. *Qu'ai-je oublié?* Tenho que apanhar minhas ervas no armário...

Leva-e-traz – Eu apanho. Eu apanho.

Caio – Non, deixa. É muito simples. Já estou aqui. Apro o armário e apanho – Simplicíssimus!

Simplicíssimus – *[Aparecendo.]* Me chamou?

Caio – O diable! O diable! Qué que tem no o meu armário? Vilon! Ladrron! *[Puxa Simplicíssimus pra fora.]* Passarinho, minha espada.

Leva-e-traz – Calma, doutor! Meu bom patrão, muita calma.

Caio – Querr me disser por que eu devo ter a calma?

Leva-e-traz – Esse rapaz é uma pessoa honesta.

Caio – Ah, ah, ah! Ué, que é que faz uma a pessoa honesta no meu armarrio? As pessoas honestos que eu conhece ficam sempre fora dos armarrios.

Leva-e-traz – Oh, por favor, eu lhe peço, senhor, não fique tão fleumático. O rapaz aí veio apenas me trazer uma mensagem secreta do reverendo Evans.

Caio – Que mensagem?

Simplicíssimus – Precisamente, doutor, precisamente para pedir a ela que...

Leva-e-traz – Cala a boca, linguarudo.

Caio – Linguaruda, você. Deixa ele falar.

Simplicíssimus – Ele mandou pedir a esta honesta senhora, sua prendada governante, para que ela aqui e ali, com jeito, sabe?, hoje e amanhã, quando puder, né? em suma, sempre que estiver com a senhorita Ana Pajem meta na conversa uma palavrinha a favor de meu amo e senhor, que deseja casar com ela.

Leva-e-traz – O senhor está vendo? Foi isso só. Mas eu não prometi que ia fazer nada, nem pretendo. Não meto a mão em cumbuca.

Caio – Quer dizer que o Reverendo te mandou: Passarinho, depressa, *donnez-moi* pena e papel... *[A Simplicíssimus.]* Você aí esperra um pouco. *[Escreve.]*

Leva-e-traz – *[À parte.]* Ainda bem que está de bom humor. Você precisa ver como grita quando tem um ataque de cólera. Mas, apesar de tudo, meu amigo, eu vou fazer o que puder pelo teu patrão: é claro que tudo vai depender do comportamento do meu; porque, você sabe, o doutor francês tenho que considerar meu patrão porque sou eu que faço tudo pra ele – lavo, passo, varro, limpo, arrumo, cozinho, fermento a cerveja, preparo a massa do pão, sirvo a comida, preparo o banho e outras cositas más, outras cositas...

Simplicíssimus – Puxa, mas é coisa demais pruma branca só.

Leva-e-traz – Ah, você acha? Pois é – tenho que dormir de madrugada e levantar com o galo. Mas isso são conversas – o que tenho de importante a te dizer te digo na outra orelha *[vira-o]*: meu patrão também está apaixonado pela senhorita Pajem. E o pior é que eu conheço muito bem onde anda o coração de Aninha – e não é lá nem cá.

Caio – Ôlha aqui, ô patifinho – entregar esto carta a Dom Hugo. Vai sabendo; é uma desafiação. Quero ele se encontre comigo lá na parque, vou lhe cortar a cabeça embaixo de uma árvore frondosa. Vou lhe ensinar à besta desse padre a não se meter onde não estar chamado. Pode ir. Vai. O ar daqui não é muito bom pro teu saúde. Vou cortar dois bagos desse hipócrita, que Deus me ajude no ato. E só não os atiro aos cães pros cachorros não morrerem envenenados. *[Sai Simplicíssimus.]*

Leva-e-traz – Mas, coitado, o padre quer apenas ajudar um amigo.

Caio – O quê? Como? Você não me dizeu que Ana Pajem vai ficar comigo? Deixa estar, o padre eu mato ele, mesmo o demônio o venha defender. Já indiquei como Juiz de armas o hospedeiro da Jarreteira. A não ser que me matem, Ana Pajem tem de o ser minha mulher.

Leva-e-traz – Patrão, repito que a donzela o ama e que tudo, no fim, acaba a seu favor. Mas não se pode evitar que a gente fale, diga coisas... *[Caio puxa-lhe uma orelha.]* Ah, não, isso é demais!

Caio – Passarinho, *venez* ao tribunal comigo. *[A Leva-e-traz.]* Te juro que se Ana Pajem não ser minha te a botarei daqui pra fora a ponta-e-pés. Colado nas meus calcanhares, Passarinho, vamos. *[Saem Caio e Passarinho.]*

Leva-e-traz – Ah, ele se dana se não tem a Ana. Mas bem se engana, pois a fulana não lhe tem gana nem é leviana. Em Ana eu sou veterana, e a influencio na vida mundana como na profana.

Fenton – *[De fora.]* Tem alguém aí?

Leva-e-traz – Quem é? Entra, por favor. *[Entra Fenton.]*

Fenton – Como é que é, minha boa mulher? Como vai você?

Leva-e-traz – Sempre bem cada vez que o senhor resolve me honrar com essa pergunta.

Fenton – Novidades? Como está aquela jovem maravilhosa?

Leva-e-traz – Maravilhosa, senhor, não há outra palavra. Maravilhosa e sincera, sincera e boa: e além disso muito amiga sua, digo de passagem. E de passagem também aproveito para dar graças a Deus por isso.

Fenton – Você acha que tenho mesmo alguma chance de conseguir alguma coisa? Não é tempo perdido?

Leva-e-traz – Bem, senhor, quem pode afirmar que sim, que não? Tudo está na vontade do lá de cima. Mas quanto a mim, senhor Fenton, ponho a mão sobre a Bíblia pelos sentimentos dela: Ana o ama. Sou capaz de detestar isso diante de um Juiz. Espera aí – o senhor não tem uma verruga em cima do olho esquerdo?

Fenton – Sim, tenho sim. Por quê?

Leva-e-traz – Nada, nada, uma história muito comprida. Olha, não existe outra Ana como essa Aninha. Nunca na vida comeu o pão uma donzela tão honrada. Sabe, falamos mais de uma hora nessa verruguinha. Ah, eu só rio mesmo na companhia dessa filha. Só que, coitada, de vez em quando tem crises de melão-com-linha e mistrissismo. Mas nunca a seu respeito – ah, vai, pode ir.

Fenton – Vou, preciso vê-la hoje. Toma – dinheiro bom. Que tua voz só fale em meu favor. Se por acaso a encontrar antes de mim, me recomenda.

Leva-e-traz – Com a maior boa vontade. E na próxima vez em que eu encontrar o senhor, lhe direi mais detalhes a respeito da conversa da verruga. E de outras conversinhas mais, só de nós duas, a respeito de outros detalhes verrugosos de Vossa Senhoria. *[Fenton ri.]* E lhe direi também tudo que fazem os outros pretendentes.

Fenton – Por enquanto, adeus. Estou com muita pressa.

Leva-e-traz – Adeus, meu senhor. *[Sai Fenton.]* Aí está um belo cavalheiro! Mas Ana não o ama. Conheço o pensamento de Ana, como conheço os dias da semana. Que diabo, me esqueci de alguma coisa. Que foi que eu me esqueci? Ora, se eu soubesse, não tinha esquecido. *[Sai.]*

SEGUNDO ATO

CENA I

Em frente à casa de Pajem. [Entra Madame Pajem com uma carta.]

M. Pajem – Como? Escapei das melosas cartas de amor na primavera de minha beleza e agora, já meio bagaço, é que elas vêm me atormentar? Deixa ver. *[Lê.]* "Não me pergunte a razão por que a amo. Pois embora, algumas vezes, o amor procure a razão para curar-se, jamais a procura como confidente. Você não é mais jovem, nem eu também: mas entre nós, ai, que simpatia! Pois somos ambos juvenilmente alegres, ah, ah, ah, ah! E ambos, aqui entre nós, somos malucos por um trago. Poderia haver maiores motivos de amizade? Não há; esses, portanto, bastam. Que lhe baste, querida madame Pajem, o afeto de um soldado porque eu, soldado, a amo. Não vou dizer que imploro o seu carinho, porque implorar é ação negada a um militar. Prefiro o imperativo: me ame! E acrescento:

> De puro amor
> Por ti eu luto
> Seja onde for
> Na luz do dia,
> Tão suntuária
> Na luz da noite,
> Sempre precária
> Ou em qualquer luz
> Intermediária.
> Perdoa, amada,
> que eu desabafe
> e logo abaixo
> me autografe;
> João Falstaff."

Um verdadeiro Herodes da Judeia! Ó, mundo nojento. Um sujeito já todo encarquilhado, vem pra cima de mim bancando o *galleto ao primo canto*. Gostaria de saber que foi que eu fiz, que palavra pronunciei junto a esse bêbado que deu a ele a ousadia de me tratar assim. Que diabo, ao todo, nos encontramos só três vezes. Deus é testemunha de que fui mais comedida do que é meu costume. Deviam fazer uma lei castrando os gordos. Mas isso não fica assim. De alguma maneira hei de me vingar. Hei de me vingar tão certo quanto aquela pança estar cheia de lombrigas podres. *[Entra Madame Ford.]*

M. Ford – Comadre Pajem, sabe que eu ia para sua casa agora mesmo?

M. Pajem – Muito pelo contrário.

M. Ford – Como, não acredita?

M. Pajem – Quero dizer, eu é que ia na sua. Está sentindo alguma coisa, Comadre?

M. Ford – Sei lá. Olhe, Comadre Pajem, preciso muito do seu conselho.

M. Pajem – Que foi que aconteceu, mulher?

M. Ford – Ah, querida amiga, se não fosse um escrúpulo ridículo eu poderia ter uma honra com que jamais sonhei.

M. Pajem – Pois então esquece o escrúpulo e goza a honra. Dispensado o escrúpulo, qual é a honra?

M. Ford – Bastaria eu conceder um minuto ao inferno para entrar na fidalguia.

M. Pajem – Como? Você brinca? A cavalheira Ford? Ou Lady Alice? Você montaria em alguém ou alguém em você?

M. Ford – Mas, quê? Estamos gastando vela à luz do dia. Toma: lê, lê. Vai entender como eu seria agraciada. Ah, hei de detestar os homens gordos a vida inteira: enquanto enxergar o suficiente pra distinguir alguém de alguém. E o Bonitinho falando mal de quem pragueja. E o Engraçadinho dizendo bem das mulheres cheias de recato. E o Santinho reprovando o menor sinal de má conduta. E eu acreditando nas palavras dele. Mas elas se ajustavam tanto ao que fazia quanto o demônio se ajusta à castidade. Me diz, que tempestade atirou nas águas de Windsor essa baleia com tonelada de azeite na barriga? Eu tenho que me vingar, Comadre Pajem. E acho que a melhor maneira é alimentar-lhe as esperanças até que o maldito fogo da luxúria o frite nas suas próprias banhas derretidas. Já tinha lido antes uma desfaçatez igual a essa?

M. Pajem – *[Puxa da carta, compara.]* Não só igual: até com a mesma letra. São duas irmãs gêmeas, a tua carta e a minha. Trocou só os nomes. Numa, Pajem, noutra, Ford. Portanto, te consola. Não és a única com uma reputação de dadivosa. Mas como acho que a tua carta chegou primeiro, sugiro que aceites a herança que ela te promete. Eu não pretendo reclamar a minha. O sacripantas deve ter, pelo menos, mil cartas iguais, com apenas o espaço em branco para o nome. E vai ver, as nossas já são da segunda edição. Olha, eu preferia ser uma montanha violentada por uma avalanche, do que ceder um afago a esse barril de graxa. Homens! Homens! É mais fácil descobrir sensualidade num molho de alfaces do que castidade no mais santo homem.

M. Ford – É mesmo. São exatamente iguais; a mesma letra, as mesmas palavras. Mas, por quem nos toma, esse patife?

M. Pajem – Olha, realmente não sei. Quase começo a duvidar de minha própria honestidade. Começo a procurar em mim alguma coisa que não sei; começo a me examinar como a uma pessoa que não conheço. Porque, se ele não tivesse notado em mim alguma inclinação que eu própria ignoro, é evidente que não teria me abordado com essa incrível audácia.

M. Ford – Você falou abordado? Pois olha, eu lhe garanto que na minha chalupa esse monstro não trepa.

M. Pajem – Nem na minha. Não deixarei nem mesmo que meta a cabecinha na escotilha. Está enganado se pensa que vai navegar nas minhas águas. Mas vamos nos vingar. Vamos marcar um encontro com ele. Fingimos que estamos encantadas com a corte que nos faz e vamos arruiná-lo até ele ser obrigado a vender os cavalos ao Hospedeiro da Jarreteira.

M. Ford – Perfeito, ajudarei você em qualquer vilania contra ele, desde que não se confunda tudo e nossa reputação acabe prejudicada. Você já imaginou se meu marido soubesse desta carta? Isso alimentaria o ciúme dele por toda a eternidade. E para alimentar o ciúme dele prefiro usar carne mais jovem.

M. Pajem – Bastou falar nele que ele apareceu. E vem com meu marido. Felizmente o meu está tão longe de ter ciúmes quanto eu de lhe dar motivos – ou seja, uma distância incomensurável.

M. Ford – Você é que é feliz.

M. Pajem – Vamos discutir um pouco o que podemos fazer contra o gorducho. Vem cá. *[Saem. Entram Ford, Pistola, Pajem e Nunca.]*

Ford – Tenho a esperança de que tudo seja falso.

Pistola – A esperança é um cachorro vira-lata. Dom João corteja sua mulher.

Ford – Mas como, senhor, minha mulher não é mais menina.

Pistola – Tentar seduzir pobres e ricas, humildes e fidalgas, jovens ou velhas, pra ele valem tanto umas ou outras, é um apreciador de um bom entulho. Em guarda, Ford.

Ford – Que coisa estranha – amar minha mulher! Nem eu!

Pistola – E com que fúria. Toma cuidado ou acabarás como Ateon quando Melampo conheceu-lhe a esposa. Não acreditou e acabou um... oh, que palavra horrenda!

Ford – Que palavra, senhor?

Pistola – A única palavra com dois chifres – corno. Adeus. Muita atenção e olho aberto. É de noite que os larápios agem. Muito cuidado: o verão começa. Os cucos saem dos ninhos e começam a cantar. Vambora, soldado Nunca. Pode acreditar nele, Dom Pajem: Nunca sabe muito bem aquilo que diz. *[Sai.]*

Ford – *[À parte.]* Ah, tenho que ser paciente: descobrir a verdade.

Nunca – *[Para Pajem.]* Pois acredite mesmo. A mentira não é o meu estilo. O meu estilo é muito outro; estilo, aliás, que ele tentou violentar de maneira grosseira e ofensiva. Imagine, eu, entregar uma carta como aquela à sua mulher: olhe pra mim – é meu estilo? Tenho uma espada que sabe muito bem me socorrer quando é preciso. Preste atenção, pois não vou ser demasiado longo nem excessivamente breve: ele ama sua mulher. Meu nome e posto ou posto e nome: soldado Nunca. Cada vez que falo, uma verdade é dita. Meu nome é Nunca e Falstaff deseja sua mulher. Adeus. Se lhe aviso é porque adoro pão de forno, mas jamais comeria o pão de um corno: e perdão por meu estilo. Adeus. *[Sai.]*

PAJEM – Eis um estilista que escreve torto por linhas tortas. Alguma coisa deve querer mas não o que vai obter. Alguma coisa quer que eu faça mas não é o que eu vou fazer.

FORD – Tenho que vigiar esse vil Falstaff.

PAJEM – Estilo. Estilo. Estilo. Nunca vi um patife mais afetado em toda a minha vida.

FORD – Ah, se eu o apanho.

PAJEM – Não darei o menor crédito a tal lacraia, apesar do padre me dizer que é um homem de bem.

FORD – Ele me pareceu um rapaz profundamente sério. Olha aí! *[Entram Madame Pajem e Madame Ford.]*

PAJEM – É você, Meg?

M. PAJEM – Onde é que você vai, Jorge? Escuta aqui... *[Falam à parte.]*

M. FORD – Oh, Franco, querido, que bom te encontrar. Você está bem? Que cara macambúzia!

FORD – Eu, macambúzio? Que macambúzio! Vai pra casa, vai. *[Volta-lhe as costas.]*

M. FORD – Ei, que é que deu nele? Tem alguma coisa na cabeça! Vem comigo, Comadre Pajem?

M. PAJEM – Um minuto. Você vem jantar em casa, Jorge? *[À Madame Ford.]* Mas olha só quem vem lá. A que vai ser nossa embaixatriz junto ao cavalheiro da pança imprudente.

M. FORD – *[À parte para Madame Pajem]* Engraçado, eu também estava pensando nela. É exatamente a pessoa que nos convém. *[Entra Madame Leva-e-traz.]*

M. PAJEM – Você veio ver minha filha Ana?

LEVA-E-TRAZ – Precisamente; como vai a minha querida Aninha?

M. Pajem – Vem conosco e fala com ela. Aliás, nós também queremos muito conversar contigo. *[Saem Madame Pajem, Madame Ford e Leva-e-traz.]*

Pajem – E então, meu caro Ford?

Ford – Você percebeu a audácia daquele patife flamengo? Não sei como me contive.

Pajem – Percebi; mas o patife que falou comigo não era menos audacioso do que o teu.

Ford – Você acha que eles disseram a verdade?

Pajem – Acho que deviam ser enforcados, os dois velhacos. O cavalheiro Falstaff não é capaz de uma coisa dessas. Esses daí foram despedidos do emprego e resolveram se vingar inventando essa história sinistra sobre nossas mulheres. Canalhas refinados, além de desempregados.

Ford – Ah, eram homens de Falstaff?

Pajem – Você não sabia?

Ford – Isso pra mim não muda a situação. Falstaff onde está – na Estalagem da Jarreteira?

Pajem – Lá, sim. Olha, Ford, quero te dizer uma coisa. Se ele pretende mesmo cortejar minha mulher não serei eu quem vai se meter no meio. E que caia sobre a minha cabeça o que ele conseguir dela; acho que, no máximo, vai receber uma meia dúzia de ofensas de envergonhar um bêbado e uma dúzia de palavrões de ruborizar um negro.

Ford – Vê bem: não é que eu duvide de minha mulher. Mas me acho abjeto deixando as coisas assim, sem me mexer. Além do que, só se deve confiar... desconfiando. Não quero arriscar nada.

Pajem – Mas olha ali o nosso Hospedeiro da Jarreteira. Pra estar assim alegre, das duas, uma; ou tem a cabeça alterada pelo vinho ou a bolsa estufada de dinheiro. *[Entra o hospedeiro.]* Olá, como vai, Hospedeiro?

Hospedeiro – Olá, amigo salafrário. Perdão, o senhor é um fidalgo. *[Chama.]* Cavalheiro-juiz, juiz-cavalheiro. *[Entra Reduzido.]*

Reduzido – Estou chegando, Hospedeiro meu, estou chegando. Vinte vezes bom dia, Dom Pajem. Dom Pajem, o senhor não quer vir conosco? Eu lhe garanto que vai ser um espetáculo de morrer de rir.

Hospedeiro – Conta pra ele, justíssimo cavalheiro, explica a ele, amigo salafrário!

Reduzido – Olha, é um duelo entre Dom Hugo, fidalgo reverendo do país de Gales, e Caio, fidalgo médico francês.

Ford – Meu bom Hospedeiro da Jarreteira, posso lhe dar uma palavrinha?

Hospedeiro – Como não, como não, amigo salafrário? *[Falam à parte.]*

Reduzido – *[A Pajem.]* Vem conosco assistir. O Hospedeiro foi encarregado de arbitrar as condições do duelo. Estou quase certo de que indicou um local diferente para cada um. E aliás fez bem, porque Dom Hugo não é de brincadeira. O Hospedeiro e eu vamos... *[Os dois vão para o lado, enquanto o Hospedeiro e Ford passam ao primeiro plano.]*

Hospedeiro – *[A Ford.]* Mas o senhor me garante que não vai propor nenhuma ação judicial contra o fidalgo Falstaff?

Ford – Mas, nunca! Trata-se apenas de uma brincadeira. Lhe dou um barril de vinho espanhol se me apresentar a ele dizendo que o meu nome é Fontes.

Hospedeiro – Aperta aqui, salafrário; terás ingresso, egresso e até regresso. Eu falei bem? De agora em diante teu nome será Fontes. Você vai gostar dele, é um camaradão. Vamos andando, beduínos?

Reduzido – Eu vou contigo, bom estalajadeiro.

Pajem – Ouvi dizer que o francês é um espadachim e tanto.

Reduzido – Não exageremos. Nos meus tempos garanto que eu era um pouquinho melhor. Hoje em dia vocês lutam de longe, um distante do outro, bem seguros, ah! E tem essa história de passes, filigranas, estocadas, sei lá mais o que; coração, mestre Pajem, coração, tudo está aqui, oh, aqui! Ah, quando eu era moço, com uma espada na mão botava pra correr feito ratos quatro ou cinco latagões maiores do que vocês.

Hospedeiro – Vamos, meninos, vamos; querem dormir aqui?

Pajem – Vamos indo, bom estalajadeiro. Eu, por mim, prefiro ver os dois duelando pra saber quem maltrata mais a língua inglesa do que num duelo de verdade. *[Saem Hospedeiro, Reduzido e Pajem.]*

Ford – É um belo imbecil esse meu amigo Pajem, confiando tanto na integridade da mulher. Mas eu não me arrisco assim, tão facilmente. A verdade é que Falstaff conheceu minha mulher em casa de Pajem, e sei lá o que terá acontecido, o que terão combinado? Eu não faço por menos; vou indagar, pesquisar e descobrir. Já tenho até um disfarce pra enganar Falstaff. Se minha mulher for honesta, melhor para nós três; mas se for o contrário, pior para eles ambos.

CENA II

Um quarto na Estalagem da Jarreteira. [Entram Falstaff e Pistola.]

Pistola – Mas eu lhe pago um pouco por semana.

Falstaff – Eu não te empresto nem um níquel furado, malandrim flamengo!

Pistola – Então declaro já que o mundo é uma ostra que abrirei com a ponta desta espada. *[Noutro tom.]* Te pago tudo com mercadoria roubada.

Falstaff – Nem a metade de um níquel com dois furos. Já me arrependi demais deixando que vocês usassem o crédito do meu nome honrado. Três vezes jurei em cruz a meus amigos por você e esse seu cúmplice, Nunca. Dei minha fé de que não tinham feito o que tinham feito quando eu sabia muito bem que tinham feito muito mais do que eu sabia. Fiz tudo pra não vê-los atrás de grades, como dois orangotangos idiotas. Sei que vou direto ao inferno por ter jurado diante de homens dignos que vocês eram bons soldados e homens de coragem. E mesmo quando roubaram o cabo de ouro do leque da duquesa, arrisquei minha palavra para salvar vocês.

Pistola – É, mas não se fala dos lucros? Fiquei apenas com dez – você com quinze pence.

Falstaff – Como, patife, como? Você acha que eu vou arriscar minha alma grátis? Em uma palavra; desmonta das minhas costas. Não fica pendurado em mim que eu não sou a forca onde vais terminar teus dias. Some. Pega tua faca afiada, de ladrão de bolsas de mulher, e volta pro covil de onde vieste. Vai! O finíssimo canalha não quis levar minha carta porque a honra... a dignidade... e não sei o quê... Abismo de ignomínia é o que você é. Eu é que tenho que lavar bem lavada minha honra só por estar junto de você. Eu, sabe? eu mesmo, eu próprio, eu eu, confesso, algumas vezes, sou obrigado a fazer pequenas concessões. Seguro o temor de Deus com a mão esquerda, escondo minha honra com a capa da minha necessidade e não nego, me adapto às prementes circunstâncias; engano, salto, viro e, por que não dizer? chego até mesmo ao roubo. E no entanto, você, um canalha menor, patife que jamais chegará a minha estatura, esconde os seus andrajos morais, sua perfídia de gato, sua linguagem de bordel, suas blasfêmias descaradas, sob a proteção de uma honra, no máximo, improvável. E depois se revolta – se nega a levar as minhas cartas!

Pistola – Eu me arrependo. Que mais se pode exigir de um homem?

Falstaff – Que suma da minha frente. Pra mim, basta. *[Entra Robin.]*

Robin – Senhor, tem aí uma mulher que quer falar consigo.

Falstaff – Manda entrar. *[Entra Leva-e-traz.]*

Leva-e-traz – Ofereço a sua excelência o meu bom dia.

Falstaff – Bom dia, boa mulher.

Leva-e-traz – Mulher inda não sou, embora o anseie.

Falstaff – Boa donzela, então.

Leva-e-traz – Posso jurar por Jesus; donzela como minha mãe quando me deu à luz.

Falstaff – Acredito. Acredito. Que deseja de mim?

Leva-e-traz – Posso lhe conceder duas palavras?

Falstaff – Duas mil, bela mulher; minha atenção é toda sua.

Leva-e-traz – Caro senhor, tem aí uma certa Madame Ford... *[Mostrando Pistola e Robin.]* Um pouco mais pra cá, por favor. Sabe, eu moro com o Doutor Caio...

Falstaff – Está bem, prossegue. Você dizia que Madame Ford...

Leva-e-traz – Exatamente, a Excelência diz bem; Madame Ford. Quer chegar um pouquinho mais perto?

Falstaff – Fica tranquila que ninguém nos ouve! É gente minha, gente minha.

Leva-e-traz – São mesmo? Que Deus os abençoe e os ponha também a seu serviço.

Falstaff – Mas, a Madame Ford, que é que há com ela?

Leva-e-traz – Olha, senhor, é uma criatura excelente. Céus! Céus! Que sedutor que o senhor é! Só peço a Deus que lhe perdoe e a nós todos que o ajudamos nas suas seduções.

Falstaff – Madame Ford – vamos, Madame Ford...

Leva-e-traz – Ah, sim, lá vai o sumo e o resumo dessa história. O senhor a deixou numa tal titubeança que é de não acreditar. Os cavalheiros mais formosos de Windsor nunca conseguiram titubeançá-la nem metade. E olha que têm vindo cavalheiros, fidalgos, lordes, nobres, menos nobres e carruagens atrás de carruagens, sem contar as da frente, carta atrás de cartas, sem falar dos bilhetinhos pequenos e presentes e mais presentes. E eu não falei do perfume – todos os cavalheiros cheirando a almíscar – todos paramentados, muito elegantões em seda e ouro. E com aquelas maneiras ainda mais elegantes de falar. A fala deles é um vinho açucarado capaz de derreter o coração da mais santa mulher. Pois eu lhe garanto que dela não tiveram nem um piscar de olho. Inda essa manhã me deram vinte pence, mas eu não sou dessas que aceitam dinheiro assim, de qualquer um, tem que ser pessoa muito de bem pra eu aceitar. Gente como o senhor. Eu lhe juro; ninguém conseguiu beber no copo dela. E havia até conde. Até guardas do palácio! Mas pra ela é tudo a mesma coisa.

FALSTAFF – Mas que é que ela mandou dizer? Diz bem curto, minha estafeta boquirrota.

LEVA-E-TRAZ – Bem, ela recebeu a sua carta, pela qual lhe manda agradecer duas mil vezes. E pede também que Vossa Excelência não esqueça do seguinte:

FALSTAFF – Sim, do seguinte.

LEVA-E-TRAZ – Que o marido, Dom Ford, estará fora de casa entre as dez e as onze.

FALSTAFF – Dez e onze?

LEVA-E-TRAZ – Precisamente. Ela diz que, a essa hora, o senhor pode ir rever o quadro que tanto lhe agradou, entende? Dom Ford não vai estar em casa. Coitada, que vida a pobrezinha leva com aquele marido! Ele a persegue dia e noite – tem um ciúme infernal.

FALSTAFF – Entre dez e onze. Mulher, recomende-me a ela. Estarei lá na hora.

LEVA-E-TRAZ – Ah, muito bem. Mas tenho ainda outra mensagem pro senhor. Madame Pajem também lhe manda seus mais ardentes agradecimentos pela carta. Lhe direi, na outra orelha, *[vira-o]* que ela é uma senhora delicada e inducada, honesta e modesta. Se alguma mulher de Windsor deixar de dizer as rezas da manhã posso jurar que não é ela. Manda lhe dizer que, infelizmente, o marido está sempre em casa, mas que Deus há de favorecer uma boa ocasião... Sabe que eu nunca vi uma mulher tão desvairada por um homem? O que é que o senhor tem? Feitiço?

FALSTAFF – Eu? Nada! Posso lhe garantir que, tirando o feitiço de um ou outro encanto físico e moral, sou um homem comum.

LEVA-E-TRAZ – Que o seu enorme coração seja bendito.

FALSTAFF – Agora, por favor, me diz aqui! as duas, por acaso, não terão confiado, uma à outra, o amor que me têm?

Leva-e-traz – Mas nem de brincadeira! Por mais que sejam amigas, não chegariam a esse mau gosto. Uma tal confidência seria indecência. Ah, Madame Pajem pede encarecidamente, em nome do amor que o senhor lhe devota, para lhe enviar aquele menino pajem. O marido dela tem uma enorme infecção por esse pajem. Uma coisa tenho que lhe dizer; Dom Pajem é um homem extraordinário. Nenhuma mulher de Windsor leva uma vida igual à mulher dele. Ela faz o que quer, diz o que bem entende, compra tudo que deseja, dorme quando tem vontade, levanta quando bem lhe agrada e o marido não diz nada. Verdade que ela merece. Pois se há uma mulher boa em Windsor, essa mulher é ela. Por favor, não deixe de lhe mandar o pajem.

Falstaff – Vou mandar logo.

Leva-e-traz – Não esquece. É pra ele servir de mensageiro entre o senhor e ela. Mas é bom, para evitar encrencas, que haja entre os dois algumas palavras combinadas, a fim de que o menino não consiga entender o que transmite. Não é bom deixar as crianças perceberem certas leviandades. Os velhos são mais discretos porque conhecem o mundo.

Falstaff – Adeus. Recomenda-me às duas. Toma, guarda minha bolsa; mas se compreende que ainda fico lhe devendo muito mais. Menino, acompanha a senhora. *[Saem a Leva-e-traz e Robin.]* Essas notícias me deixam completamente embasbacado. Eu não mereço tanto. Eu não mereço tanto.

Pistola – Essa madame trabalha pra Cupido. Pois minha barca vai singrar na esteira dela. Vento nas velas, mão no leme, fé no destino, à abordagem, e fogo! Se ela não for minha que o oceano nos engula a todos. *[Sai.]*

Falstaff – O que é que você diz disso, gordo Falstaff? Segue em frente; vou tirar desse teu corpo velho muito mais do que tirei dele quando era novo e esguio. Será que ainda existe alguém que olhe pra ti? Pelo que ouvi, creio que não se cansam de estudar-te as formas. Quer dizer que esse teu corpo, depois de gastar montes e montes de dinheiro, vai começar a render alguma coisa? Ah, corpinho precioso, corpanzil amado, eu te agradeço. Deixa as más-línguas dizerem que és disforme e grasso; se agradas tanto, pouco importa o que falam. *[Entra Bardolfo com um copo de vinho.]*

BARDOLFO – Dom João, aí embaixo tem um senhor chamado Fontes que deseja muito conhecê-lo e falá-lo. Trouxe de presente um barrilão *[gesto]* de xerez espanhol.

FALSTAFF – Se chama Fontes?

BARDOLFO – Fontes, sim senhor.

FALSTAFF – Manda subir. *[Sai Bardolfo.]* Ah, eu adoro Fontes donde jorra vinho. Oh. Oh. Madame Ford, Madame Pajem, bebamos com esse amável cavalheiro o sabor da conquista. *[Entram Bardolfo e Ford, disfarçado.]*

FORD – Deus o guarde, cavalheiro.

FALSTAFF – E ao senhor também. Deseja me falar?

FORD – Sei que é uma audácia de minha parte apresentar-me assim, com tal sem-cerimônia.

FALSTAFF – Seja bem-vindo. Em que posso servi-lo? Vai, rapaz. *[Sai Bardolfo.]*

FORD – Eu sou, meu senhor, um fidalgo cuja única virtude é desperdiçar montanhas de dinheiro. Me chamo Fontes.

FALSTAFF – Isso, Dom Fontes, só me faz desejar sua amizade e a oportunidade de travar conhecimento maior com sua virtude.

FORD – Meu bom Dom João, vejo que é muito fácil o nosso entendimento. Pois não vim aqui, está claro, pedir nada emprestado. Mais claro ainda; acho que de nós dois, se for o caso, tenho mais condições de emprestador. E, aliás, sou franco, foi isso que me deu coragem para esta entrada inoportuna. Porque, como se diz, é só mandar na frente o embaixador dinheiro que as portas vão-se abrindo.

FALSTAFF – É verdade, amigo, o dinheiro é um bom soldado.

FORD – Sempre na linha de frente.

FALSTAFF – Valente. Abrindo sempre brechas no campo do inimigo.

Ford – Disposto a tudo. Por falar nisso, tenho aqui um saco de dinheiro que está me incomodando. Será que o senhor podia me ajudar, Dom João? Se o senhor não puder carregar tudo pode pelo menos me ajudar a levar a metade. Já é um alívio.

Falstaff – Ora, carrego tudo, carrego tudo. Mas não sei o que terei feito para merecer a honra de ser seu carregador.

Ford – Eu já lhe digo. Se me dá um minuto...

Falstaff – Fale uma hora, senhor Fontes. De hoje em diante eu sou apenas seu ouvidor.

Ford – Dom João, dizem que o senhor é erudito – não tema, serei breve. De nome eu o conheço há muito tempo, mas ainda não tinha aparecido a oportunidade ou o motivo de poder conhecê-lo mais intimamente. Vou lhe dizer uma coisa bem particular, uma confissão do quanto é imperfeita a minha natureza. Só lhe peço, meu amigo, que, enquanto falo de minhas leviandades, para não me desprezar, o senhor procure também não esquecer as suas. A única forma de abrandar sua censura é lembrar como é fácil cair no mesmo erro.

Falstaff – Continue, senhor, estou ouvindo.

Ford – Há uma certa mulher nesta cidade, casada com um certo senhor Ford.

Falstaff – Pois muito bem.

Ford – Há muito que eu a amo, e, lhe garanto, por ela já fiz quase tudo. Segui-a em toda parte, inventei as mais estranhas oportunidades de encontrá-la, de vê-la um só momento. Tenho gastado generosamente, não só nos mil presentes que lhe mando, mas também nos que ofereço àqueles que podem me aconselhar a melhor maneira de presenteá-la. Em suma, assediei-a com a mesma persistência com que Cupido me atormenta – ou seja, noite e dia. Mas, por mais que eu mereça, pelos meus sentimentos e minhas posses, o fato é que não consegui nada até agora. A não ser experiência, uma joia que comprei por preço muito caro. Tudo isso ensinou-me apenas:

O amor foge como sombra
Quando o poder o persegue
Persegue quem dele foge
E foge de quem o segue

FALSTAFF – O senhor não recebeu nem uma promissória de esperança que possa resgatar em certo prazo?

FORD – Nada.

FALSTAFF – O senhor, alguma vez, chegou a falar claro?

FORD – Nunca.

FALSTAFF – Mas então o seu amor é de que raça?

FORD – Meu amor é um castelo de sonho construído em propriedade alheia. Perdi minha construção por errar o terreno.

FALSTAFF – E com que intenção o senhor me contou tudo isso?

FORD – Ao lhe dizer por que, estou lhe dizendo tudo. Falam que, embora ela comigo seja tão recatada, com outras pessoas, em outras ocasiões e outros lugares, a coisa não é a mesma – as más-línguas afirmam que há afortunados. Ora, Dom João, chegamos aqui ao miolo das minhas intenções: o senhor é um fidalgo verdadeiramente puro-sangue, de excelente linhagem, admirável educa*ção*...

FALSTAFF – Mas, amigo...

FORD – ...irresistível insinua*ção*, fácil penetra*ção*, uma pessoa, em suma, autêntica, que se impõe como homem e cida*dão*. Todos o admiram como guerreiro e corte*são*, sem falar de sua extraordinária prepara*ção*...

FALSTAFF – Mas que é isso?

FORD – É assim, porque todos o sabem e o senhor não o ignora. Olha, aqui tem mais dinheiro, gasta, gasta. Gasta até mais. Gasta tudo que eu tenho. Só quero, em troca, que perca um pouco do seu tempo num cerco galante à honestidade de madame Ford. Use o melhor que possa a sua extraordinária arte de conquistador. Faz com que ela se renda. Se já se entregou a alguém o senhor a conseguirá com mais facilidade do que qualquer outro. Se ainda vai se entregar a alguém, esse alguém só pode ser o senhor.

FALSTAFF – Será conveniente à veemência de sua paixão que eu conquiste aquilo que pretende usufruir? A cura pode ser pior do que a doença.

FORD – Oh, minha intenção é clara. Ela se defende com tanta segurança atrás do baluarte de sua reputação que, por mais louco que eu esteja, não ouso declarar-me. Mas se eu pudesse chegar diante dela com uma prova qualquer de sua leviandade, os meus desejos teriam um precedente para exigir uma equiparação. Eu a obrigaria a sair da fortaleza de seus votos de fidelidade, de sua honra irretocável, de sua infinita castidade, enfim das mil e uma defesas com que atualmente evita o meu assalto. Que lhe parece, meu caro Dom João?

FALSTAFF – Mestre Fontes, em primeiro lugar eu tomo a liberdade de escamotear o seu dinheiro. Logo lhe estendo a mão. E por último lhe afirmo, palavra de fidalgo, que, mais cedo do que pensa, o senhor poderá degustar essa senhora, onde e como quiser.

FORD – Oh, não me diga!

FALSTAFF – Dom Fontes, eu sei o que prometo.

FORD – Então, nada de economias! Mande, e terá dinheiro. Como e quanto quiser.

FALSTAFF – O mesmo garanto eu; terá a mulher de Ford como e quanto quiser. Lhe digo em confiança, hoje mesmo eu vou estar com essa senhora, num encontro que ela própria marcou. No momento exato em que o senhor chegou, saía daqui uma camareira dela, uma tal Leva-e-traz. Nosso encontro é exatamente às dez horas, porque essa é a hora em que o marido, um imbecil que morre de ciúmes, não vai estar em casa. Se o senhor puder vir aqui mais tarde, eu lhe direi como é que a coisa anda.

FORD – Afortunado eu, no momento em que o encontrei. Mas, o senhor, por acaso, conhece o marido dela?

FALSTAFF – Ford? Nunca o vi mais gordo. Por mim podem enforcar esse corno miserável. Aliás, me corrijo: à vontade mantenho o corno mas retiro o miserável. Porque dizem que o tal condescendente tem rios, barricas e massas de dinheiro. Isso, naturalmente, faz com que sua digna esposa me pareça ainda mais encantadora, pois me servirá de chave pras arcas do *cornuto*.

Ford – Eu preferia que o senhor conhecesse Dom Ford, quanto não seja para poder evitá-lo, no caso de um encontro ocasional.

Falstaff – Quero que enforquem esse vendedor de manteiga rançosa! Ele vai tremer de pavor quando eu o olhar assim como o estou olhando. Vai suar de terror quando eu girar meu bastão, assim, em cima dos seus chifres. Mestre Fontes, eu dominarei o imbecil, nem que seja com a minha força bruta, assim, pra que o senhor possa se pôr na mulher dele. Logo que anoitecer, venha me ver. Ford é um impotente – fazê-lo corno já é uma promoção. Esta noite, então, já sabe, hein? – bem cedo. *[Pega a sacola de dinheiro e sai.]*

Ford – Libertino, nojento, desgraçado. Sinto que o coração vai rebentar de ódio. Eu não posso esperar! Quem ousa repetir que meu ciúme era infundado? Minha mulher mandou chamá-lo, marcaram hora e local, está tudo combinado. Quem poderia pensar em coisa semelhante? Minha cama ficará manchada, meus cofres serão saqueados, minha reputação dilacerada. E eu, não só tenho que aguentar todas essas infâmias, como ainda sou obrigado a ouvir as maiores ofensas da boca daquele que me ultraja. Nomes! Apelidos! Qualificativos! Lúcifer, ainda vai. Satanás eu suporto. Belzebu eu engulo. Asmodeu, vá lá! São todos apelativos demoníacos, designativas infernais. Mas, corno! E corno consentido! Corno! Não. O próprio diabo nunca foi chamado disso, apesar dos chifres. Pajem é um quadrúpede, um perfeito asno. Confia na mulher. Não tem ciúmes. Eu com mais facilidade confiaria minha manteiga a um flamengo, o meu queijo a um galês como o Hugo, minhas reservas de aguardente a um irlandês, do que minha mulher a ela própria. Porque, quando está só, a mulher pensa. Quando pensa, conspira. Quando conspira, age. Pois quando deseja qualquer coisa, a mulher realiza, não lhe importando os meios. Eu agradeço ao céu o meu ciúme. O encontro é às onze horas. Vou surpreender minha mulher, castigar Falstaff e rir de Pajem. Vou correndo. Melhor três horas antes que um minuto depois. Corno! Corno! Corno! *[Sai.]*

CENA III

Um campo perto de Windsor. [Entram Caio e Passarinho].

CAIO – Passarinho.

PASSARINHO – Senhor?

CAIO – Que horras ser?

PASSARINHO – Já passou da hora que o reverendo combinou.

CAIO – Ah, o cofarde non vir. Conseguiu salfar a sua pele. Fai ver está ressando o seu Bíblia, Passarinho. Se tinha findo já não estava aqui mais, estava morrido.

PASSARINHO – Teve juízo, patrão. Sabia que o senhor o mataria, se viesse.

CAIO – Em nome do Cristo, um salmão defumado não estará tão morrido quanto ele, quando esbarrar comigo. Peca a espada, Passarinho: vou te mostrar como se acapa um padre e os sermões dele.

PASSARINHO – Mas, Doutor Caio, eu não sei nem segurar a espada.

CAIO – Como, filão? Desempainha a espada. *[Começam a lutar.]*

PASSARINHO – Cuidado, aí vem gente. *[Entram o Hospedeiro, Reduzido, Magrela e Pajem.]*

HOSPEDEIRO – Deus te proteja, seu doutor salafrário.

REDUZIDO – Deus o conserve, Mestre Doutor Caio.

PAJEM – Como vai, Mestre de medicina?

MAGRELA – Muito bom dia, senhor.

CAIO – O que é que focês todos, um tois, três, quatro, estão procurrando?

HOSPEDEIRO – Nada. Viemos te ver lutar. Te ver em guarda, te ver em ataque, te ver em finta ou em estocada; você aqui, você ali, você em parada, você a fundo, você em nada, marcando um ponto, medindo um gesto, tomando alento, atravessando! Onde está ele, meu etíope? Ele está morto, meu *francês*cano? Ah, salafraríssimo! Fala, meu Esculápio. Conta o que aconteceu, hábil Galeno. Vamos, confessa, ele está morto! O salafraríssimo reverendo está morto. Você o matou? Ahn?

Caio – *[Com desprezo.]* Matei! É o patre mais cofarde do mundo. Nem mostrar o cara.

Hospedeiro – Acho que ele fez bem, tu és um rei de Castela, soberano urinol. Tu és Heitor da Grécia, filho meu.

Caio – Eu peço que sexam testemunhas que estifemos aqui seis ou sete, duas ou três horas, e ele non apareceu.

Reduzido – O reverendo foi mais sábio, Doutor Caio: ele é um médico de almas, o senhor um médico de corpos. Lutando estariam ambos negando a fé e a ciência que abraçaram. Estou falando errado, Dom Pajem?

Pajem – Ninguém diria, vendo o Juiz de Paz que é agora, o terrível espadachim que foi um dia.

Reduzido – Com a graça de Deus, amigo Pajem, embora agora eu seja velho e de paz, não posso ver uma espada desembainhada sem sentir uma certa comichão nos dedos. Por mais que eu seja juiz, ele doutor, o outro padre, ainda há em nós um pouco do sal de nossa juventude. Somos filhos de mulheres, Mestre Pajem.

Pajem – Verdade comum a todos nós.

Reduzido – E será sempre assim. Mestre Doutor Caio, vim levá-lo pra casa. Sou encarregado da ordem pública e seu amigo. Considero o senhor um excelente médico, mas o reverendo Hugo também é um sacerdote competente e humano. Vem comigo, doutor.

Hospedeiro – Perdão, Juiz de Paz. Uma palavrinha, doutor desmiolado.

Caio – Desmiolado? Que é isso?

Hospedeiro – Desmiolado, em nossa língua, quer dizer que não tem miolo, isto é, só tem tutano, corajoso.

Caio – Então eu lhe garantia ser muito mais desmiolato do que qualquer inglês. Vou cortar os orelhas da maldita patre.

Hospedeiro – Vai confiando que ele acaba te metendo a lenha.

Caio – Me metendo a lenha? Que é isso?

Hospedeiro – Quer dizer que ele te pede desculpas, te dá satisfações.

Caio – Então fai ter muito que me meter o lenha antes deu ficar satisfeita.

Hospedeiro – Fique descansado. Se for preciso eu ajudo o reverendo.

Caio – Eu lhe agradeço o senhor por isso.

Hospedeiro – Além disso, paspalhão... *[Aos outros, à parte.]* Olha, acho melhor vocês três, meu hóspede, mestre Pajem e o supino cavalheiro Magrela, irem pra Frogmore, pela estrada que atravessa a cidade.

Pajem – Hugo está lá, está?

Hospedeiro – Está. Vejam o estado de espírito em que se encontra, enquanto eu vou indo com o doutor, atravessando o campo. Está certo?

Reduzido – Certo.

Pajem, Reduzido e Magrela – Adeus, doutor Caio. *[Saem.]*

Caio – Eu não me conforma, tenho da matar o padre. Ele vive me atrapalhando com Ana Pajem para protager...

Hospedeiro – Proteger.

Caio – Proteger não sei que idiota.

Hospedeiro – Deixa ele morrer de velho. Controla a tua impaciência, joga água fria em tua raiva, e vem comigo pelo campo até Frogmore. Vou te levar a uma festa numa casa de campo. Sabe quem está lá? Ana Pajem! Vai ter o tempo que quiser pra lhe fazer a corte. Piei mal? Falei bem?

Caio – Lhe dou graças a Deus pur isso. Focê ser crande amico. Lhe mandarei lordes, cavalheiros, fidalgos, comerciantes, todos meus pacientes.

Hospedeiro – E eu, como prova de agradecimento, não pouparei obstáculos para impedir tua rota nas águas de Ana Pajem. De acordo?

Caio – Não entendi nada.

Hospedeiro – Quero dizer que vou te ajudar em tudo. Vamos embora.

Caio – Nas meus calcanhares, Passarinho. *[Se afastam.]*

TERCEIRO ATO

CENA I

Um campo perto de Frogmore. Duas cercas, uma próxima e outra distante, fecham a cena. O reverendo, sem batina, apenas com a roupa de baixo, tem a espada numa mão, um livro na outra. Simplicíssimus vigia do alto de uma árvore.

EVANS – Eu te pergunto, pom servidor do cavalheiro Magrela, onde é que você procurou tal Caio que só ele mesmo se considerar doutor na medicina?

SIMPLICÍSSIMUS – Olha, reverendo, procurei pra lá e prá cá, aqui e ali, em cima e embaixo, dum lado e doutro, naturalmente só onde ele não estava, já que não o encontrei. Só não procurei mesmo onde não fui.

EVANS – Talfez ele seja xusjatemente aí. Fai procurar lá.

SIMPLICÍSSIMUS – Sim senhor, meu padre. *[Sai.]*

EVANS – Teus salfe meu alma pois xamais um referendo tefe tanta raifa do alguém. Costaria que tuto fosse um encano. Ah, hei de derramar um urinol cheio na capeça daquele felhaco. Teus salfe meu alma. *[Canta.]*

    Xunto à cascata
    Que cai na mata
    Cantam mil afes
    Marafilhosas
    Ali faremos, xentil amata
    O nosso leito
    Toto de rosas.
    Xunto à cascata...

Pobre de mim! Canto. E no entanto só ter vontade é de chorar.

    Cantam os aves
    Nascem begônias
    E eu com os olhos

Cheios da insônia
Espero às portas
Da Babilônia. *[Entra Simplicíssimus.]*
Como é, que armas ele tem?

SIMPLICÍSSIMUS – Não encontrei ninguém armado em todo o caminho, reverendo. Nem tropa, nem pessoa. Mas lá vem meu patrão, Dom Reduzido e outro cavalheiro que não conheço.

EVANS – Me dá minha batina, depressa. Ou melhor, fica com ela no praço. *[Simplicíssimus pega a batina no chão. Entram Pajem, Reduzido e Magrela.]*

REDUZIDO – Olá, olá, prelado e reverendo. Bom dia, excelente Dom Hugo. Um jogador longe dos dados, um erudito longe dos livros – que milagre.

MAGRELA – *[À parte]* Ah, doce Ana Pajem.

PAJEM – Salve, bom reverendo.

EVANS – Que os apençoe com Sua misericórdia o Teus também. A focês totos.

REDUZIDO – Sim, senhor, a espada e o verbo. O senhor domina ambos, reverendo?

PAJEM – E por que tão juvenil, de jibão e meias num dia assim tão frio, especial pra reumatismo?

EVANS – Tenho mais da um motivo para estar deste maneira.

PAJEM – Bom pastor, viemos procurá-lo para um ato de caridade.

EVANS – Muiti pem. Que ê que é?

PAJEM – Ali embaixo está um cavalheiro da maior dignidade que, parece, foi ofendido por alguma pessoa, e se encontra num estado de exaltação jamais visto. Dá socos na própria respeitabilidade e agride a própria paciência. Vai acabar estrangulando a própria sombra.

REDUZIDO – Eu já vivi bem oitenta anos e até mais do que isso, se contar com cuidado. E nunca vi na minha vida um homem com a posição social, a gravidade de comportamento e o saber que ele tem, perder, assim, toda compostura.

EVANS – Mas, quem é ele?

PAJEM – Talvez o senhor o conheça; é o ilustre Doutor Caio, o famoso cirurgião francês.

EVANS – Sanha te Teus e fúria do meu coraçon! Preferia que me falassem de um pom par de asnos.

PAJEM – Por quê?

EVANS – Famoso cirurgião? Bah! Não sabe nata da coisa nenhuma. Pensa que Hipócrates é um hipócrita e de Galeno nunca oufiu falar. E além disso é um felhaco. Em felhaco cofarde não existe outro igual. *[Caio vem se aproximando com um punhal e a espada desembainhada.]*

PAJEM – Eu não dizia que era o padre que ia lutar com o doutor?

MAGRELA – *[À parte.]* Ó, doce Ana Pajem!

REDUZIDO – Parece que sim, a julgar pelas armas. Aí vem Doutor Caio, cuidado! Não deixem que eles se aproximem. *[Entram o Hospedeiro, Caio e Passarinho.]*

PAJEM – Calma, mestre reverendo, guarde a arma.

REDUZIDO – E o senhor também, mestre cirurgião.

HOSPEDEIRO – Tirem as armas deles e deixem que discutam. Que conservem os membros e estraçalhem apenas o inglês de sua majestade. *[Os dois são desarmados.]*

CAIO – Permita que eu lhe tiga uma palafrinha no seu oufido. *Por quoi* o senhor não quer lutar com migo?

EVANS – *[À parte a Caio.]* Um pouco do paciência, por opsséquio. Quanto chegar no hora.

CAIO – Bom Teus, o senhor é um cofarde, um fira-latas, um cão leproso, mais feio que macaco feio.

EVANS – *[À parte a Caio.]* Lhe peço-lhe que non nos transformar em motifo de riso de todo o mundo. Tesejo muito ter sua amissade e estou pronto a lhe tar todas os satisfações. *[Alto.]* Vou derramar todos os meus urinóis na sua capeça de felhaco pra aprender a non faltar os encontros.

Caio – *Diable!* Passarinho! Hospedeiro da Jarreteira! Eu não estava lá, esperando para atravessar o fícado desse animal? Eu estava ou não estava no local da encontra?

Evans – Tão certo quanto minha alma ser cristã, olha aqui, seu!, este está sido o lugar marcada. Apelo para o Hospedeiro do Xarreteira.

Hospedeiro – Paz, paz, eu aconselho, paz, Galo e Galês, Celta e Francês, doutor de almas e doutor de corpos.

Caio – Oh, *ça c'est très bien dit.* É excelante!

Hospedeiro – Paz, eu digo. Ouçam em paz o que vai falar o Hospedeiro da Jarreteira. Serei eu um político? Serei um sutil? Um Maquiavel? Quero perder meu doutor? Nunca: são suas poções que facilitam minhas evacuações. Desejo eu perder meu cura, meu padre, meu vigário celeste, meu Dom Hugo? Jamais: é ele quem me ensina o verbo e o adverbo. Vamos, me dá tua mão, celestial, e tu, me dá também a tua mão, terrestrial – assim. *[Une as mãos dos dois.]* Assim. Aprendizes de velhacarias, fui eu quem enganei a ambos enviando cada um pra um lugar. Não duvidamos que ambos têm um coração intrépido, nos alegramos que estejam com a pele intacta e queremos celebrar a paz num bom copo de vinho. Amigos, mandem empenhar as armas e me tragam o dinheiro. Me sigam, anjos da paz, me sigam, sigam, sigam, sigam.

Reduzido – Esse Hospedeiro é gira. *[Faz sinal de louco.]* Sigam, senhores, sigam, sigam.

Magrela – *[À parte.]* Ó, doce Ana Pajem. *[Saem Magrela, Reduzido, Pajem e o Hospedeiro.]*

Caio – Ah, será que entendi eu bem? Fizeram nois tois de impecís? Ha, ha, ha?

Evans – Essatamente. Fez de nós bobos do corte. Tesejo que ficamos amicos, e xuntos, pra pensar numa fingança contra desse tescraçado, emprulhão, tono do Hospedaria.

Caio – Por Teus, com toto meu coraçon. Ele prometeu tampem trasser aqui Ana Paxem e me enganou outro vez.

Evans – Pem, hei de lhe cortar o crista. Fem comigo por fafor.
[Saem.] Fem, fem, fem, fem.

CENA II

Uma rua, em Windsor. [Entram Madame Pajem e Robin.]

M. Pajem – Vai na frente, belo jovem. Você agora guia onde antes seguia. Que prefere você, orientar meus passos ou trotar nos calcanhares do teu patrão?

Robin – Claro, senhora, prefiro ir na sua frente, como um homem, do que seguir um homem, como um anão.

M. Pajem – Eh, que rapazinho adulador. Você vai ser um grande cortesão. *[Entra Ford.]*

Ford – Que prazer encontrá-la, Madame Pajem. Aonde é que vai?

M. Pajem – Por coincidência vou exatamente me encontrar com sua mulher. Ela está em casa?

Ford – Claro; e tão ociosa como sempre. Só não faz menos porque menos, bom, correria o risco de lhe passarem um atestado de óbito. Está sempre à sua espera. Eu acho que se nós dois, maridos, morrêssemos, a senhora e ela se casariam logo.

M. Pajem – Claro – com dois outros homens.

Ford – Onde é que a senhora adquiriu tão belo mastro de navio?

M. Pajem – Sabe que eu nem sei o nome do tal que o emprestou a meu marido? Garoto, como é mesmo que você chama o seu patrão?

Robin – Dom João Falstaff.

Ford – Dom João Falstaff!

M. Pajem – Isso. Isso. Eu nunca consigo me lembrar do nome. Depois que meu marido o conheceu não o larga mais, são carne e unha. Tem certeza de que Alice está sozinha em casa?

Ford – Está, é claro. *[Duvidoso.]* Por que é que não estaria?

M. Pajem – Me permita. Estou doida pra falar com ela. *[Saem M. Pajem e Robin.]*

Ford – Mas, onde é que Pajem tem a cabeça? Será que ele está cego? Será que não entende? Só pode estar dormindo – porque qualquer imbecil percebe que esse maravilhoso pajem é capaz de levar uma carta a vinte milhas mais depressa do que um canhão atinge um alvo a vinte passos. Pajem empurra a mulher na rampa do demônio; dá às loucuras dela tempo e oportunidade. E agora ela vai se encontrar com a minha esposa levando junto o pajem de Falstaff! Qualquer um vê logo a tempestade se formando – e o pajem de Falstaff com ela! Bela situação! Está tudo preparado – nossas mulheres se rebelam e procuram juntas a perdição. Ah, mas comigo não; vou surpreender o herege com a boca na botija ou com a botija na boca. Verificado o fato, torturarei minha mulher, arrancarei o véu de falso recato da senhora Pajem e mostrarei a todos que Pajem é apenas um pobre conformado. Tenho certeza que minhas atitudes violentas vão merecer aplausos de todos os meus vizinhos. *[Relógio soa.]* O relógio dá a deixa pra eu sair de cena, pois tenho que agir com rapidez e brio. Vou agarrar Falstaff. Ele está lá – tão certo quanto a terra é plana. *[Entram Pajem, Reduzido, Magrela, Hospedeiro, Dom Hugo Evans, Caio e Passarinho.]*

Alguns deles – Olá, como é que é? Que bom encontrá-lo, Dom Ford.

Ford – Ôpa, o prazer é meu, ver a turma reunida. Por acaso tenho uma festa em casa. Venham comigo que vão se divertir.

Reduzido – Desculpe, mas não posso, Dom Ford.

Magrela – Eu também não, senhor. Tenho um jantar marcado com Ana Pajem e só deixaria de comparecer se me dessem o dinheiro que ela vale – não há tanto dinheiro.

Reduzido – Estamos em conversações para realizar o casamento entre Ana Pajem e meu sobrinho Magrela. Hoje teremos a resposta.

Magrela – Espero contar com sua boa-vontade, Dom Pajem, meu pai.

Pajem – Conte com ela, bom Magrela, sou todo a teu favor. Minha mulher porém *[volta-se para Caio]* acha que o melhor partido é aqui o doutor.

Caio – Graças a Teus parece tampém que a moça me tem alcum amor. Assim me conta minha cofernanta Lefa-e-traz.

Hospedeiro – E os senhores se esquecem de Fenton, que é moço e encantador? Ele salta, ele dança, explode em juventude, escreve versos, fala bolas de ouro, conta casos de prata, tem perfumes de abril e alguns de maio. Vai ganhar, vai ganhar, já a tem na mão. *[Fecha o punho.]* Vai ganhar.

Pajem – Não com o meu consentimento, eu não aprovo. E não só por seus defeitos mas também por suas qualidades. O defeito é não ter nada, nem um níquel de seu. Além disso anda em companhia do príncipe maluco e do barão estroina. E quanto a qualidades, tem demais; dá pra desconfiar. Quem somos nós prum homem assim tão alto? Sabe demais, já viveu tudo. Não, ele não vai cerzir os fios de sua bolsa arrebentada com os dedos da minha fortuna. Se quer casar com ela e se ela o aceita, não o posso impedir. Ele que a pegue e a leve, mas limpinha. Minha fortuna só vai com meu consentimento e o meu consentimento segue outro caminho.

Ford – Peço encarecidamente que os senhores me acompanhem, venham jantar comigo. Além da boa ceia eu lhes prometo um espetáculo. Vou lhes mostrar um monstro. Vem, mestre cirurgião, e o senhor também, amigo Pajem – e o senhor não pode recusar, mestre Dom Evans.

Reduzido – Bem, façam bom proveito. Acho melhor irem todos; assim teremos mais liberdade para fazer a corte a Ana Pajem. *[Saem Reduzido e Magrela.]*

Caio – Fai pra casa, Passarinho. Eu não temoro. *[Sai Passarinho.]*

Hospedeiro – Adeus, meus corações; vou procurar meu bravo cavalheiro Falstaff e entornar com ele uma garrafa inteira de vinho das Canárias. *[Sai.]*

FORD – *[À parte.]* Está muito enganado. Falstaff é meu conviva e vai cantar pra nós como um canário. *[A todos.]* Pessoal, vamos?

TODOS – Vamos. Estamos ansiosos pra ver como é esse monstro. *[Saem.]*

CENA III

Um quarto na casa de Ford. [Entram Madame Ford e Madame Pajem.]

M. FORD – Como é, João? Como é, Roberto?

M. PAJEM – Depressa! Depressa! – o cesto de roupa suja já está...?

M. FORD – Está tudo pronto. Hei, Robin, onde está Robin? Onde se meteu essa beleza? Comigo é sempre assim – os bonitos eu tenho sempre que chamar três vezes. Os feios não me largam. *[Entram criados com uma cesta.]*

M. PAJEM – Vamos, vamos, mais pra lá.

M. FORD – Aqui, coloquem aqui.

M. PAJEM – Diga logo o que eles têm que fazer. Depressa!

M. FORD – Olhem, João e Roberto, como eu já tinha dito, vocês vão ficar trancados na despensa. Quando eu gritar venham ambos correndo com a mesma pressa com que vêm quando eu chamo um só. E sem perder um segundo, metem nos ombros a cesta de roupa, disparam com ela até a margem do rio onde ficam as lavadeiras e esvaziam a cesta dentro d'água.

M. PAJEM – Entenderam bem?

M. FORD – E já repeti mais de dez vezes. Já devem saber as instruções até de cor. Podem ir – e atenção ao grito. *[Saem os criados.]*

M. PAJEM – Aí vem o rapaz. *[Entra Robin.]*

M. FORD – Como é, meu falcãozinho, que notícias me traz?

ROBIN – Meu patrão, o cavalheiro João Falstaff, está aí na porta dos fundos da casa, senhora Ford, e solicita o prazer de sua companhia.

M. Pajem – Olha aqui, meu João Rosadinho, você está certo de que não andou nos traindo com seu amo?

Robin – Posso jurar nos dois pés. Meu patrão não sabe que a senhora está aqui e disse que se eu fizer qualquer comentário sobre o que acontecer me põe em perpétua liberdade, isto é, no olho da rua.

M. Pajem – Você é um bom rapaz; e a tua discrição é um excelente alfaiate. Pois vai te dar gibão e calças novas.

M. Ford – Que eu me encarregarei de experimentar, pois não gosto de ver meus servidores malvestidos.

M. Pajem – Vou me esconder.

M. Ford – Vai. E você, Robin, avisa ao cavalheiro que estou sozinha. Alice Pajem, não esquece tua deixa. E você, Robin?

Robin – Quando a senhora disser "agora!"

M. Ford – AGORA. *[Ela faz um gesto. Robin sai.]*

M. Pajem – Fica tranquila. Se eu representar mal, me vaia. *[Sai.]*

M. Ford – Então vamos dar a partida. Vamos ensinar a essa imundície gorda, a essa aquosa melancia, a distinguir gazelas de cadelas. Que Deus me livre de homens malcheirosos – posso não ser uma santa mas tenho bom olfato. *[Entra Falstaff.]*

Falstaff – "Enfim te poderei usar
 Joia sem par?"

Ah, céus, deixem-me morrer agora, pois já vivi bastante. Cheguei ao ponto final de minha ambição. Ó hora consagrada!

M. Ford – Meu doce cavalheiro. *[A senhora Ford faz todo um jogo de concessões e negativas durante a cena.]*

Falstaff – Minha amada senhora Ford, eu não sei adular, muito menos mentir. Confesso que há em meu coração um desejo terrível – gostaria que teu marido fosse morto. Repetirei isso até diante do Todo-poderoso porque Ele sabe que, teu marido morto, tu serias minha mulher.

M. Ford – Eu, tua mulher, Dom Falstaff? Ai, eu só faria vergonha em tua companhia.

Falstaff – Que a corte da França me mostre uma rainha igual. Só um cego resiste ao teu olhar, pois reproduz o brilho da luz dos diamantes.

M. Ford – Diamante, meus olhos, senhor meu? Duas contas vulgares, pedras falsas.

Falstaff – Teu corpo tem a perfeição das curvas da catedral de Veneza, com ondas fugidias que procuro alcançar, ansioso por naufragar nos teus braços.

M. Ford – Ondinhas de nada, Dom João! Muito rasas. Nunca ninguém se afogou nelas.

Falstaff – Por Deus, tu trais a ti mesma sendo tão modesta; na corte serias a mais perfeita *lady*. A arcada firme de teus pés daria, às anquinhas que abraçassem teus quadris, um movimento que atrairia até a cupidez do rei. Não estou inventando. Descrevo apenas o que tu serias se a Fortuna não fosse tua inimiga, pois que a natureza de ninguém foi mais amiga. Mostra: de mim não precisas esconder.

M. Ford – Se assim acredita, prefiro que mantenha a ilusão. Pode crer, meus encantos satisfazem somente aos bens modestos.

Falstaff – Então por que motivo me apaixonei por ti? Deixa-me convencer-te da mais simples verdade – há em ti alguma coisa de extraordinário. Repito, não sei adular, dizer que és isto e que não és aquilo, ou que és aquilo e nunca foste isto, como fazem esses moçoilos amaneirados que de homem usam somente as roupas e cheiram todos a jardim de acácias. Isso não é comigo! Mas eu te amo. A ninguém mais, senão a ti. Somente tu mereces.

M. Ford – Não bote e tire ao mesmo tempo, senhor meu. Não me atraiçoe. Meu coração quer acreditar, porém tem medo de que o senhor ame Alice Pajem.

Falstaff – Mas, que horror, isto é dizer que me agrada muito uma prisão por débitos ou que aprecio o cheiro de um forno de enxofre.

M. Ford – Ah, o céu conhece o quanto eu o amo. E, se tiver paciência, assim que possa, darei para o senhor... todas as provas.

FALSTAFF – A que distância estou desse momento?

M. FORD – *[Agitada, ansiosa.]* Não sei, quem sabe? Quando uma mulher se encontra assim, junto ao homem que ama, que forças encontra para resistir? Como pode ela afirmar que o momento da entrega é amanhã, em uma hora ou, até mesmo... agora? *[Entra Robin. Falstaff se esconde mal e mal.]*

ROBIN – Madame Ford! Madame Ford! Madame Pajem está aí na porta toda esbaforida dizendo que precisa falar com a senhora imediatamente. *[M. Ford faz um gesto a Robin. Este sai.]*

M. FORD – Isso, se esconde ali atrás. Ela é uma língua terrível. É capaz até de dizer que fizemos o que nem tivemos tempo. *[Falstaff se esconde atrás do tapete. Entram Madame Pajem e Robin.]* Mas que é isso, mulher? Que coisa aconteceu?

M. PAJEM – Oh, minha amiga, que foi que você fez? Você está desgraçada, desonrada, arruinada, destroçada, fudi...

M. FORD – Mas que é isso, Alice querida? Eu não fiz nada.

M. PAJEM – Oh, dia infortunado, como é que uma mulher como você, com um marido honrado como o seu, tem a coragem de lançá-lo na rua da amargura? Até a mim, por sua amiga, alguns pingos de lama me atingiram.

M. FORD – Seja mais clara, de que lama me falas?

M. PAJEM – Mas que cinismo o seu, minha querida. Mas que vergonha! E eu que acreditava em ti, como se fosse eu mesma. Como eu estava enganada!

M. FORD – Por Deus, me diz, que houve?

M. PAJEM – Teu marido vem pra cá correndo à frente de todos os Oficiais da Justiça da cidade a fim de apanhar em flagrante-delito você e um certo fidalgo. Teu marido grita em público que, com teu consentimento, o tal fidalgo faz coisas que a lei nem a ele mesmo, marido, lhe faculta. Você está arruinada.

M. FORD – *[À parte.]* Fala mais alto. *[Alto.]* Pois eu garanto que não é verdade.

M. PAJEM – Rogo aos céus que assim seja. Que não haja nenhum homem aí dentro. Porque o certo é que teu marido vem aí com metade da população de Windsor correndo atrás dele. E trazem paus e pedras pra esfolar o intruso. Vim pelo beco para te avisar. Se você, verdade, não tem culpa, eu fico aliviada. Mas se está com algum amiguinho ocasional aí por dentro, manda ele embora. Não fica tonta assim, decide! Defende a tua reputação agora ou dá adeus pra sempre à vida honrada.

M. Ford – Mas, que devo fazer? Tem realmente, aí dentro, um senhor meu amigo, um amigo amicíssimo – não, não é o que você pensa, mas estou só pensando se os outros vão pensar o mesmo. E não temo por minha honra mas pelo perigo que corre a vida dele. Eu daria mais de mil libras para que ele não estivesse aqui.

M. Pajem – Que vergonha, sempre a mesma hesitação; daria, não daria. Teu marido está na porta. Pensa numa solução. Aqui ele não pode ficar. Ah, que decepção! Olha, uma cesta. Se é um homem de estrutura normal cabe muito bem aí dentro, apertadinho. Nós o cobrimos com a roupa suja e, já que hoje, por acaso, é dia de lavagem, mandamos os criados levarem a cesta até o rio. Teu marido nem vai desconfiar.

M. Ford – Ele é grande demais. Não cabe aí. Oh, que fazer? *[Entra Falstaff.]*

Falstaff – Deixa eu experimentar, eu caibo, eu caibo. Segue o conselho dessa santa amiga... Eu caibo. É fácil. *[Vai tirando a roupa do cesto, apavorado.]*

M. Pajem – O que, Dom João Falstaff? *[Só para ele.]* Isso é a sinceridade de suas declarações, cavalheiro?

Falstaff – *[À parte.]* Eu só amo você e a ninguém mais. *[Alto.]* Me ajudem; se conseguir entrar aqui de qualquer jeito eu nunca mais... *[Consegue entrar. Elas o cobrem com a roupa suja.]*

M. Pajem – Rapaz, ajuda a esconder o teu patrão. Chama os criados, Alice! *[Na cesta.]* Hipócrita! *[Sai Robin.]*

M. Ford – João! Roberto! João! *[Entram os criados.]* Levem essas roupas daqui, depressa. Onde é que está a vara? Vão bem depressa, eu disse. Não se importem se o cesto sacode ou não – as lavadeiras estão esperando. *[Entram Ford, Pajem, Caio e Dom Hugo.]*

Ford – Entrem todos, por favor; suspeito sem razão, podem zombar de mim. Eu o mereci. Hei, vocês dois aí, aonde é que vão com isso?

Criados – Aonde, senhor? Mas à lavanderia.

M. Ford – Que absurdo é esse? Só faltava você examinar a roupa suja e fazer o rol.

Ford – Se toda a roupa suja fosse essa. Seria bem fácil controlar. *[Faz gesto, saem criados com a cesta.]* Cavalheiros, eu tive um sonho esta noite, ou melhor, um pesadelo. Depois lhes conto. Aqui, aqui, aqui, tomem minhas chaves, revistem tudo. Entrem nos quartos, subam, desçam, olhem, busquem, descubram. Em algum oco essa raposa entrou. Antes, porém... *[Fecha a porta da rua.]* Agora, à caça!

Pajem – Meu velho Ford, controle-se um pouco. Você se prejudica a você mesmo.

Ford – Eu sei, amigo Pajem. Não parem, cavalheiros. Em algum lugar está. Vamos nos divertir bastante. Venham comigo. *[Saem.]*

Evans – Eu nunca fí ciúma tão fantástico.

Caio – Por Teus, na França a moda não ser essa; non ter ciúme em França.

Pajem – Vamos lá, amigos. Vamos ver em que é que dá essa procura. *[Saem Pajem, Caio e Evans.]*

M. Pajem – Há uma dupla lição nessa aventura toda.

M. Ford – Não sei o que me dá mais prazer; se é enganar Falstaff ou enganar meu marido fingindo que o engano. O ciumento só vê o que não existe e não enxerga nunca o que fazemos claro.

M. Pajem – Eu quase morri de rir quando pensei no medo dele no momento em que Ford pôs-se a falar na cesta.

M. Ford – Acho que depois disso vai precisar de um banho. Não pode reclamar quando os criados o atirarem n'água.

M. Pajem – Bem feito para esse atrevido. Gostaria que a todos os da sua laia acontecesse o mesmo.

M. Ford – Mas eu acho que meu marido tinha alguma suspeita especial. Veio com muita certeza de que Falstaff estava aqui. Nunca fez uma cena de ciúmes tão violenta.

M. Pajem – Vou arranjar um modo de saber o que aconteceu. Mas não devemos deixar em paz o gordo sedutor. Esse susto de hoje é bem pouco remédio para tanta luxúria.

M. Ford – Olha, podemos mandar a Leva-e-traz, essa bruaca tonta, pedir desculpas a ele por tudo que aconteceu, inclusive o banho. Despertar-lhe novas esperanças, atraí-lo outra vez, e dar-lhe outro castigo.

M. Pajem – Acho que é bom. Manda dizer que ele venha amanhã às oito horas, mas instrui bem a velha safadona. É preciso que ela desperte a gula do demônio. Que Falstaff não durma, pensando que o dia de amanhã será de recompensas. *[Entram Ford, Pajem, Caio e Dom Hugo.]*

Ford – Me dou por vencido – aqui não está. É bem possível que o velhaco esteja se jactando sem qualquer pé na realidade.

M. Pajem – *[À parte para M. Ford.]* Ouviu essa?

M. Ford – *[À parte para M. Pajem.]* Há que ter paciência. *[Alto.]* Bela maneira de tratar sua mulher, senhor Ford. Eu o cumprimento.

Ford – É. Tem razão.

M. Ford – Que o céu não me faça realizar seus pensamentos.

Ford – Amém!

M. Ford – Tantas vezes o cântaro vai à fonte que um dia encontra a água suja.

Ford – Eu sei, aguento as consequências.

Evans – Se há qualquera possipilitate de um pessoa estar escontito neste casa, nos armários, nos paús *(baús)*, em qualquer parte, eu querer ser condenada no Juízo Final.

Caio – E eu também. Não ter nem uma alma escontida nesses quartos.

Pajem – Mas que vergonha, meu amigo. Assim não é possível conviver. Que demônio te sugere esse comportamento? Os chifres que tua mulher se recusa a te plantar por fora parece que o maligno te enfiou por dentro da cabeça.

Ford – A culpa é minha, Pajem. Sofro por ela.

Evans – O senhor sofre da má consciência. Sua esposa é uma dama tão honesta como não ter outra em cata cinco centas. Dico até mais; em cada mil centas.

Caio – Eu tampém acha. E sou francês, conheço.

Ford – Bem – eu convidei para jantar. Enquanto servem, por favor, venham comigo. Quatro passos no jardim, pra respirar um pouco. E rogo a todos, me perdoem. Depois explicarei por que razão agi dessa maneira. Vem, mulher – também você, Margarida. Pajem, vem. *[Segura as mãos dela.]* Eu peço, me perdoe. De todo coração, repito – me perdoem.

Pajem – Vamos com Ford, amigos. Não faltará oportunidade, depois, pra rirmos dele. Amanhã de manhã, estão todos convidados para o almoço em minha casa. Depois iremos juntos à caça; quero experimentar o meu novo falcão passarinheiro. Aceitam?

Ford – Você é quem manda.

Evans – Se fai um, quero ser o segundo.

Caio – E se fai um e o secundo, eu ser o terceiro.

Evans – *[À parte.]* Três é uma conta poa pra francês.

Ford – *[Dando passagem a Pajem.]* Por favor.

Evans – Eu quero petir tampém não esquecer o amanhã esse patife piolhento do meu Hospedeiro.

Caio – Ah, pom lembrançamento. Aprofo!

Evans – Canalha piolhento. Permitir-se tais princateiras, lipertates com xente como nós. *[Saem.]*

CENA IV

Um aposento na casa de Pajem. [Entram Fenton e Ana Pajem.]

FENTON – Concluí que é impossível conseguir o afeto de teu pai. Por isso, Ana querida, te rogo que não insistas mais para eu falar com ele.

ANA – E que fazer, então?

FENTON – É você quem decide. Ele se opõe porque acha demasiado alta a minha origem; pensa que, meu patrimônio desgastado por uma existência dissoluta, procuro refazê-lo à custa do teu dote. Mas, além disso, coloca entre nós outras barreiras; minhas antigas agitações, más companhias. E diz mesmo, bem claro, que é impossível eu sentir por você outro interesse que não o do dinheiro.

ANA – Talvez tenha razão.

FENTON – Não. E se minto, que de hoje em diante o céu me desampare! Porém, confesso, a fortuna de teu pai foi o motivo que me induziu a te fazer a corte. Mas no instante mesmo em que te conheci achei que você valia mais do que todas as arcas de ouro deste mundo. Agora desejo apenas você mesma – a maior riqueza de teu pai.

ANA PAJEM – Gentil, amado Fenton, te peço – procura ainda conquistar meu pai. Quem sabe? Se a humildade e a oportunidade nada conseguirem então... vem cá, escuta *[Conversa à parte. Entram Reduzido, Magrela e Leva-e-traz.]*

REDUZIDO – Interrompe essa conversa, Madame Leva-e-traz. O meu parente aqui tem que falar com ela.

MAGRELA – *[Apavorado.]* Só uma palavrinha ou duas. Lhe dou uma flor e digo um galanteio? Será muito arriscado? Tenho que aventurar.

REDUZIDO – Não mostra timidez. Agride.

MAGRELA – Timidez eu não tenho. Eu tenho é medo.

Leva-e-traz – *[A Ana.]* Por favor, um minuto. Está aí o senhor Magrela que deseja lhe dizer uma palavra.

Ana – Eu já vou. *[À parte.]* É o candidato do papai. Oh, trezentas libras por ano tornam formoso até um burro cego.

Leva-e-traz – E como vai o meu estimado senhor Fenton? Posso lhe falar um instantinho?

Reduzido – Lá vem ela; coragem, meu sobrinho. O pai que tu tiveste...

Magrela – Você precisava ter conhecido meu pai, minha cara Ana – meu tio aí pode lhe contar uma porção de coisas dele de morrer de rir; eu não me lembro bem. Tio, quer fazer o favor de contar aqui pra ela aquela história das duas galinhas que meu pai roubou do galinheiro e elas nem acordaram?...

Reduzido – Senhorita Ana, meu sobrinho quer dizer que a adora.

Magrela – É isso mesmo que eu queria dizer; por aqui não tem nenhuma mulher que eu ame como ela.

Reduzido – *[Repreendendo.]* Como ela! Moela é de galinha! *[A Ana.]* E promete lhe dar uma vida de fidalga.

Magrela – Mas isso é claro, uma posição alta e nobre, isto é: nunca superior à de escudeiro.

Reduzido – E lhe dará uma pensão de cento e cinquenta libras esterlinas.

Ana – Escuta aqui, bom mestre Reduzido, será que ele não pode me conquistar sozinho?

Reduzido – Ô! Agradecido! Eu lhe agradeço demais pelo descanso. Sobrinho, fala com ela – eu vou andando.

Ana – Então, senhor Magrela?...

Magrela – Então, senhorita Ana?

Ana – *[Imitando-lhe o ridículo.]* Que deseja agora? Qual é sua última vontade?

Magrela – Minha última vontade! É muito boa! Minha última vontade? Ah, Ah, Ah! Mas nem pensei ainda em testamento, graças a Deus. Sou tão jovem e saudável...

ANA – Quero saber, caro senhor, qual é sua última intenção a meu respeito.

MAGRELA – Olha aqui, falar verdade, da minha parte eu acho que não quero nada da senhorita. Quem andou por aí trançando as coisas foi seu pai e foi meu tio. Se a sorte resolver que eu tenho que ficar consigo, muito bem; se for o contrário, então, melhor. O bom bocado não é para quem quer mas pra quem o come. Acho que os velhos podem explicar muito melhor o que é que eu quero. Pergunta a seu pai que eu pergunto a meu tio. Olha aí. *[Entra Pajem com a mulher.]*

PAJEM – Como vai, mestre Magrela? Goste dele, minha filha. Ele merece. Mas, que é isso? Desculpe, senhor Fenton, que faz aqui? O senhor me ofende insistindo em frequentar minha casa. Já lhe disse que sua presença não me é grata. Se não ouviu, repito; minha filha está comprometida.

FENTON – Lhe rogo de joelhos, senhor Pajem, não se irrite.

M. PAJEM – Eu lhe peço também, bondoso Fenton; não importune mais minha menina.

PAJEM – Ela não lhe serve. Nem o senhor a ela.

FENTON – O senhor pode me ouvir um pouco?

PAJEM – Não, meu caro rapaz, não quero ouvi-lo. Vamos, Dom Reduzido, e você também, filho Magrela. Conhecendo minha decisão, me ofende em insistir, prezado Fenton. *[Saem Pajem, Reduzido e Magrela.]*

LEVA-E-TRAZ – Fala com a mãe dela.

FENTON – Esplêndida senhora Pajem, porque amo sua filha com a mais profunda sinceridade, me recuso a bater em retirada. Sejam quais forem os aborrecimentos, obstáculos e repulsas, o meu dever é um só – fazer triunfar as cores deste amor. Por favor – sua boa vontade.

ANA – Mãe querida, não me obrigue a casar com esse idiota.

M. PAJEM – Também não quero isso. Acho que você merece um marido melhor.

Leva-e-traz – Refere-se a meu amo, grande cirurgião, o doutor Caio?

Ana Pajem – Que horror! Preferia ser enterrada viva, apedrejada com batatas ou embatatada com pedras.

M. Pajem – Vamos, não se aflija demais, estimado Fenton, e não desespere. Não me conte como amiga mas também não me receie como adversária. Vou conversar com Ana para saber até onde vai o amor que ela lhe tem. O que ela sentir me servirá de guia. Mas até lá, adeus; Ana agora tem que ir pra casa. O pai pode ficar zangado.

Fenton – Adeus, gentil senhora. Adeus, Aninha. *[Saem M. Pajem e Ana.]*

Leva-e-traz – Tudo obra minha. Eu disse a ela: "Como, minha senhora, vai entregar a sua filha única a um imbecil ou a um doutor? Mas nem pensou no senhor Fenton? Tudo obra minha".

Fenton – Eu te agradeço. E te peço: hoje à noite, quando estiveres com Aninha, lhe entrega esta lembrança. *[Lhe dá um anel.]* Toma, pelo teu esforço.

Leva-e-traz – Que o céu te cubra de prosperidade! *[Sai Fenton.]* Um belo coração: Qualquer mulher devia correr em cima d'água ou no meio do fogo por um homem assim. Mas, apesar de tudo, eu preferia que Ana ficasse com o doutor, meu amo: ou então que o bobo Magrela a conseguisse; ou que a possuísse o senhor Fenton. Farei tudo que puder, lutarei pelos três até o fim. Eu prometi e vou cumprir minha palavra; mas acho que vou cumprir mais pra esse aí. Hiii, tenho que levar aquele recado a João Falstaff. As senhoras me mandaram há tanto tempo. Que besta eu sou! Que esquecimento! *[Sai.]*

CENA V

Um quarto na Estalagem da Jarreteira. [Entram Falstaff e Bardolfo.]

Falstaff – Bardolfo, onde é que se meteu?

Bardolfo – Aqui, senhor.

Falstaff – Depressa, me traz um vaso de Canárias e uma torrada. *[Sai Bardolfo.]* Será que eu vivi até aqui para ser vergonhosamente carregado numa cesta e atirado no Tâmisa como detrito de latrina? Olha Falstaff, se, imbecil, tu cais numa outra igual, eu faço arrancar os teus miolos, mando passá-los na manteiga e os atiro aos cachorros como presente de Ano Novo. Os dois canalhas me jogaram no rio com a mesma tranquilidade com que atirariam o filhotinho cego de uma cadela que tivesse quinze. E qualquer idiota pode ver, pela minha extensão e por meu peso, que a minha propensão é ir pro fundo. Se o fundo do rio fosse o inferno eu ia bater lá, e me afogava. Afogava! Por Deus, uma morte que sempre me horroriza pois a água incha. Eu eu, inchado, já imaginaram? Todos iam pensar que era uma múmia de montanha. *[Entra Bardolfo com o vinho.]*

Bardolfo – Aí está Madame Leva-e-traz, patrão, que quer falar consigo.

Falstaff – Primeiro deixa eu misturar um pouco de vinho nas águas do Tâmisa. *[Bebe.]* Estou com a barriga tão fria como se tivesse engolido bolas de neve como pílulas para os rins. Manda ela entrar.

Bardolfo – Entra, mulher! *[Entra Leva-e-traz.]*

Leva-e-traz – Com sua permissão... Me favoreça a mercê de bomdiar Vossa Senhoria.

Falstaff – Bomdio-a eu também. *[A Bardolfo.]* Limpa isso tudo aí, leva esses copos. E me prepara uma bebida quente.

Bardolfo – Ponho ovo dentro, patrão?

Falstaff – Não, ovo não! Acha que eu quero beber esperma de galo a uma hora dessas? *[Sai Bardolfo.]* Pode dizer.

Leva-e-traz – Quem me mandou aqui foi a senhora Ford.

Falstaff – A senhora Ford! Estou aqui mais morto do que vivo por causa da senhora em questão. Pode dizer a essa senhora Ford que eu vou à forra.

Leva-e-traz – Ah, maldito dia! Ah, não a condene. Não é culpa dela. Ficou furiosa com os criados. Eles não entenderam as destruções dela.

Falstaff – Eu também não entendi bem. Fui me fiar nas promessas de uma louca.

Leva-e-traz – Olha, senhor, ela sofre tanto pelo que aconteceu que se o senhor a visse ficaria com o coração deste tamanho. O marido dela vai à caça esta manhã: ela deseja ardentemente que o senhor volte lá – lhe dê essa oportunidade! – entre as sete e as oito. Preciso de uma resposta imediata. Ela promete lhe dar todas as desculpas e... muitas compensações.

Falstaff – Bem, vou visitá-la. Pode dizer a ela. Mas diz também para que pense bem no que é um homem. Quando verificar o quanto é frágil a natureza masculina poderá melhor avaliar meu mérito.

Leva-e-traz – Eu digo a ela.

Falstaff – Vai. Diz. Entre nove e dez, não é isso?

Leva-e-traz – Oito e nove, senhor.

Falstaff – Pode ir. Estarei lá.

Leva-e-traz – Que a paz fique consigo. *[Sai.]*

Falstaff – Estranho que o tal Fontes ainda não tenha aparecido. Mandou-me dizer que o esperasse. Eu gosto muito do dinheiro dele. Ó, aí está. *[Entra Ford, disfarçado.]*

Ford – Bom dia, amigo.

Falstaff – Caro Fontes, não precisa dizer nada. Deve estar ansioso para saber o que se passou entre eu e a mulher de Ford?

Ford – Exato. Morro de ansiedade.

Falstaff – Amigo Fontes, não vou lhe mentir: na hora exata combinada eu estava lá na casa dela.

Ford – Mas, não me diga! Tudo andou bem?

Falstaff – Até um certo ponto.

Ford – Até *que* certo ponto?

Falstaff – Até o ponto em que passou a andar mal.

Ford – Nesse momento ela mudou de ideia.

Falstaff – Pelo contrário, mostrou-se decidida e carinhosa até o fim.

Ford – Até *o fim?*

Falstaff – Isto é, até o momento em que os imensos chifres do marido apareceram em cena. Porque o cornudo, que vive no estado de alarme comum aos ciumentos, chegou no instante fatal, quando já tínhamos nos abraçado, nos beijado, feito mil protestos de amor, em suma, terminado o introito de nossa rapsódia. Mas o introito mesmo foi interrompido quando a manada de amigos que vinha atrás de Ford, açulada, instigada e provocada pelo furor daquele louco, começou a virar a casa toda querendo esquartejar o amante – este seu humílimo criado.

Ford – Que a essa altura, é evidente, já tinha se evadido.

Falstaff – Não. Não. Enquanto eu estava lá, vendo e ouvindo tudo! A distância entre mim e o cornudo era a mesma que há agora, entre nós dois.

Ford – Então estavam cegos.

Falstaff – Escuta só. Por sorte, quando estávamos os dois nos prolegômenos, entrou esbaforida uma senhora Pajem, gritando que Ford vinha vindo. Com o conselho dela e o desespero da mulher de Ford, acabei enfiado no cesto da lavanderia.

Ford – No cesto, é?

Falstaff – Com a ajuda de Deus, um cesto imundo! Entre camisas e ceroulas daquele porco estúpido, toalhas lambuzadas, guardanapos gordurosos, panos de chão, lenços catarrentos, meias chulentas, calções gosmentos, toucas com caspa, peitilhos babados, babados besuntados, fronhas remelentas, lençóis com manchas suspeitas, trapos purulentos, fraldas borradas, enfim uma fedentina, uma catinga, uma morrinha, uma merdice como jamais ofendeu nariz humano ou mesmo desumano.

Ford – E quanto tempo você aguentou isso?

Falstaff – Bem, nem lhe conto, mestre Fontes, o que eu sofri para conduzir essa mulher ao pecado e abrir para o senhor as portas dela. Assim, todo enrolado na canastra, ouvi chegarem dois criados de Ford, dois velhaquinhos a quem a senhora mandou que levassem pra lavar aquela roupa suja. Me puseram nos ombros; mas, ao chegar na porta, esbarramos com o canalha do marido ciumento, que perguntou bem quatro vezes o que é que eles levavam ali na cesta. Eu tremia de medo que o lunático senil quisesse olhar lá dentro. Mas o destino, que o destinou pra corno a vida inteira, segurou a mão dele. Bem, lá se foi ele pra dentro revistando, e lá fui eu pra fora aliviado. Aliviado em termos, pois sofri o terror de três mortes diversas: primeiro o terror de ser achado por aquele carneiro de chocalho. Segundo, o sofrimento físico de ficar assim enrolado como uma espada de Bilbao, quando se experimenta a lâmina juntando punho e ponta, pé e cabeça. Terceiro: nadar naquela essência de imundície de panos, fermentando em minha própria banha. Pense na situação – um homem de minha compleição, do meu tamanho – já pensou nisso? – que sofre mais com o calor do que manteiga, que está sempre perto do estado de liquefação, suando e derretendo. Ah, foi um milagre escapar à asfixia. E quando eu estava no máximo do suor, meio frito ou cozido, não sei bem, vermelho em brasa, sou atirado ao Tâmisa e esfriado – shóóóóóóóóó! – como uma ferradura de cavalo. Já pensou nisso, mestre Fontes?

Ford – Lamento com toda sinceridade que tenha sofrido tanto para me ajudar. Mas depois do que me conta, sei que tudo é inútil. Meu caso é desesperado. Compreendo que não queira mais nem chegar perto dela.

Falstaff – Olha, senhor Fontes, não sou desses que cedem com facilidade. Já me jogaram no Tâmisa: mas vão ter que me jogar no Etna. O marido hoje de manhã saiu à caça. Ela já me mandou um recado dizendo que me espera. Se quer saber a hora do encontro é entre oito e nove.

Ford – Pois já passa de oito, meu amigo.

FALSTAFF – Já? Então devo ir correndo. Quando quiser venha de novo que eu lhe conto até onde cheguei. Eu chego lá! O senhor será coroado com a coroa que merece. Adeus. O senhor a terá, amigo Fontes. Amigo Fontes, se tudo correr bem, você corneia Ford. *[Sai.]*

FORD – Hum, me digam – será uma alucinação? Um pesadelo? Eu durmo? Honrado Ford, acorda! Acorda! Acorda, honesto Ford! Estou vendo um furo no teu melhor casaco, amigo Ford. Pra isso se é casado! Pra isso se tem lençóis de linho e cestas de lavagem. Bem: vou proclamar o que sou, mas o lascivo imundo não me escapará. Está na minha casa. Não pode fugir. Desta vez não consegue. É impossível. Não vai poder se esconder numa bolsa de moedas ou num saleiro. Mas como o demônio, seu mentor, pode ajudá-lo, vou encontrá-lo esteja onde estiver, pois pretendo procurar até no impossível. Não posso evitar ser o que sou, mas ninguém me chamará de manso. Sei que sou corno mas pelo menos inverterei a ordem dos fatores – e vou chifrar em vez de ser chifrado. *[Sai.]*

QUARTO ATO

CENA I

Na rua. [Entram a senhora Pajem e Leva-e-traz.]

M. Pajem – Já são oito horas. Você acha que ele vai acreditar de novo em nós?

Leva-e-traz – Não tenho qualquer dúvida. Ficou logo tonto, quando abri no nariz dele o frasco do pecado. A esta hora já deve estar em casa de Madame Ford. Mas achei-o realmente índio guinado...

M. Pajem – Indignado.

Leva-e-traz – Indignado por ter sido atirado dentro d'água. Madame pediu que a senhora venha logo, não deixe ela sozinha com a fera. Não é que tenha medo, mas o marido, apesar dos chifres, é um homem.

M. Pajem – Vou imediatamente. É só deixar meu filho ali na escola. *[Saem.]*

CENA II

Quarto em casa de Ford. [Entram Falstaff e a senhora Ford. Num canto a cesta fatídica, que Falstaff olha com aborrecimento.]

Falstaff – Querida amiga, sua tristeza por todo o acontecido apagou em mim qualquer ressentimento. Vejo que o seu amor é límpido e prometo que o meu será de transparência igual. Não haverá entre os dois a diferença de um fio de cabelo. Me dedicarei a você não só no ato do amor, que para mim é simples, mas em tudo mais que o acompanha – complementos, suplementos e sortimentos, a cerimônia global de uma paixão. Mas, você está certa agora de que o seu marido...? Hein? Vê lá.

M. Ford – Ele está passarinhando, meigo João...

M. Pajem – *[Fora de casa.]* Tem gente aí? Comadre Ford! Tem gente aí!?

M. Ford – Meu Deus. Entra no quarto, Falstaff. *[Sai Falstaff. Entra M. Pajem.]*

M. Pajem – *[Entrando.]* Me diz aqui, meu bem – você não está sozinha!!!

M. Ford – Claro que não. Há os criados. E Deus, que está em toda parte.

M. Pajem – Não diz.

M. Ford – Que é isso, Meg. *[À parte.]* Fala mais alto!

M. Pajem – Ainda bem que não há ninguém estranho.

M. Ford – Por quê?

M. Pajem – Porque, comadre, teu marido está outra vez de lua. Grita com meu marido, lançando pragas contra toda a raça conjugal, maldiz todas as filhas de Eva, de qualquer forma e tamanho, e dá tapas na testa gritando o tempo todo; "Despontem! Despontem logo!". Todas as loucuras que vi na vida parecem paciência, civilidade e contenção perto da fúria dele. Ainda bem que o gordão não está aqui.

M. Ford – Por quê? Meu marido se refere a ele?

M. Pajem – Ué, só fala dele! Grita que, da última vez, não conseguiu pegá-lo porque ele foi carregado numa cesta. Agora convenceu os amigos – meu marido inclusive – a abandonar a caça para serem testemunhas do adultério. Graças a Deus que o gordo não está aqui. Vamos ver se teu marido se convence de que não tem motivos de suspeita.

M. Ford – Mas, diz aqui – ele onde está?

M. Pajem – Quase chegando. Vinham todos correndo pela rua.

M. Ford – Estou desgraçada! O homem está aí!

M. Pajem – Então, não há salvação! Você é uma desonrada, e ele, um homem morto. Que espécie de mulher, meu Deus! Manda ele

sair! Manda ele embora. É melhor a vergonha do que a morte.
[A cabeça de Falstaff que aparece.]

M. Ford – Mas, por onde vai fugir? Onde o posso esconder? Ah, já sei. Vamos botá-lo outra vez na cesta.

Falstaff – *[Entrando.]* Ah, isso nunca! Na cesta não entro mais. Não dá pra eu sair, antes que ele chegue?

M. Pajem – Isso é impossível. Três irmãos do senhor Ford vigiam as portas, armados de pistola... Mas, o que é que o senhor faz aqui?

Falstaff – O que eu faço aqui já não interessa. Quero saber o que é que eu faço pra sair daqui. Ah, vou me esconder dentro da chaminé.

M. Ford – É uma ideia. Mas todos eles, quando vêm da caça, têm a mania de descarregar lá dentro as espingardas.

M. Pajem – Não poderia se esconder no forno?

Falstaff – Onde? Onde?

M. Ford – É um pouco quente. Meu marido acendeu o forno de manhã para preparar as aves que caçasse. Olha, não há lugar. Eu sei: ele vai examinar casa, baú, armário, cofre, arca, fonte, celeiro, prateleira, dedal, fundo de agulha, procurar até em lugares abstratos. E se a memória falhar tem uma lista de todos os lugares do corpo onde um homem pode se esconder.

Falstaff – Então, eu saio!

M. Pajem – Eu lhe aviso, Dom Falstaff, se sai com essa cara de consigomesmo, é um homem morto. Tem que se disfarçar...

Falstaff – Disfarçar, como?

M. Ford – Disfarçar de mulher, naturalmente.

Falstaff – Um travestido, eu?

M. Pajem – Acho que não é possível. Ninguém vai acreditar numa mulher desse tamanho. Senão ele poderia pôr um chapéu, um véu, uma mantilha, uma saia rodada, e assim, fugir.

Falstaff – Por favor, arranjem qualquer coisa. Eu ponho. Eu ponho. Vou a qualquer extremo para evitar uma desgraça. Farei tudo pra não comprometê-la.

M. Ford – Ah, que sorte! A tia da minha camareira, aquela gordona de Brainford, deixou uma bata aí para lavar.

Falstaff – Roupa suja de novo?

M. Ford – A roupa deve servir. Acho até que a mulher é mais gorda que ele. Vai lá em cima, depressa, Dom João. Tem também um chapéu de palha e uma mantilha sobre o catre. Vai, gentil amigo, enquanto eu e ela procuramos alguma coisa com que esconder teu rosto.

M. Pajem – Depressa. Já subimos para te ajudar. Vai vestindo o vestido. *[Sai Falstaff.]*

M. Ford – Temos que fazer tudo pra ele ficar bem parecido com a mulher. Meu marido não a suporta. Jura que é uma bruxa. Disse que se a encontrasse aqui de novo lhe quebrava a cabeça com pauladas.

M. Pajem – Que Deus o coloque debaixo do cacete de teu homem e que o demônio dê forças ao cacete.

M. Ford – Meu marido vem mesmo?

M. Pajem – Infelizmente, sim. Não sei quem lhe falou da cesta. Está obcecado.

M. Ford – Vamos aproveitar isso. Mandamos os homens levar de novo a cesta, só para ver o que ele faz.

M. Pajem – Não temos tempo. Já deve estar chegando. Vamos depressa ajudar o bruxo a transformar-se em bruxa.

M. Ford – Já vou. Mas antes devo dizer aos criados o que fazer com a cesta. Pode subir; vou apanhar um véu de renda pra donzela gorda. *[Sai Madame Pajem.]*

Devíamos era enforcar o sacripanta.
Apenas zombar dele, não adianta.
Mas vamos lhe provar, com minha conduta
Que ser mulher alegre não é ser... truta.
Nós rimos e brincamos, mas não damos.
Enquanto as que se calam... concordamos?
Não se percam na história; é abjeto
Esse porco maior: o come-quieto.

[Entram criados.] Vamos, rapazes, carreguem de novo o cesto. Vocês vão esbarrar com o patrão aí na porta. Se ele mandar que ponham o cesto no chão, obedeçam logo. Andem! *[Sai.]*
CRIADO I – Pega aí. Força!
CRIADO II – Tomara que desta vez a patroa tenha metido aí um homem mais magro.
CRIADO I – Tomara. Aquele de ontem não é qualquer um que aguenta. *[Entram Ford, Pajem, Reduzido, Caio e Dom Hugo Evans.]*
FORD – Está bem, Pajem, está bem, mas se desta vez eu te provar que é tudo verdade, com que cara você fica? Ponham no chão essa cesta, seus canalhas! Chamem minha mulher: Sai dessa cesta, Moisés da vilania. Rufiões e traidores, todos! Há nesta casa uma conspiração, uma cabala, um complô, uma intriga – um nojento adultério protegido por todos. Mas agora o demônio vai tirar a máscara. Vem, mulher, mostra esse rosto infiel. Vem, aqui, aqui. Estou mandando. Agora esta cesta não me sai da porta: a roupa suja a gente lava é em casa.
M. PAJEM – Acho que isso já passa dos limites. Dom Ford, o senhor não pode mais andar na rua! Tem que ser amarrado e internado.
EVANS – Estar mesmo lunático. Mais louco que cachorro doido.
REDUZIDO – Me parece, senhor Ford, que isto não seja próprio, me parece. Assim não pode...
FORD – É eu que digo também – assim não pode. *[Entra M. Ford.]* Chega aqui, minha cara senhora. Os senhores conhecem? Madame Ford, modelo de honradez. Virtude inabalável. Esposa dedicada. Criatura virtuosa. O marido? Um imbecil ciumento que desconfia sem qualquer motivo. Suspeito sem motivo? Diz a eles.
M. FORD – Que posso responder? Você tem razão; quem suspeita de minha honestidade só pode ser um imbecil ciumento.
FORD – Mas que descaramento! Pois bem, chegou a hora da verdade. Salta daí, canalha. *[Põe-se a tirar as roupas do cesto, furioso.]*

Pajem – Isso ultrapassa!...

M. Ford – Você não se envergonha? Deixa essa roupa em paz.

Ford – Eu sei que tem alguém.

Evans – Mas é uma loucuro. Mostrar assim em público os roupas íntimos da mulher. *[Pega um corpinho.]*

M. Ford – Mas não vê que não tem ninguém? Acaso eu amo um anão?

Ford – Virem a cesta!

M. Ford – Mas que é isso? *[Os criados viram a cesta.]*

Ford – Amigo Pajem, ontem, enquanto procurávamos, ele fugiu daqui metido nesta cesta; hoje é evidente que está aí de novo. Eu sei que entrou na minha casa. Minha informação é certa, meu ciúme fundado. Vejam peça por peça. *[Ele procura, ridiculamente.]*

Pajem – Aqui não tem ninguém.

M. Ford – Que tamanho ele tem – é uma pulga?

Reduzido – Por minha fé. Dom Ford, isso não fica bem; ridiculariza o senhor e sua esposa.

Evans – Caro Ford, focê tem que reconhecer ser tudo seu imaginaçon doentia. Ciúmes.

Ford – Realmente, aqui ele não está.

Pajem – Nem em parte alguma. Está em tua cabeça.

Ford – Me ajudem a revistar a casa só mais esta vez. Se eu não encontrar o que procuro, não mereço perdão por meus excessos. Que eu seja para sempre motivo da zombaria de vocês. Que todos digam: "Tão ciumento como Ford, que partiu uma avelã para procurar lá dentro o ai-Jesus da mulher dele." Só esta vez, repito – me ajudem a procurar.

M. Ford – Olá, Margarida! Por favor, desce com a velha que meu marido quer revistar aí o quarto.

Ford – Velha? Que velha é essa?

M. Ford – A tia da minha camareira. Aquela que mora em Brainford.

FORD – Como? A impostora, a bruxa, aquela velha cafetina? Mas eu não a proibi de botar os pés na minha casa? Ela vem com recadinhos, não vem não? Eu sou um homem simples – desconfio apenas; sei que nunca vou entender toda a perfídia que se esconde por trás da profissão das cartomantes. Ela trabalha com fluidos, encantos, exorcismos, toda uma alquimia sobrenatural que ultrapassa as fronteiras da razão – nós não sabemos nada. Desce daí, maldita, desce megera, vem cá, carcaça carcomida.

M. FORD – Por favor, não. Isso não, meu bom marido. Amigos, não deixem que ele espanque a pobre velha. *[Entra Falstaff vestido de mulher, guiado por Madame Pajem.]*

M. FORD – Por aqui Tia Anca – me dá tua mão.

FORD – Por aqui, Tia Anca, que Ford te desanca. *[Bate nele.]* Fora da minha porta, velha rameira, cigana, porca! Fora, canalha, aleijão, monte de banha. Toma, megera. Vou tirar tua sorte: espera! Toma a boa fortuna! *[Sai Falstaff.]*

M. PAJEM – Mas o senhor não se envergonha? Quase matou a pobre mulher.

M. FORD – Não ficará contente enquanto não o fizer. Será uma glória.

FORD – É isso mesmo: inda vou enforcá-la nessa porta.

EVANS – Pela sim e pela não eu achar que era mesmo um feiticeira. Em toda minha vida eu tever medo de mulher parpada; e essa daí tinha uma parba enorme empaixo do mantilha.

FORD – Querem me acompanhar, senhores? Me deem essa oportunidade. Vamos verificar juntos se existe causa para o meu ciúme. Se também desta vez berrei inutilmente, eu sou um cão; não me acudam mais quando eu latir de novo.

PAJEM – Seja como ele quer, vamos até o fim. *[Saem Ford, Pajem, Reduzido, Caio e Evans.]*

M. PAJEM – Mama mia, como ele apanhou. Ele ficou em estado lastimável.

M. FORD – Pode ser que o estado seja lastimável mas ninguém vai lastimar.

M. Pajem – Acho que aquele pau devia ser benzido e posto no altar da fidelidade. Prestou um serviço meritório.

M. Ford – Que é que você acha? Devemos nos dar por satisfeitas ou tornamos a usar nossa reputação imaculada para castigar o gordo ainda mais?

M. Pajem – Bem, acho que a surra lhe tirou de vez toda a luxúria. Se o contrato dele com o diabo não é pra toda a vida a essa hora já está desfeito. Não vai mais nos tentar.

M. Ford – Convém contar aos nossos maridos tudo que aconteceu?

M. Pajem – Claro que sim: pelo menos para aliviar a mente de teu pobre esposo. Se eles acharem que o cavalheiro banhudo ainda não pagou tudo, inventaremos meios de cobrarem o resto.

M. Ford – Penso que ele devia ser publicamente desmoralizado. Acho que a lição não se completa, e a comédia não acaba se o vilão não for exposto a essa vergonha.

M. Pajem – Então temos que agir depressa, enquanto a coisa é quente. Não se deve malhar em ferro frio. *[Saem.]*

CENA III

Um quarto da Estalagem da Jarreteira. [Entram o Hospedeiro e Bardolfo.]

Bardolfo – Patrão, os alemães desejam três cavalos; o duque em pessoa vai chegar amanhã na Corte e os alemães precisam ir ao encontro dele.

Hospedeiro – Que diabo de duque é esse que chega tão secretamente? Na Corte ninguém me falou nele. Eu quero conversar com os moços: eles falam inglês?

Bardolfo – Sim senhor. Vou avisar a eles.

Hospedeiro – Terão os meus cavalos; pagando, é claro. Um preço alto. Alemães, é? Vou depená-los. Ficaram com minha casa à disposição deles uma semana inteira; tive que mandar embora os outros hóspedes. Agora vou à forra. Vou depená-los. *[Sai.]*

CENA IV

Um quarto na casa de Ford. [Entram Pajem, Ford, Madame Pajem, Madame Ford e Dom Hugo Evans.]

EVANS – Uma de as mulheres mais intelixentes que xamais conheci.

PAJEM – E ele mandou as duas cartas ao mesmo tempo?

M. PAJEM – Com uma diferença de minutos.

FORD – *[Ajoelhando-se.]* Perdoa-me, querida. De agora em diante você pode fazer o que entender – antes de duvidar de ti suspeitarei primeiro do calor do sol. Creio que agora aquele herege tem pelo menos uma fé – a tua honestidade.

PAJEM – Está bem, chega. Não seja tão extremo na submissão quanto na ofensa. Devemos desenvolver mais nossa trama. Nossas mulheres vão atrair outra vez o velho barrigudo que, desta vez, não tem como escapar. Nós dois o agarramos e o desgraçamos.

FORD – Acho que, então, o melhor é executar a ideia delas.

PAJEM – Mandando dizer pra ele ir se encontrar com ela no parque à meia-noite? Ele não irá nunca!

EVANS – Me tisseram que ele foi xocado no rio: que lefou uma surra da espantar cachorro: teve estar tão aterrorizado que non fai venir. A carne assim punida non tem mais tessejos.

PAJEM – Também acho.

M. FORD – Vocês resolvem o que fazer com ele quando estiver no parque. Nós damos um jeito dele ir.

M. PAJEM – Conta uma velha história que Herne, o caçador, guarda-campestre das matas de Windsor, durante o inverno volta sempre aqui, à meia-noite. Traz na cabeça dois chifres imensos, dança ao redor de um carvalho velho. Sua aparição resseca as plantas, assusta o gado e faz as vacas verterem, em vez de leite, sangue. Com um ruído aterrador arrasta uma corrente que... vocês já ouviram falar dessa alma penada e sabem que os mais ignorantes acreditam nela como verdadeira.

PAJEM – E basta escurecer que, ainda hoje, muitas pessoas evitam passar por aquele carvalho. Mas, qual é tua ideia?

M. FORD – Vamos marcar ali um encontro com Falstaff. Deve chegar disfarçado de Herne, com dois grandes chifres na cabeça.

PAJEM – Digamos que ele venha. Que fazemos com essa coisa estranha quando a segurarmos pelo rabo?

M. PAJEM – Já está tudo pensado e é assim: Aninha, minha filha, o irmão, e mais três ou quatro jovens como eles, vão se fantasiar de fadas, diabretes e gnomos, todos de verde e branco, com coroas de velas na cabeça e chocalhos na mão. Assim que ela e eu começarmos a falar com Falstaff, os jovens saem do fosso que há ali perto e correm para ele, cantando e gritando as coisas mais estranhas. Diante disso, é natural, sua mulher e eu fugimos apavoradas. Os garotos então cercam o impuro e, como é hábito das fadas, começam a beliscá-lo sem dó nem piedade, obrigando-o a confessar o que faz, vestido de jeito tão profano, em lugar tão sagrado.

M. FORD – E enquanto não confessar de público a verdade será beliscado ferozmente e queimado com as tochas.

M. PAJEM – Uma vez desmascarado o fauno, nós nos apresentamos, arrancamos os chifres do velhaco e o acompanhamos numa procissão de zombaria até a casa dele.

FORD – É preciso ensaiar bem os rapazes pra que a coisa dê bom resultado.

EVANS – Pote teixar comigo que eu ensaio neles. E eu mesmo fou me fantassiar do sátiro para ter tampém o prasser de queimar um pouco o rapo daquele imundo.

FORD – É excelente! Eu vou comprar as máscaras.

M. PAJEM – Aninha vai vestida de rainha das fadas, num vestido lindo, todo branco.

Pajem – Pode deixar que eu compro a seda do vestido. *[À parte.]* Vou instruir Magrela para que aproveite a dança, roube minha Aninha e case com ela na Capela em Eton. *[Alto.]* Mandem avisar logo o obeso Falstaff.

Ford – Eu vou lhe fazer uma visita em nome de Fontes. Vai me contar todos os seus projetos. Ele vai ter que vir.

M. Pajem – Não se preocupe. Precisamos que nos ajude arranjando enfeites e apetrechos para as nossas fadas.

Evans – Ah, vai ser um tiversson bem tivertente e, no fim, uma felhacaria pem honesta. *[Saem Pajem, Ford e Evans.]*

M. Pajem – Eu acho melhor você mandar alguém imediatamente a Falstaff, saber em que estado de espírito ele se encontra. *[Sai M. Ford.]* Que eu, vou ao doutor. É o meu preferido entre os que escolhem Ana. Esse Magrela tem muita terra mas nenhum miolo. Não sei por que meu marido o aprecia, pois o doutor, além de rico, tem amigos na Corte, ligações com os que mandam. E além do mais, gosto dele. Sendo assim, é ele quem vai casar com Ana, ainda que apareçam vinte e cinco mil outros mais dotados. *[Sai.]*

CENA V

[Entram Hospedeiro e Simplicíssimus.]

Hospedeiro – O que é que você quer, seu casca grossa? Diz logo, ô caolho. Fala, cospe, vomita, discursa; mas pouco, hein, breve, tá ouvindo? Curto, conciso, veloz, presto, pronto! Falei muito?

Simplicíssimus – Olha, senhor, eu queria falar com Dom João Falstaff, da parte do cavalheiro Magrela.

Hospedeiro – Lá está o quarto dele, os seus aposentos, sua casa, seu castelo, seu tugúrio, sua cama fixa e leito de campanha. Tudo decorado com a história moral do Filho Pródigo, um afresco que ainda está fresquinho. Sobe, bate e chama. Mas toma cuidado que o homem é antropófago. Bate, eu não disse?

Simplicíssimus – Tem uma velha, uma velha gorda, no quarto dele. Eu vi quando subia. Se me permite, senhor, espero aqui que desça. Na verdade eu vim falar com ela.

Hospedeiro – O quê? Que mulher gorda? Mas, o cavalheiro pode ser roubado! Eu vou chamá-lo. Esmerado cavalheiro! Esmerilhado Dom João von Falstaff! Responde com teus brônquios militares. Tu estás aí? Se não estás podes ficar calado. Quem está falando aqui é o estalajadeiro, teu companheiro de armas e bagagens.

Falstaff – *[De cima.]* Pois é. O quê? Fala, meu Hospedeiro.

Hospedeiro – Aqui tem um Boêmio ou um Tártaro, não sei bem. Está esperando descer a tua amante gorda. Joga ela aqui, cavalheiríssimo, empurra a gorda escada abaixo, que os aposentos da casa não são pra certos atos. Minhas paredes são paredes limpas. E nunca houve colchões tão ilibados. Nada de reco-recos. Fora! *[Entra Falstaff.]*

Falstaff – Tinha mesmo, comigo, bom Hospedeiro, uma senhora gorda. Acabou de ir embora.

Simplicíssimus – Desculpe, senhor Dom João, não era por acaso a cartomante de Brainford?

Falstaff – Ela mesma em gordura e osso. Que é que você quer com ela, tampa de moringa?

Simplicíssimus – É que o meu patrão, senhor, o cavalheiro Magrela, viu quando ela entrava aqui e queria que ela botasse as cartas pra saber se um tal Nunca, que roubou dele uma corrente de ouro, ainda está com a corrente ou já vendeu.

Falstaff – Eu estava falando com ela sobre isso.

Simplicíssimus – E o que é que ela disse, meu senhor?

Falstaff – Disse que o sujeito que roubou a cadeia do teu amo foi o mesmo que a furtou.

Simplicíssimus – Eu gostaria de falar com a mulher pessoalmente. Talvez ela pudesse me explicar melhor. E eu tinha outras coisas pra falar com ela. Da parte do patrão, eu digo.

Falstaff – Que espécie de coisas? Fala.

Hospedeiro – Não te recomendei ser breve? Cospe.

Simplicíssimus – Não posso... Não posso.

Hospedeiro – *[Agarrando-o.]* Como não pode?

Simplicíssimus – Não posso ocultá-lo. É sobre Ana Pajem. Desejamos apenas que a velha diga se meu amo Magrela vai casar com ela ou não.

Falstaff – Casar com a velha? Vai.

Simplicíssimus – Casar com Ana ou não.

Falstaff – Com Ana? É isso mesmo.

Simplicíssimus – O quê?

Falstaff – Pode dizer a ele que a velha leu a sorte e que uma coisa é certa. Ele vai casar com Ana ou não.

Simplicíssimus – Posso ter a ousadia de dizer a ele?

Falstaff – Vai, Ousado, diz.

Simplicíssimus – Agradecido a V. Senhoria. Meu patrão vai ficar felicíssimo com essa informação. *[Sai.]*

Hospedeiro – Mas que belo quiromante, Dom João. Que oráculo, profeta, pitonisa. A nigromante estava mesmo aí?

Falstaff – Estava sim, Hospedeiro meu. E me ensinou mais coisas do que aprendi em toda minha vida. E não me cobrou nada. Pelo contrário, pagou pra eu aprender. *[Entra Bardolfo.]*

Bardolfo – Misericórdia, patrão, misericórdia! Ladrões, todos ladrões!

Hospedeiro – Onde estão meus cavalos? Que aconteceu com eles, lacaio de uma figa!

Bardolfo – Foram roubados, senhor.

Hospedeiro – Por quem?

Bardolfo – Pelos ladrões. Montaram neles e fugiram. Quando passamos por Eton eles me empurraram da garupa dentro de um lamaçal, meteram as esporas nos cavalos e desapareceram. Eram três demônios germânicos, meu patrão, três doutores Faustos.

Hospedeiro – Eles estavam apenas com pressa de encontrar o duque, canalhíssimo. Não diga que fugiram! Os alemães não roubam. Se apropriam. *[Entra Dom Hugo Evans.]*

Evans – Onde estar meu hospedeiro?

Hospedeiro – Que deseja, reverendo?

Evans – Eu querro afisar pro senhor tomar cuitado com os seus brincadeiras e ficar de o olho. Encontrei acora uma amico meu que dizer vem por aí três falsos tedescos que rouparam os cafalos e o tinheiro de todas os fiaxantes de Readins, Maidenhead, Colebrook. Eu lhe falo só pra seu próprio pem – o senhor é sabido, cheio de espírito e de zomparias e não fai ser conveniente de todo mundo saibar que o senhor ser roupado. Adeus, adeus. *[Sai. Entra o Doutor Caio.]*

Caio – Onde está o mon hospedeiro da Jarretiê?

Hospedeiro – Aqui, mestre cirurgião, mergulhado na perplexidade e na dúvida.

Caio – Eu não lhe possar tisser por que – mas me o contaram que o senhor está com grantes preparatives para um enorme Duque da Germânia. Eu só vir lho avisar, por o ser amigo, que no Corte ninguém conhecer o duque não. Ateus, Ateus. *[Sai.]*

Hospedeiro – Corre e grita, vilão. Grita ladrão! Ladrão! Me ajuda, cavalheiro! Estou desgraçado! Voa, corre, grita, berra, miserável! Estou arruinado! *[Saem o Hospedeiro e Bardolfo.]*

Falstaff – Eu queria que todo mundo fosse tapeado porque eu fui tapeado e espancado. Se chegar ao ouvido da Corte que fui visto travestido e que, travestido, fui surrado – sem falar que já tinham antes me lavado, ah, me espremeriam as banhas gota a gota e lustrariam com ela as botas da nobreza. Me perseguiriam com tantas ironias que a humilhação me deixaria mais seco que uma passa seca. É; nunca mais na vida ganhei um níquel honesto desde o dia em que roubei no jogo. Se ainda tivesse fôlego para um padre-nosso eu juro que me arrependia. *[Entra Leva-e-traz.]* De onde é que você vem?

Leva-e-traz – É preciso dizer? Da parte de ambas e de ambas as partes.

Falstaff – Pois que o diabo fique com uma amba e a mulher do diabo com a outra. Só no enxofre as duas ficariam bem acomodadas. Eu sofri mais por causa delas do que pode pagar a infame inconstância da condição humana.

Leva-e-traz – E elas não sofreram? Demais, eu lhe garanto. Especialmente uma delas, Madame Ford, pra ser exata. Pobre mulher, o corpo todo malhado, marcado de manchas roxas e azuis. Não se vê nem um ponto branco daquela pele admirável.

Falstaff – E você vem me falar de roxo e azul? Eu fiquei com todas as cores do arco-íris. E quase que fui preso como bruxa. Não fosse a extraordinária agilidade da minha inteligência e minha capacidade nata de mistificar, eu não teria representado tão bem uma velhinha pobre, desamparada e boa; que o esbirro, a princípio, queria me meter no pelourinho.

Leva-e-traz – Senhor, calma! Vamos conversar no seu aposento. Explicarei como é que andam as coisas. Mas, adianto, estão a seu favor. Aqui tem uma carta que já diz bastante. Oh, meu Deus, quanta luta, para fazer dois corações amantes se encontrarem! É, um de vocês dois não está bem com o céu ou o ato de amor já estaria consumado.

Falstaff – Vem. Sobe. *[Saem.]*

CENA VI

Outro quarto na Estalagem da Jarreteira. [Entram Fenton e o Hospedeiro.]

Hospedeiro – Mestre Fenton, não fale comigo. Estou com a cabeça cheia. Minha vontade é largar tudo.

Fenton – É melhor me ouvir primeiro. Se me ajudar naquilo que preciso, lhe prometo, palavra de fidalgo, que lhe pagarei seus prejuízos todos e ainda lhe darei mais cem libras-ouro.

Hospedeiro – Bem, se é assim, estou escutando.

Fenton – De tempos em tempos eu tenho te falado do grande amor que sinto pela formosa Ana Pajem que me corresponde com a mesma intensidade, e com as demonstrações que lhe permitem sua submissão ao pai. Acaba de me enviar uma carta cuja mensagem vai te deixar pasmado. A brincadeira que ela aqui comenta está tão ligada ao que te proponho que não se pode falar de uma coisa e calar a outra. Na história toda, porém, quem tem o papel mais importante não sou eu nem ela, é Falstaff, o gordo. Vou te explicar a história com todos os detalhes.

Presta atenção, caríssimo Hospedeiro. Hoje à noite, no carvalho de Herne, um pouco depois da meia-noite, a minha doce Ana vai aparecer vestida de rainha das fadas. A intenção é a seguinte; nesse disfarce, enquanto os outros praticam os atos mais diversos, o pai ordenou que ela fugisse com Magrela, casando-se com ele na capela de Eton. E ela consentiu. Mas veja agora; a mãe, que é totalmente contrária a essa união, e acha o Doutor Caio um bom partido, arrumou tudo para que este aproveite a distração de todos e arraste Ana até a paróquia, onde um padre os espera. Obedecendo à mãe com a mesma fidelidade filial com que obedece ao pai, Aninha prometeu também ir com o doutor. E chegamos aqui, ao principal: o pai mandou que ela vá toda de branco; vestida assim, Magrela a distinguirá mais facilmente. Para que fique bem visível ao médico – pois todos terão máscaras e véus –, a mãe resolveu que ela use um vestido de gase verde clara e fitas esvoaçantes no cabelo. Quando o doutor achar que o instante é oportuno deverá beliscar a mão de Ana. A esse toque a jovem o seguirá por toda a vida.

Hospedeiro – A quem pretende ela enganar, ao pai ou à mãe? Ao moço ou ao velho? Ao fidalguete ou ao esculápio? Os dois, os quatro, os seis?

Fenton – A um e aos dois, bom hospedeiro, aos quatro, a todos; pois vai ficar comigo. E aqui tu entras – tens que ir correndo procurar o vigário, para que esteja na Igreja entre meia-noite e uma hora, a fim de unir os nossos corações com a solene liturgia do conúbio, consagrando nossa união com o nome legal de matrimônio.

Hospedeiro – Sou já padrinho desse seu enlace; corro ao vigário. Se o senhor pega a moça não há de faltar padre.

Fenton – Serei teu devedor eterno. E por ser dívida tão grande, começo a pagar logo. *[Atira-lhe uma bolsa de dinheiro. Saem falando.]*

QUINTO ATO

CENA I

Quarto na Estalagem da Jarreteira. [Entram Falstaff e Leva-e--traz.]

FALSTAFF – Por favor, já chega de conversa, vai! Estarei lá. É a terceira vez; espero que o número três me seja leve. Vai logo! Dizem que o número três dá sorte no nascimento, amor e até na morte.

LEVA-E-TRAZ – Vou lhe trazer uma corrente e farei todo o possível pra lhe arranjar um belo par de chifres.

FALSTAFF – Mas vai! Depressa. O tempo foge. Como lá diz a Bíblia: levanta a cabeça e aperta o passo. *[Sai Leva-e-traz. Entra Ford disfarçado.]* Ôba, ôba, senhor Fontes! Olha, o assunto se resolve esta noite ou nunca mais. Se o senhor for ao parque à meia-noite e ficar perto do carvalho de Herne vai assistir a coisas espantosas.

FORD – Mas o senhor não foi à casa dela ontem, como disse que tinha combinado?

FALSTAFF – Fui à casa dela, amigo Fontes, assim como vê, um pobre velho. E saí de lá inda pior, meu grande amigo, uma pobre velhinha. O patife do Ford – que agora considero o próprio demônio do ciúme – teve uma de suas crises e me espancou furiosamente quando eu havia assumido a forma de mulher: pois na forma de homem, senhor Fontes, ninguém me bate não. Não temo nem Golias com a funda de Davi. Mas que sei? A vida é apenas uma máquina de fiar e ninguém sabe o novelo onde é que acaba. Mas estou com pressa: me acompanhe, que eu lhe conto tudo no caminho. Olha, já lacei novilhos, depenei gansos, andei em arame, furtei poderosos e nunca soube o que era ser surrado. Porém esta noite eu me vingo, senhor Fontes: vou entregar a mulher de Ford nas suas mãos. Me acompanha – coisas estranhas acontecem – me acompanha. *[Saem.]*

CENA II

Parque de Windsor. [Entram Pajem, Reduzido e Magrela.]

PAJEM – Em frente, em frente. Nos esconderemos no fosso do castelo até aparecerem as luzes das fadas. Magrela, filho meu, cuida bem da menina.

MAGRELA – Pode deixar, senhor. Falei com ela e ela combinou comigo uma senha pra conhecermos um ao outro. Eu chego perto dela, vestida de branco, e digo: "Imbe..." e ela responde logo: "...cil." Assim nos conhecemos.

REDUZIDO – Não vejo qualquer necessidade do *Imbe* e do *Cil*. O branco do vestido já basta pra decifrar o enigma. Só um imbecil não vê. O relógio já deu dez horas.

PAJEM – A noite é negra; luzes e espíritos se sentirão bem na escuridão. O céu ajuda nossa festa. Pois ninguém aqui deseja o mal, só o demônio, e este vai ser reconhecido pelos chifres. Venham atrás de mim. *[Saem.]*

CENA III

Uma rua que dá no parque. [Entram Madame Ford, Madame Pajem e o Doutor Caio.]

M. PAJEM – Estimado doutor, minha filha é a de verde. Quando chegar o momento, o senhor segura na mão dela, corre depressa até a capela e muitas felicidades. O senhor vai na frente. Nós duas devemos entrar juntas.

CAIO – Eu sei que dever fazer. Adieu.

M. PAJEM – Que tudo corra bem. *[Sai Caio.]* Meu marido nem vai gozar a satisfação de ver Falstaff desmascarado, quando souber que Ana fugiu com o Doutor Caio. Mas que fazer?

    É melhor um aborrecimento agora
    Do que desgostos pela vida afora.

M. Ford – Onde é que está Ana com o bando de Fadas? E o diabo galês, Dom Hugo Evans?

M. Pajem – Estão todos escondidos num fosso bem junto do carvalho de Herne. Assim que nos encontrarmos com o gordo vão saltar todos sobre ele, agitando as tochas.

M. Ford – Estou só imaginando o susto dele.

M. Pajem – Se ficar com medo será ridicularizado. Se não ficar com medo, também será. Do ridículo não foge.

M. Ford – A partir de hoje ele se emenda.

M. Pajem – *[Relógio.]* Está chegando a hora. Pro carvalho! Pro carvalho! *[Saem.]*

CENA IV

Parque de Windsor. [Entra Dom Hugo Evans, vestido de sátiro, com Ana Pajem e outros como fadas.]

Evans – Lup, lup, lup, lup, tudo correndo, xá. Fatinhas, por aqui. Não esqueçam o que ter de fazer. Atrás da mim, aqui no fosso nom vão ficar com o medo, hein? E quando eu ter o senha, já sapem. Lup, lup, lup, lup... *[Saem.]*

CENA V

Outra parte do Parque. [Entra Falstaff com uma cabeça de veado.]

Falstaff – O relógio de Windsor já bateu as doze. O instante se aproxima. Ah, que me protejam os deuses que têm sangue ardente. Não esquece, Júpiter – você virou touro pra pegar Europa. O amor te impôs chifres. É; o poderoso amor que transforma um animal num homem, transformou um Deus num animal. E para seduzir Leda, todos sabem, Júpiter, você se transformou num cisne. Maravilha do amor! Na primeira vez o Deus adquire a potência de uma fera porque ama ferozmente. Na segunda se cobre com as penas de uma ave porque seu amor é mais suave. Se os Deuses têm fraquezas humanas, por que o homem não pode ter aspirações divinas? De mim, não sei: sou, neste momento, apenas um veado do Parque de Windsor. Acho, aliás, que sou o veado mais gordo aqui presente. Meu Júpiter, não esquenta muito o tempo, pois me derreto todo ou mijo aqui na grama. Quem vem lá? É minha corça? *[Entram M. Ford e M. Pajem.]*

M. Ford – Dom João, meu bem-amado!

Falstaff – Ah, minha corcinha do rabinho preto. Agora o céu pode chover batatas; pode mandar uma trovoada de sons de bundas de cavalo; cair granizo quente; desabar uma tempestade de provocações. Já tenho meu abrigo. *[Abraça-a e tenta se abrigar sob os seios dela.]*

M. Ford – Margaret Pajem teve que vir comigo, meu amor.

Falstaff – Pois me dividam como bem entenderem, como um gomo, um ramo ou um cacho de uvas. Pra cada uma um bago. Uma pega uma coxa, outra a outra, a espinha dão ao guarda deste parque e os chifres levam como lembranças pros simpáticos maridos. Sou ou não sou homem de conduta? Sou ou não sou um bom filho da... mata? Falo como Herne, o caçador? Ah, agora sim, Cupido age com consciência – faz restituições. *[Trombetas fora de cena.]* Que é isso?

M. Pajem – É. Que é isso?

Falstaff – O que é que pode ser?

M. Ford e M. Pajem – Vamos embora! *[Correm.]*

Falstaff – Acho que o demônio faz tudo pra evitar minha danação com medo que minhas banhas incendeiem o inferno dele. Está sempre atrapalhando o meu pecado. Que diabo! *[Surgem luzes fantásticas. Entram Dom Hugo Evans, de Sátiro, Pistola como duende, Ana Pajem como rainha das fadas e os outros como fadas e gnomos.]*

Ana Pajem – Espíritos da noite, coloridos,
    Verdes, vermelhos, brancos, negros,

Gênios lunares,
Sombras tutelares,
Herdeiros órfãos de uma só missão,
Venham cumprir vosso dever e ofício,
Castigar o sujo, queimar o vilão,
Todos que trazem o demônio em si.
Filho do imaculado, faz a chamada aí.

PISTOLA – Duendes, suas raças;
Gnomos, os seus nomes;
Fadinhas, suas graças.
Silêncio aí, gênios sem matéria
Que agora a coisa é séria.
Ninfa, bate as tuas asas
Entra na chaminé das casas
E, onde houver fogo apagado,
E lareira fria
Belisca as criadas velhas com energia
E as novas com bastante cortesia
(naquele lugar no meio da bacia.)
Que cada uma grave na doida cabecinha:
A nossa magnífica rainha
Detesta sujo e sujeira
Material, moral
Ou de qualquer maneira.

FALSTAFF – São fadas ou feiticeiras!
Quem falar com elas se dá mal.
Vou me enterrar bem fundo e fechar os olhos.
Só olhar pra elas já é mortal.

EVANS – Gorgulho, corre!
E onte você encontra um tonzela
Pela,
Que, antes do sono reza o Ave-Maria
Estimula os órgãos da dela fantasia
Por que tenha sonhos cheios da alegria.
Mas das que cai no sono ferrado

Nem pensa sequer no seu pecado
Acordadas com mil peliscões
Nos seios, nos coxas e nas mões.

ANA PAJEM – Em volta, agora;
Vasculhem o castelo de Windsor, duendes,
Por dentro e por fora.
Espalhem a boa sorte, gnomos,
Com água abençoada
Em cada quarto da Mansão Sagrada,
Para que seja, pelo tempo afora,
Cada pedra, degrau, vitral, janela,
Digna da dona e a dona dela.
[À parte.] Essa gracinha é uma puxada do Shakespeare na
 Rainha!
Perfumem com bálsamo todas as cadeiras
E enfeitem-nas com flores e bandeiras.
Cada escudo, móvel, chave, portão,
Deve ser adornado com o imortal brasão.
[À parte.] Outra puxada! O Bardo não brincava em serviço!
Vocês, fadas da mata, cantem a noite inteira,
Numa roda de dança como a da Jarreteira.
E onde vocês pisarem
Mesmo o chão ressecado
Nasça grama mais verde
Do que em qualquer prado.
Com tufos de esmeralda,
Flores vermelhas,
Azuis, roxas e brancas,
Uma proclamação se lance:
"*Honi soit qui mal y pense.*"
Safiras e ricos bordados
Identifiquem cavalheiros armados.
Mais delicadas de alma
Mais feitas com afeto
As fadas usem as flores

Como seu alfabeto.
Agora, até uma da manhã,
Executem com amor,
A Dança Purificadora
Junto ao velho carvalho
de Herne, o caçador
Valente e solitário.

Evans – E acora de mões dadas
Gnomos, duendes, fadas,
Usem montões de fagalumes como lanternas
Para iluminar caminho nossos pernas.
Mas, esperar, sinto cheiro da enxofre, se eu não erra.
É um homem. Deve ter vindo do tentro da terra.

Falstaff – Deus me defenda dessa fada estrangeira
que só diz besteira.

Pistola – De dentro da terra? É um verme. O verme mais gordo que já vi.

Falstaff – Esse gnomo flamengo está querendo me queimar!

Ana Pajem – Queimem-lhe os dedos
Com o fogo purificador
Se for casto
Não sentirá nenhuma dor.
Mas se soltar
Um grito ininterrupto,
sua carne oculta
Um coração corrupto.

Evans – Experimentar logo, vamos.

Pistola – Bem, vamos ver se estes galhos pegam fogo. *[Queima Falstaff.]*

Falstaff – Ôôôôôôôôôôôôôôôôôôôôôôôôôôôôôô
Ouuuuuuuuuu! Ouuuuuuuuuu! Ouuuuuuuuuuuu! FLAMENGO!
[Atenção: importantíssimo. Esta piada, que pode ser esplêndida, não deve ser forçada. O ator deve falar exatamente como está aqui e nunca cair na tentação de dizer Gouuuu DO Flamengo!!!]

ANA PAJEM – Corrupto! Corrupto! Entranhas deformadas.
Em volta dele, Fadas!
Até nascer o dia
Canções de zombaria.
E não esqueçam não,
O ritmo deve ser,
Marcado a beliscão.

EVANS – Muito xusto. Está cheio de porquerias e sujeiras.

[CANÇÃO]
Belisca ele
Beliscão nele
Morte à pecaminosa fantasia
Morte ao desejo em demasia
Que o desejo é um horror
Quando vem sem o amor
Deve ser posto na chama
Quando entra em quem não ama *[queimam-no.]*
Beliscão, beliscão, beliscão.
Beliscão na felonia
Beliscão até que a lua
Se apague com a luz do dia.
Rodem ele
Beliscão
Queimem ele
Beliscão
Zombem dele
Beliscão
Beliscão
No vilão.

[Enquanto se passa tudo, o doutor vem numa direção e rapta um rapazinho vestido de verde: Magrela vem por outro lado e rapta um rapazinho vestido de branco: e Fenton rapta Ana Pajem. Ouve-se um barulho de trompas de caçada. Todas as fadas fogem. Falstaff arranca sua cabeça de veado e se levanta. Entram Pajem, Ford, M. Pajem e M. Ford.]

PAJEM – Para aí. Não foge não. Nós te pegamos, cavalheiro. Ou pretende continuar a representar o papel que acabou de interromper?

M. FORD – Eu peço a todos, não vamos levar mais longe a zombaria. Dom João Falstaff já deve ter formado a sua opinião – diga, caro senhor, que pensa, agora, das matronas de Windsor? São ou não são... alegres? E você, meu bom marido; vê estes enfeites? Não acha que ficam muito melhor na mata do que em casa?

FORD – Então, amigo, me diz agora, quem é o corno nessa história? Senhor Fontes, Falstaff é um velhaco, um velhaco cornudo. E se alguém duvida o senhor pode mostrar estas galhadas, senhor Fontes. De Ford ele conseguiu gozar apenas o mau cheiro de suas roupas sujas, o peso do seu bastão e vinte libras esterlinas que deverão ser devolvidas ao senhor Fontes, porque os cavalos de Falstaff foram retidos como garantia, senhor Fontes.

M. FORD – Dom João, não conseguimos nem um encontrinho, que sorte ingrata! Nunca mais tentarei ser sua amante; no máximo o usarei como en*viado*.

FALSTAFF – Começo a perceber que banquei o asno o tempo todo.

FORD – Não o ofenda, é um animal brilhante perto de V. Senhoria.

FALSTAFF – Quer dizer então que não são seres sobrenaturais? Três ou quatro vezes cheguei a duvidar. Contudo a minha pesada consciência e a violência da surpresa me fizeram aceitar como realidade uma farsa grosseira. Vejam os senhores como a sensibilidade humana fica opaca quando se desvia para o mal.

EVANS – Tom João Falstaff, pense em Teus, esqueça os tentações do carne e nunca mais ninquém fai lhe peliscá-lo.

FORD – Breve e brilhante, reverendo.

EVANS – E apantona o senhor tampém suas ciúmes.

FORD – Só vou desconfiar de novo de minha mulher no dia em que pegar o senhor falando ao ouvido dela em muito bom inglês.

FALSTAFF – Devo ter deixado o cérebro secando ao sol demasiado tempo pra não perceber uma armadilha tão simplória. Um cabrão

galês conseguiu me derrotar tranquilamente. Só me resta afogar-
-me numa tina de queijo derretido.

EVANS – Panha no queixo terretido – é chovér no molhato.

FALSTAFF – *Panha no queixo terretido.* Quer dizer que eu vivo uma vida de aventuras para no fim ser o jogral de um tipo que assim derrete a nossa língua? Bastaria isso para justificar o declínio da sensualidade em todo o reino.

M. PAJEM – Mas escuta aqui, Dom João, o senhor acredita que, se num momento de loucura, houvéssemos desistido de toda uma existência de virtude, seria o senhor que nós iríamos escolher pra entregar nosso corpo ao demônio?

FORD – Um chouriço enorme! Um saco de estrume!

M. PAJEM – Boneco de massa!

PAJEM – Velho, gelado, carcomido e grávido?

FORD – Bem mais hipócrita do que Satanás.

PAJEM – Pobre como Jó.

FORD – Sórdido como a mulher dele.

EVANS – Dato a fornicações, costando de tavernas, de finhos, aguartente e infusões suspeitas. Brigão, praguejador, xogador, sujo e escantaloso?

FALSTAFF – Muito bem, estou na berlinda. Se por aqui há alguém que ainda não viu um tema ao vivo, aqui estou eu – assunto e objeto. Vocês levam vantagem: sou o vencido. Não consigo responder sequer a esta cabra montês, a esta flanela do País de Gales. Quando a ignorância vence não há o que reagir: usem-
-me como quiserem.

FORD – Bem, agora vamos levá-lo até Windsor, a um certo senhor Fontes de quem V. Senhoria arrancou algum dinheiro prometendo-lhe servir de rufião. Entre todas as mortificações que já sofreu tenho a impressão de que devolver esse dinheiro será a mais atroz.

M. FORD – Chega, marido,
    Já cobraste demais com esses castigos

Esquece esse dinheiro
Pra que possamos todos ser amigos.

Ford – Bem, estendo a mão; não deve nada.

Pajem – Fica alegre de novo, cavalheiro; te convido para comer e beber em minha casa. Vai poder rir de minha mulher como ela agora está rindo de você. Diz a ela um segredo: mestre Magrela casou com a filha dela.

M. Pajem – Tem quem duvide, meu marido e senhor. *[À parte.]* Tão certo como Ana Pajem ser minha filha é ela ser, neste momento, mulher do Doutor Caio. *[Entra Magrela.]*

Magrela – Ôi, ai, ui, iii, ei! Senhor Pajem, meu paizinho.

Pajem – Meu filho, que é que foi? Diz, fala, filho. Fala! Você conseguiu?

Magrela – Consegui! Não entendo nada. Nem mesmo um matemático conseguiria entender essa embrulhada. O senhor, hein?

Pajem – Eu hein, o quê? Que embrulhada?

Magrela – Cheguei correndo a Eton para casar com a sua filha, e de repente ela virou um rapagão deste tamanho. Se não estivéssemos na igreja eu teria arrebentado com ele ou ele comigo. Quero cair morto aqui se quando eu saí do parque ela, ele, sei lá, não era Ana Pajem. E de repente eu olho e – pum – vou me casar com o filho do carteiro.

Pajem – Por minha fé, você confundiu alguma coisa.

Magrela – Ah, o senhor também acha? Foi o que eu raciocinei quando vi que tinha pegado um rapaz por uma moça. Se eu me tivesse casado com ele, apesar de toda aquela roupa de mulher, eu nunca ia ter nada com ele.

Pajem – São resoluções de foro íntimo. Eu não lhe avisei que você devia reconhecer a minha filha pela roupa?

Magrela – Foi o que eu fiz. Ela estava de branco, eu disse: "Imbe..." e ela disse: "...cil" conforme tínhamos combinado. Mas mesmo assim não era Ana, estou lhe dizendo: era o filho do carteiro.

EVANS – Ô, meu Teus, senhor Magrela, já imaxinou o senhor por aí, casado com um rapaz? Como é que iam cuitar das filhos?

PAJEM – Mas é lamentável – não sei o que fazer.

M. PAJEM – Bom marido, não se zangue. Eu sabia de tua intenção, vesti Ana de verde, e agora ela deve estar voltando da capela, casada com o mestre cirurgião. *[Entra Caio.]*

CAIO – Onte está Madame Pajem? Onte está? Por Cristo, eu fui luditriado. Ludibriê, *c'est ça*. Me casaram com uma rapaz, *un garçon, voilà. Un paysan, par Dieu, un homme*. Non, non era seu filha. Fui luditriado.

M. PAJEM – Mas como? O senhor não pegou a moça que estava de verde?

CAIO – Sim, senhorra. Peguei dirreitinho a moça do ferde e era um homão. Mon Dieu, eu fou arretentar toda o cidade. *[Sai.]*

FORD – É muito estranho. Quem terá levado a verdadeira Ana?

PAJEM – Tenho um mau pressentimento – aí vem Mestre Fenton. *[Entram Fenton e Ana Pajem.]* Que foi que houve, Mestre Fenton?

ANA – Perdão, meu pai querido. Mãe adorada, perdão!

PAJEM – Como é que é, senhorita – por que não foi com o senhor Magrela?

M. PAJEM – Como é, mocinha, por que não foi com o Doutor Caio?

FENTON – Por favor, não a assustem e ouçam a verdade pura. Os senhores a teriam casado de maneira vergonhosa, pois faltava, no todo ou em parte, com um e outro, reciprocidade. A verdade é que ela e eu, de há muito prometidos, estamos agora certos de que nada nos pode separar. É bendita a ofensa que ela cometeu e o nosso ardil, ou que outro nome tenha o engano a que os levamos, deixa de ser fraude ou desobediência, porque evita as milhares de horas de tédio e de tristeza de um casamento desgraçado.

FORD – Fechem a boca, senhores. Não adianta ficarem boquiabertos. Aqui não há remédio. Nas coisas do amor o céu é quem comanda. Dinheiro compra terras. Mas quem vende as mulheres é o destino.

FALSTAFF – Estou contente de ver que, embora todos os arcos me apontassem, algumas flechas ricochetearam.

PAJEM – É, que remédio? Quando não se pode mastigar, se engole. Que o céu lhe dê felicidades, Ana Fenton.

FALSTAFF – Quando os feiticeiros não são hábeis, fazem as feitiçarias mais estranhas.

M. FORD – Bem, não vou pensar mais nisso. Senhor Fenton, seja feliz também. Bom marido, vamos todos pra casa.
    Falarmos mais e mais desta noite hilariante
    Dom João Falstaff vai conosco!
    Cavalheiros, avante!

M. PAJEM – Porém, antes que isto acabe,
    Vou defender Falstaff
    Pois não é falso tudo seu,
    Com respeito ao senhor Fontes
    Cumpriu o que prometeu.
    Porque pro senhor Fontes
    Tudo acaba no melhor
    Garanto que esta noite
    Vai dormir com a senhora Ford.

FIM

HAMLET

Talvez a peça teatral mais conhecida de todos os tempos. Não se sabe ao certo quando foi escrita ou encenada pela primeira vez, mas estima-se que tenha sido por volta de 1600, já fazendo parte do "período sombrio" do autor. A primeira publicação do texto data de 1603.

O enredo gira em torno de temas caros a Shakespeare: regicídio e vingança. Na Dinamarca, o Príncipe Hamlet enfrenta uma crise existencial ao mesmo tempo em que está de luto pela morte do pai. Sua mãe, a rainha Gertrudes, acaba de casar-se com Cláudio, irmão do marido morto. Uma aparição fantasmagórica revela a Hamlet que seu pai foi assassinado, o que pede vingança.

Esta tragédia tem o protagonista – Hamlet – com a maior participação de todas as obras shakespearianas: são suas quase 40% das falas da peça (que, encenada integralmente, pode chegar a quase quatro horas de duração, fazendo do personagem Hamlet um desafio para qualquer ator). Contém também, entre seus vários monólogos, aquele que é talvez o mais célebre da história do teatro: de Hamlet, no ato II cena 1, iniciando-se em "Ser ou não ser – eis a questão".

PERSONAGENS:

CLÁUDIO, Rei da Dinamarca
HAMLET, filho do falecido rei, sobrinho do atual rei
POLÔNIO, Lorde camarista
HORÁCIO, amigo de Hamlet
LAERTES, filho de Polônio
VOLTIMANDO, Cortesão
CORNÉLIO, Cortesão
ROSENCRANTZ, Cortesão
GUILDENSTERN, Cortesão
OSRIC, Cortesão
Um cavalheiro
Um sacerdote
MARCELO, Oficial
BERNARDO, Oficial
FRANCISCO, um soldado
REINALDO, Criado de Polônio
Atores
DOIS CLOWNS, Coveiros
FORTINBRÁS, Príncipe da Noruega
Um capitão
Embaixadores ingleses
GERTRUDES, Rainha da Dinamarca, mãe de Hamlet
OFÉLIA, Filha de Polônio
Damas, cavalheiros, oficiais, soldados, marinheiros, mensageiros e servidores
Fantasma do pai de Hamlet, o REI HAMLET

CENÁRIO: Dinamarca.

PRIMEIRO ATO

CENA I

Elsinor – Terraço diante do castelo. [Francisco está de sentinela. Bernardo entra e vai até ele.]

BERNARDO – Quem está aí?

FRANCISCO – Sou eu quem pergunta! Alto, e diz quem vem!

BERNARDO – Viva o rei!

FRANCISCO – Bernardo?

BERNARDO – O próprio.

FRANCISCO – Chegou na exatidão de sua hora.

BERNARDO – Acabou de soar a meia-noite.
Vai pra tua cama, Francisco.

FRANCISCO – Muito obrigado por me render agora. Faz um frio mortal – até meu coração está gelado.

BERNARDO – A guarda foi tranquila?

FRANCISCO – Nem o guincho de um rato.

BERNARDO – Boa noite, então.
Se encontrar Marcelo e Horácio,
Meus companheiros de guarda, diga-lhes que se apressem.

FRANCISCO – Parece que são eles. Alto aí! Quem vem lá?
[Entram Horácio e Marcelo.]

HORÁCIO – Amigos deste país.

MARCELO – E vassalos do Rei da Dinamarca.

FRANCISCO – Deus lhes dê boa noite.

MARCELO – Boa noite a ti, honesto companheiro.
Quem tomou o teu posto?

FRANCISCO – Bernardo está em meu lugar.
Deus lhes dê boa noite. *[Sai.]*

Marcelo – Olá, Bernardo!

Bernardo – Quem está aí? Horácio?

Horácio – Só um pedaço dele. O resto ainda dorme.

Bernardo – Bem-vindo, Horácio. Bem-vindo, bom Marcelo.

Marcelo – Então, me diz – esta noite a coisa apareceu de novo?

Bernardo – Eu não vi nada.

Marcelo – Horácio diz que tudo é fantasia nossa
E não quer acreditar de modo algum
Na visão horrenda que vimos duas vezes.
Por isso eu insisti pra que estivesse aqui, conosco,
Vigiando os minutos atravessarem a noite
Assim, se a aparição surgir de novo
Ela não duvidará mais de nossos olhos,
E falará com ela.

Horácio – Ora, ora, não vai aparecer.

Bernardo – Senta um pouco, porém.
E deixa mais uma vez atacarmos teus ouvidos
Fortificados contra a nossa história –
O que vimos nessas duas noites.

Horácio – Bem, vamos sentar, então,
E ouvir Bernardo contar o que ambos viram.

Bernardo – Na noite passada,
Quando essa mesma estrela a oeste do polo
Estava iluminando a mesma parte do céu
Que ilumina agora, Marcelo e eu –
O sino, como agora, badalava uma hora –

Marcelo – Silêncio! Não fala! Olha – vem vindo ali de novo!
[Entra o Fantasma.]

Bernardo – Com a mesma aparência do falecido rei.

Marcelo – Você é um erudito; fala com ele, Horácio.

Bernardo – Não te parece o rei? Repara bem, Horácio.

Horácio – É igual – estou trespassado de espanto e medo.

BERNARDO – Ele quer que lhe falem.

MARCELO – Fala com ele, Horácio.

HORÁCIO – Quem és tu que usurpas esta hora da noite
Junto com a forma nobre e guerreira
Com que a majestade do sepulto Rei da Dinamarca
Tantas vezes marchou? Pelos céus, eu te ordeno: fala!

MARCELO – Creio que se ofendeu.

BERNARDO – Olha só; com que altivez vai embora!

HORÁCIO – Fica aí! Fala, fala! Eu te ordenei – fala!

[O Fantasma sai.]

MARCELO – Foi embora e não quis responder.

BERNARDO – E então, Horácio? Você treme, está pálido.
Não é um pouco mais que fantasia?
Que é que nos diz, agora?

HORÁCIO – Juro por Deus; eu jamais acreditaria nisso
Sem a prova sensível e verdadeira
Dos meus próprios olhos.

MARCELO – Não era igual ao rei?

HORÁCIO – Como o rei num espelho.
A armadura também era igual à que usava
Ao combater o ambicioso Rei da Noruega
E certa vez franziu assim os olhos, quando,
Depois de uma conferência violenta,
Esmagou no gelo os poloneses
Em seus próprios trenós.
É estranho.

MARCELO – Assim, duas vezes seguidas, e nesta mesma hora morta,
Atravessou nossa guarda nesse andar marcial.

HORÁCIO – Não sei o que pensar. Com precisão, não sei.
Mas, se posso externar uma opinião ainda grosseira,
Isso é augúrio de alguma estranha comoção em nosso Estado.

MARCELO – Pois bem; vamos sentar. E quem souber me responda:
Por que os súditos deste país se esgotam todas as noites

Em vigílias rigidamente atentas, como esta?
Por que, durante o dia, se fundem tantos canhões de bronze?
Por que se compra tanto armamento no estrangeiro?
Por que tanto trabalho forçado de obreiros navais,
Cuja pesada tarefa não distingue o domingo dos dias de semana?
O que é que nos aguarda,
O que é que quer dizer tanto suor
Transformando a noite em companheira de trabalho do dia?
Quem pode me informar?

HORÁCIO – Eu posso;
Pelo menos isto é o que se murmura: nosso último rei,
Cuja imagem agora mesmo nos apareceu,
Foi, como vocês sabem, desafiado ao combate por Fortinbrás, da Noruega,
Movido pelo orgulho e picado pela inveja.
No combate, nosso valente Rei Hamlet,
Pai de nosso amado príncipe,
Matou esse Fortinbrás; que, por um contrato lacrado,
Ratificado pelos costumes da heráldica,
Perdeu, além da vida, todas as suas terras,
Que passaram à posse do seu vencedor.
O nosso rei também tinha dado em penhor
Uma parte equivalente do seu território
A qual teria se incorporado às posses de Fortinbrás
Houvesse ele vencido.
Agora, senhor, o jovem Fortinbrás, Príncipe da Noruega,
Cheio de ardor, mas falho em experiência,
Conseguiu recrutar, aqui e ali,
Nos confins de seu país,
Um bando de renegados sem fé nem lei
Decididos a enfrentar, por pão e vinho,
Qualquer empreitada que precise estômago.
No caso (como compreendeu bem claro o nosso Estado)
A empreitada consiste em recobrar,
Com mão de ferro e imposições despóticas,
As mesmas terras perdidas por seu pai.

Está aí, acredito,
A causa principal desses preparativos,
A razão desta nossa vigília,
E a origem do tumulto febril que agita o país.

BERNARDO – Acho que tudo se passa como disse.
Isso explica a visão espantosa,
Tão parecida com o rei, que foi e é a causa dessas guerras,
Ter vindo assombrar a nossa guarda.

HORÁCIO – Um grão de pó que perturba a visão do nosso espírito.
No tempo em que Roma era só louros e palmas,
Pouco antes da queda do poderoso Júlio,
As tumbas foram abandonadas pelos mortos
Que, enrolados em suas mortalhas,
Guinchavam e gemiam pelas ruas romanas;
Viram-se estrelas com caudas de fogo,
Orvalhos de sangue, desastres nos astros,
E a lua aquosa, cuja influência domina o mar, império de Netuno,
Definhou num eclipse, como se houvesse soado o Juízo Final.
Esses mesmos sinais, mensageiros de fatos sinistros,
Arautos de desgraças que hão de vir,
Prólogo de catástrofes que se formam.
Surgiram ao mesmo tempo no céu e na terra,
E foram vistos em várias regiões,
Com espanto e terror de nossos compatriotas.
Mas calma agora! Olhem: ele está aí de novo! *[O Fantasma entra.]*
Vou barrar o caminho, mesmo que me fulmine.
[Ao Fantasma.] Para, ilusão! *[O Fantasma abre os braços.]*
Se sabes algum som ou usas de palavras,
Fala comigo.
Se eu posso fazer algo de bom,
Que alivie a ti e traga alívio a mim,
Fala comigo. Se sabes um segredo do destino do reino
Que, antecipado por nós, possa ser evitado,
Fala comigo!
Se em teus dias de vida, enterraste
Nas entranhas da terra um tesouro, desses extorquidos,

Pelos quais, dizem, os espíritos vagueiam após a morte,
[O galo canta.]
Fala! Para e fala! Cerca ele aí, Marcelo!

MARCELO – Posso atacá-lo com a alabarda?

HORÁCIO – Se não se detiver, ataca!

BERNARDO – Está aqui!

HORÁCIO – Está aqui!

MARCELO – Foi embora! *[O Fantasma sai.]*
Erramos tudo, tentando a violência,
Diante de tanta majestade.
Ele é como o ar, invulnerável,
E nossos pobres golpes uma tolice indigna.

BERNARDO – Ele ia falar quando o galo cantou.

HORÁCIO – E aí estremeceu como alguém culpado
Diante de uma acusação. Ouvi dizer que o galo,
Trombeta da alvorada, com sua voz aguda,
Acorda o Deus do dia,
E que a esse sinal,
Os espíritos errantes,
Perdidos em terra ou no mar, no ar ou no fogo,
Voltam rapidamente às suas catacumbas.
O que acabamos de ver prova que isso é verdade.

MARCELO – Se decompôs ao clarinar do galo,
Dizem que, ao se aproximar o Natal de Nosso Salvador,
O galo, pássaro da alvorada, canta a noite toda:
E aí, se diz, nenhum espírito ousa sair do túmulo.
As noites são saudáveis; nenhum astro vaticina;
Nenhuma fada encanta, nem feiticeira enfeitiça;
Tão santo e cheio de graça é esse tempo.

HORÁCIO – Eu também ouvi assim e até acredito, em parte.
Mas, olha: a alvorada, vestida no seu manto púrpura,
Pisa no orvalho, subindo a colina do Oriente.
Está terminada a guarda; se querem um conselho,
Acho que devemos comunicar ao jovem Hamlet

O que aconteceu esta noite; creio, por minha vida,
Que esse espírito, mudo pra nós, irá falar com ele.
MARCELO – Pois então vamos logo.
Eu sei onde encontrá-lo com certeza
A esta hora da manhã. *[Saem.]*

CENA II

Sala de cerimônias do castelo. [Entram o Rei, a Rainha, Hamlet, Polônio, Laertes, Voltimando, Cornélio, Cavalheiros e Cortesãos.]

REI – Embora a morte de nosso caro irmão, Hamlet,
Ainda esteja verde em nossos sentimentos,
O decoro recomende luto em nosso coração,
E o reino inteiro ostente a mesma expressão sofrida,
A razão se opõe à natureza,
E nos manda lembrar dele com sábia melancolia –
Sem deixar de pensarmos em nós mesmos.
Por isso, não desconsiderando vossos melhores conselhos,
Que nos foram livremente transmitidos esse tempo todo,
Tomamos por esposa nossa antes irmã, atual rainha,
Partícipe imperial deste Estado guerreiro.
Embora, por assim dizer, com alegria desolada;
Um olho auspicioso, outro chorando,
Aleluia no enterro, réquiem no casamento,
Equilibrados, em balança justa, o prazer e a mágoa.
A todos nossos agradecimentos.
E agora segue o que todos sabem: o jovem Fortinbrás,
Fazendo uma apreciação infeliz de nosso poderio,
Ou achando, talvez, que com a morte de nosso amado irmão
Nosso Estado se tenha desagregado ou desunido,
Apoiado na quimera de sua suposta superioridade,
Não para de nos acicatar com mensagens hostis
Exigindo a devolução das terras que seu pai perdeu

Pra nosso valorosíssimo irmão
Dentro das mais escritas regras
De lei, da honra e da coragem.
E quanto a ele basta.
Agora, quanto a nós – o motivo desta reunião.
Escrevemos ao Rei da Noruega, tio do jovem Fortinbrás,
O qual, impotente e recolhido ao leito,
Mal sabe das intenções do sobrinho,
Exigimos do rei que impeça Fortinbrás
De prosseguir com seus planos, já que
O aliciamento, manobras e adestramento de tropas,
Tudo é feito dentro de seu território.
E aqui os despachamos,
Você, bom Cornélio, e você, Voltimando,
Como portadores de nossas saudações ao velho norueguês,
Sem que tenham, porém, qualquer poder pessoal
Pra negociar com o rei fora do objetivo
Por nós já detalhado.
Adeus, e que a vossa presteza ressalte
Vosso senso de dever.

CORNÉLIO e **VOLTIMANDO** – Nisso, e em tudo mais, cumpriremos o ordenado.

REI – Não temos qualquer dúvida; de todo coração, adeus.
[Saem Cornélio e Voltimando.]
E agora, Laertes, que assunto te traz?
Você nos falou de certa pretensão; qual é ela, Laertes?
Nada de razoável que peças ao Rei da Dinamarca
Será pedido em vão. O que podes pedir, caro Laertes,
Que não seja, por antecipação, uma oferta minha?
A cabeça não é mais aliada ao coração,
Nem a mão mais ligada com a boca,
Do que teu pai com este trono.
Diz o que tu desejas.

LAERTES – Venerado senhor,
Vossa licença e proteção pra regressar à França,

De onde vim com a maior alegria
Cumprir meu dever de presença em vossa coroação.
Agora, porém, eu devo confessar, esse dever cumprido,
Meus pensamentos e desejos se curvam outra vez para a França,
Como eu, aqui, rogando humildemente permissão e perdão.

REI – Você tem a licença de seu pai? O que nos diz, Polônio?

POLÔNIO – Ele conseguiu essa licença, senhor.
Foi arrancada de mim por incansáveis pedidos,
Ao fim dos quais lhe dei minha relutante permissão.
Eu te suplico, senhor, permita que ele vá.

REI – Escolhe tua melhor hora, Laertes; o tempo te pertence.
E gasta como entenderes as qualidades que tens!
E agora, caro Hamlet, meu primo e meu filho...

HAMLET – *[À parte.]* Me perfilha como primo, pois não primo como filho.

REI – Por que essas nuvens sombrias ainda em teu semblante?

HAMLET – Me protejo, senhor, por estar tão perto do sol.

RAINHA – Querido Hamlet, arranca de ti essa coloração noturna.
E olha com olhar de amigo o Rei da Dinamarca.
Chega de andar com os olhos abaixados
Procurando teu nobre pai no pó, inutilmente,
Sabes que é sorte comum – tudo que vive morre,
Atravessando a vida para a eternidade.

HAMLET – Sim, madame, é comum.

RAINHA – Se é, por que a ti te parece assim tão singular?

HAMLET – Parece, senhora? Não, madame, é!
Não conheço o *parece*.
Não é apenas o meu manto negro, boa mãe,
Minhas roupas usuais de luto fechado,
Nem os profundos suspiros, a respiração ofegante.
Não, nem o rio de lágrimas que desce de meus olhos,
Ou a expressão abatida do meu rosto,
Junto com todas as formas, vestígios e exibições de dor,
Que podem demonstrar minha verdade. Isso, sim, *parece*,

São ações que qualquer um pode representar.
O que está dentro de mim dispensa e repudia
Os costumes e galas que imitam a agonia.

Rei – Dedicar ao pai esse tributo póstumo, Hamlet,
Revela a doçura da tua natureza.
Mas, você bem sabe, teu pai perdeu um pai;
O pai que ele perdeu também perdeu o dele;
Quem sobrevive tem, por certo tempo, o dever filial de demonstrar sua pena.
Mas insistir na ostentação de mágoa
É teimosia sacrílega; lamento pouco viril,
Mostra uma vontade desrespeitosa ao céu,
Um coração débil, alma impaciente,
Mente simplória e inculta,
Pois se sabemos que a coisa é inelutável,
Por que enfrentá-la com oposição estéril?
Tolice! Ofensa aos céus, ofensa aos mortos,
Ofensa à natureza, gigantesco absurdo pra razão,
Que sabe ser normal os pais morrerem antes,
E que sempre gritou, desde o primeiro morto
Até esse que morreu agora: "Assim deve ser. É assim mesmo!"
Por isso te rogamos, Hamlet – afasta de ti essa dor já inútil,
E pensa em nós como um pai.
E que o universo tome nota:
Este é o herdeiro mais imediato do meu trono!
O amor que te devoto é tão nobre
Quanto o que o pai mais amoroso dedica ao filho mais amado.
Quanto à tua intenção de voltar a estudar em Wittenberg,
Não há nada mais oposto à nossa vontade.
Para a alegria e sob a proteção de nossos olhos,
Te pedimos que permaneças aqui,
Como nosso primeiro cortesão, parente e filho nosso.

Rainha – Não deixe que as orações de tua mãe se percam, Hamlet.
Eu te imploro, fica conosco, não vai pra Wittenberg.

HAMLET – Farei o melhor que possa para obedecer-lhe, madame.
REI – É uma resposta bonita e carinhosa;
Esteja na Dinamarca como se fosse nós mesmos.
[À Rainha.] Venha, senhora,
O consentimento nobre e espontâneo de Hamlet
Traz um sorriso a meu coração e, em louvor disso,
O rei não erguerá hoje um único brinde
Sem que o grande canhão o anuncie às nuvens,
Pra que as nuvens, ecoando a saudação real,
Reproduzam, no céu, a alegria terrestre. Venham todos.
[Fanfarras. Saem todos, menos Hamlet.]
HAMLET – Oh, que esta carne tão, tão maculada, derretesse,
Explodisse e se evaporasse em neblina!
Oh, se o Todo-Poderoso não tivesse gravado
Um mandamento contra os que se suicidam.
Ó Deus, ó Deus! Como são enfadonhas, azedas ou rançosas,
Todas as práticas do mundo!
Ó tédio, ó nojo! Isto é um jardim abandonado,
Cheio de ervas daninhas,
Invadido só pelo veneno e o espinho –
Um quintal de aberrações da natureza.
Que tenhamos chegado a isto...
Morto há apenas dois meses! Não, nem tanto. Nem dois.
Um rei tão excelente. Compará-lo com este
É comparar Hipérion, deus do sol,
Com um sátiro lascivo. Tão terno com minha mãe
Que não deixava que um vento mais rude lhe roçasse o rosto.
Céu e terra! É preciso lembrar?
Ela se agarrava a ele como se seu desejo crescesse
Com o que o nutria. E, contudo, um mês depois...
É melhor não pensar! Fragilidade, teu nome é mulher!
Um pequeno mês, antes mesmo que gastasse
As sandálias com que acompanhou o corpo de meu pai,
Como Níobe, chorando pelos filhos, ela, ela própria –
Ó Deus! Uma fera, a quem falta o sentido da razão,
Teria chorado um pouco mais – ela casou com meu tio,

O irmão de meu pai, mas tão parecido com ele
Como eu com Hércules! Antes de um mês!
Antes que o sal daquelas lágrimas hipócritas
Deixasse de abrasar seus olhos inflamados,
Ela casou. Que pressa infame,
Correr assim, com tal sofreguidão, ao leito incestuoso!
Isso não é bom, nem vai acabar bem.
Mas estoura, meu coração! Devo conter minha língua!

Horácio – Salve, meu senhor.

Hamlet – Contente por te ver tão bem.
É Horácio – ou já nem sei quem eu sou.

Horácio – Ele mesmo, meu senhor, e vosso humilde servidor.

Hamlet – Senhor – meu bom amigo.
É o tratamento que nós nos daremos.
O que é que você faz tão longe de Wittenberg, Horácio? Marcelo!

Marcelo – Meu bom senhor...

Hamlet – Estou muito contente de te ver. *[Pra Bernardo.]* Boa
  tarde, senhor.
Mas vamos lá, me diz, que faz você longe de Wittenberg?

Horácio – Minha inclinação à vadiagem, acho.

Hamlet – Eu não permitiria que um inimigo teu dissesse isso,
Nem deixarei que você violente os meus ouvidos
Pra que aceitem tua acusação contra ti mesmo.
Você não é preguiçoso; qual é o teu interesse em Elsinor?
Aqui te ensinarão a beber muito; eu sei.

Horácio – Senhor – eu vim pra assistir aos funerais de seu pai.

Hamlet – Ou seja: veio assistir aos esponsais de minha mãe.

Horácio – É verdade, senhor; foram logo em seguida.

Hamlet – Economia, Horácio! Os assados do velório
Puderam ser servidos como frios na mesa nupcial.
Preferia ter encontrado no céu meu pior inimigo
Do que ter visto esse dia!
Meu pai – estou vendo meu pai, Horácio!

Horácio – Seu pai? Onde, senhor?

Hamlet – No olhar do espírito, Horácio.

Horácio – Eu o vi uma vez; era um belo rei.

Hamlet – Era um homem – e nada mais importa.
Jamais haverá um outro como ele.

Horácio – Senhor, acho que o vi ontem de noite.

Hamlet – Viu quem?

Horácio – O rei, seu pai.

Hamlet – Meu pai? O rei?

Horácio – Contenha seu espanto por um instante
E me dê ouvido atento pra que eu lhe conte
O prodígio que vi, testemunhado por meus companheiros.

Hamlet – Pelo amor de Deus, sou todo ouvidos. Fala!

Horácio – Duas noites seguidas,
Marcelo e Bernardo tiveram essa visão,
Quando estavam de guarda na vastidão sepulcral da meia-noite.
Figura igual a seu pai, armada exatamente como ele –
Igual de cima a baixo! – apareceu a eles e,
Com andar majestoso, passou solenemente pelos dois.
Passou três vezes
Por seus olhos esbugalhados de surpresa e medo,
Tão perto que chegou a tocá-los com o cetro.
Enquanto eles, a quem o pavor liquefez em gelatina,
Ficaram mudos, incapazes de emitir uma palavra.
Eles me comunicaram isso em absoluto segredo;
Juntei-me à guarda na terceira noite;
A aparição surgiu na hora e da forma como tinham narrado,
Confirmando e provando cada palavra dita.
Reconheci seu pai: estas mãos não são tão semelhantes.

Hamlet – Mas onde foi isso?

Marcelo – Na esplanada do Sul, onde se faz a guarda.

Hamlet – Não falaram com ele?

Horácio – Eu falei, meu senhor; mas não me deu resposta.

Uma vez pareceu levantar a cabeça, no movimento
De quem pretende falar mas, exato aí,
O galo da matina cantou forte.
A sombra se encolheu subitamente
E se diluiu na nossa vista.

HAMLET – É muito estranho.

HORÁCIO – Meu honrado senhor, é a verdade,
Tão certo quanto eu estar vivo.
Acreditamos que nosso primeiro dever era informá-lo.

HAMLET – Claro, claro, senhores, mas isso me perturba.
Ainda estão de prontidão esta noite?

MARCELO e BERNARDO – Estamos, senhor.

HAMLET – Armado, vocês dizem?

MARCELO e BERNARDO – Armado, sim senhor.

HAMLET – Dos pés à cabeça?

MARCELO e BERNARDO – Do elmo ao calcanhar.

HAMLET – Então ninguém viu o rosto dele!

HORÁCIO – Vimos, senhor; estava com a viseira levantada.

HAMLET – A expressão dolorida?

HORÁCIO – Mais tristeza que raiva.

HAMLET – Pálido ou rubro?

HORÁCIO – Não, muito pálido.

HAMLET – Tinha os olhos fixados em vocês?

HORÁCIO – Com insistência.

HAMLET – Eu queria ter estado lá.

HORÁCIO – Acho que ficaria horripilado.

HAMLET – É bem provável, é bem provável. Durou muito tempo?

HORÁCIO – O tempo de contar até cem, sem muita pressa.

MARCELO e BERNARDO – Muito mais, muito mais.

HORÁCIO – Não quando eu vi.

HAMLET – Tinha a barba grisalha? Não?

HORÁCIO – Estava como eu vi quando era vivo: bem preta, com
alguns fios de prata.

HAMLET – Vou ficar de guarda hoje à noite – talvez volte.

HORÁCIO – Eu garanto que sim.

HAMLET – Se surgir na figura de meu nobre pai eu falo com ele
Mesmo que o inferno abra sua goela de fogo
E ordene que eu me cale. Imploro a todos,
Já que até agora mantiveram em segredo o que viram,
Que conservem o silêncio.
E seja o que for que aconteça esta noite
Tenham os olhos abertos – e a língua imóvel.
Eu retribuo a afeição de todos. Passem bem;
Antes da meia-noite estarei com vocês na plataforma.

TODOS – Senhor, pode contar com a nossa obediência.

HAMLET – Me deem amizade – eu lhes darei a minha. Adeus!
[Saem todos, menos Hamlet.]
O espírito de meu pai! E armado! Nem tudo está bem;
Suspeito de alguma felonia. Queria que já fosse noite!
Te contém até lá, meu coração!
A infâmia sempre reaparece ao olhar humano,
Mesmo que a afoguem no fundo do oceano. *[Sai.]*

CENA III

Aposento na casa de Polônio. [Entram Laertes e Ofélia.]

LAERTES – Minha bagagem está a bordo. Adeus, irmã.
Sempre que os ventos forem favoráveis
E houver um transporte disponível, não dorme;
Quero ter notícias tuas.

OFÉLIA – Está duvidando?

LAERTES – Quanto a Hamlet e ao encantamento de suas atenções,
Aceita isso como uma fantasia, capricho de um temperamento,

Uma violeta precoce no início da primavera; suave, mas efêmera,
Perfume e passatempo de um minuto – Não mais.

OFÉLIA – Não mais que isso?

LAERTES – Não mais;
Pois a natureza não nos faz crescer
Apenas em forças e tamanho.
À medida que este templo se amplia,
Se amplia dentro dele o espaço reservado
Pra alma e pra inteligência.
Talvez Hamlet te ame, agora, e não haja mácula ou má-fé,
Só sinceridade nas suas intenções.
Mas você deve temer, dada a grandeza dele,
O fato de não ter vontade própria:
É um vassalo do seu nascimento.
Não pode, como as pessoas sem importância,
Escolher a quem deseja, pois disso depende
A segurança e o bem-estar do Estado.
Portanto, a escolha dele está subordinada
À voz e à vontade desse outro corpo
Do qual ele é a cabeça. Então, quando diz que te ama,
Convém à tua prudência só acreditar nisso
Até onde seu desejo pessoal pode transformar
O que ele diz em fato: ou seja,
Até onde permitir a vontade universal da Dinamarca.
Assim, pesa o que pode sofrer a tua honra,
Se ouvir suas canções com ouvido crédulo,
Lhe entregar o coração ou abrir teu mais casto tesouro
À sua luxúria sem controle.
Cuidado, Ofélia, cuidado, amada irmã, vigia!
E coloca tua afeição
Fora do alcance e do perigo do desejo.
A donzela mais casta não é bastante casta
Se desnuda sua beleza à luz da lua.
A mais pura virtude não escapa ao cerco da calúnia.
A praga ataca os brotos da primavera

Antes mesmo que os botões floresçam;
E na manhã orvalhada da existência
Os contágios fatais são mais constantes.
Tem cuidado, então; o medo é a melhor defesa.
Uma jovem se seduz com sua própria beleza.

OFÉLIA – Terei o nobre sentido das tuas palavras
Como guarda do meu coração. Mas, meu bom irmão,
Não faz como certos pastores impostores,
Que nos mostram um caminho pro céu, íngreme e escarpado,
E vão eles, dissolutos e insaciáveis libertinos,
Pela senda florida dos prazeres,
Distante dos sermões que proferiram.

LAERTES – Não se preocupe comigo.
Mas já me demorei muito. E aí vem meu pai, *[Entra Polônio.]*
Uma dupla bênção é uma dupla graça.
Feliz por despedir-me duas vezes.

POLÔNIO – Ainda aqui, Laertes! Já devia estar no navio, que diabo!
O vento já sopra na proa de teu barco;
Só esperam por ti. Vai, com a minha bênção, vai!
[Põe a mão na cabeça de Laertes.]
E trata de guardar estes poucos preceitos:
Não dá voz ao que pensares, nem transforma em ação um pensamento tolo.
Amistoso, sim, jamais vulgar.
Os amigos que tenhas, já postos à prova,
Prende-os na tua alma com grampos de aço;
Mas não caleja a mão festejando qualquer galinho implume
Mal saído do ovo. Procura não entrar em nenhuma briga;
Mas, entrando, encurrala o medo no inimigo,
Presta ouvido a muitos, tua voz a poucos.
Acolhe a opinião de todos – mas você decide.
Usa roupas tão caras quanto tua bolsa permitir,
Mas nada de extravagâncias – ricas, mas não pomposas.
O hábito revela o homem,
E, na França, as pessoas de poder ou posição
Se mostram distintas e generosas pelas roupas que vestem.

Não empreste nem peça emprestado:
Quem empresta perde o amigo e o dinheiro;
Quem pede emprestado já perdeu o controle de sua economia.
E, sobretudo, isto: sê fiel a ti mesmo.
Jamais serás falso pra ninguém
Adeus. Que minha bênção faça estes conselhos frutificarem em ti.

LAERTES – Com toda a humildade, eu me despeço, pai.

POLÔNIO – Vai – que o tempo foge. Teus criados esperam.

LAERTES – Adeus, Ofélia, e não esquece o que eu disse.

OFÉLIA – Está encerrado na minha memória,
E só você tem a chave.

LAERTES – Adeus. *[Sai.]*

POLÔNIO – O que foi que ele te disse, Ofélia?

OFÉLIA – Se deseja saber, algo referente ao Príncipe Hamlet.

POLÔNIO – Ah, bem lembrado.
Disseram-me que, ultimamente,
Tem gasto muito tempo com você e que você,
Por seu lado, o tem acolhido liberal e generosamente.
Se é assim, e assim me foi contado,
Devo te dizer – como um aviso –
Que você não compreende claramente
O que te convém como minha filha e quanto à tua honra.
O que há entre vocês? Quero a verdade.

OFÉLIA – Senhor, ultimamente ele tem me dado muitas demonstrações de ternura.

POLÔNIO – Ternura! Qual! Você fala como uma moça ingênua
Inconsciente do perigo em que se encontra.
Você acredita nessas ternuras de que fala?

OFÉLIA – Senhor, não sei o que pensar.

POLÔNIO – Por Deus; você está agindo como uma menina
Que ganha uma moeda falsa e acha que é dinheiro de verdade.

OFÉLIA – Senhor, se ele me importuna com palavras de amor,
É da forma mais honrosa.

Polônio – Oh, honrosa! Não diz, não diz!

Ofélia – E apoia as intenções com que fala, senhor,
Com os juramentos mais sagrados do céu.

Polônio – Alçapão pra apanhar rolinhas. Eu sei bem,
Quando o sangue ferve, como a alma é pródiga
Em emprestar mil artimanhas à língua.
São chispas, minha filha, dão mais luz que calor
E se extinguem no momento da promessa –
Não são fogo verdadeiro. De agora em diante
Tua presença de donzela deve ser menos visível.
Que os teus encontros tenham um preço mais alto
Do que um simples chamado ocasional.
Não deves esquecer que o Príncipe Hamlet
É jovem, e príncipe;
Tem rédea bem mais solta do que a tua.
Ofélia, não acredite nas promessas dele;
São simples mensageiras de ânsias pecaminosas,
Com ares de devotas, pra seduzir melhor. Simplificando:
Não quero mais, de hoje em diante,
Que você conspurque um minuto sequer,
Trocando palavras, ou conversando, com o príncipe.
Presta atenção: é uma ordem. Pode ir.

Ofélia – Eu obedeço, meu senhor.

CENA IV

Na Esplanada. [Entram Hamlet, Horácio e Marcelo.]

Hamlet – O ar corta a pele, de tanto que está frio.

Horácio – Gelado e penetrante.

Hamlet – Que horas?

Horácio – Acho que é quase meia-noite.

Marcelo – Já soou meia-noite.

HORÁCIO – É mesmo? Eu nem ouvi. Então está perto da hora
Em que o espírito costumava aparecer.
[Toques festivos de trombeta. Canhões disparam no castelo.]
Que significa isso, meu senhor?

HAMLET – O rei está fazendo uma noitada, promovendo uma orgia.
Festeja e dança danças debochadas
E, enquanto engolfa talagadas de vinho do Reno,
Manda tambores e trompas proclamarem
A apoteose de sua bebedeira.

HORÁCIO – Isso é um costume?

HAMLET – Oh, sim, como não.
Mas, pro meu sentimento – e sou nascido aqui,
Criado nesses hábitos – é uma tradição
Que seria mais honroso romper, não respeitar.
Esse deboche brutal
Nos transforma em alvos de insultos e achincalhes
De todas as nações, do Oriente ao Ocidente,
Nos dá fama de bêbados, mancha nossa reputação;
Dinamarqueses suínos. Todos os nossos feitos,
Por mais belos que sejam, ficam ofuscados
Por esse costume inglório.
Isso acontece também com indivíduos que,
Por nascerem com algum defeito natural,
Do qual não são culpados (a Natureza não permite
Que escolham sua origem), têm um temperamento exaltado,
E rompem as fronteiras e defesas da razão;
Ou que, por adquirirem hábitos nocivos,
Se chocam com os comportamentos bem aceitos.
Essas pessoas, digo, pela nódoa de um estigma –
Marca da natureza ou azar do destino –
Terão todas as suas virtudes desprezadas,
Sejam elas tão altas ou infinitas quanto o homem é capaz.
Uma gota do mal, uma simples suspeita,
Transforma o leite da bondade no lodo da infâmia.

HORÁCIO – Olha só, meu senhor, lá está ele! *[Entra o Fantasma.]*

Hamlet – Anjos e mensageiros de Deus, defendei-nos!
Sejas tu um espírito sagrado ou duende maléfico;
Circundado de auras celestes ou das chamas do inferno;
Tenhas intenções bondosas ou perversas;
Tu te apresentas de forma tão estranha
Que eu vou te falar. Tu és Hamlet,
Meu rei, meu pai, senhor da Dinamarca. Vai, me responde!
Não deixa que eu exploda em ignorância: me diz
Por que teus ossos, devidamente consagrados, enterrados com as devidas cerimônias
Romperam a mortalha; por que o sepulcro,
Onde te depusemos tão tranquilamente,
Abriu suas pesadas mandíbulas de mármore
Pra te jogar outra vez neste mundo?
O que quererá dizer, cadáver morto, tu, assim,
De novo em armadura completa, vir nos revisitar
Aos fulgores da lua, tornando sinistra
A noite luminosa, enquanto nós, joguetes da natureza,
Sentimos o pavor penetrar nosso ser.
Por pensamentos muito além dos limites que alcançamos?
Diz por que isso! Com que fim? Que devemos fazer?
[O Fantasma acena pra Hamlet.]

Horácio – Faz sinais pro senhor ir com ele
Como se quisesse lhe comunicar alguma coisa sozinho.

Marcelo – Olha, faz um gesto gentil pra que o acompanhe a um lugar
Mais afastado... Não vai, não!

Horácio – Não, de maneira nenhuma!

Hamlet – Se não vou, ele não fala. Vou atrás dele.

Horácio – Não faça isso, meu senhor.

Hamlet – Por quê? Qual é o medo?
Minha vida não vale um alfinete
E à minha alma ele não pode fazer nada,
Pois é tão imortal quanto ele.
Faz sinais de novo; vou segui-lo.

Horácio – Mas, senhor, e se ele o arrastar para o oceano,
Ou pro cume apavorante dessa rocha
Que avança pelas ondas e aí,
Assumindo uma outra forma mais horrível,
Privá-lo do império da razão
E precipitá-lo na loucura? Pensa nisso;
O próprio local – não precisa outro motivo –
Traz vertigens insensatas
Só de olhar o mar que estoura
No precipício lá em baixo.

Hamlet – Continua me fazendo sinais. *[Ao Fantasma.]* Pode ir que eu te sigo.

Marcelo – Não vá lá, meu senhor. *[Segura Hamlet.]*

Hamlet – Tira as mãos.

Horácio – Se convença, senhor – não deve ir.

Hamlet – O meu destino chama
E torna as menores artérias do meu corpo
Tão fortes quanto os nervos do Leão da Nemeia.
[O Fantasma acena.]
Continua chamando. Me deixem livre, senhores.
Pelos céus, transformarei também em fantasma
Quem me detiver novamente. Afastem-se!
[Ao Fantasma.] Pode ir – vou atrás.
[Saem, o Fantasma e Hamlet.]

Horácio – A imaginação o arrasta a qualquer ousadia.

Marcelo – Vamos segui-lo; é um erro obedecer agora.

Horácio – Vou com você. Mas o que é que quer dizer isso?

Marcelo – Há algo de podre no Estado da Dinamarca.

Horácio – O céu providencia.

Marcelo – Vamos lá. *[Saem.]*

CENA V

Outra parte da Esplanada. [Entram o Fantasma e Hamlet.]

HAMLET – Pra onde me leva? Fala: não passo daqui.
FANTASMA – Me escuta.
HAMLET – Te escuto.
FANTASMA – Está quase na hora
Em que devo voltar pro tormento
Das chamas de enxofre.
HAMLET – Ah, espírito infeliz!
FANTASMA – Não desejo pena, só teu ouvido atento
Ao que vou revelar.
HAMLET – Fala: estou pronto pra ouvir.
FANTASMA – E também pra me vingar, depois de ouvir.
HAMLET – O quê?
FANTASMA – Sou o espírito de teu pai
Condenado, por um certo tempo, a vagar pela noite
E a passar fome no fogo enquanto é dia,
Até que os crimes cometidos em meus tempos de vida
Tenham sido purgados, se transformando em cinza.
Se não me fosse proibido
Narrar os segredos das profundas,
Eu te revelaria uma história cuja palavra mais leve
Arrancaria as raízes da tua alma.
E gelaria o sangue da tua juventude,
Fazendo teus dois olhos abandonarem as órbitas
Como estrelas perdidas; enquanto teus cabelos,
Separados em tufos, ficariam com os fios em pé:
Cerdas na pele de um porco-espinho.
Mas esses segredos do sobrenatural
Não são pra ouvidos feitos de carne e sangue,
Escuta, escuta, escuta!
Se você algum dia amou seu pai...

Hamlet – Ó, Deus!

Fantasma – Vinga esse desnaturado, infame assassinato.

Hamlet – Assassinato!

Fantasma – Todo assassinato é infame:
Este é infame, perverso – monstruoso.

Hamlet – Me conta tudo logo, pra que eu,
Mais rápido do que um pensamento de amor,
Voe para a vingança.

Fantasma – Te vejo decidido:
E serias mais insensível do que as plantas adiposas
Que apodrecem molemente nas margens do rio Letes
Se ficasses impassível diante disso. Então, Hamlet, escuta:
Se divulgou que fui picado por uma serpente
Quando dormia em meu jardim;
Com essa versão mentirosa do meu falecimento
Se engana grosseiramente o ouvido de toda a Dinamarca.
Mas saiba você, meu nobre jovem:
A serpente cuja mordida tirou a vida de teu pai
Agora usa a nossa coroa.

Hamlet – Ó, minha alma profética! Meu tio!

Fantasma – Sim, essa besta incestuosa e adúltera,
Com seu engenho maligno e dádivas de traição –
Maldito engenho e dádivas malditas
Por seu poder de sedução! – descobriu, pra sua lascívia incontrolável,
A volúpia da minha rainha tão virtuosa – em aparência.
Oh, Hamlet, que queda foi aquela!
De mim – cujo amor ainda mantinha a dignidade
Dos votos feitos em nosso matrimônio –
Rebaixar-se a um canalha, cujos dons naturais
Eram mais que execráveis, comparados com os meus!
Mas, assim como a virtude não se deixa corromper,
Ainda que a luxúria a corteje em forma de anjo,
Também a lascívia, mesmo ligada a um anjo refulgente,

Continua devassa nos lençóis celestes,
E goza na imundície.
Mas, espera! Já sinto o odor do ar matutino;
Devo ser breve; eu dormia, de tarde, em meu jardim,
Como de hábito. Nessa hora de calma e segurança
Teu tio entrou furtivamente, trazendo, num frasco,
O suco da ébona maldita,
E derramou, no pavilhão de meus ouvidos,
A essência morfética
Que é inimiga mortal do sangue humano,
Pois, rápida como o mercúrio, corre através
Das entradas e estradas naturais do corpo;
E, em fração de minuto, talha e coalha
O sangue límpido e saudável,
Como gotas de ácido no leite. Assim aconteceu comigo;
Num segundo minha pele virou crosta leprosa,
Repugnante, e me surgiram escamas purulentas pelo corpo.
Assim, dormindo, pela mão de um irmão, perdi, ao mesmo tempo,
A coroa, a rainha e a vida.
Abatido em plena floração de meus pecados,
Sem confissão, comunhão ou extrema-unção,
Fui enviado para o ajuste final,
Com todas minhas imperfeições pesando na alma.

HAMLET – Oh, terrível! Terrível! Tão terrível!

FANTASMA – Se você tem sentimentos naturais não deve tolerar;
Não deve tolerar que o leito real da Dinamarca
Sirva de palco à devassidão e ao incesto.
Mas, seja qual for a tua forma de agir,
Não contamina tua alma deixando teu espírito
Engendrar coisa alguma contra tua mãe. Entrega-a ao céu,
E aos espinhos que tem dentro do peito:
Eles ferem e sangram. Adeus de uma vez!
O vaga-lume começa a empalidecer sua luz noturna;
É que a alvorada o vence.
Adeus, adeus, adeus! Lembra de mim. *[Sai.]*

Hamlet – Oh, gigantescas legiões do céu! Oh, terra! Que mais ainda?
Devo apelar ao inferno? Infâmia! Calma, calma, coração;
E vocês, meus nervos, não envelheçam de repente;
Me mantenham tranquilo. *[Levanta-se.]* Lembrar de ti!
Ah, pobre fantasma, enquanto a memória tiver um lugar neste globo alterado. *[Toca a cabeça.]* Lembrar de ti!
Ouve, vou apagar da lousa da minha memória
Todas as anotações frívolas ou pretensiosas,
Todas as ideias dos livros, todas as imagens,
Todas as impressões passadas,
Copiadas pela minha juventude e observação.
No livro e no capítulo do meu cérebro
Viverá apenas o teu mandamento,
Sem mistura com qualquer matéria vil. Sim, pelo céu!
Perniciosíssima senhora!
Ó traidor, traidor; desgraçado, sorridente traidor!
Minha lousa! – preciso registrar
Que se pode sorrir e, sorrindo, ser canalha.
Pelo menos, estou certo – aqui na Dinamarca.
Eis aí, o teu retrato. E aqui está minha divisa:
"Adeus, adeus! Lembra de mim".
Está jurado.

Horácio – *[Fora de cena.]* Meu senhor, meu senhor...

Marcelo – *[Fora de cena.]* Príncipe Hamlet!

Horácio – *[Fora de cena.]* Que o céu o proteja!

Hamlet – Amém!

Marcelo – *[Fora de cena.]* Olá, ho, ho, meu senhor!

Hamlet – Hilô, ho, ho, vem meu falcão, aqui!
[Entram Marcelo e Horácio.]

Marcelo – Como está o senhor?

Horácio – Que foi que aconteceu, meu senhor?

Hamlet – Coisas maravilhosas!

Horácio – Meu bom senhor, queremos saber.

HAMLET – Pra que, pra repetir?

HORÁCIO – Não eu, meu senhor, pelo céu.

MARCELO – Nem eu, senhor.

HAMLET – Vão ouvir o que nenhum coração jamais imaginou.
Mas, guardam segredo?

HORÁCIO e **MARCELO** – Sim, meu senhor,
por tudo que é sagrado.

HAMLET – Não há em toda Dinamarca um só canalha
Que não seja... um patife consumado.

HORÁCIO – Meu senhor, não é preciso um fantasma sair da sepultura
Pra nos dizer isso.

HAMLET – É mesmo; é verdade. Você está certo.
Então, sem mais circunlóquios,
Acho conveniente, com um aperto de mão,
Irmos embora.
Vocês pra onde as ocupações ou a vontade lhes indique –
Pois todo homem, a todo momento,
– tem uma ocupação e uma vontade, seja esta ou aquela –
E eu, por meu lado, meu pobre lado,
Sabem o quê? Eu vou rezar.

HORÁCIO – Isso, senhor, me parece somente um turbilhão
De palavras desconexas.

HAMLET – Perdão se eu os ofendi: de todo coração.
Perdão mesmo, por minha fé, verdade!

HORÁCIO – Não há ofensa nenhuma, meu senhor.

HAMLET – Há sim, por São Patrício,
E ofensa grande. Falando da tal visão...
Deixa que eu te diga, Horácio.
É um fantasma honesto. Quanto ao teu desejo
De saber o que houve entre nós, é melhor que o reprima.
E agora, bons amigos, como amigos, estudiosos e soldados,
Um pequeno favor.

HORÁCIO – Nós faremos, senhor, seja o que for.

Hamlet – Ninguém deve saber o que foi visto hoje.
Horácio e Marcelo – Senhor, ninguém saberá.
Hamlet – Muito bem – então jurem.
Horácio – Minha palavra, senhor.
Marcelo – Senhor, por minha fé.
Hamlet – Na cruz da minha espada! *[Estende a espada.]*
Marcelo – Mas nós já juramos, senhor.
Hamlet – Não importa. Não importa. Jurem na espada.
Fantasma – *[Debaixo da cena.]* Jurem!
Hamlet – Ho, ho, meu rapaz! Você está aí, amigão?
Vamos lá! Não ouviram o camarada da adega?
Concordem e jurem.
Horácio – Então propõe o juramento: nós juramos.
Hamlet – "Nunca falaremos no que vimos esta noite."
Jurem por minha espada
Fantasma – *[Debaixo da cena.]* Jurem.
Hamlet – *Hic et ubique?* Você está em toda a parte, hein?
Pois vamos mudar de lugar. Venham pra cá, senhores.
[Vão pra outra parte do palco.]
Aqui. Ponham de novo a mão na minha espada;
"Nunca falaremos em nada do que ouvimos."
Jurem por minha espada.
Fantasma – *[Debaixo da cena.]* Jurem.
Hamlet – Muito bem, ratazana! Você cava depressa embaixo da terra, hein?
O rei da mineração! Vamos mudar de novo de lugar.
Horácio – Ó dia, ó noite! Isso é espantosamente estranho!
Hamlet – Portanto, como estranho, deve ser bem recebido.
Há mais coisas no céu e na terra, Horácio,
Do que sonha a tua filosofia.
Mas, vamos lá;
Aqui, como antes, nunca, com a ajuda de Deus,

Por mais estranha e singular que seja minha conduta –
Talvez, de agora em diante, eu tenha que
Adotar atitudes absurdas –
Vocês não devem jamais, me vendo em tais momentos,
Cruzar os braços assim, mexer a cabeça assim,
Ou pronunciar frases suspeitas,
Como "Ora, ora, eu já sabia", ou "Se nós quiséssemos, podíamos",
Ou "Se tivéssemos vontade de, quem sabe?"
Ou "Existem os que, se pudessem..."
Ou ambiguidades que tais pra darem a entender
Que conhecem segredos meus. Não façam nada disso,
E a graça e a misericórdia os assistirão
Quando necessitarem. Jurem.

Fantasma – *[Debaixo da cena.]* Jurem.
[Eles juram na espada de Hamlet.]

Hamlet – Repousa, repousa, espírito confuso!
Assim, amigos, –
Com todo meu afeto, me recomendo aos senhores,
E tudo que um homem tão pobre quanto Hamlet
Puder fazer pra exprimir sua amizade e gratidão,
Se Deus quiser, ele fará. Vamos entrar juntos;
E por favor, um dedo sempre sobre os lábios.
Nosso tempo está desnorteado. Maldita a sina
Que me fez nascer um dia pra consertá-lo!
Venham, vamos entrar os três. *[Saem.]*

SEGUNDO ATO

CENA I

Elsinor. Sala na casa de Polônio. [Entram Polônio e Reinaldo.]

POLÔNIO – Dá estas cartas e este dinheiro a ele, Reinaldo.

REINALDO – Pois não, meu senhor.

POLÔNIO – Mas, bom Reinaldo, será de grande sabedoria
Obter algumas informações sobre o comportamento dele,
Antes de visitá-lo.

REINALDO – Era a minha intenção, meu senhor.

POLÔNIO – Bem dito, muito bem dito. Mas olha, Reinaldo,
Primeiro vai ter que saber que dinamarqueses vivem em Paris;
E como, e quem são, com que meios, onde moram,
Com quem andam, quanto gastam.
Com rodeios e por generalidades,
Conhecendo os que conhecem meu filho,
Chegará mais perto do que desejamos
Do que o faria com perguntas diretas.
Assuma o ar de quem o conhece de vista,
Como "Conheço bem o pai dele, e alguns amigos,
E ele, um pouco". Percebeu, Reinaldo?

REINALDO – Ah, sim, muito bem, sim senhor.

POLÔNIO – "E ele um pouco" – mas pode acrescentar: "Não muito bem:
Mas, se é quem eu estou pensando, é um dissipado;
Viciado em... nisto e naquilo" – e aí atribui a ele
Os defeitos que quiser; mas vê lá, nada tão torpe
Que possa desonrá-lo; presta atenção a isso.
Fale só de erros menores, transvios, loucuras, pequenos deslizes,
Companheiros notórios e inevitáveis
Da juventude quando em liberdade.

REINALDO – Como jogar, meu senhor?

POLÔNIO – Claro – ou beber, duelar, praguejar,
Fazer arruaças e andar com mulheres;
Até aí pode ir.

REINALDO – Mas, senhor, isso não o desonraria?

POLÔNIO – Não se você moderar a acusação.
Não deve dizer nada que produza escândalo,
Como que ele participa de... deboches.
Eu não quis dizer isso. Sussurre as faltas dele habilmente
Pra que pareçam excessos naturais da liberdade,
Centelhas e fulgores de alma fogosa,
Selvagerias dum sangue efervescente.
Coisas de jovens – ou de qualquer um.

REINALDO – Mas, bom senhor...

POLÔNIO – Por que agir assim?

REINALDO – É, meu senhor –
Eu queria saber.

POLÔNIO – Olha, te esbocei meu esboço
Porque, acho, é um estratagema permissível:
Colocamos essas pequenas nódoas no meu filho
Como manchas que acontecem num trabalho.
Veja bem,
Teu interlocutor, esse que você sonda,
Se alguma vez viu o jovem que você acusa
Envolvido nos crimes de que você fala,
Fará coro contigo:
"Bom senhor, eu...", ou "Amigo", ou "Cavalheiro...",
De acordo com a forma de expressão dessa pessoa,
Seu título e país.

REINALDO – Muito bem, meu senhor.

POLÔNIO – E então, teu interlocutor, ele aí – ele faz – hei...
O que é que eu ia dizer? Misericórdia,
Eu ia dizer alguma coisa. Onde foi que eu parei?

REINALDO – "Fará coro contigo", ou "Amigo", ou "Cavalheiro"...

POLÔNIO – "Fará coro contigo" – pois bem,

Fará o coro assim: "Conheço bem o jovem;
Eu o vi ontem, ou no outro dia,
Ou agora, hoje mesmo, não sei quando,
Com alguém, não sei quem, e, como disse você,
Lá estava ele jogando, ou caindo de bêbado,
Ou brigando no campo". Ou talvez ele diga:
"Eu o vi entrando numa mansão de tolerância,
Videlicet – é evidente! – um bordel", e assim por diante.
O que aconteceu então?
Tua isca de falsidade atraiu a carpa da verdade.
É assim que nós, pessoas sábias e sagazes,
Por vias sinuosas e bolas de efeito,
Achamos a direção com indiretas.
Agirás com meu filho dessa forma, seguindo meu discurso e meu
   conselho. Você me entende, não entende?

REINALDO – Entendo, meu senhor, entendo.

POLÔNIO – Deus te acompanhe. Vai!

REINALDO – Meu bom senhor.

POLÔNIO – Observa as tendências dele você mesmo.

REINALDO – Farei como ordena.

POLÔNIO – E deixa ele dançar sua própria dança.

REINALDO – Como não?, meu senhor.

POLÔNIO – Boa viagem. *[Sai Reinaldo. Entra Ofélia.]*
Que foi, Ofélia? Que aconteceu?

OFÉLIA – Oh, meu senhor, meu senhor, que medo eu tive!

POLÔNIO – Em nome de Deus; medo de quê?

OFÉLIA – Bom senhor, eu estava costurando no meu quarto
Quando o Príncipe Hamlet me surgiu
Com o gibão todo aberto,
Sem chapéu na cabeça, os cabelos desfeitos,
As meias sujas, sem ligas, caídas pelos tornozelos,
Branco como a camisa que vestia,
Os joelhos batendo um contra o outro,

E o olhar apavorado
De quem foi solto do inferno
Pra vir contar cá em cima os horrores que viu.
POLÔNIO – Como? Louco de amor por ti?
OFÉLIA – Meu senhor, eu não sei; tenho medo que sim.
POLÔNIO – O que foi que ele disse?
OFÉLIA – Me pegou pelo pulso e me apertou com força.
Depois se afastou à distância de um braço
E, com a outra mão na fronte,
Ficou olhando meu rosto com intensidade
Como se quisesse gravá-lo. Ficou assim muito tempo.
Por fim, sacudindo meu braço,
E balançando três vezes a cabeça,
soltou um suspiro tão doloroso e fundo
Que eu temi pudesse estourar seu corpo,
Fosse o último suspiro. E aí, me soltou;
Com a cabeça virada pra trás
Foi andando pra frente, como um cego,
Atravessando a porta sem olhar,
Os olhos fixos em mim até o fim.
POLÔNIO – Vem cá, vem comigo. Vou procurar o rei.
Isso é um delírio de amor,
Violência que destrói a si mesma
E, mais que qualquer paixão,
Das tantas que, sob o céu, afligem nossas fraquezas,
Arrasta o ser a ações tresloucadas.
Sinto muito. Você lhe disse alguma palavra rude, ultimamente?
OFÉLIA – Não, meu bom senhor. Mas, como o senhor mandou,
Recusei as cartas
E evitei que ele se aproximasse.
POLÔNIO – Foi isso que o enlouqueceu. Lamento não tê-lo observado
Com mais atenção e prudência. Temi que fosse só uma trapaça
Pra abusar de você; maldita desconfiança!
Mas é próprio da minha idade o excesso de zelo,

Como é comum no jovem a ação insensata.
Vem, vamos falar ao rei; ele deve ser informado.
Manter segredo vai nos causar mais desprazer
Do que a ira que esta revelação pode trazer. *[Saem.]*

CENA II

Um aposento no castelo. [Entram o Rei, a Rainha, Rosencrantz, Guildenstern e Cortesãos.]

Rei – Bem-vindos, caros Rosencrantz e Guildenstern!
Além da nossa ânsia de revê-los,
O motivo de chamá-los com urgência
Foi necessitarmos de seus préstimos. Devem ter ouvido alguma coisa
Sobre a metamorfose de Hamlet.
Metamorfose é a palavra certa,
Pois nem exterior, nem interiormente ele é mais o que foi.
Não sei que coisa o poderá ter afastado tanto do entendimento de si mesmo,
Além da morte do pai.
Peço aos dois, criados com Hamlet desde a infância,
E próximos dele pela idade e modo de ser,
Que permaneçam em nossa corte por certo tempo,
Pra que se divirta um pouco com vocês,
E pra que descubram, surgindo a ocasião,
Indícios que esclareçam o que o aflige,
Permitindo-nos dar remédio à sua aflição.

Rainha – Bondosos cavalheiros, ele nos fala sempre dos senhores;
Estou certa de que não há no mundo outras pessoas
A quem esteja mais ligado. Se tiverem a cortesia,
E a extrema boa vontade, de ficar algum tempo aqui conosco,
Pra ajudar e inspirar nossa esperança,
A visita e a atenção receberão reconhecimento
Correspondente ao que se espera da memória de um rei.

Rosencrantz – Majestades,
Dado o poder soberano que têm sobre nós,
Poderiam exprimir esse honroso convite
Mais como um comando do que uma sugestão.

Guildenstern – Mas obedecemos ambos,
E nos curvamos ambos,
Colocando a vossos pés toda nossa disposição
De ser comandados.

Rei – Obrigado, Rosencrantz – e gentil Guildenstern.

Rainha – Obrigada, Guildenstern – e gentil Rosencrantz.
Suplico que visitem imediatamente
Meu filho tão transtornado.
[Aos Cortesãos.] Alguns dos senhores aí,
Levem esses cavalheiros aonde estiver Hamlet.

Guildenstern – Os céus permitam que nossa presença
E nossos atos sejam úteis e agradáveis a ele.

Rainha – Assim seja. Amém.
[Saem Rosencrantz, Guildenstern e Cortesãos. Entra Polônio.]

Polônio – Meu bom senhor, estão aí de volta
Nossos bem-sucedidos embaixadores na Noruega.

Rei – Você sempre foi o pai de boas notícias.

Polônio – É mesmo, senhor? Posso assegurar ao bom soberano
Que o meu dever e a minha alma
Estão sempre a serviço de Deus e do meu rei.
E, a não ser que este meu cérebro
Tenha perdido a astúcia que já teve,
Eu penso ter achado a causa verdadeira
Da loucura de Hamlet.

Rei – Oh, me fala disso; quero muito saber.

Polônio – Senhor, dê primeiro atenção aos embaixadores;
Minhas notícias serão a sobremesa do nosso festim.

Rei – Então você também deve servir a entrada. *[Sai Polônio.]*
Ele me diz, Gertrudes, ter encontrado
A fonte ou a causa da perturbação do teu filho.

Rainha – Duvido que haja outra causa além do essencial;
A morte do pai e o nosso apressado matrimônio.
Rei – Vamos ter que ver isso com cuidado.
[Entram Polônio, Voltimando e Cornélio.]
Bem-vindos, bons amigos!
Então, Voltimando, que nos traz de nosso irmão da Noruega?
Voltimando – A mais ampla retribuição de cumprimento e votos.
Assim que nos ouviu, mandou ordens ao sobrinho
Pra suspender todo o recrutamento,
Que tinha autorizado como preparação contra os polacos
Mas que, com nossa informação,
Verificou que era contra Vossa Alteza. Indignado
Por ver sua doença, idade e impotência
Abusadas assim, o rei expediu logo ordens de arresto contra Fortinbrás.
Este obedece sem tardar, recebe censura pública do tio
E, finalmente, promete ao rei, jura,
Jamais tentar a fortuna das armas contra Vossa Majestade.
Diante disso, o velho monarca, possuído de júbilo,
Lhe dá três mil coroas de renda anual,
E a permissão de usar contra a Polônia
Os soldados até aí já recrutados.
O rei então nos fez uma petição,
Aqui amplamente detalhada *[Dá um papel ao Rei.]*,
Requerendo, pra essa expedição, se vos aprouver,
Passagem pacífica por vossos domínios
Com as garantias de segurança e reciprocidade
Aí expressas.
Rei – Estamos satisfeitos;
E, assim que tivermos vagares,
Leremos a proposta, refletiremos e responderemos.
Mas desde já agradecemos pelo excelente resultado do esforço que fizeram.
Descansem um pouco; festejaremos juntos, esta noite.
Mais uma vez, bem-vindos! *[Saem Voltimando e Cornélio.]*

POLÔNIO – O assunto, afinal, terminou bem.
Meu soberano e minha senhora; especular
O que é a majestade, o que é o dever,
Por que o dia é dia, a noite, noite, e o tempo, tempo,
É apenas desperdiçar o dia, a noite e o tempo.
Portanto, já que a concisão é a alma do argumento
E o tédio mortal seu corpo e membros,
Devo ser breve: vosso nobre filho está louco.
Eu digo louco; mas como definir a verdadeira loucura?
Loucura não é mais do que estar louco.
Mas paremos aí.

RAINHA – É. Menos arte e mais substância.

POLÔNIO – Madame, juro que não uso arte alguma.
Que Hamlet está louco é verdade. É verdade lamentável.
E lamentável ser verdade; uma louca retórica.
Mas adeus a essa arte.
Louco então: estejamos de acordo.
Falta achar a causa desse efeito,
Melhor dizer, causa desse defeito,
Pois mesmo um efeito defeituoso há de ter uma causa.
Sendo isso o que sobra, nada resta.
Ponderem.
Eu tenho uma filha – tenho enquanto for minha –
Que, por dever e obediência, notem bem,
Me entregou isto. *[Mostra uma carta.]*
Rogo que escutem e concluam.
[Lê.] "Ao ídolo celestial da minha alma,
À belíssima Ofélia..."
Uma expressão falsa, uma invenção vulgar – belíssima;
[Lê.] "Que ela, na excelsa alvura nívea de seu seio..." Etc.

RAINHA – Foi Hamlet quem mandou isso?

POLÔNIO – Boa senhora, um só momento. Leitura textual!
[Lê.] "Duvida que o sol seja a claridade,
Duvida que as estrelas sejam chama,
Suspeita da mentira na verdade,

Mas não duvida deste que te ama!
Oh, cara Ofélia, sou tão ruim com os versos.
Suspiros sem inspiração.
Mas que eu te amo com um amor supremo,
Crê – meu supremo encanto.
Adeus –
Teu para todo o sempre, dama queridíssima,
Enquanto a máquina deste corpo me pertencer,
                                                            Hamlet."
Isto minha filha me mostrou – por obediência.
E ainda confiou aos meus ouvidos as solicitações do Príncipe;
Como aconteceram, em que lugar, e quando.

REI – E como ela acolheu essas formulações de amor?

POLÔNIO – O que é que o senhor pensa de mim?

REI – Que és um homem fiel e honrado.

POLÔNIO – É o que gostaria de demonstrar. Que pensaria o senhor,
Se eu, vendo esse ardente amor começar a bater asas,
E eu percebi, lhe digo, antes que minha filha me falasse,
Que diria o senhor, e a minha cara Rainha aqui presente,
Se eu tivesse assumido o papel do leva e traz,
Olhasse esse amor com olhar complacente,
Ou pelo menos bancasse o surdo-mudo?
Que pensariam de mim? Não...
Fui direto ao assunto, e falei assim à minha donzela:
"Lorde Hamlet é um príncipe, fora da tua órbita,
Isto não pode ser". Ordenei que se afastasse dele,
Lhe evitasse as visitas, não recebesse mensagens,
E recusasse lembranças. O que ela fez,
Colhendo os frutos de meus bons conselhos.
Ele, repudiado – vou encurtar a história –
Caiu em melancolia, depois em inapetência;
Logo na insônia; daí em fraqueza; afinal, em delírio.
E, por esse plano inclinado, na loucura em que se agita agora;
E que todos deploramos.

REI – *[À Rainha.]* Acha que é isso?

Rainha – Pode ser. É bem possível.

Polônio – Houve alguma vez – me digam, por favor –
Em que eu declarasse firmemente: "É isto",
Quando a coisa era outra?

Rei – Não, que eu saiba.

Polônio – *[Apontando pra cabeça e ombros.]*
Separe isto, disto,
Se for de outra maneira;
Se as circunstâncias me ajudarem,
Eu acharei a verdade,
Mesmo que esteja escondida no centro da Terra.

Rei – O que devemos fazer pra nos certificarmos?

Polônio – O senhor sabe, algumas vezes ele vagueia
Horas seguidas, aí na galeria.

Rainha – É mesmo – é verdade.

Polônio – Numa ocasião dessas eu solto minha filha pra ele,
Nós dois, escondidos atrás de uma tapeçaria,
Assistiremos ao encontro. Se ele não a ama,
E se essa não é a causa de ter perdido a razão,
Deixo de ser Conselheiro do Estado.
E vou ser fazendeiro, tratador de animais.

Rei – Vamos tentar a prova.

Rainha – Mas, olha, aí vem ele, tão triste, lendo; o meu pobre coitado!

Polônio – Saiam, por favor, me deixem só com ele.
Vou falar com ele agora. Oh, eu suplico.
[Saem o Rei, a Rainha e o Séquito. Entra Hamlet, livro na mão.]
Como está o meu bom Príncipe Hamlet?

Hamlet – Bem, Deus seja louvado.

Polônio – O senhor me conhece, caro Príncipe?

Hamlet – Até bem demais; você é um rufião.

Polônio – Não eu, meu senhor!

Hamlet – Que pena; me parece igualmente honesto no que faz.

Polônio – Honesto, senhor?

Hamlet – E ser honesto, hoje em dia, é ser um em dez mil.

Polônio – Isso é bem verdade, meu senhor.

Hamlet – Pois mesmo o sol, tão puro, gera vermes num cachorro. Deuses gostam de beijar carniça... O senhor tem uma filha?

Polônio – Tenho sim, meu senhor.

Hamlet – Não deixe que ela ande no sol. A concepção É uma bênção; mas não como sua filha pode conceber... Amigo, toma cuidado.

Polônio – *[À parte.]* O que é que ele diz? Acaba sempre em minha filha. E a princípio nem me conheceu – disse que eu era um rufião. Ele está longe, muito longe. Contudo, devo compreender, pois, na minha mocidade, também sofri muito de amor – cheguei bem perto disso. Vou falar de novo com ele. *[A Hamlet.]* O que é que está lendo, meu Príncipe?

Hamlet – Palavras, palavras, palavras.

Polônio – Mas, e qual é a intriga, meu senhor?

Hamlet – Intriga de quem?

Polônio – Me refiro à trama do que lê, meu Príncipe.

Hamlet – Calúnias, meu amigo. O cínico sem-vergonha diz aqui que os velhos têm barba grisalha e pele enrugada; que os olhos deles purgam goma de âmbar e resina de ameixa; que não possuem nem sombra de juízo; e que têm bunda mole! É claro, meu senhor, que embora tudo isso seja verdadeiro, e eu acredite piamente em tudo, não aprovo nem acho decente pôr isso no papel. Pois o senhor mesmo ficaria tão velho quanto eu se, como o caranguejo, se pudesse a avançar de trás pra frente.

Polônio – *[À parte.]* Loucura, embora tem lá o seu método. *[Pra Hamlet.]* O senhor precisa evitar completamente o ar, meu Príncipe.

Hamlet – Entrando na tumba?

Polônio – Realmente, não há melhor proteção. *[À parte.]* Que respostas precisas! Achados felizes da loucura; a razão saudável nem sempre é tão brilhante. Vou deixá-lo agora e arranjar logo um encontro entre ele e minha filha. *[Pra Hamlet.]* Meu honrado Príncipe, não quero mais roubar seu tempo.

HAMLET – Não há nada que o senhor me roubasse que me fizesse menos falta.

Exceto a vida, exceto a vida, exceto a vida!

POLÔNIO – Passe bem, senhor.

HAMLET – Esses velhos estúpidos e fastidiosos!
[Entram Rosencrantz e Guildenstern.]

POLÔNIO – Conversem com o Príncipe. Ele está aí.

ROSENCRANTZ – *[A Polônio.]* Deus o tenha, senhor. *[Sai Polônio.]*

GUILDENSTERN – Meu honrado Príncipe.

ROSENCRANTZ – Meu honrado Príncipe.

HAMLET – Excelentes amigos. Como está você, Guildenstern? Ah, Rosencrantz! Como vão ambos, meus camaradões?

ROSENCRANTZ – Como os mais comuns filhos da Terra.

GUILDENSTERN – Felizes por não sermos excessivamente felizes. No barrete da fortuna nós não somos o penacho.

HAMLET – Nem a sola do sapato.

ROSENCRANTZ – Também, senhor!

HAMLET – Quer dizer, vocês vivem na cintura dela; bem ali, no botão de seus favores.

GUILDENSTERN – Sim, temos algumas intimidades.

HAMLET – Com as partes pudendas da Fortuna!
Ah, a velha rameira!
Quais são as novidades?

ROSENCRANTZ – Nenhuma, senhor, senão que o mundo está ficando honesto.

HAMLET – Então se aproxima o fim do mundo. Mas essa notícia não é verdade. Deixem que os interrogue com cuidado: o que é que vocês fizeram com a Fortuna pra ela jogá-los nesta prisão?

GUILDENSTERN – Prisão, meu senhor?!

Hamlet – A Dinamarca é uma prisão!

Rosencrantz – Então o mundo também.

Hamlet – Uma enorme prisão, cheia de células, solitárias e masmorras – a Dinamarca é das piores.

Rosencrantz – Não pensamos assim, meu senhor.

Hamlet – Então pra você não é. Não há nada de bom ou mau sem o pensamento que o faz assim. Pra mim é uma prisão.

Rosencrantz – Não será sua ambição que faz que ela seja? Vai ver a Dinamarca é pequena demais pro seu espírito.

Hamlet – Oh, Deus, eu poderia viver recluso numa casca de noz e me achar o rei do espaço infinito se não tivesse maus sonhos.

Guildenstern – Sonhos que são, de fato, a ambição. A substância do ambicioso é a sombra de um sonho.

Hamlet – O sonho em si mesmo é somente uma sombra.

Rosencrantz – Verdade. E a ambição, tão frágil e ligeira, apenas a sombra de uma sombra.

Hamlet – Então só nossos mendigos são corpos, e nossos assombrosos monarcas não mais que sombra deles. É melhor irmos à corte. Porque, por minha fé, já não sei raciocinar.

Rosencrantz e Guildenstern – Nos colocamos às suas ordens.

Hamlet – Nada disso. Não desejo ordená-los; não quero sacerdotes. Pra falar com honestidade, ando malservido e desordenado. Mas, voltando à velha estrada da amizade, que vieram vocês fazer aqui em Elsinor?

Rosencrantz – Visitá-lo, senhor. Nenhum outro motivo.

Hamlet – Sou um mendigo e mais pobre ainda em agradecimentos. Mas, muito obrigado, embora esse obrigado não valha um níquel furado. Vocês não foram chamados? Vieram por vontade própria? Visita espontânea? Vamos, falem comigo francamente. Vamos, vamos – vai, fala!

Guildenstern – Que podemos dizer, meu senhor?

Hamlet – Ué, qualquer coisa – que não fuja à questão. Vocês foram chamados. A diplomacia com que agem não consegue esconder o brilho de confissão que têm no olhar. Eu sei que o bom Rei, e a Rainha, chamaram vocês.

ROSENCRANTZ – Com que fim, meu senhor?

HAMLET – É o que vão me explicar. Mas suplico seriamente, pelos compromissos de nossa camaradagem, pelos laços de nossa juventude, pelas obrigações de uma amizade nunca interrompida e por tudo que um negociador mais hábil do que eu pudesse lembrar: sejam francos, sem rodeios. Foram ou não foram chamados?

ROSENCRANTZ – *[À parte, pra Guildenstern.]* O que é que você diz?

HAMLET – *[À parte.]* Ahn, estou de olho em vocês. *[Aos dois.]* Se me têm estima, não demorem em silêncio.

GUILDENSTERN – Meu Príncipe, fomos chamados.

HAMLET – Vou lhes dizer por quê: assim minha antecipação evitará que confessem, e o segredo prometido ao Rei e à Rainha não perderá nem uma pluma. Ultimamente – e por que, não sei – perdi toda alegria, abandonei até meus exercícios, e tudo pesa de tal forma em meu espírito, que a Terra, essa estrutura admirável, me parece um promontório estéril; esse maravilhoso dossel que nos envolve, o ar, olhem só, o esplêndido firmamento sobre nós, majestoso teto incrustado com chispas de fogo dourado, ah, pra mim é apenas uma aglomeração de vapores fétidos, pestilentos. Que obra-prima é o homem! Como é nobre em sua razão! Que capacidade infinita! Como é preciso e bem-feito em forma e movimento! Um anjo na ação! Um deus no entendimento, paradigma dos animais, maravilha do mundo. Contudo, pra mim, é apenas a quintessência do pó. O homem não me satisfaz; não, nem a mulher também, se sorri por causa disso.

ROSENCRANTZ – Senhor, não há nada assim em meu pensamento.

HAMLET – Então por que riu quando eu falei que o homem não me satisfaz?

ROSENCRANTZ – Pensei, senhor, que se o homem não o satisfaz, os comediantes que vêm lhe oferecer divertimento na quaresma não devem esperar boa recepção. Passamos por eles na estrada. Estão chegando.

HAMLET – O que representa o rei será bem-vindo; essa majestade receberá meu tributo; o cavaleiro deverá usar o florete e o escudo; o amoroso não vai suspirar grátis; o ator característico terminará sua parte em paz; o bufão fará rir os que têm pulmões fáceis; e a dama poderá dizer tudo que pensa livremente. Que atores são esses?

ROSENCRANTZ – Aqueles mesmos com que o senhor se divertia tanto; os trágicos da cidade.

HAMLET – E por que viajam? Permanecendo em Wittenberg lucrariam muito mais, tanto em reputação quanto em proventos.

ROSENCRANTZ – Houve alguma proibição pra eles devido ao que representam.

HAMLET – Continuam com o mesmo prestígio que tinham quando eu estava na cidade? Ainda são solicitados?

ROSENCRANTZ – Não. Realmente não.

HAMLET – Por que isso? Enferrujaram?

ROSENCRANTZ – Não, continuam a trabalhar com o mesmo empenho. Mas é que existe agora, senhor, uma ninhada de fedelhos, filhotes de falcão, que berram textos com a voz esganiçada e são barbaramente aplaudidos. Estão na moda, e tanto vituperam contra o que eles chamam de teatro vulgar, que muito marmanjão de espada à cinta não frequenta mais nossos teatros com medo das críticas desses plumitivos.

HAMLET – Mas, são crianças mesmo? E quem as mantém? São pagos como? Ficarão na profissão só enquanto têm voz? Não vão dizer depois, quando se tornarem atores comuns – o que é bem provável se não tiverem outros recursos –, que os escritores agiram mal com eles, fazendo-os agredidos seu próprio futuro?

ROSENCRANTZ – É, o fato é que já houve muito aborrecimento em ambos os lados, mas ninguém no país acha pecado alimentar a controvérsia. Durante certo tempo não se ganhava um soldo numa peça se autor e ator não se pegassem a pau por essa questão.

Hamlet – É possível?

Guildenstern – Oh, o que houve por aí de cabeça rachada!

Hamlet – E os garotos venceram?

Rosencrantz – Venceram mesmo, meu senhor; carregaram Hércules, com seu fardo e tudo.

Hamlet – Não é tão estranho; meu tio agora é rei da Dinamarca, e muitos que faziam caretas pra ele enquanto meu pai era vivo, hoje dão vinte, quarenta, cinquenta, até cem ducados por um retrato dele em miniatura. Pelo sangue de Deus! Há nisso alguma coisa sobrenatural que a filosofia não consegue explicar. *[Trombetas fora de cena.]*

Guildenstern – Aí estão os atores.

Hamlet – Cavalheiros, sejam bem-vindos a Elsinor. Meu aperto de mão. A demonstração de uma boa acolhida é a cortesia e a cerimônia. Permitam-me que cumpra com vocês o ritual, pra que a minha acolhida aos atores (a qual, lhes digo, deve se revestir de certa pompa) não pareça superior à que lhes dedico. Vocês são bem-vindos; mas meu tio-pai e minha mãe-tia estão enganados.

Guildenstern – Em que, estimado senhor?

Hamlet – Eu só sou louco a Norte-noroeste; quando o vento é do Sul distingo um gavião de um falcão. *[Entra Polônio.]*

Polônio – Saúde, senhores!

Hamlet – Ouça bem, Guildenstern *[Para Rosencrantz.]*, e você também – em cada orelha um ouvinte: esse bebê grande que estão vendo aí ainda não saiu dos cueiros...

Rosencrantz – Talvez tenha conseguido uma nova entrada; a velhice não é uma segunda infância?

Hamlet – Aposto como veio me anunciar aos atores; repara só. Têm toda razão, amigos; na segunda-feira de manhã; foi isso mesmo!

Polônio – Meu senhor, tenho novidades a lhe comunicar.

Hamlet – Meu senhor, tenho novidades a *lhe* comunicar. Quando o grande Roscius era ator em Roma...

Polônio – Estão aí os atores, meu senhor.

Hamlet – Ora, ora!

Polônio – Belo repertório. É impressionante o que eles montaram.

Hamlet – Entre nós, já montaram num burro.

Polônio – Os melhores atores do mundo, seja na tragédia, na comédia, história, pastoral, pastoral-cômica, histórico-pastoral, trágico-histórico, trágico-histórico-pastoral-cômico, com unidade de tempo e espaço, ou poema ilimitado. A tragédia de Sêneca não muito pesada, e a comédia de Plauto não demasiado leve. Tanto no respeito aos textos quanto nas liberdades que tomam, eles são únicos.

Hamlet – Ó, Jefté, juiz de Israel, que tesouro tu tinhas!

Polônio – Que tesouro ele tinha, meu senhor?

Hamlet – Uma linda filha, filha única,

Que ele amava mais que tudo.

Polônio – *[À parte.]* Sempre a minha filha.

Hamlet – Condenada ao celibato. Não é verdade isso, velho Jefté?

Polônio – Se o senhor me chama de Jefté, meu Príncipe, tenho uma filha que amo acima de tudo.

Hamlet – Não, a sequência não era essa.

Polônio – Qual então a sequência, meu senhor?

Hamlet – Bem,

"Se vier é porque Deus quer"

e aí segue, você sabe,

"Só te acontece o que merece"

A primeira estrofe dessa velha balada vai te ensinar muito mais, porque... Aqui há uma diversão. *[Entram quatro ou cinco atores.]*

São muito bem-vindos, mestres; bem-vindos todos; estou contente em vê-los tão bem; bem-vindos, bons amigos. Oh, meu velho camarada, teu rosto passou a usar cortina, desde a última vez em que te vi. Fizeste isso pra eu poder rir nas tuas barbas? *[A um ator vestido de mulher.]* Olá, jovem dona e senhora. Pela madona, está um salto de coturno mais perto do céu do que quando a vi da última vez. Queira Deus que o timbre da sua voz não esteja rachado, como o das nossas moedas de ouro. Mestres, são muito bem-vindos. Como os falcoeiros franceses, quero vê-los voar sobre a primeira presa que surja. Vamos ouvir logo alguma coisa. Uma provadinha do talento de vocês. Uma fala apaixonada.

Primeiro ator – Que fala, meu bom senhor?

Hamlet – Eu já ouvi você dizendo um trecho – que nunca foi posto em cena, ou foi só uma vez, pois a peça, eu me lembro, não era pra multidões. Caviar pro populacho. Mas era (pelo que entendi, e entenderam outros, cujo julgamento nessa matéria grita mais alto que o meu) um drama excelente, com cenas bem distribuídas, e realizadas com contenção e habilidade. Recordo alguém dizer que faltava algo picante no texto pra torná-lo mais digerível, embora não tivesse também nenhuma frase pela qual se pudesse acusar o autor de afetação. A mesma pessoa reconheceu um roteiro honesto, tão agradável quanto sadio, porém mais bonito do que refinado. Tinha lá esse trecho que eu apreciava muito: é o relato que Enéas faz a Dido, principalmente a parte onde fala do assassinato de Príamo. Se isso ainda vive em tua memória, começa neste verso, deixa eu ver, deixa eu ver...

"O hirsuto Pirro, como o tigre da Hircânia..."

Não é isso. Mas começa com Pirro:

"O hirsuto Pirro, cujas armas negras,
Fúnebres como seu intento, semelhavam à noite,
Ali dentro, agachado no fatal cavalo,
Tinha pintado de cores mais sinistras
Sua já, por sinistra, renomada heráldica.
Da cabeça aos pés está todo vermelho,
Horrendamente tinto pelo sangue de pais, mães, filhas e
    filhos,
Cozido e retostado pelas ruas em chamas
Que iluminavam, com luz diabólica,

Os seus vis assassinos. Assado em ódio e fogo,
A estatura ampliada pelo sangue coagulado,
Esse Pirro infernal de olhos de rubi
Caçava o velho Príamo."

Continua você.

POLÔNIO – Por Deus, meu senhor, muito bem declamado, bem pronunciado e no tom exato.

PRIMEIRO ATOR – "E logo o encontra
Desferindo nos gregos os seus golpes cansados;
A velha espada, já rebelde ao seu braço,
Cai onde entende, e onde cai demora,
Repugnando o comando. Combate desigual!
Pirro se arroja contra Príamo; cego de ódio, só atinge o vácuo;
Mas basta o sopro e o sibilar da espada em fúria
Pra derrubar o alquebrado rei. Como sentindo o golpe,
A Troia inanimada precipita nas rochas os seus tetos em chama,
E, com um estrondo horrendo, petrifica os ouvidos de Pirro.
E vejam então; o ferro que se abatia sobre a cabeça láctea do venerando Príamo:
Está cravado no ar, e Pirro não faz nada,
Imobilizado entre seu objetivo e sua intenção,
Igual a um tirano eternizado em vitral.
Como vemos, às vezes, antes de um temporal,
Há silêncio nos céus, as nuvens ficam imóveis,
Ventos selvagens passam mudos,
E a terra gira como morta, antes que súbito,
Brutal, um trovão gigantesco rasgue o espaço.
Assim, depois da pausa, a vingança sanguinária
Retoma a mão de Pirro.
Jamais os martelos dos Cíclopes malharam
A couraça de Marte, ao forjá-la pra eternidade,
Com menos remorso do que a espada ensanguentada de Pirro

Tomba agora sobre Príamo.
Fora, fora, fortuna traiçoeira! Ó deuses, vocês todos,
Reunidos em assembleia, arrebatem-lhe o poder
Quebrem pinos, e raios, e juntas de sua roda,
E façam a esfera rolar das escarpas do céu
Ao fundo dos demônios!"

POLÔNIO – Isso é muito comprido.

HAMLET – Levamos ao barbeiro com a tua barba. *[Ao primeiro ator.]* Por favor, continua – esse, se não é uma farsa ou uma história obscena, dorme logo. Vamos lá – à Hécuba.

PRIMEIRO ATOR – "Mas que, oh, quem tivesse visto a rainha em sufíbulo..."

POLÔNIO – "A rainha em sufíbulo."

HAMLET – Em sufíbulo: com o véu das vestais. É bom. É bom.

PRIMEIRO ATOR – "Correr agora descalça, sem destino, ameaçando as chamas
  Com seu pranto cego, coberta por um trapo
  A cabeça onde há pouco havia um diadema,
  E protegendo os flancos descarnados
  E o ventre exaurido
  Pela voraz fecundidade de cem filhos
  Apenas com uma manta qualquer arrebatada na confusão
    do pânico,
  Quem visse isso embeberia a língua de veneno
  Pra condenar a Fortuna por traição.
  E se os próprios deuses a vissem, no momento
  Em que encontrou Pirro no perverso prazer
  De esquartejar corpo e membros do esposo,
  O urro animal que explodiu de dentro dela
  Teria umedecido de lágrimas os olhos áridos do céu,
  E movido esses deuses à piedade,
  Por menos que se comovam com as dores humanas."

POLÔNIO – *[À parte.]* Mas vejam se não mudou de cor? Se não tem lágrimas nos olhos? *[Ao primeiro ator.]* Por favor, basta.

Hamlet – Está bem; daqui a pouco te farei recitar o resto. *[A Polônio.]* Meu bom amigo, faça com que todos fiquem bem instalados. Está ouvindo?; que sejam bem cuidados, pois são a crônica sumária e abstrata do tempo. É preferível você ter um mau epitáfio depois de morto do que ser difamado por eles, enquanto vivo.

Polônio – Pode deixar, senhor, serão tratados como merecem.

Hamlet – Que é isso? Trate-os melhor. Se tratarmos as pessoas como merecem, nenhuma escapa ao chicote. Trata-os da forma que consideras tua própria medida. Quanto menos merecerem, mais meritória será tua generosidade. Acompanha-os.

Polônio – Venham, senhores.

Hamlet – Sigam-no, amigos; a representação será amanhã. *[Sai Polônio com os atores, menos o Primeiro.]* Escuta, velho amigo, vocês podem representar "O assassinato de Gonzaga"?

Primeiro ator – Sim, meu senhor.

Hamlet – Então quero essa peça amanhã. E você poderá, se necessário, decorar uma fala de doze ou dezesseis versos escritos por mim e intercalá-los na peça?

Primeiro ator – Sim, meu senhor.

Hamlet – Muito bem. Vai te juntar aos teus. E que não zombem do velho. *[Sai o Primeiro Ator. A Rosencrantz e Guildenstern.]* Meus bons amigos, eu os deixo até a noite. Mais uma vez, bem-vindos a Elsinor.

Rosencrantz – Meu bom senhor!

Hamlet – Deus vos acompanhe.
[Saem Rosencrantz e Guildenstern.]
Agora estou só.
Oh, que ignóbil eu sou, que escravo abjeto!
Não é monstruoso que esse ator aí,
Por uma fábula, uma paixão fingida,
Possa forçar a alma a sentir o que ele quer,
De tal forma que seu rosto empalidece,
Tem lágrimas nos olhos, angústia no semblante,
A voz trêmula, e toda sua aparência

Se ajusta ao que ele pretende? E tudo isso por nada!
Por Hécuba!
O que é Hécuba pra ele, ou ele pra Hécuba,
Pra que chore assim por ela? Que faria ele
Se tivesse o papel e a deixa da paixão
Que a mim me deram? Inundaria de lágrimas o palco
E estouraria os tímpanos do público com imprecações horrendas,
Enlouquecendo os culpados, aterrorizando os inocentes,
Confundindo os ignorantes; perturbando, na verdade,
Até a função natural de olhos e ouvidos.
Mas eu,
Idiota inerte, alma de lodo,
Vivo na lua, insensível à minha própria causa,
E não sei fazer nada, mesmo por um Rei
Cuja propriedade e vida tão preciosa
Foram arrancadas numa conspiração maldita.
Sou então um covarde? Quem me chama de canalha?
Me arrebenta a cabeça, me puxa pelo nariz,
E me enfia a mentira pela goela até o fundo dos pulmões?
Hein, quem me faz isso?
Pelas chagas de Cristo, eu o mereço!
Pois devo ter fígado de pomba, sem o fel
Que torna o insulto amargo,
Ou já teria alimentado todos os abutres destes céus
Com as vísceras desse cão.
Ah, vilão obsceno e sanguinário!
Perverso, depravado, traiçoeiro, cínico, canalha!
Ó, vingança!
Mas que asno eu sou! Bela proeza a minha.
Eu, filho querido de um pai assassinado,
Intimado à vingança pelo céu e o inferno,
Fico aqui, como uma marafona,
Desafogando minha alma com palavras,
Me satisfazendo com insultos; é; como uma meretriz;
Ou uma lavadeira!
Maldição! Oh! Trabalha, meu cérebro! Ouvi dizer

Que certos criminosos, assistindo a uma peça,
Foram tão tocados pelas sugestões das cenas,
Que imediatamente confessaram seus crimes;
Pois embora o assassinato seja mudo,
Fala por algum órgão misterioso. Farei com que esses atores
Interpretem algo semelhante à morte de meu pai
Diante de meu tio,
E observarei a expressão dele quando lhe tocarem
No fundo da ferida.
Basta um frêmito seu – e sei o que fazer depois.
Mas o espírito que eu vi pode ser o demônio.
O demônio sabe bem assumir formas sedutoras
E, aproveitando minha fraqueza e melancolia,
– Tem extremo poder sobre almas assim –
Talvez me tente para me perder.
Preciso provas mais firmes do que uma visão.
O negócio é a peça – que eu usarei
Pra explodir a consciência do rei.

TERCEIRO ATO

CENA I

Elsinor. Sala do Castelo. [Entram o Rei, a Rainha, Polônio, Ofélia, Rosencrantz e Guildenstern.]

REI – Mas os senhores não conseguem, com algum subterfúgio,
Arrancar dele o motivo desse agir estranho
Que lançou a tranquilidade de sua vida
Na perigosa turbulência da loucura?

ROSENCRANTZ – Ele confessa sentir-se perturbado;
Mas se recusa a revelar a causa.

GUILDENSTERN – Nem está inclinado a discutir o assunto;
É uma loucura esperta, com a qual escapa,
Toda vez que o pressionamos
A revelar seu verdadeiro estado.

RAINHA – Ele os recebeu bem?

ROSENCRANTZ – Um perfeito cavalheiro!

GUILDENSTERN – Mas forçando visivelmente a própria disposição.

ROSENCRANTZ – Avaro nas perguntas,
Porém até excessivo quando nos respondia.

RAINHA – Os senhores o convidaram para algum passatempo?

ROSENCRANTZ – Acontece, senhora, que encontramos um grupo
    de atores
No caminho; contamos isso a ele que, ao ouvir,
Demonstrou certa alegria. Os atores estão aí,
Na corte, e já receberam ordens de representar
Pra ele, hoje à noite.

POLÔNIO – É verdade.
E me pediu que convidasse vossas majestades
Pra ver e ouvir a coisa.

REI – De todo coração; fico muito contente

Em sabê-lo assim disposto.
Bons senhores, animem-no, empurrem-no,
Pra que tire prazer dessa inclinação.
ROSENCRANTZ – Nós o faremos, senhor.
[Saem Rosencrantz e Guildenstern.]
REI – Doce Gertrudes, deixe-nos também, agora:
Em segredo, provocamos Hamlet a vir aqui
Onde, por pura obra do acaso,
Vai encontrar Ofélia.
Eu e o pai dela, espiões por seu bem,
Vendo sem ser vistos,
Poderemos julgar o encontro livremente,
Verificando, pela conduta dele,
Se é por aflições do amor, ou não,
Que ele sofre tanto.
RAINHA – Eu obedeço.
E quanto a ti, Ofélia, tudo que anseio
É que tua terna beleza
Seja a feliz razão do transtorno de Hamlet.
Como anseio também que, por tuas virtudes,
Ele volte tranquilo ao caminho normal:
E para honra de ambos.
OFÉLIA – Madame, eu também o desejo. *[Rainha sai.]*
POLÔNIO – Você fica aqui, Ofélia. *[Ao Rei.]* E se apraz
A Vossa Graça, nos escondemos ali.
[Para Ofélia.] Você lê este breviário
Pra que o exercício espiritual
Dê algum colorido à tua solidão,
Vamos ser acusados de coisa já tão provada;
Com um rosto devoto e alguns gestos beatos,
Açucaramos até o demônio.
REI – *[À parte.]* Oh, como isso é verdade!
Que ardente chicotada em minha consciência é esse discurso.
A face da rameira, embelezada por cosméticos,
Não é mais feia para a tinta que a ajuda

Do que meu feito pra minha palavra mais ornamentada.
Oh, fardo esmagador!
POLÔNIO – Ele vem vindo. Vamos nos retirar, senhor.
[Saem Polônio e o Rei.]
HAMLET – Ser ou não ser – eis a questão.
Será mais nobre sofrer na alma
Pedradas e flechadas do destino feroz
Ou pegar em armas contra o mar de angústias –
E, combatendo-o, dar-lhe fim? Morrer; dormir;
Só isso. E com o sono – dizem – extinguir
Dores do coração e as mil mazelas naturais
A que a carne é sujeita; eis uma consumação
Ardentemente desejável. Morrer – dormir –
Dormir! Talvez sonhar. Aí está o obstáculo!
Os sonhos que hão de vir no sono da morte
Quando tivermos escapado ao tumulto vital
Nos obrigam a hesitar: e é essa reflexão
Que dá à desventura uma vida tão longa.
Pois quem suportaria o açoite e os insultos do mundo,
A afronta do opressor, o desdém do orgulhoso,
As pontadas do amor humilhado, as delongas da lei,
A prepotência do mando, e o achincalhe
Que o mérito paciente recebe dos inúteis,
Podendo, ele próprio, encontrar seu repouso
Com um simples punhal? Quem aguentaria fardos,
Gemendo e suando numa vida servil,
Senão porque o terror de alguma coisa após a morte –
O país não descoberto, de cujos confins
Jamais voltou nenhum viajante – nos confunde a vontade,
Nos faz preferir e suportar os males que já temos,
A fugirmos pra outros que desconhecemos?
E assim a reflexão faz todos nós covardes.
E assim o matiz natural da decisão
Se transforma no doentio pálido do pensamento.
E empreitadas de vigor e coragem,
Refletidas demais, saem de seu caminho,

Perdem o nome de ação. *[Vê Ofélia rezando.]*
Mas, devagar, agora!
A bela Ofélia!
[Para Ofélia.] Ninfa, em tuas orações
Sejam lembrados todos os meus pecados.

OFÉLIA – Meu bom senhor,
Como tem passado todos esses dias?

HAMLET – Lhe agradeço humildemente. Bem, bem, bem.

OFÉLIA – Meu senhor, tenho comigo umas lembranças suas
Que desejava muito lhe restituir.
Rogo que as aceite agora.

HAMLET – Não, eu não;
Nunca lhe dei coisa alguma.

OFÉLIA – Respeitável senhor, sabe muito bem que deu;
E acompanhadas por palavras de hálito tão doce
Que as tornaram muito mais preciosas. Perdido o perfume,
Aceite-as de volta; pois, pra almas nobres,
Os presentes ricos ficam pobres
Quando o doador se faz cruel.
Eis aqui, meu senhor. *[Dá os presentes a ele.]*

HAMLET – Ah, ah! Você é honesta?

OFÉLIA – Meu senhor?!

HAMLET – Você é bonita?

OFÉLIA – O que quer dizer Vossa Senhoria?

HAMLET – Que se você é honesta e bonita, sua honestidade não deveria admitir qualquer intimidade com a beleza.

OFÉLIA – Senhor, com quem a beleza poderia ter melhor comércio do que com a virtude?

HAMLET – O poder da beleza transforma a honestidade em meretriz mais depressa do que a força da honestidade faz a beleza se assemelhar a ela. Antigamente isso era um paradoxo, mas no tempo atual se fez verdade. Eu te amei, um dia.

OFÉLIA – Realmente, senhor, cheguei a acreditar.

HAMLET – Pois não devia. A virtude não pode ser enxertada em tronco velho sem pegar seu cheiro. Eu não te amei.

OFÉLIA – Tanto maior meu engano.

HAMLET – Vai prum convento. Ou preferes ser geratriz de pecadores? Eu também sou razoavelmente virtuoso. Ainda assim, posso acusar a mim mesmo de tais coisas que talvez fosse melhor minha mãe não me ter dado à luz. Sou arrogante, vingativo, ambicioso; com mais crimes na consciência do que pensamentos para concebê-los, imaginação para desenvolvê-los, tempo para executá-los. Que fazem indivíduos como eu rastejando entre o céu e a terra? Somos todos rematados canalhas, todos! Não acredite em nenhum de nós. Vai, segue pro convento. Onde está teu pai?

OFÉLIA – Em casa, meu senhor.

HAMLET – Então que todas as portas se fechem sobre ele, pra que fique sendo idiota só em casa. Adeus.

OFÉLIA – *[À parte.]* Oh, céu clemente, ajudai-o!

HAMLET – Se você se casar, leva esta praga como dote:
Embora casta como o gelo, e pura como a neve, não escaparás
À calúnia. Vai pro teu convento, vai. Ou,
Se precisa mesmo casar, casa com um imbecil. Os espertos sabem muito bem em que monstros vocês os transformam. Vai prum conventilho, um bordel: vai – vai depressa! Adeus.

OFÉLIA – Ó, poderes celestiais, curai-o!

HAMLET – Já ouvi falar também, e muito, de como você se pinta. Deus te deu uma cara e você faz outra. E você ondula, você meneia, você cicia, põe apelidos nas criaturas de Deus, e procura fazer passar por inocência a sua volúpia. Vai embora – chega – foi isso que me enlouqueceu. Afirmo que não haverá mais casamentos. Os que já estão casados continuarão todos vivos – exceto um. Os outros ficam como estão. Prum bordel – vai! *[Sai.]*

OFÉLIA – Ó, ver tão nobre espírito assim tão transtornado!
O olho, a língua, a espada do cortesão, soldado, sábio,
Rosa e esperança deste belo reino,

Espelho do gosto e modelo dos costumes,
Admirado pelos admiráveis – caído assim, assim destruído!
E eu, a mais aflita e infeliz das mulheres,
Que suguei o mel musical de suas promessas,
Veio agora essa razão nobre e soberana,
Descompassada e estrídula como um sino rachado e rouco.
A forma incomparável, a silhueta da juventude em flor,
Queimada no delírio! Oh, desgraçada de mim,
Que vi o que vi, vendo o que vejo! *[Entram o Rei e Polônio.]*

REI – Amor! Os sentimentos dele não tendem pra esse lado
E também o que disse, embora meio louco,
Não parece loucura. A melancolia
Incuba alguma coisa em sua alma
Que, ao sair da casca, pode ser perigosa.
Para evitá-lo, determino o seguinte:
Irá pra Inglaterra sem demora,
Reclamar nossos tributos atrasados.
Talvez os mares, países diferentes,
Outras paisagens, expulsem
A mania enraizada em seu coração
Contra a qual seu cérebro luta sem cessar
Deformando-lhe até o modo de ser. Que pensa disso?

POLÔNIO – Uma boa solução. Mas ainda acredito
Que a causa e o começo da desdita de Hamlet
Residam no amor rejeitado. E muito bem, Ofélia!
Não precisa nos contar o que o Príncipe disse:
Ouvimos tudo. *[Ao Rei.]* Meu senhor, faz como achar melhor,
Mas, depois do drama, se acredita oportuno,
Deixe que a Rainha-mãe, sozinha com ele,
Lhe suplique discutir sua angústia.
Que ela seja franca. Se me permitir,
Estarei oculto: um ouvido a mais na conferência.
Se ela não o desvelar, envie-o à Inglaterra,
Ou mande confiná-lo onde Vossa Sabedoria achar melhor.
É coisa consagrada:
A loucura dos grandes deve ser vigiada. *[Saem.]*

CENA II

Elsinor. Sala no castelo [Entram Hamlet e dois ou três Atores.]

HAMLET – Peço uma coisa, falem essas falas como eu as pronunciei, língua ágil, bem claro; se é pra berrar as palavras, como fazem tantos de nossos atores, eu chamo o pregoeiro público pra dizer minhas frases. E nem serrem o ar com a mão, o tempo todo *[Faz gestos no ar com as mãos.]*; moderação em tudo; pois mesmo na torrente, tempestade, eu diria até no torvelinho da paixão, é preciso conceber e exprimir sobriedade – o que engrandece a ação. Ah, me dói na alma ouvir um desses latagões robustos, de peruca enorme, estraçalhando uma paixão até fazê-la em trapos, arrebentando os tímpanos dos basbaques que, de modo geral, só apreciam berros e pantomimas sem qualquer sentido. A vontade é mandar açoitar esse indivíduo, mais tirânico do que Termagante, mais heroico do que Herodes. Evitem isso, por favor.

PRIMEIRO ATOR – Prometo a Vossa Honra.

HAMLET – Mas também nada de contenção exagerada; teu discernimento deve te orientar. Ajusta o gesto à palavra, a palavra ao gesto, com o cuidado de não perder a simplicidade natural. Pois tudo que é forçado deturpa o intuito da representação, cuja finalidade, em sua origem e agora, era, e é, exibir um espelho à natureza; mostrar à virtude sua própria expressão; ao ridículo sua própria imagem e a cada época e geração sua forma e efígie. Ora, se isso é exagerado, ou então malconcluído, por mais que faça rir ao ignorante só pode causar tédio ao exigente; cuja opinião deve pesar mais no teu conceito do que uma plateia inteira de patetas. Ah, eu tenho visto atores – e elogiados até! e muito elogiados! – que, pra não usar termos profanos, eu diria que não tem nem voz nem jeito de cristãos, ou de pagãos – sequer de homens! Berram, ou gaguejam de tal forma, que eu fico pensando se não foram feitos – e malfeitos! – por algum aprendiz da natureza, tão abominável é a maneira com que imitam a humanidade!

PRIMEIRO ATOR – Creio, senhor, que em nosso grupo isso já foi bastante corrigido.

Hamlet – Então corrija tudo! E não permita que os jograis falem mais do que lhes foi indicado. Pois alguns deles costumam dar risadas pra fazer rir também uns tantos espectadores idiotas; ainda que, no mesmo momento, algum ponto básico da peça esteja merecendo a atenção geral. Isso é indigno e revela uma ambição lamentável por parte do imbecil que usa esse recurso. Vai te aprontar. *[Saem Atores. Entram Polônio, Rosencrantz e Guildenstern.] [Para Polônio.]* Como é, meu senhor? O Rei concorda em ouvir a peça?

Polônio – E a Rainha também; vêm imediatamente.

Hamlet – Manda que os atores se apressem.
[Sai Polônio.] Vocês dois podem ajudá-los?

Rosencrantz e Guildenstern – Pois não, meu senhor. *[Saem Rosencrantz e Guildenstern.]*

Hamlet – Olá, Horácio! *[Entra Horácio.]*

Horácio – Aqui, estimado senhor; às suas ordens.

Hamlet – Horácio, você é o homem mais equilibrado com quem convivi em toda a minha vida.

Horácio – Oh, meu caro senhor.

Hamlet – Não creia que eu o lisonjeio;
Que vantagens posso tirar de ti
Que não tens pra te vestir e comer
Outra renda que não a de teus dotes de espírito?
Por que lisonjear o pobre?
Não; a língua açucarada deve lamber somente a pompa extrema,
E os gonzos ambiciosos dos joelhos dobrar apenas
Onde haja lucro na bajulação. Você me escuta?
Desde quando minha alma preciosa se tornou senhora de vontade própria,
E aprendeu a distinguir entre os homens,
Ela te elegeu pra ela. Porque você foi sempre uno,
Sofrendo tudo e não sofrendo nada;
Um homem que agradece igual
Bofetadas e carícias da Fortuna... Felizes esses

Nos quais paixão e razão vivem em tal harmonia
Que não se transformam em flauta onde o dedo da sorte
Toca a nota que escolhe.
Me mostra o homem que não é escravo da paixão
E eu o conservarei no mais fundo do peito,
É, no coração do coração – o que faço contigo.
Mas já me excedi nisso. Esta noite há uma representação
Para o Rei. Uma das cenas lembra as circunstâncias
Que te narrei, da morte de meu pai.
Peço, quando vires a cena em questão,
Que observes meu tio com total concentração de tua alma.
Se a culpa que ele esconde não se denunciar nesse momento,
Então o que vimos era um espírito do inferno,
E minha suspeita tão imunda
Quanto a forja de Vulcano. Escuta-o atentamente;
Meus olhos também estarão cravados em seu rosto.
Depois juntaremos nossas impressões
Pra avaliar a reação que teve.

Horácio – Bem, meu senhor,
Se o Rei me furtar alguma coisa enquanto se representa
E escapar à observação, eu pago o roubo.

Hamlet – Eles chegam pro espetáculo. Devo fazer o louco.
Escolhe um bom lugar. *[Marcha dinamarquesa. Fanfarra. Entram o Rei, a Rainha, Polônio, Ofélia, Rosencrantz, Guildenstern e outros Cortesãos, com a guarda carregando tochas.]*

Rei – Como passa nosso sobrinho Hamlet?

Hamlet – Magnífico; passadio de camaleão: eu como o ar, cheio de promessas. Com isso o senhor não conseguiria engordar nem os seus capões.

Rei – Não sei o que entender dessa resposta, Hamlet. Tuas palavras me escapam.

Hamlet – Não; escaparam de mim. *[Para Polônio.]* Meu senhor, é verdade que representou também, na universidade?

Polônio – É verdade. E até que era considerado um bom ator.

Hamlet – E representou o quê?

Polônio – Representei Júlio César. Brútus me assassinou no Capitólio.

Hamlet – Mas que brutalidade – matar um carneirão tão capital. Os atores estão prontos?

Rosencrantz – Sim, meu senhor, quando lhe aprouver.

Rainha – Vem cá, querido Hamlet, senta a meu lado.

Hamlet – Perdão, boa mãe, tenho aqui um ímã mais atraente. *[Indica Ofélia.]*

Polônio – *[Ao Rei.]* Oh, oh! O senhor notou isso?

Hamlet – Senhora, posso me enfiar no seu colo? *[Deita-se aos pés de Ofélia.]*

Ofélia – Não, meu senhor.

Hamlet – Quero dizer, pôr minha cabeça no seu colo?

Ofélia – Sim, meu senhor.

Hamlet – Achou que eu estava dizendo coisa que não se reputa?

Ofélia – Não penso nada, meu senhor.

Hamlet – Boa coisa pra se meter entre as pernas de uma virgem.

Ofélia – O que, meu senhor?

Hamlet – Nada.

Ofélia – Está alegre, não está, meu senhor?

Hamlet – Quem, eu?

Ofélia – Sim, meu senhor.

Hamlet – Oh, Deus, sou teu único farsante; quer dizer, autor de farsas. Que faria o homem, se não risse? Oh, olha só o ar fagueiro da senhora minha mãe. E meu pai morreu não tem nem duas horas.

Ofélia – O quê?; duas vezes dois meses, meu senhor!

Hamlet – Tanto assim? Então, se o diabo ainda se veste de negro, eu usarei luto de luxo. Céus! Morto há dois meses e ainda não foi esquecido? Então há esperança de que a memória de um grande homem possa sobreviver a ele até uns seis meses. Mas, por Nossa Senhora, terá que construir catedrais ou sofrerá a punição do esquecimento, como o cavalo de pau cujo epitáfio vai ser: "Ói! Ói! Esqueceram da égua!" *[Soam oboés. Começa a pantomina. Entram um Rei e uma Rainha, muito amorosos; os dois se abraçam. Ela se ajoelha e faz demonstrações de devoção a ele. Ele se levanta do chão e inclina a cabeça no ombro dela. Ele se deita num canteiro de flores. Ela, vendo-o dormir, se afasta, sai. Imediatamente surge um homem, tira a coroa do rei, derrama o veneno no ouvido dele. Sai, beijando a coroa. A Rainha volta; encontra o Rei morto, faz apaixonadas demonstrações de dor. O Envenenador volta, acompanhado de dois ou três comparsas, e mostra-se condoído com a morte do Rei; acompanha a Rainha em suas demonstrações. O cadáver é levado embora. O Envenenador corteja a Rainha com presentes. Ela mostra alguma relutância; recusa os presentes por uns momentos, por fim aceita as provas de amor. Saem.]*

OFÉLIA – Que significa isso, meu senhor?

HAMLET – Oi, oi! Um mistério maligno, ou melhor, maldito.

OFÉLIA – Parece que essa pantomima representa o enredo do drama. *[Entra o Prólogo.]*

HAMLET – Esse daí vai dizer. Atores não guardam segredos. Contam tudo.

OFÉLIA – Ele vai nos dizer o significado daquela cena?

HAMLET – É, ou de qualquer cena que você fizer. Se você não tiver vergonha de encenar, ele não se envergonhará de explicar.

OFÉLIA – O senhor é mau! O senhor é mau! Deixa eu prestar atenção à peça!

PRÓLOGO – Pra nós e nossa tragédia
Pedimos vossa audiência
E suplicamos clemência.

HAMLET – Isso é um prólogo ou uma inscrição de anel?

OFÉLIA – Pelo menos foi curto.

HAMLET – Como o amor da mulher. *[Entram dois atores, como Rei e Rainha.]*

Rei (Ator) – Já o sol trinta voltas perfeitas tinha dado
Sobre o verde da terra e o mar salgado
Trinta dúzias de luas usando luz alheia
Tinham doze vezes trinta sido lua cheia
Desde que o amor uniu você e eu
Pelos laços sagrados do Himeneu.

Rainha (Atriz) – O sol e a lua darão mil voltas assim
Antes que o nosso amor um dia tenha fim.
Mas que infeliz eu sou!, tens estado tão mal,
Tão longe de tua alegria habitual,
Que eu temo por ti. Mas não tema esse temor;
As mulheres são assim, no medo e no amor,
Nelas os dois vivem sempre irmanados
E, ou não são nada, ou são extremados.
O meu amor, tu sabes, não pode ser maior,
E quando o amor é grande, o medo não é menor.
Num amor tão enorme qualquer dúvida assusta
Pequenos medos crescem; e o amor, à sua custa.

Rei (Ator) – Eu devo te deixar e muito em breve
Mas o fim da existência me é mais leve
Sabendo você, quando eu tiver partido,
Amada e honrada; e com outro marido
Tão terno quanto...

Rainha (Atriz) – Não, eu não aceito!
Um outro amor não cabe no meu peito.
É maldição ter novo companheiro;
Só tem o segundo quem mata o primeiro.

Hamlet – *[À parte.]* O veneno! O veneno!

Rainha (Atriz) – A razão que leva a um outro casamento
Não é amor, é razão vil – o rendimento.
Será matar meu marido de outro jeito
Deixar novo marido me beijar no leito.

Rei (Ator) – Você crê no que diz, mas sejamos serenos,
É comum falarmos mais e fazermos menos;
A intenção é apenas escrava da memória,

Violenta ao nascer, mas transitória;
Enquanto fruto verde só nos dá trabalho,
E assim que madura cai do galho.
É muito natural que nunca nos lembremos
De pagar a nós, o que nós nos devemos;
O que a nós na paixão foi por nós prometido
Terminada a paixão perde todo o sentido.
O sangue quente da dor e da alegria
Já trazem consigo a própria hemorragia;
Onde a alegria mais canta e a dor mais deplora,
Num instante a dor canta e a alegria chora.
O mundo não é eterno e tudo tem um prazo
Nossas vontades mudam nas viradas do acaso;
Pois esta é uma questão ainda não resolvida:
A vida faz o amor, ou este faz a vida?
Se o poderoso cai, somem até favoritos;
Se o pobre sobe, surgem amigos irrestritos.
E até aqui o amor segue a Fortuna, eu digo;
A quem não precisa nunca falta um amigo.
Mas quem, precisado, prova um falso amigo
Descobre, oculto nele, um inimigo antigo.
Voltando ao começo de tudo que converso –
Desejos e fatos correm em sentido inverso.
Por isso nossos planos nunca atingem a meta,
O pensamento é nosso, não o que projeta.
Assim, tu crês que não terás outro marido;
Uma crença que morre quando eu tiver morrido.

RAINHA (Atriz) – A terra não me dê pão, nem luz o céu!
Repouso e paz me fujam – eu só tenha fel!
A fé e a esperança se transformem em desdita
Eu só tenha de meu um catre de eremita!
Cada revés que bater na face da alegria
Destrua, ao passar, tudo o que eu mais queria!
Que uma eterna angústia me cosa e me recosa
Se, uma vez viúva, for outra vez esposa!

HAMLET – Eis um belo perjúrio!

Rei (Ator) – Um juramento solene. Dileta, me deixa agora.
Meu espírito pesa; quero enganar com o sono
O tédio desta hora. *[Dorme.]*

Rainha (Atriz) – Que o sono embale a tua alma:
Nunca haja amargura entre nós,
Só calma.

Hamlet – *[Para a Rainha.]* Madame, que tal achou a peça?

Rainha – Me parece que a dama promete demais.

Hamlet – Ah, mas ela vai cumprir a promessa.

Rei – Você já conhece o argumento? Não há nenhuma ofensa?

Hamlet – Não, não, eles brincam, apenas; envenenam de brincadeira; absolutamente nenhuma ofensa.

Rei – Como é que se chama o drama?

Hamlet – "A ratoeira." Por quê? Ratificação de um fato. Um assassinato acontecido em Viena. Gonzaga é o nome de um duque; a mulher se chama Batista. O senhor verá logo – uma obra-prima de perfídia. Mas, que importa isso? Vossa Majestade e nós temos almas livres, isso não nos toca; que o cavalo de rédea curta relinche de dor, nós temos a rédea solta. *[Entra o ator Luciano.]*
Isso é um tal de Luciano, sobrinho do Rei.

Ofélia – O senhor é melhor do que um coro, meu Príncipe.

Hamlet – Daria um bom intérprete entre você e o seu amoroso, se pudesse ver os dois marionetes marionetando.

Ofélia – Resposta afiada, meu senhor, o senhor é muito afiado.

Hamlet – Só lhe custaria um vagido, tornar meu fio cego.

Ofélia – Mais afiado ainda – e mais cego.

Hamlet – Como vocês gostam que seus maridos sejam. *[Ao ator.]* Começa, assassino! Peste, deixa de fazer essas caretas abomináveis e começa. Vai, o corvo crocitante grasna por vingança.

Luciano – Pensamentos negros, drogas prontas, hora dada
Tempo cúmplice, mãos hábeis – e ninguém vendo nada;
Tu, mistura fétida, destilada de ervas homicidas,

Infectadas por Hécate com tripla maldição, três vezes seguidas,
Faz teu feitiço natural, tua mágica obscena,
Usurparem depressa esta vida ainda plena.

[Derrama veneno no ouvido do Rei.]

HAMLET – Ele envenena o rei no jardim pra usurpar o Estado. O nome dele é Gonzaga. A história ainda existe e está escrita num italiano impecável. Agora vocês vão ver como o assassino arrebata o amor da mulher de Gonzaga.

OFÉLIA – O Rei se levanta!

HAMLET – Ué, assustado com tiro de festim!

RAINHA – *[Para o Rei.]* Sente alguma coisa, meu senhor?

POLÔNIO – Parem com a peça!

REI – Me deem alguma luz! Depressa!

TODOS – Luzes! Luzes! Luzes! *[Saem todos, menos Hamlet e Horácio.]*

HAMLET – Pois é; o cão ferido sai uivando
Enquanto o cervo salvo se distrai
Pra um dormir, há sempre um vigiando,
Assim foi feito o mundo, e assim vai.
Não te parece, amigo, que com esta minha invenção – metidos nessa floresta de penas – eu, caso a Fortuna me falhasse, poderia, usando um par de rosas no sapato, obter uma boa cota, numa cambada de atores?

HORÁCIO – Meia cota.

HAMLET – Ah, não, uma cota inteira!
  Damon querido, tu sabes bem
  Que nos tiraram um rei absoluto:
  O próprio Júpiter. Pra reinar quem?
  Um grande, um grande... pavão.

HORÁCIO – Podia ter rimado.

HAMLET – Oh, bom Horácio, agora eu aposto mil libras na palavra do fantasma. Você percebeu?

HORÁCIO – Muito bem, meu senhor.

HAMLET – Quando se falou no veneno...

HORÁCIO – Observei tudo.

HAMLET – Ah, ah! Venham, um pouco de música!
Os flautins!
A peça, ao Rei,
Não lhe parece bem, bem não lhe faz –
Talvez, meu Deus, por parecer demais.
Vamos logo; a música!

[Entram Rosencrantz e Guildenstern.]

GUILDENSTERN – Meu bom senhor, permita-me uma palavra.

HAMLET – Senhor, uma história inteira.

GUILDENSTERN – O Rei, meu senhor...

HAMLET – Sim, meu *senhoor,* o que é que há com ele?

GUILDENSTERN – Se retirou, como viu, e está lá dentro num horrível destempero.

HAMLET – Bebeu demais, senhor?

GUILDENSTERN – Não, senhor, destempero de cólera.

HAMLET – Oh, então tua sabedoria se mostraria mais rica se tivesses ido avisar o médico. Pois a lavagem que tenho pra administrar só lhe aumentará a bílis.

GUILDENSTERN – Meu bom senhor, peço que dê uma certa ordem ao que fala não arrancando a rédea do meu assunto e saltando em todas as direções.

HAMLET – Eu já estou domado, senhor. Falai-vos.

GUILDENSTERN – A Rainha, sua mãe, na maior aflição de espírito, mandou que eu o procurasse...

HAMLET – Seja bem-vindo.

GUILDENSTERN – Perdão, meu Príncipe, essa cortesia não é ouro de lei. Se ao senhor lhe aprouver me dar uma resposta razoável, eu terei cumprido a ordem da Rainha; se não, peço licença e minha retirada será o fim da minha missão.

HAMLET – Perdão, não posso.

Guildenstern – O que, meu senhor?

Hamlet – Responder razoavelmente. Eu perdi a razão. Mas a resposta que posso dar, essa eu ponho ao seu dispor, ou, como diz, da senhora minha mãe. E basta de coisa e vamos ao fato. Minha mãe, o senhor dizia...

Rosencrantz – Daí ela externou que o seu comportamento a tinha mergulhado em espanto e estupor.

Hamlet – Oh, filho maravilhoso, capaz de estuporar a própria mãe. Mas o que é que segue nos calcanhares desta mãe estuporada? Solta!

Rosencrantz – Quer lhe falar em seu quarto de dormir, antes de ir deitar.

Hamlet – Nós obedeceremos, como se ela fosse dez vezes nossa mãe. Temos mais algum negócio a tratar?

Rosencrantz – Meu Príncipe, houve um tempo em que o senhor me estimava.

Hamlet – E estimo ainda, juro *[Mostra as mãos.]* por estes cinco gatunos e estes cinco ladrões.

Rosencrantz – Meu bom senhor, posso saber o motivo da sua perturbação? O senhor certamente tranca a porta à própria liberdade se esconde as angústias até do seu amigo.

Hamlet – A mim me falta amparo.

Rosencrantz – Mas como?; se o senhor tem o amparo do próprio Rei para a sucessão na Dinamarca!

Hamlet – Ah, sim, só que o provérbio "Enquanto a grama cresce" anda um pouco mofado. *[Entram atores com flautins.]* Ah, os flautins. Me dá um aí. *[Dão um flautim a ele.]* Me diz aqui, à parte; por que você me segue a contravento, como quem quer me jogar numa armadilha?

Guildenstern – Oh, meu Príncipe, o meu dever, por ser audacioso, prejudica o comportamento da minha afeição.

Hamlet – Não entendi muito bem. Não quer tocar esta flauta?

Guildenstern – Não o saberia, senhor.

Hamlet – Por favor!

Guildenstern – Acredite-me, eu não sei.

Hamlet – Mas eu suplico.

Guildenstern – Não sei nem onde pôr os dedos, meu senhor.

Hamlet – É tão fácil quanto mentir. Governa-se estes buracos com estes dedos e o polegar, dá-se ar com a boca, e ela nos discursa uma música eloquente. Veja só: aqui estão os registros.

Guildenstern – Mas eu não consigo comandar daí qualquer declaração harmoniosa; me falta a perícia.

Hamlet – Pois veja só que coisa mais insignificante você me considera! Em mim você quer tocar; pretende conhecer demais os meus registros; pensa poder dedilhar o coração do meu mistério. Se acha capaz de me fazer, da nota mais baixa ao topo da escala. Há muita música, uma voz excelente, neste pequeno instrumento, e você é incapaz de fazê-lo falar. Pelo sangue de Cristo!, acha que eu sou mais fácil de tocar do que uma flauta? Pode me chamar do instrumento que quiser – pode me dedilhar quanto quiser, que não vai me arrancar o menor som... *[Entra Polônio.]* Deus o tenha, senhor.

Polônio – Meu Príncipe, a Rainha gostaria de lhe falar. E imediatamente.

Hamlet – Estás vendo aquela nuvem ali, quase em forma de camelo?

Polônio – Pela santa missa, eu diria que é um exato camelo.

Hamlet – Pois me parece mais um esquilo.

Polônio – É; tem a corcova de um esquilo.

Hamlet – Ou será uma baleia?

Polônio – É! Uma perfeita baleia.

Hamlet – Então vou ver minha mãe agora mesmo. *[À parte.]* Brincam comigo até onde eu aguente. *[Aos outros.]* Eu volto logo.

Polônio – Vou avisá-la. *[Sai Polônio.]*

Hamlet – "Eu volto logo" – dizer é fácil.

Deixem-me só, amigos.
[Saem Rosencrantz, Guildenstern, Horácio e Atores.]
Agora chega a hora maligna da noite,
Quando as campas se abrem, e o próprio inferno
Expira seu hálito mefítico no mundo.
Agora eu poderia beber sangue quente,
E perpetrar horrores de abalar o dia,
Se ele visse. Calma! Vamos à minha mãe.
Ó, coração, não esquece tua natureza; não deixa
Que a alma de Nero entre neste peito humano.
Que eu seja cruel, mas não desnaturado.
Minhas palavras serão punhais lançados sobre ela;
Mas meu punhal não sairá do coldre.
Que, neste momento, minha alma e minha língua sejam hipócritas;
Por mais que as minhas palavras transbordem em desacatos
Não permita, meu coração, que eu as transforme em atos! *[Sai.]*

CENA III

Aposento no palácio. [Entram o Rei, Rosencrantz e Guildenstern.]

Rei – Não gosto do jeito dele; e não é seguro pra nós
Deixar campo livre a esse lunático. Preparem-se, portanto;
Vou despachar imediatamente as instruções
E ele partirá com vocês pra Inglaterra.
A situação atual de nosso reino não pode ser exposta
A perigos tão sérios como os que nascem a toda hora
Dessa estranha loucura.

Guildenstern – Vamos nos preparar.
É precaução santa e piedosa
Proteger tantas e tantas vidas
Cujo sono e nutrição depende de Vossa Alteza,

Rosencrantz – O simples ser individual deve empregar
Toda a força e invenção de seu espírito
Pra proteger-se de golpes; e muito mais ainda

O ser de cujo bem-estar dependem – e no qual repousam –
Tantas vidas. Quando se extingue um soberano
Ele não morre só. Como o vórtice de um redemoinho
Atrai pro abismo tudo que o rodeia. É uma roda maciça,
Fixada no pico da montanha mais alta,
Em cujos raios enormes dez mil coisas menores
Vivem incrustadas ou grudadas; e aí, quando ela cai,
Cada pequeno anexo, diminuta dependência,
Acompanha a queda tonitruante.
Quando um rei suspira, o reino inteiro geme.

REI – Equipem-se, eu lhes peço, pra essa viagem urgente;
Temos que colocar grilhões nesse pavor
Que anda por aí com os pés demasiado livres.

ROSENCRANTZ e **GUILDENSTERN** – Vamos nos apressar.
[Saem Rosencrantz e Guildenstern. Entra Polônio.]

POLÔNIO – Meu senhor, ele já foi pro quarto da Rainha.
Vou me botar atrás da tapeçaria,
Para escutar o que aconteça. Estou seguro
De que ela vai censurá-lo com dureza
E, como o senhor disse, e o disse sabiamente,
Convém no caso um ouvido a mais
Além do maternal (naturalmente parcial)
Para auscultar outros sentidos. Até já, meu senhor;
Espero vê-lo antes que se recolha
Pra lhe contar o que sei.

REI – Obrigado, caro senhor meu. *[Sai Polônio.]*
Oh, meu delito é fétido, fedor que chega ao céu;
Pesa sobre ele a maldição mais velha,
A maldição primeira – assassinar um irmão!
Nem consigo rezar – embora a inclinação e a vontade imensa.
Mas se a vontade é grande, minha culpa é maior.
Como homem envolvido numa empreitada dúplice.
Hesito e paro, sem saber por onde começar;
E desisto de ambas. Mas, mesmo que esta mão maldita
Tivesse sua espessura duplicada pelo sangue fraterno,

Será que nesses céus clementes não haveria
Chuva bastante pra lavá-las de novo brancas como a neve?
Pra que serve a piedade, senão para apagar a face do delito?
E o que é a oração senão essa virtude dupla –
Evitar nossa queda; ou perdoar-nos, depois,
Então, eu olharei pro alto; pra resgatar minha culpa.
Mas, que forma de oração pode servir meu intuito?
"Perdoai meu torpe assassinato?"
Isso não pode ser, pois retenho a posse
Dos benefícios que me levaram ao crime –
É possível ser perdoado retendo os bens do crime?
Nas correntes corruptas deste mundo
As mãos douradas do delito podem afastar a justiça –
Como tanto se vê – o próprio lucro do malfeito
Comprando a lei. Mas não é assim lá em cima;
Ali não há trapaças. Lá a ação se mostra tal qual foi,
E nós, nós mesmos, somos compelidos a prestar testemunho,
Olhando nossas culpas no dente e no olho.
E então? Que resta? Ver o que pode o arrependimento.
O que não pode? Mas o que pode, quando não conseguimos nos
    arrepender?
Que lamentável estado! Peito negro como a morte!
Oh, alma cheia de visgo, cuja luta pra ser livre
Ainda a embaraça mais. Socorro, anjos! Um esforço, por mim!
Dobrem-se, joelhos orgulhosos; coração de tendões de aço,
Fica suave como a carne tenra do recém-nascido!
Tudo pode sair bem.
[Se move para um lado e se ajoelha. Entra Hamlet.]

HAMLET – Eu devo agir é agora; ele agora está rezando.
Eu vou agir agora – e assim ele vai pro céu;
E assim estou vingado – isso merece exame.
Um monstro mata meu pai e, por isso,
Eu, seu único filho, envio esse canalha ao céu.
Oh, ele pagaria por isso recompensa – isso não é vingança.
Ele colheu meu pai impuro, farto de mesa,
Com todas suas faltas florescentes, um pleno maio.

E o balanço desse aí – só Deus sabe,
Mas pelas circunstâncias e o que pensamos
Sua dívida é grande. Eu estarei vingado
Pegando-o quando purga a alma,
E está pronto e maduro para a transição?
Não.
Para espada, e espera ocasião mais monstruosa!
Quando estiver dormindo bêbado, ou em fúria,
Ou no gozo incestuoso do seu leito;
Jogando, blasfemando, ou em qualquer ato
Sem sombra ou odor de redenção.
Aí derruba-o, pra que seus calcanhares deem coices no céu,
E sua alma fique tão negra e danada
Quanto o inferno, pra onde ele vai. Minha mãe me espera;
Este remédio faz apenas prolongar tua doença; *[Sai.]*

REI – *[Levantando.]* Minhas palavras voam;
Meu pensamento lhes é infiel;
Palavras assim jamais chegam ao céu. *[Sai.]*

CENA IV

O aposento da Rainha. [Entram a Rainha e Polônio.]

POLÔNIO – Ele vem logo. Deve lhe falar com firmeza.
Que as extravagâncias dele se tornaram exageradas,
Não são mais suportáveis. E que Vossa Alteza
Já tem servido de biombo
E se interposto sempre entre ele e o ódio que suscita.
Ficarei escondido aqui mesmo.
Eu lhe peço; seja clara com ele.

HAMLET – *[Fora.]* Minha mãe, minha mãe, minha mãe!

RAINHA – Eu lhe garanto isso; não tenha receio. Saia agora.
Ele vem vindo. *[Polônio vai pra trás da tapeçaria. Entra Hamlet.]*

HAMLET – Olá, minha mãe, de que se trata?

Rainha – Hamlet, ofendeste muito teu pai.

Hamlet – Mãe, a senhora ofendeu muito meu pai.

Rainha – Vamos, vamos, tu respondes com uma língua tola.

Hamlet – Vem, vem, a senhora pergunta com uma língua indigna.

Rainha – Como? O que é isso, Hamlet?

Hamlet – Que foi que aconteceu?

Rainha – Esqueceste quem eu sou?

Hamlet – Não, pela cruz, não esqueci.
A senhora é a Rainha, esposa do irmão de seu marido;
E – antes não fosse! – é minha mãe.

Rainha – Muito bem, vou te colocar diante de pessoas capazes de falar contigo.

Hamlet – Vamos lá, sente aí e não se mova;
Não vai sair daqui antes que eu a ponha diante de um espelho
Onde veja a parte mais profunda de si mesma.

Rainha – Que pretendes fazer? Vais me matar?
Socorro, socorro, aqui!

Polônio – *[Atrás da tapeçaria.]* Olá! Socorro! Socorro! Socorro!

Hamlet – *[Puxando o florete.]* Que é isso? Um rato? Morto!
Aposto um ducado; morto! *[Dá um lance com o florete através da tapeçaria.]*

Polônio – *[Atrás.]* Oh, me mataram! *[Cai e morre.]*

Rainha – Ai de mim, que fizeste?

Hamlet – Ora, eu não sei. Quem é; o Rei?

Rainha – Oh, que ação sangrenta e absurda!

Hamlet – Ação sangrenta! Quase tão má, minha boa mãe,
Como matar um rei e casar com o irmão dele.

Rainha – Como matar um rei!

Hamlet – Sim, senhora, foram as minhas palavras, *[Levanta a tapeçaria e olha Polônio.]*
Tu miserável, absurdo, intrometido idiota – adeus!

Eu te tomei por um teu maior. Aceita teu destino;
Ser prestativo demais tem seus perigos!
[À Rainha.] Deixa de torcer as mãos. Calma;
E senta aí!
Pois eu pretendo torcer o seu coração;
Se ainda tiver substância penetrável;
Se o hábito do mal não o empederniu em bronze
Como couraça e proteção contra qualquer sentimento.

RAINHA – Que foi que eu fiz pra tua língua vibrar
Contra mim com esse ódio todo?

HAMLET – Um ato
Que empalidece a graça e o rubor do recato
Chama a virtude de hipócrita; arranca a rosa
Da bela fronte de um amor inocente
E põe aí um sinal infamante; torna os votos conjugais
Tão verdadeiros quanto promessas de viciados.
Oh, esse ato arranca a própria alma do corpo de um juramento
E transforma a santa religião em rapsódia de palavras;
A face do céu se torna púrpura, sim, e esta terra sólida e compacta,
Como sentindo aproximar-se o Dia do Juízo,
Ganha um ar doloroso, doente de desgosto diante desse ato.

RAINHA – Pobre de mim, que ato é esse,
Cujo simples prólogo ruge tão alto e me ameaça tanto?

HAMLET – Olha aqui este retrato, e este.
[Mostra a ela retratos do pai e do tio.]
Retratos fiéis de dois irmãos.
Veja a graça pousada neste rosto –
Os cabelos de Apolo, a fronte do próprio Júpiter;
O olho de Marte, que ameaça e comanda;
O pobre igual ao de Mercúrio-mensageiro
Descendo numa montanha alta como o céu;
Um conjunto e uma forma na qual
Cada deus fez questão de colocar sua marca,

Pra garantir ao mundo a perfeição de um homem.
Este era seu marido. Vê agora o que se segue;
Aqui está o outro marido, como uma espiga podre,
Contaminando o irmão saudável. A senhora tem olhos?
E deixa de se alimentar nesta montanha límpida
Para ir engordar num lamaçal? Hei! Tem ou não tem olhos?
Não pode chamar isso de amor; na sua idade,
O zênite do sangue já passou, está domado.
E obedece à razão; e que razão
Trocaria isto por isto? *[Aponta os retratos.]*
Desejo, claro, a senhora tem,
Do contrário não teria impulsos. Mas certamente
São desejos apopléticos; a própria loucura não erraria assim;
O desejo jamais foi escravo do delírio,
Sempre se reservou certa medida
Pra distinguir tais diferenças. Qual foi o demônio
Que a vendou pra essa sinistra cabra-cega?
Olhos sem tato, tato sem vista.
Ouvidos sem mãos nem olhos, o simples olfato,
A parte mais doente de qualquer sentido
Não poderia se extraviar assim.
Que vergonha! Onde está seu rubor? Rebelde inferno,
Se não pode fazer a vergonha se insurgir
Nos ossos de uma matrona, então que a virtude vire cera
Ao calor da juventude,
E derreta nesse fogo.
Proclama que não é vergonha ceder ao assalto
Do ardor desenfreado,
Pois o próprio gelo queima violento
Quando a razão é a bordeleira da luxúria.

RAINHA – Oh, Hamlet, não fala mais.
Você vira meus olhos pra minha própria alma;
E vejo aí manchas tão negras e indeléveis
Que jamais poderão ser extirpadas.

Hamlet – É, mas viver
No suor azedo de lençóis ensebados,
Ensopados na corrupção, arrulhando e fazendo amor
Numa sentina imunda...

Rainha – Oh, não fala mais;
Tuas palavras, como adagas, penetram meus ouvidos.
Chega, querido Hamlet!

Hamlet – Um assassino covarde,
Um escravo que não chega a um vintésimo de um dízimo
Do teu primeiro senhor; bufão entre os reis;
Salteador do império e do poder
Que roubou do reino seu mais precioso diadema,
E o enfiou no bolso!

Rainha – Basta!

Hamlet – Um rei só de remendos e retalhos... *[Entra o Fantasma.]*
Salvai-me e cobri-me com vossas asas,
Ó guardas celestiais! *[Ao Fantasma.]* Que espera de mim,
 Graciosa figura?

Rainha – Deus meu, está louco!

Hamlet – O senhor vem repreender o filho negligente
Que deixou escapar a hora e a paixão
Sem executar sua ordem terrível?
Me diz!

Fantasma – Não esqueça; esta visita
É para aguçar tua resolução já quase cega.
Mas olha, o espanto domina tua mãe.
Coloca-te entre ela e sua alma em conflito;
Nos corpos frágeis a imaginação trabalha com mais força.
Fala com ela, Hamlet.

Hamlet – O que é que tem, senhora?

Rainha – Ai, o que é que você tem,
Fixando assim seus olhos no vazio,
E conversando com o ar incorpóreo?

Os teus espíritos espiam impetuosos por teus olhos,
Soldados despertados pelo alarme,
Teus cabelos deitados se levantam e ficam em pé
Como excrescências vivas. Ó filho gentil,
Asperge paciência fresca sobre o calor e a chama
Da tua loucura. Está olhando o quê?

Hamlet – Ele, ele! Olha só, o seu brilho tão pálido!
Sua causa e seu aspecto, juntos,
Seriam capazes de comover as pedras.
[Ao Fantasma.] Não olhe assim pra mim,
Pois esse apelo piedoso pode me demover
Do meu rígido intento; e faltará cor ao que devo fazer;
Lágrimas talvez, não mais gotas de sangue.

Rainha – Pra quem você diz isso?

Hamlet – A senhora não vê?

Rainha – Não vejo nada: e vejo tudo que há.

Hamlet – Nem ouviu nada?

Rainha – Não, nada – a não ser a nós mesmos.

Hamlet – Mas, como? Olha lá! Vê?, está indo embora!
Meu pai, vestido como vivia!
Olha, lá vai ele, atravessa o portal agora mesmo! *[Sai Fantasma.]*

Rainha – É teu cérebro que forja essa visão;
Teu delírio se excede
Em criações incorpóreas.

Hamlet – Delírio!
O meu pulso, como o seu, marca o tempo calmamente,
E soa música saudável. Não é loucura
O que eu proferi; é só me pôr à prova
Que repito, palavra por palavra,
Aquilo que a loucura embolaria. Mãe, pela graça divina,
Não passa em tua alma esse enganoso unguento
De que não é o teu delito que fala, mas a minha demência.
Isso é apenas uma pele fina cobrindo tua alma gangrenada,

Enquanto a pútrida corrupção, em infecção oculta,
Corrói tudo por dentro. Confessa-te ao céu;
Arrepende-te do que se passou e evita o que há de vir;
Não joga estrume sobre ervas daninhas
Que elas crescem ainda com mais força.
Perdoa-me por minha virtude:
É! Na velhacaria destes tempos flácidos,
A virtude tem que pedir perdão ao vício;
Sim, curvar-se e bajulá-lo pra que ele permita que ela o beneficie.

RAINHA – Oh, Hamlet, você partiu meu coração em dois.

HAMLET – Pois joga fora a pior parte dele,
E vive mais pura com a outra metade.
Boa noite. Mas não vá pra cama de meu tio;
Simula uma virtude, já que não a possui.
O costume, esse monstro que devora qualquer sentimento,
Demônio dos hábitos, nisto, porém, é um anjo
Pois também empresta hábito, ou libré,
Às nossas ações justas e nobres –
E que elas vestem prazenteiras. Abstenha-se esta noite:
Isso tornará mais fácil a próxima abstinência;
A seguinte será inda mais fácil.
O costume quase pode mudar o timbre da natureza,
Dominando o demônio, ou expulsando-o
Com violência irresistível. Mais uma vez, boa noite,
E quando sentir necessidade de ser abençoado
Eu lhe pedirei que me abençoe.
Quanto a este senhor *[Aponta Polônio.]*
Eu me arrependo; mas Deus quis assim;
Que eu fosse o castigo dele, e ele o meu;
Me apontou pra seu flagelo e ministro.
Vou dispor dele de qualquer maneira
E responder depois pela morte que lhe dei.
Então, ainda uma vez, boa noite.
Tenho que ser cruel para ser justo;
Aqui começa o mal, o pior ainda vem.
Uma palavra a mais, boa senhora.

Rainha – O que devo fazer?

Hamlet – De forma alguma nada que eu lhe diga:
Deixe que o rei balofo a atraia outra vez ao leito,
Que belisque suas bochechas de maneira lasciva;
Que a chame de minha ratinha.
Depois que ele lhe der alguns beijos nojentos,
E lhe acariciar o colo com seus dedos malditos,
Deve ter a impressão de que lhe arrancou a revelação de tudo:
Ou seja: eu não estou louco de verdade;
Estou louco somente por astúcia. Seria bom que ele soubesse assim;
Pois, se uma verdadeira rainha, justa, sóbria e sábia, não fosse capaz de revelar
Segredos tão preciosos a um sapo, um vampiro, um gato,
Quem o faria?
Não, contra todo o bom senso e a prudência,
Abra a gaiola no alto do telhado,
Deixe os pássaros voarem e, como o macaco da fábula,
Entre depois na gaiola, só pra ver o que acontece;
E quebre o pescoço saltando lá de cima.

Rainha – Olha aqui: se as palavras são feitas de aspiração,
E aspiração de vida, eu não tenho vida para aspirar
Nada do que você me disse.

Hamlet – Vou partir pra Inglaterra; sabia disso?

Rainha – Ai!,
Eu tinha esquecido. Está decidido, então.

Hamlet – As cartas já estão seladas. E meus dois companheiros de escola
Em que confio menos do que em dentes de víboras,
São portadores das ordens. Devem limpar o caminho
Pra eu chegar à armadilha. Vamos deixar;
Pois é um prazer ver-se o engenheiro
Voar pelos ares com o próprio engenho.
E só muito má sorte me impedirá
De cavar um palmo abaixo da mina deles,

Explodindo-os em pedaços até a lua. Oh, como é bonito
Ver, numa mesma linha, duas maquinações se chocando.
Este homem me obriga a usar uma escapatória.
Vou arrastar suas tripas para o quarto ao lado.
Boa noite, minha mãe! Engraçado, o conselheiro,
Aí está tão quieto, tão grave, e sagaz,
E em vida era um biltre, agitado e loquaz
[Ao corpo.] Vamos, senhor, é só o arrastão final.
Boa noite, mãe.
[Saem separadamente, Hamlet puxando Polônio.]

QUARTO ATO

CENA I

Sala do castelo. [Entram o Rei, a Rainha, Rosencrantz e Guildenstern.]

Rei – Esses suspiros e esses gemidos profundos têm uma causa.
Você deve traduzir; precisamos saber.
Onde está seu filho?

Rainha – Concedam-nos este espaço por alguns momentos.
[Saem Rosencrantz e Guildenstern.]
Ah, meu bom senhor, o que eu vi esta noite!

Rei – O que, Gertrudes? Como está Hamlet?

Rainha – Louco como o mar e o vento lutando
Pra decidir qual o mais forte. Num acesso de fúria,
Ouvindo alguma coisa mexer atrás da tapeçaria,
Arrancou o florete e gritou: "Um rato, um rato!"
E, exaltado, pela imaginação, matou,
Sem ver, o excelente velho.

Rei – Oh, que ação funesta!
Teria feito o mesmo a nós, estivéssemos lá.
A liberdade dele está cheia de ameaça para todos,
Pra você mesma, pra nós, pra qualquer um.
Ai de mim, como responderemos a essa ação sangrenta?
Seremos responsabilizados por não termos freado,
Confinado e segregado do mundo esse jovem lunático.
Mas era tanto o nosso amor
Que não soubemos decidir o mais conveniente:
Como quem está atacado de um mal vergonhoso
E, pra evitar que se o divulgue,
Prefere deixar-se devorar até a medula. Onde foi Hamlet?

Rainha – Esconder o corpo que ele assassinou;
E aí, sua própria loucura, como ouro

Fulgindo em uma mina de metal ordinário,
Mostra-se completamente pura: ele chora pelo acontecido.
Rei – Vem comigo, Gertrudes!
Assim que o sol tocar a montanha,
Nós o embarcaremos daqui; quanto prestígio e habilidade
Vamos ter que empregar
Para coonestar e desculpar esse ato nefando.
Ho, Guildenstern! *[Entram Rosencrantz e Guildenstern.]*
Amigos, busquem, vocês dois, mais alguém como reforço.
Hamlet, na sua loucura, assassinou Polônio,
e o arrastou pra fora do quarto da Rainha.
Procurem-no; falem com ele calmamente –
E tragam o corpo pra capela. *[Saem Rosencrantz e Guildenstern.]*
Vem, Gertrudes, vamos chamar nossos amigos mais sábios,
Comunicar a eles o que pretendemos fazer
E isso que aconteceu em tão má hora. Assim, quem sabe,
A calúnia, cujo murmúrio pode atravessar o diâmetro do mundo
Transportando seu tiro envenenado –
Reta como um canhão que visa o alvo –
Não consiga atingir o nosso nome.
E acerte no ar, que é invulnerável. – Oh, vamos embora!
Minha alma está cheia de angústia e confusão. *[Saem.]*

CENA II

Outro aposento no castelo. [Entra Hamlet.]

Hamlet – Está bem guardado.

Rosencrantz e **Guildenstern** – *[Fora de cena.]* Hamlet! Príncipe Hamlet!

Hamlet – Que barulho é esse? Quem chama por Hamlet? Oh, lá vêm eles! *[Entram Rosencrantz e Guildenstern.]*

Rosencrantz – O que é que o senhor fez, meu Príncipe, com o corpo do morto?

Hamlet — Eu o misturei ao pó, do qual ele é parente.

Rosencrantz — Diga-nos onde é que está, pra que possamos pegá-lo
E levá-lo à capela.

Hamlet — Não acredite nisso.

Rosencrantz — Acreditar em quê?

Hamlet — Que eu possa seguir o teu conselho em vez do meu próprio.
Me diz aí: ao ser interrogado por uma esponja,
Que resposta deve dar o filho de um rei?

Rosencrantz — O senhor acha que eu sou uma esponja, meu senhor?

Hamlet — Isso mesmo, meu caro, encharcada pelos favores do Rei, suas recompensas, seus cargos. São tais seguidores que prestam os melhores serviços ao Rei. Ele os guarda num canto da boca como o macaco faz com a noz; primeiro mastiga, depois engole. Quando precisa do que vocês chuparam, basta espremê--los. Espremidos, vocês, esponjas, estão secos de novo.

Rosencrantz — Me recuso a compreendê-lo, senhor.

Hamlet — Fico contente em saber. O discurso patife dorme no ouvido idiota.

Rosencrantz — Meu senhor, precisa nos dizer onde está o corpo. E acompanhar-nos até o Rei.

Hamlet — O corpo está com o Rei, mas o Rei não está com o corpo. O Rei é uma coisa...

Guildenstern — Uma coisa, meu senhor?

Hamlet — ...de nada. Me leva até o Rei. Te esconde, raposa; estão atrás de ti. *[Sai correndo.]*

CENA III

Outro aposento no castelo. [Entram o Rei e Séquito.]

REI – Mandei que o procurassem e que achassem o corpo.
É assaz perigoso deixar esse homem solto!
Mas contra ele não devemos usar a dura lei.
Hamlet é amado pela multidão leviana,
Que não ama com a razão, mas com os olhos;
Quando é assim, devemos pesar o culpado,
E não o crime. Pra que tudo vá calmo e dê certo,
Esta sua partida repentina tem que parecer
Cuidadosa deliberação. As doenças desesperadoras
Se curam com medicações desesperadas;
Ou não. *[Entra Rosencrantz.]*
E então, que foi que aconteceu?

ROSENCRANTZ – Meu senhor, não conseguimos que nos dissesse
Onde escondeu o corpo.

REI – Mas ele, onde está?

ROSENCRANTZ – Lá fora, senhor; sob guarda. Esperando o que a Vossa Majestade lhe aprouver.

REI – Tragam-no à nossa presença.

ROSENCRANTZ – Olá! Guildenstern! Faz entrar o Príncipe!
[Entram Hamlet e Guildenstern.]

REI – Muito bem, Hamlet, onde está Polônio?

HAMLET – Na ceia.

REI – Na ceia! Onde?

HAMLET – Na ceia. Mas não está comendo. Está sendo comido. Um determinado congresso de vermes políticos se interessou por ele. Nesses momentos, o verme é o único imperador. Nós engordamos todos os outros seres pra que nos engordem; e engordamos pra engordar as larvas. O rei obeso e o mendigo esquálido são apenas variações de um menu – dois pratos, mas na mesma mesa; isso é tudo.

Rei – Ai, ai, ai!

Hamlet – Um homem pode pescar com o verme que comeu o rei e comer o peixe que comeu o verme.

Rei – O que é que você quer dizer com isso?

Hamlet – Nada, senão demonstrar-lhe que um rei pode fazer um belo desfile pelas tripas de um mendigo.

Rei – Onde está Polônio?

Hamlet – No céu; manda alguém ver. Se o seu mensageiro não o encontrar lá, o senhor mesmo pode ir procurá-lo no seu novo endereço. Agora, se o senhor não o encontrar até o fim do mês, vai sentir o cheiro dele quando subir os degraus da galeria.

Rei – *[A alguns servidores.]* Vão procurá-lo lá.

Hamlet – Ele espera, ele espera. *[Saem os servidores.]*

Rei – Hamlet, esse ato, pra tua própria segurança,
Que nos é tão cara, sem que deixemos de lamentar
Profundamente aquilo que fizeste, nos obriga a te tirar daqui
Com a rapidez do fogo. Prepara-te, então:
O barco está pronto, o vento nos ajuda:
Acompanhantes já esperam: tudo está apontado
Pra Inglaterra.

Hamlet – Pra Inglaterra!

Rei – Sim, Hamlet.

Hamlet – Bom.

Rei – Você diria o mesmo, se conhecesse nossas intenções.

Hamlet – Eu vejo um querubim que as vê. – Mas vamos lá – à Inglaterra!
Adeus, querida mãe.

Rei – Teu pai que te ama, Hamlet.

Hamlet – Minha mãe. Pai e mãe são marido e mulher; marido e mulher são uma carne só; portanto, minha mãe. *[Para Rosencrantz e Guildenstern.]* Vamos, pra Inglaterra! *[Sai.]*

Rei – Nos calcanhares dele! Façam com que embarque imediatamente.

Não retardem a partida; eu o quero fora daqui esta noite!
Longe! Tudo o mais que diz respeito a esse caso
Já está resolvido e selado. Eu lhes peço, corram!
[Saem Rosencrantz e Guildenstern.]
E tu, Inglaterra – se de algum modo te interessa minha amizade –
E minha extrema potência te aconselha a que assim queiras –
Pois ainda tens viva e sangrenta
A cicatriz que te deixou a espada dinamarquesa,
E, embora livre, o teu temor é homenagem a nós,
Não podes receber com frieza nossa decisão soberana,
A qual, por cartas que formalizam a exigência,
Conduz à morte imediata de Hamlet. Faz isso, Inglaterra;
Pois Hamlet queima em meu sangue como a febre.
Tu deves curar-me. Até que isso aconteça,
O mais que me aconteça não poderá se chamar felicidade. *[Sai.]*

CENA IV

Uma planície da Dinamarca. [Entram Fortinbrás e um capitão, com um exército, marchando pelo palco.]

FORTINBRÁS – Vai, capitão, e saúda em meu nome o Rei dinamarquês,
Diz que, com a sua permissão, Fortinbrás
solicita salvo-conduto, já combinado, para atravessar
As terras deste reino. Sabes onde nos encontrar:
Se Sua Majestade tiver algo mais a discutir conosco,
Iremos pessoalmente prestar-lhe homenagens.
Comunique-lhe isso.

CAPITÃO – Assim farei, senhor.

FORTINBRÁS – *[Às tropas.]* Avancem lentamente.
[Saem todos, menos o capitão. Entram Hamlet, Rosencrantz, Guildenstern e outros.]

HAMLET – Bom senhor, de quem são essas forças?

CAPITÃO – Do Rei da Noruega, senhor.

Hamlet – Se dirigem pra onde, por favor?

Capitão – Contra uma parte da Polônia.

Hamlet – E quem as comanda, senhor?

Capitão – Fortinbrás, o sobrinho do velho Rei da Noruega.

Hamlet – Vão lutar contra a Polônia toda, ou apenas alguma parte da fronteira?

Capitão – Falar verdade, senhor, e evitando exagero,
Vamos conquistar um pequeno terreno
Que não nos interessa a não ser pela glória.
Nem por cinco ducados, cinco!, eu o arrendaria.
Não renderia mais que isso ao Rei da Polônia
Ou da Noruega, vendido como feudo.

Hamlet – Mas então os polacos nem vão defendê-lo!

Capitão – Ah, vão! Já têm uma guarnição aí!

Hamlet – Duas mil almas e vinte mil ducados
Não chegam pra decidir essa ninharia,
Isso é um abscesso causado por muita paz e riqueza:
Arrebenta por dentro não mostrando, por fora,
A causa mortis. Humildemente eu lhe agradeço, senhor.

Capitão – Deus esteja convosco. *[Sai.]*

Rosencrantz – Podemos ir agora, meu Príncipe?

Hamlet – Estarei com vocês imediatamente. Vai um pouco na frente. *[Saem todos, exceto Hamlet.]*
Todos os acontecimentos parecem me acusar,
Me impelindo à vingança que retardo!
O que é um homem cujo principal uso e melhor aproveitamento
Do seu tempo é comer e dormir? Apenas um animal.
É evidente que esse que nos criou com tanto entendimento,
Capazes de olhar o passado e conceber o futuro, não nos deu
Essa capacidade e essa razão divina
Para mofar em nós, sem uso. Ora, a não ser por esquecimento animal,
Ou por indecisão pusilânime,
Nascida de pensar com excessiva precisão nas consequências –

Uma meditação que, dividida em quatro,
Daria apenas uma parte de sabedoria
E três de covardia – eu não sei
Por que ainda repito: "Isso deve ser feito",
Se tenho razão, e vontade, e força e meios
Pra fazê-lo. Exemplos grandes quanto a Terra me incitam;
Testemunha é este exército, tão numeroso e tão custoso,
Guiado por um Príncipe sereno e dedicado,
Cujo espírito, inflado por divina ambição,
É indiferente ao acaso invisível,
E expõe o que é mortal e precário
A tudo que a Fortuna, a morte e o perigo engendram,
Só por uma casca de ovo. Se verdadeiramente grande
É não se agitar sem uma causa maior,
Mas encontrar motivo de contenda numa palha
Quando a honra está em jogo. Como é que eu fico, então,
Eu que com um pai assassinado e uma mãe conspurcada,
Excitações do meu sangue e da minha razão,
Deixo tudo dormir? E, pra minha vergonha,
Vejo a morte iminente de vinte mil homens
Que, por um capricho, uma ilusão de glória,
Caminham para a cova como quem vai pro leito,
Combatendo por um terreno no qual não há espaço
Para lutarem todos; nem dá tumba suficiente
Para esconder os mortos? Oh, que de agora em diante
Meus pensamentos sejam só sangrentos; ou não sejam nada!
[Sai.]

CENA V

Elsinor. Um aposento no castelo. [Entram a Rainha e Horácio.]

Rainha – Não quero falar com ela.

Horácio – Mas ela é insistente; está fora de si –
Seu estado merece piedade.

Rainha – Que quereria ela?

Horácio – Fala muito do pai; diz que sabe
Que há intrigas no mundo; tosse e bate no coração.
Se irrita por qualquer migalha; fala coisas sem nexo,
Ou com apenas metade do sentido. O que diz não diz nada,
Mas permite aos que a escutam
Tirarem suspeitas dessa deformação; e aí conjeturam,
Rearrumando as palavras de acordo com o que pensam.
As palavras, junto com os olhares, meneios e gestos
Que ela faz, dão pra acreditar
Que realmente ali há um pensamento, bastante incerto;
Mas muito doloroso.
Seria bom que falassem com ela, pois pode espalhar
Suposições perigosas em cérebros malignos.

Rainha – Manda ela entrar. *[Sai Horácio.]*
Pra minha alma doente – a natureza do pecado é assim –
Cada migalha é um desastre, é o fim;
A culpa é cheia de medo escondido
Que se trai, com medo de ser traído.
[Entra Horácio com Ofélia, fora de si.]

Ofélia – Onde está a radiosa rainha da Dinamarca?

Rainha – O que foi, Ofélia?

Ofélia – *[Canta.]* Como distinguir de todos
    O meu amante fiel?
    Pelo bordão e a sandália;
    Pela concha do chapéu.

Rainha – Ai, minha encantadora jovem, que significa essa canção?

Ofélia – O que diz? Não, presta atenção, por favor.
    [Canta.] Está morto, senhora, foi embora;
    Está morto, foi embora,
    Uma lápide por cima
    E grama verde, por fora.
    Oh, oh!

Rainha – Mas, querida Ofélia...

Ofélia – Ouve, por favor.

[Canta.] Seu sudário, como a neve da montanha... *[Entra o Rei.]*

Rainha – Ai de mim, veja isso, senhor.

Ofélia – *[Canta.]* O pranto do amor fiel
Fez as flores perfumadas
Descerem à tumba molhadas.

Rei – Como está você, minha bela jovem?

Ofélia – Bem! E Deus vos ajude. Dizem que a coruja era filha de um padeiro.
Senhor, nós sabemos o que somos, mas não o que seremos. Deus esteja em vossa mesa!

Rei – Ela pensa no pai.

Ofélia – Por favor, nem uma palavra sobre isso; mas quando perguntarem que coisa significa, respondam assim:
[Canta.] Amanhã é São Valentino
E bem cedo eu, donzela,
Pra ser tua Valentina
Estarei em tua janela.
E ele acorda e se veste
E abre o quarto pra ela.
Se vê a donzela entrando
Não se vê sair donzela.

Rainha – Gentil Ofélia!

Ofélia – Está bem, ô!, sem praguejar, eu termino;
[Canta.] Por Jesus e a Santa Caridade
Vão pro diabo os pecados
Os rapazes fazem o que podem
Mas como eles são malhados!
Disse ela: "Antes de me atracar,
Você prometeu casar".

Ele responde:
"Pelo sol, eu o tinha feito
Se não fosses ao meu leito".

Rei – Há quanto tempo ela está assim?

Ofélia – Eu espero que tudo saia bem. Devemos ser pacientes. Mas não posso deixar de chorar pensando que o enfiaram nessa terra fria. Meu irmão tem que ser informado. Por isso eu agradeço os vossos bons conselhos. Vem, minha carruagem! Boa noite, senhoras. Boa noite, amáveis senhoras; boa noite, boa noite. *[Sai.]*

Rei – Sigam-na de perto; vigiem-na com cuidado, eu lhes peço. *[Sai Horácio.]*
Ah, esse é o veneno do pesar profundo; brota
Tudo da morte do pai dela. Oh, Gertrudes, Gertrudes,
Quando as desgraças chegam, elas não vêm solitárias,
Mas em batalhões. Primeiro, o pai dela assassinado;
Depois, a partida de teu filho; ele próprio o tresloucado autor
Do seu justo desterro. E o povo se agitando,
Turbulento e malsão no que pensa e murmura,
Quanto à morte desse bom Polônio, agimos com imprudência
Fazendo seus funerais secretamente; e a pobre Ofélia,
Perdida de si própria e de sua razão,
Sem a qual somos apenas imagens ou meros animais.
E por fim, a ameaça mais grave:
O irmão dela voltou da França em segredo;
E anda envolvido em sombras,
E não faltam intrigas pra envenenar seus ouvidos
Com versões pestilentas sobre a morte do pai;
Mendigos de provas, os intrigantes não hesitarão
Em incriminar nossa pessoa de ouvido em ouvido.
Oh, querida Gertrudes, isso,
Como um canhão-a-metralha,
Me atinge em várias partes, me dando uma morte múltipla,
[Barulho fora de cena.]

Rainha – Meu Deus, que barulho é esse?

Rei – Onde estão meus suíços? Que guardem a porta. *[Entra um cavalheiro.]* Que foi que houve?

Cavalheiro – Protegei-vos, senhor!
O oceano ultrapassando seus limites,

Não devora as terras com mais fúria
Do que o jovem Laertes, à testa de uma horda sediciosa,
Derruba vossos comandos. O populacho o aclama;
E como se o mundo começasse agora,
Esquecendo o passado e renegando as tradições
Que dão às palavras valor e conteúdo,
Eles gritam: "Nós decidimos: Laertes será rei!"
E mãos, línguas e gorros aplaudem até as nuvens;
"Laertes será rei; Laertes rei!"

RAINHA – Com que alegria ladram numa pista falsa!
Seguem a pista ao contrário, falsos cães dinamarqueses!
[Tumulto fora de cena.]

REI – Arrebentaram a porta.
[Entra Laertes armado. Dinamarqueses o seguem.]

LAERTES – Onde está esse Rei? *[Aos soldados dinamarqueses.]*
Senhores, fiquem todos lá fora.

DINAMARQUÊS – Não; queremos entrar.

LAERTES – Eu lhes peço – isso é comigo.

DINAMARQUESES – Pois não, pois não. *[Se retiram.]*

LAERTES – Eu agradeço – vigiem a porta. E tu, Rei canalha, me devolve meu pai!

RAINHA – Calma, bom Laertes.

LAERTES – Uma gota de sangue que em mim ficar calma me proclama: *bastardo*; grita a meu pai: *cornudo*; e marca a fogo: *devassa* – na testa imaculada de minha santa mãe.

REI – Por que razão, Laertes,
Tua rebelião surgiu tão gigantesca?
Deixa-o, Gertrudes; não tema por nossa pessoa.
É tal a aura divina protegendo um Rei
Que a traição mal consegue entrever o que pretende,
E fica impotente pra qualquer ação. Me diz, Laertes,
Por que tão enfurecido? Deixa-o, Gertrudes.
Fala, homem.

LAERTES – Onde está meu pai?

Rei – Morto!

Rainha – Mas não por ele.

Rei – Deixe que ele pergunte até ficar bem farto.

Laertes – Como foi que morreu? Não pensem que me iludem!
Pro inferno a obediência! Ao demônio mais negro os juramentos!
A consciência e a graça ao mais fundo abismo!
Eu desafio a danação! Cheguei a um extremo
Em que já não me importa este mundo ou o outro.
Aconteça o que acontecer; quero apenas vingar
Meu pai, completamente.

Rei – Quem te impedirá?

Laertes – Nem o mundo inteiro – só a minha vontade.
Quanto aos recursos que tenho, eu os usarei de tal maneira
Que, embora poucos, chegarão bem longe.

Rei – Bom Laertes,
Se desejas conhecer a verdade
Sobre a morte de teu caro pai, diz;
Está escrito em tua vingança que jogarás todas as fichas nesse jogo,
Arrastando amigos e inimigos, vencedores e vencidos?

Laertes – Só os inimigos dele.

Rei – Queres então conhecê-los?

Laertes – Pros seus bons amigos, abrirei bem os meus braços,
E sacrificarei minha vida como um pelicano,
Alimentando-os com meu próprio sangue.

Rei – Bem, agora falas
Como filho amante e bom cavalheiro.
Que eu não tenho culpa na morte de teu pai,
E sinto a dor mais profunda pelo fato.
Ficará tão claro ao teu julgamento
Quanto o dia que penetra nos teus olhos.

Dinamarquês – *[Fora de cena.]* Deixem-na entrar!

Laertes – Que acontece aí? Que barulho é esse? *[Entra Ofélia.]*
Oh, fogo, consome meu cérebro! Lágrimas sete vezes salgadas,

Queimem a função e o valor dos meus olhos!
Juro pelos céus, tua loucura será paga em peso
Até que o braço da balança penda para o nosso lado.
Ó rosa de maio, virgem amada, boa irmã, gentil Ofélia!
Ó céus! É possível que a razão de uma donzela
Seja tão frágil quanto a vida de um velho?
A natureza é sutil no amor e, nessa sutileza,
Sacrifica um pedaço precioso de si própria
Àquele a quem ama.

Ofélia – *[Canta.]* O puseram no caixão com o rosto descoberto
Olelê, olelê, olelê.
Caíram chuvas de lágrimas na campa
Vai em paz, meu pombinho!

Laertes – Se estivesses em teu juízo e me incitasses à vingança, Não terias tanta força.

Ofélia – Todos têm que cantar: "Embaixo, embaixo; e chamando baixinho";
A roda da Fortuna gira assim! Foi o pérfido mordomo quem roubou a filha do patrão.

Laertes – Isso não é nada, e é mais que tudo.

Ofélia – *[Para Laertes.]* Este é um rosmaninho, serve pra lembrança. Eu te peço, amor, não esquece. E aqui amores-perfeitos, que são pros pensamentos.

Laertes – Uma lição na loucura; pensamentos e recordações se harmonizam.

Ofélia – *[Ao Rei.]* Funchos para o senhor, e aquileias. *[À Rainha.]* Arruda para vós, pra mim também alguma coisa – vamos chamar de flor da graça dos domingos; ah, tem que usar a sua arruda de modo diferente. Eis uma margarida. Gostaria de lhe dar algumas violetas, mas murcharam todas quando meu pai morreu – Dizem que ele teve um bom fim...

[Canta.] O meu bonito Robin é toda a minha alegria...

Laertes – A mágoa e a aflição, o sofrimento, o próprio inferno.
Ofélia – *[Canta.]* E ele não voltará mais?
    E ele não voltará mais?
    Não, não, ele está morto
    Em leito de paz e conforto
    Não voltará nunca mais.
    Tinha a barba branca como a neve
    Tinha a cabeça tão leve
    Foi embora, foi embora,
    É inútil nosso pranto
    Que Deus o proteja, agora.
    E para todas as almas cristãs, eu peço a Deus –
    Deus esteja convosco.
Laertes – Vede isso, ó céus!
Rei – Laertes, deixa que eu partilhe tua dor.
Ou estarás me negando um direito. Retira-te,
Escolhe entre os teus, teus amigos mais sábios,
E que ouçam e decidam entre você e eu.
Se por via direta ou mão por nós instruída
Acharem que temos alguma culpa, te entregaremos o reino,
A coroa, nossa vida, e tudo o mais que nos pertence,
Como forma de reparação. Não sendo assim,
Terás que nos emprestar tua paciência;
E trabalharemos de acordo com a tua alma
Para a satisfação que lhe é devida.
Laertes – Pois que assim seja;
O modo como morreu, o funeral furtivo –
Sem troféus, espada, nem escudo sobre os ossos,
Nenhum rito nobre ou a menor pompa mortuária,
Tudo isso grita do céu à terra
Reclamando que eu exija explicação.
Rei – Tu a terás; vem comigo.
Onde estiver o mal
Cairá sobre ele o machado fatal. *[Saem.]*

CENA VI

Outra sala no castelo [Entram Horácio e Servidor.]

HORÁCIO – Quem são esses que querem falar comigo?
SERVIDOR – Gente do mar, senhor; trazem cartas.
HORÁCIO – Manda entrar. *[Sai Servidor.]*
Não sei de que parte do mundo me enviam mensagens;
A não ser que sejam de Hamlet. *[Entram os Marinheiros.]*
PRIMEIRO MARINHEIRO – Deus vos bendiga, senhor.
HORÁCIO – Que também vos abençoe.
PRIMEIRO MARINHEIRO – Ele o fará, senhor, se for sua vontade. Trago-vos uma carta. Mandada pelo embaixador que ia pra Inglaterra. Se vosso nome é Horácio, como assim me informaram. *[Entrega a carta.]*
HORÁCIO – *[Lê.]* "Horácio, quando tiveres percorrido estas linhas, facilita a estes homens alguma maneira de chegarem ao Rei; têm cartas para ele. Não estávamos no mar nem há dois dias quando um navio pirata fortemente armado nos deu caça. Como éramos muito lentos de vela, tivemos que demonstrar uma coragem forçada e, na abordagem, saltei para o navio pirata. Nesse exato instante o barco se afastou do nosso e fiquei sendo o único prisioneiro. Os atacantes se comportaram comigo com curiosa misericórdia – sabiam o que faziam. Esperam que eu lhes preste um bom serviço. Faz com que o Rei receba as cartas que enviei: e me responde com a pressa com que fugirias da morte. Tenho palavras pra dizer em teus ouvidos que te deixarão mudo; mas mesmo assim são munição ligeira para o calibre do assunto. Essa boa gente te conduzirá aonde eu estou. Rosencrantz e Guildenstern continuam a viagem pra Inglaterra. Tenho muito a te contar sobre eles. Adeus.
   Aquele que tu sabes teu,
         Hamlet."
Venham, vou abrir caminho para as cartas que trazem;
E o mais depressa possível, pra que me levem logo
Àquele que as enviou. *[Saem.]*

CENA VII

Outra sala no castelo. [Entram o Rei e Laertes.]

Rei – Agora a tua consciência deve selar minha absolvição,
E pôr-me em teu coração como um amigo,
Já que ouviste com ouvido prevenido
Que o assassino de teu pai
Atentava era contra mim.

Laertes – É o que me parece – mas
Por que o senhor não agiu contra esses atos
Tão criminosos, capitais pela própria natureza?
A sua segurança, grandeza, sabedoria e todas as outras coisas
O forçavam a isso.

Rei – Oh, por duas razões especiais,
Que te parecerão, talvez, bastante débeis;
Pra mim, porém, são muito fortes. A mãe de Hamlet
Vive praticamente por seus olhos. E quanto a mim –
Virtude ou maldição, seja o que for –
Ela está em tal conjunção com minha alma e minha vida,
Que, como uma estrela presa à sua órbita,
Eu só sei me mover em torno dela. O outro motivo,
Pelo qual não posso me arriscar a um confronto público,
É o grande amor que a gente comum tem pelo Príncipe;
O povo, mergulhando em afeição todas as faltas dele,
Como a fonte que transforma o lenho em pedra,
Converteria suas cadeias em relíquias; e minhas flechas
De hastes muito leves pra vento tão forte,
Não atingiriam o alvo onde eu mirasse
E voltariam todas sobre mim.

Laertes – E assim eu perdi um nobre pai;
Vi minha irmã lançada ao desespero –
Ela, cujos méritos, se é possível louvar o que é passado –
Desafiavam do alto todo o nosso tempo,
Tal sua perfeição. Mas minha vingança virá.

Rei – Que isso não te interrompa o sono. Não deves pensar
Que somos feitos de matéria frouxa e inerte;
Que deixamos o perigo nos arrancar a barba
Fingindo que é brincadeira.
Em breve saberás mais.
Eu amava teu pai, como amo a mim próprio;
E isso, espero, te levará a imaginar... *[Entra um Mensageiro.]*
Que foi, agora? Alguma notícia?

Mensageiro – Cartas, meu senhor, de Hamlet.
[Entrega as cartas a ele.]
Esta para Vossa Majestade; esta para a Rainha.

Rei – De Hamlet! Quem trouxe?

Mensageiro – Marinheiros, senhor, me disseram; eu não os vi.
Me foram entregues por Cláudio. Ele as recebeu
De quem as trouxe.

Rei – Laertes, tens que ouvir.
[Ao mensageiro.] Deixe-nos. *[Mensageiro sai.]*
[Lê.] "Alta e Poderosa Majestade, sabei que fui deixado nu em
  vosso reino. Amanhã pedirei permissão para estar ante vos-
  sos olhos reais; ocasião em que eu, desde já pedindo vosso
  perdão, narrarei os motivos de meu estranho e súbito retorno.
  Hamlet."
Que quer dizer isto? Os outros todos também estão voltando?
Ou isto é só um estratagema?

Laertes – O senhor reconheceu a mão?

Rei – Caracteres de Hamlet. "Nu."
A letra dele aqui, no *post-scriptum* – "Sozinho".
Que me aconselhas?

Laertes – Estou perdido, senhor. É deixar que ele venha;
Reaquece o meu coração sofrido –
A ideia de poder viver e lhe dizer nos dentes:
"Tu o fizeste!"

Rei – Se for assim, Laertes,
Como será assim? Como o contrário?
Deixarás que eu te guie?

LAERTES – Sim, meu senhor;
Desde que não me conduza para a paz.
REI – À tua própria paz. Se ele agora voltou –
Abandonando a viagem – e não tem mais intenção
De embarcar de novo, eu o tentarei
A uma empreitada já madura em minhas cogitações,
Da qual ele não conseguirá escapar.
E a morte dele não trará nem um sopro
Do vento da suspeita.
Até sua mãe desconhecerá o estratagema
E o chamará de acaso.
LAERTES – Meu senhor, deixar-me-ei guiar;
Com prazer maior se puder organizar tudo
De modo a que eu sirva de instrumento.
REI – Pois vem bem a propósito.
Falou-se muito de ti enquanto viajavas –
Isso em presença de Hamlet – por uma habilidade
Na qual, dizem, você é esplendoroso. Todas as tuas qualidades juntas
Não despertaram nele tanta inveja
Quanto esta sozinha; aliás, aqui no meu parecer,
Sem nenhuma importância.
LAERTES – Que habilidade é essa, meu senhor?
REI – Apenas uma fita no barrete da juventude,
Embora necessária; pois à juventude vão tão bem
As roupas ligeiras e descuidadas
Quanto vão bem na idade avançada
As vestes de peles e indumentárias negras
Que denotam gravidade e riqueza. Há dois meses atrás
Esteve aqui um fidalgo da Normandia.
Eu mesmo vi, e militei contra, os franceses;
São belos cavaleiros. Mas o nosso galante
Era mais – um feiticeiro. Colava-se na sela
E fazia o cavalo executar proezas extraordinárias,
Como se se incorporasse ao esplêndido animal,

Metade cada um da mesma natureza. Ultrapassou tudo em minha imaginação
Pois, por mais evoluções e acrobacias que eu inventasse,
Ficava muito aquém de todas que fazia.

LAERTES – Era um normando?

REI – Um normando.

LAERTES – Aposto por minha vida – era Lamond.

REI – Era esse mesmo.

LAERTES – Conheço bem; ele é a joia, melhor,
A pedra preciosa de toda a nação.

REI – Mas se inclinava a ouvir teu nome:
Falando de ti como um mestre sem par
Na arte e na prática do ataque e defesa
E muito especialmente no uso do florete;
E chegou a gritar: "Seria um vero espetáculo
Se houvesse um outro igual". Os esgrimistas de seu país,
Ele jurou, não teriam ataque, ou guarda, nem golpe de vista,
Se fosses o adversário. Pois essa avaliação feita por ele
De tal modo envenenou Hamlet de inveja
Que ele só ansiava por tua volta;
Para esgrimir contigo.
Ora, a partir daí...

LAERTES – O que a partir daí, meu senhor?

REI – Laertes, não amavas teu pai?
Ou você é apenas a pintura de uma dor,
Rosto sem coração?

LAERTES – Por que essa pergunta?

REI – Não que eu pense que não amavas teu pai,
Mas por saber que o amor se constrói com o tempo,
Vejo casos que provam isso –
O tempo lhe modifica a centelha e o ardor.
Dentro da própria chama da paixão
Vive um pavio ou abafador que arrefece sua luz.
E nada mantém a qualidade inicial:

Pois a qualidade, tornando-se pletórica,
Morre do próprio excesso. O que queremos fazer
Está sujeito a tantas demoras e desânimos
Quantas são as línguas, as mãos e os acidentes que o cercam.
E assim esse *devemos* é um suspiro excessivo
Que, aliviando, dói. Mas vamos ao carnegão do abscesso:
Hamlet está de volta. Que estás disposto a fazer
Pra te mostrares filho de teu pai em atos;
Não mais em palavras?

Laertes – Cortar-lhe o pescoço na igreja.

Rei – Nenhum lugar, na verdade, devia dar asilo a um assassino;
Nem servir de limites à vingança. Mas, bom Laertes,
Se desejas vingança, permanece fechado no teu quarto.
Hamlet, chegando, saberá que tu voltaste.
Nós o cercaremos dos que só louvarão tua competência,
Dando até outra camada de verniz à fama
Que o francês te outorgou. E aí provocaremos um entrevero entre vocês,
E apostaremos nas duas cabeças. Ele, negligente que é,
E generosíssimo, alheio a qualquer trama,
E alguma habilidade, poderás escolher
Um florete sem botão pra, num passe maldoso,
Pagar a vida de teu pai com a vida dele.

Laertes – Assim farei;
E com esse fim untarei minha espada.
Um charlatão me vendeu um certo unguento,
Tão mortal que basta mergulhar nele uma lâmina
E, onde esta tirar sangue, o emplastro mais raro,
Composto de todas as ervas que a lua
Alimenta de virtudes, não livrará da morte
Quem sofrer um arranhão. Molharei no veneno
A minha ponta. O mais simples toque
Será a morte.

Rei – Vamos refletir um pouco;
Pesar as circunstâncias de tempo e de meios

Que se adaptem melhor ao nosso plano. Se for pra falhar
E deixar nossas intenções se revelarem por um mau desempenho,
Será melhor nem tentar. Por isso nosso projeto
Deve ter outro que o apoie ou substitua, pra ser executado
Caso este negue fogo. Calma! Vejamos –
Faremos uma aposta solene na perícia de ambos.
E eis aqui:
Quando, em meio ao combate, sentirem calor e sede –
Tens que fazer ataques bem violentos pra que isso aconteça –
E Hamlet pedir bebida, eu já terei um cálice
Preparado pra ocasião, no qual basta ele tocar os lábios –
Se até aí escapou de tua estocada venenosa –
Pra coroar nosso plano. Mas, espera! Que barulho é...?
[Entra a Rainha.]
Que foi, meiga Gertrudes?

RAINHA – Uma desgraça marcha no calcanhar de outra,
Tão rápidas se seguem. Tua irmã se afogou, Laertes.

LAERTES – Afogada! Oh, onde?

RAINHA – Há um salgueiro que cresce inclinado no riacho
Refletindo suas folhas de prata no espelho das águas;
Ela foi até lá com estranhas grinaldas
De botões-de-ouro, urtigas, margaridas,
E compridas orquídeas encarnadas,
Que nossas castas donzelas chamam dedos de defuntos,
E a que os pastores, vulgares, dão nome mais grosseiro.
Quando ela tentava subir nos galhos inclinados,
Para aí pendurar as coroas de flores,
Um ramo invejoso se quebrou;
Ela e seus troféus floridos, ambos,
Despencaram juntos no arroio soluçante.
Suas roupas inflaram e, como sereia,
A mantiveram boiando um certo tempo;
Enquanto isso ela cantava fragmentos de velhas canções,
Inconsciente da própria desgraça
Como criatura nativa desse meio,

Criada pra viver nesse elemento.
Mas não demoraria pra que suas roupas
Pesadas pela água que as encharcava,
Arrastassem a infortunada do seu canto suave
À morte lamacenta.

LAERTES – Ai de mim! Minha irmã afogada!

RAINHA – Afogada! Afogada!

LAERTES – Já tens água demais, pobre Ofélia,
Por isso contenho minhas lágrimas. Mas
Esse é o jeito humano; a natureza cobra à natureza,
A vergonha diga o que quiser.
Quando acabarem minhas lágrimas,
Não haverá mais mulher em mim. Adeus, senhor.
Tenho um discurso de fogo pronto a explodir suas chamas
Mas esta minha fraqueza o apaga. *[Sai.]*

REI – Vamos segui-lo, Gertrudes.
O que tive que fazer para acalmar sua fúria!
Temo que este infortúnio o inflame de novo:
Vamos segui-lo. *[Saem.]*

QUINTO ATO

CENA I

Elsinor. Um cemitério. [Entram dois coveiros carregando pás e outras ferramentas.]

PRIMEIRO COVEIRO – Mas como vão enterrar numa sepultura cristã? Ela não procurou voluntária a sua salvação?

SEGUNDO COVEIRO – Eu te digo que sim; mas cava a cova dela bem depressa. O juiz examinou o caso e decidiu enterro cristão.

PRIMEIRO COVEIRO – Como é que pode ser? Só se ela se afogou em legítima defesa.

SEGUNDO COVEIRO – Parece que foi.

PRIMEIRO COVEIRO – Bom, deve ter sido se defendendo; não pode ser doutro jeito. E aí está o nó: se eu me afogo voluntário, isso prova que há um ato; e um ato tem três galhos; que é a ação, a facção e a executação. *Argo*, foi uma afogação voluntária.

SEGUNDO COVEIRO – Claro, mas ouve aqui, cavalheiro coveiro...

PRIMEIRO COVEIRO – Com a sua licença! *[Mexe na poeira com o dedo.]* Aqui tem a água; bom. Aqui tem o homem; bom. Se o homem vai nessa água e se afoga, não interessa se quis ou não quis – ele foi. Percebeu? Agora, se a água vem até o homem e afoga ele, ele não se afoga-se. *Argo*, quem não é culpado da própria morte, não encurta a própria vida.

SEGUNDO COVEIRO – Mas isso tá na lei?

PRIMEIRO COVEIRO – Claro que está; é a lei das perguntas do juiz.

SEGUNDO COVEIRO – Quer que eu te diga? Se essa não fosse da nobreza, nunca que iam dar pra ela uma sepultura cristã.

PRIMEIRO COVEIRO – Você disse tudo. E o maior pecado é que os grandes deste mundo podem se afogar ou enforcar mais do que os simples cristãos. Vem, minha pá! Não há nobreza mais antiga do que a dos jardineiros, agricultores e coveiros: eles continuam a tradição de Adão.

Segundo coveiro – Adão era nobre?

Primeiro coveiro – O primeiro do mundo.

Segundo coveiro – Nunca ouvi isso!

Primeiro coveiro – Você é um herege? Nunca leu a escritura? A escritura diz que Adão cavava. E para ajudá-lo, Deus lhe deu Eva como companheira. Ele foi o primeiro par deste reino. E Eva não fiava? Uma mulher de linhagem. Vou te fazer outra pergunta: se não responderes certo, faz tua confissão que...

Segundo coveiro – Vê lá.

Primeiro coveiro – Quem é que constrói mais forte do que o pedreiro, o engenheiro e o carpinteiro?

Segundo coveiro – O armador de forcas; o que ele constrói dura mais do que mil inquilinos.

Primeiro coveiro – Gostei do teu espírito, pode crer. Nessa da forca você se saiu bem; quer dizer, se saiu bem pros que se saem mal. Mas se saiu mal em admitir que a forca é mais forte do que a Igreja. *Argo*; a forca pode te sair bem. Outra resposta, vamos.

Segundo coveiro – "Quem constrói mais forte do que o pedreiro, o engenheiro e o carpinteiro?"

Primeiro coveiro – É, responde e pode tirar a cangalha.

Segundo coveiro – Espera, eu já sei...

Primeiro coveiro – Força!

Segundo coveiro – Que diabo, não sei. *[Entram Hamlet e Horácio.]*

Primeiro coveiro – Não maltrata mais teu cérebro, pois um burro burro não fica esperto com pancada. Quando te fizerem essa pergunta uma outra vez, responde logo: "O coveiro". As casas que ele constrói duram até o Juízo Final. Agora vai até a bodega de Yanam e me traz um caneco de cerveja. *[Sai o Segundo Coveiro. O Primeiro cava e canta.]*

Na mocidade eu amava e amava;
Como era doce passar assim o dia
Encurtando (ô!) o tempo (ah!) que voava
E eu não via a vida que fugia.

HAMLET – Esse camarada não tem consciência do trabalho que faz, cantando enquanto abre uma sepultura?

HORÁCIO – O costume transforma isso em coisa natural.

HAMLET – É mesmo. A mão que não trabalha tem o tato mais sensível.

PRIMEIRO COVEIRO – *[Canta.]* E a velhice chega
bem furtiva
Na lentidão que tarda, mas não erra
E nos atira aqui dentro da cova
Como se o homem também não fosse terra.
[Descobre um crânio.]

HAMLET – Esse crânio já teve língua um dia, e podia cantar. E o crápula o atira aí pelo chão, como se fosse a queixada de Caim, o que cometeu o primeiro assassinato. Pode ser a cachola de um politiqueiro, isso que esse cretino chuta agora; ou até o crânio de alguém que acreditou ser mais que Deus.

HORÁCIO – É, pode ser.

HAMLET – Ou de um cortesão que só sabia dizer: "Bom dia, amado príncipe!
Como está o senhor, meu bom senhor?" Pode ter sido o Lorde Tal-e-qual, que elogiava o cavalo do Lorde Qual-e-Tal na esperança de ganhá-lo, não é mesmo?

HORÁCIO – É, meu senhor.

HAMLET – Pode ser. E agora sua dona é Madame Verme; desqueixado e com o quengo martelado pela pá de um coveiro. Uma bela revolução, se tivéssemos capacidade de entendê-la. A educação desses ossos terá custado tão pouco que só sirvam agora pra jogar a bocha? Os meus doem, só de pensar nisso.

PRIMEIRO COVEIRO – *[Canta.]*
Uma picareta e uma pá, uma pá

E também uma mortalha
Cova de argila cavada
Pra enterrar a gentalha.
[Desenterra outro crânio.]

Hamlet – Mais um! Talvez o crânio de um advogado! Onde foram parar os seus sofismas, suas cavilações, seus mandatos e chicanas? Por que permite agora que um patife estúpido lhe arrebente a caveira com essa pá imunda e não o denuncia por lesões corporais? Hum! No seu tempo esse sujeito talvez tenha sido um grande comprador de terras, com suas escrituras, fianças, termos, hipotecas, retomadas de posse. Será isso a retomada final de nossas posses? O termo de nossos termos, será termos a caveira nesses termos? Os fiadores dele continuarão avalizando só com a garantia desse par de identificações? As simples escrituras de suas terras dificilmente caberiam nessa cova; o herdeiro delas não mereceria um pouco mais?

Horácio – Nem um dedo mais, senhor.

Hamlet – O pergaminho das escrituras não é feito de pele de carneiro?

Horácio – É, meu senhor. De vitela também.

Hamlet – É; só vitelos e carneiros têm confiança nisso. Vou falar com esse aí. *[Ao Coveiro.]* De quem é essa cova, rapaz?

Primeiro coveiro – Minha, senhor.
[Canta.] O que falta a tal hóspede
É um buraco de argila.

Hamlet – Tua, claro. Estás todo encovado.

Primeiro coveiro – Sua é que não é. O senhor parece preocupado, e ela é pós-ocupada.

Eu me ocupo da campa, logo estou acampado.

Hamlet – A cova que cavas é coisa de morto. Um vivo na tumba está só confinado.

Primeiro coveiro – Resposta bem viva, senhor; xeque-mortal!

Hamlet – Pra que homem está cavando o túmulo?

Primeiro coveiro – Pra homem nenhum, senhor.

Hamlet – Pra qual mulher, então?

Primeiro coveiro – Nenhuma, também.

Hamlet – Então o que é que você vai enterrar aí?

Primeiro coveiro – Alguém que foi mulher, senhor; mas, paz à sua alma, já morreu.

Hamlet – O patife é esperto! Devemos falar com precisão, ou ele nos envolve em ambiguidades. Por Deus, Horácio, há uns três anos venho notando isso; nosso tempo se tornou tão refinado que a ponta do pé do camponês já está no calcanhar do cortesão; até lhe machucando os calos. *[Ao Coveiro.]* Há quanto tempo você é coveiro?

Primeiro coveiro – Entre todos os dias do ano escolhi começar no dia em que o falecido Rei Hamlet venceu Fortinbrás.

Hamlet – Há quanto tempo, isso?

Primeiro coveiro – O senhor não sabe? Qualquer idiota sabe. Foi no mesmo dia em que nasceu o Príncipe Hamlet, o que ficou maluco e foi mandado pra Inglaterra.

Hamlet – Ó, diabo, por que foi mandado pra Inglaterra?

Primeiro coveiro – Ué, porque ficou maluco. Diz que lá recupera o juízo; e, se não recuperar, lá não tem importância.

Hamlet – Por quê?

Primeiro coveiro – Na Inglaterra ninguém repara nele, aquilo lá é tudo doido.

Hamlet – Como é que ficou maluco?

Primeiro coveiro – Dizem que de maneira muito estranha.

Hamlet – Estranha como?

Primeiro coveiro – Parece que perdeu o juízo.

Hamlet – E qual foi a razão?

Primeiro coveiro – Achar que não tinha razão! Isso, na Dinamarca! Já sou coveiro aqui, juntando rapaz e homem feito, tem bem trinta anos.

Hamlet – Quanto tempo um homem pode ficar embaixo da terra antes de apodrecer?

Primeiro coveiro – Olha, se já não estava podre antes de morrer – hoje tem aí muito cadáver pestilento que já quase nem espera a gente enterrar – dura uns oito ou nove anos. Um curtidor aguenta bem nove anos.

Hamlet – Por que ele mais que os outros?

Primeiro coveiro – Ora, senhor, a pele dele está tão curtida pela profissão que a água custa muito a penetrar. Essa água é que é a inimiga corroedora do filho da puta do cadáver. Olha, vê aqui esse crânio? – tava enterrado aí há vinte e três anos.

Hamlet – De quem era?

Primeiro coveiro – Um maluco filho da puta, esse aí. O senhor pensa que é de quem?

Hamlet – Sei lá – não sei.

Primeiro coveiro – Que a peste nunca abandone esse palhaço louco! Uma vez derramou na minha cabeça um garrafão inteiro de vinho do Reno. Esse crânio aí, cavalheiro, foi o crânio de Yorick, o bobo do rei.

Hamlet – Este aqui?

Primeiro coveiro – Esse aí!

Hamlet – Deixa eu ver. *[Pega o crânio.]* Olá, pobre Yorick! Eu o conheci, Horácio. Um rapaz de infinita graça, de espantosa fantasia. Mil vezes me carregou nas costas; e agora, me causa horror só de lembrar! Me revolta o estômago! Daqui pendiam os lábios que eu beijei não sei quantas vezes. Yorick, onde andam agora as tuas piadas? Tuas cambalhotas? Tuas cantigas? Teus lampejos de alegria que faziam a mesa explodir em gargalhadas? Nem uma gracinha mais, zombando da tua própria dentadura? Que falta de espírito! Olha, vai até o quarto da minha grande Dama e diz a ela que, mesmo que se pinte com dois dedos de espessura, este é o resultado final; vê se ela ri disso! Por favor, Horácio, me diz uma coisa.

Horácio – O que, meu senhor?

Hamlet – Você acha que Alexandre também ficou assim embaixo da terra?

Horácio – Assim mesmo.

Hamlet – E fedia assim? Puá! *[Joga o crânio fora.]*

Horácio – Assim mesmo.

Hamlet – A que serventias vis podemos retornar, Horácio! Nada nos impede de seguir o caminho da nobre cinza de Alexandre, até achá-lo calafetando um furo de barrica.

Horácio – Pensar assim é chegar a minúcias excessivas.

Hamlet – Não, por minha fé, nada disso! É apenas seguir o pensamento com naturalidade. Vê só: Alexandre morreu; Alexandre foi enterrado; Alexandre voltou ao pó; o pó é terra; da terra nós fazemos massa. Por que essa massa em que ele se converteu não pode calafetar uma barrica?

    César Augusto é morto, virou terra;
    Pôr o vento pra fora é sua guerra –
    O mundo tremeu tanto ante esse pó
    Que serve agora pra tapar buraco – só.

Mas, devagar! Devagar agora! Vamos nos afastar. O Rei vem aí!
[Entram o Rei, a Rainha, Laertes e o corpo de Ofélia, num caixão, com Padres e Fidalgos em procissão.]
A Rainha, os cortesãos. Quem é que eles seguem?
E com um cortejo assim tão incompleto? Isso indica
Que o corpo que seguem destruiu a própria vida
Com mão desesperada. Era alguém de alta condição.
Vamos nos esconder um pouco e observar.
[Afasta-se com Horácio.]

Laertes – *[A um Padre.]* Mais alguma cerimônia?

Hamlet – *[Para Horácio, à parte.]* Esse é Laertes,
Um jovem nobilíssimo. Observa-o.

Primeiro Padre – As exéquias foram celebradas nos limites
A que nos autorizaram. Sua morte foi suspeita;

Não fosse a ordem superior para exceção da regra,
Teria sido enterrada em campo não consagrado
Até as trombetas do Juízo Final; em vez de preces caridosas,
Pedras, cacos e lama seriam atirados sobre ela.
Contudo lhe foram concedidas grinaldas de virgem,
Braçadas de flores brancas e tímpanos e Séquito,
Acompanhando-a à última morada.

LAERTES – Não se pode fazer mais nada?

PRIMEIRO PADRE – Nada mais a fazer,
Profanaria o ofício dos mortos
Cantar um réquiem como fazemos pro descanso
Das almas que partiram em paz.

LAERTES – Deponha-a sobre a terra;
Que de sua carne bela e imaculada
Brotem as violetas! Te digo, padre cretino,
Minha irmã será um anjo eleito entre os eleitos,
Quando tu uivares nas profundas do inferno.

HAMLET – O que; a pura Ofélia?!

RAINHA – *[Espargindo flores.]* Flores às flores. Adeus!
Esperava que fosses a esposa do meu dileto Hamlet;
Pensava adornar o teu leito de noiva, doce criança,
Não florir tua sepultura.

HAMLET – Oh, tríplice desgraça
Caia dez vezes triplicada sobre a cabeça maldita
Cuja ação criminosa privou você
De tua inteligência luminosa! Parem um momento a terra
Para que eu a aperte uma última vez em meus braços.
[Salta na sepultura.]
Cubram agora de pó o vivo e a morta,
Até que essa planície se transforme em monte
Mais alto do que o Monte Pélion ou do que o pico
Do Olimpo azul, que fura o firmamento.

HAMLET – *[Avançando.]* Quem é esse cuja mágoa
Se adorna com tal violência; cujo grito de dor

Enfeitiça as estrelas errantes, detendo-as no céu,
Petrificadas como espantadas ouvintes? Esse sou eu,
Hamlet, da Dinamarca. *[Salta na sepultura.]*

LAERTES – Que o demônio carregue a tua alma! *[Luta com ele.]*

HAMLET – Mau modo de rezar. Eu te peço, tira teus dedos da minha garganta;
Pois embora eu não seja raivoso ou violento,
Tenho em mim alguma coisa perigosa
Que tua sabedoria fará bem em respeitar. Tira as tuas mãos!

REI – Separem-nos!

RAINHA – Hamlet! Hamlet!

HORÁCIO – Meu bom senhor, se acalme. *[Os Cortesãos separam os dois, que saem da campa.]*

HAMLET – Por esta causa eu lutarei com ele
Até que minhas pálpebras parem de pestanejar.

RAINHA – Ó, filho meu, que causa?

HAMLET – Eu amava Ofélia. Quarenta mil irmãos
Não poderiam, somando seu amor,
Equipará-lo ao meu. *[A Laertes.]* Que farás
Tu por ela?

REI – Ele está louco, Laertes.

RAINHA – Pelo amor de Deus, deixem-no só.

HAMLET – Pelo sangue de Cristo, mostra-me o que pretendes fazer,
Vais chorar? Vais lutar? Jejuar? Fazer-te em
Pedaços? Beber um rio? Comer um crocodilo? Eu farei isso.
Vieste aqui choramingar? Ou me desafiar saltando em sua tumba?
Mande que te enterrem vivo junto dela e eu farei o mesmo.
E já que falas bravatas de montanhas, deixa que lancem
Milhões de acres sobre nós, até que nosso solo,
Esturricando o crânio lá na zona ardente,
Faça o Monte Ossa parecer verruga! Vai, vocifera;
Meu rugido será igual ao teu.

Rainha – Isso é loucura completa;
E o acesso vai dominá-lo assim por algum tempo;
Depois, manso como uma pomba
Quando vê nascer os filhos dourados,
O silêncio o envolverá, acabrunhado.

Hamlet – Ouve, cavalheiro:
Por que razão me trata desse modo?
Eu sempre o estimei. Mas não importa;
Mesmo que Hércules use toda sua energia,
O gato miará e o cão terá seu dia. *[Sai.]*

Rei – Eu te peço, bom Horácio, toma conta dele.
[Sai Horácio. Para Laertes.] Fortalece a tua paciência
Com nossa conversa de ontem à noite;
Vamos dar continuidade à nossa decisão.
Boa Gertrudes, manda vigiar o teu filho.
Esta tumba terá um monumento duradouro.
Em breve chegará a nossa hora de paz;
Se agirmos, até lá, com paciência audaz. *[Saem.]*

CENA II

Sala no castelo. [Entram Hamlet e Horácio.]

Hamlet – E quanto a isso, basta. Vejamos então o resto;
Recorda-te de todos os detalhes?

Horácio – Como não recordar, senhor?

Hamlet – Amigo, em meu coração havia uma espécie de luta
Que me impedia de dormir. Me sentia
Pior do que os amotinados presos nos porões. Fui impulsivo,
Mas louvada seja a impulsividade,
Pois a imprudência às vezes nos ajuda
Onde fracassam as nossas tramas muito planejadas.
Isso nos deveria ensinar que há uma divindade
Dando a forma final aos nossos mais toscos projetos...

Horácio – Nada mais certo.

Hamlet – Subindo de minha cabine,
Uma manta enrolada nos meus ombros, tateando
No escuro, encontrei o que queria;
Botei as mãos no pacote desejado
E voltei finalmente ao meu beliche. Nesse golpe de audácia,
Meu medo dominando meus escrúpulos, violei
O selo do despacho solene. E encontrei aí, Horácio –
Oh, a canalhice real! –, uma ordem precisa,
Alicerçada em muitas e variadas espécies de razões
Concernentes à segurança do Rei da Dinamarca,
E também da Inglaterra, falando dos horrores
E fantasmas que surgiriam se eu continuasse vivo,
De modo que, à primeira leitura, e sem perda de tempo,
Não, nenhuma, nem mesmo a de afiar o machado,
Deviam me cortar a cabeça.

Horácio – Será possível?

Hamlet – Aqui está o despacho. Leia depois, com mais calma.
Queres ouvir como eu procedi?

Horácio – Eu lhe suplico.

Hamlet – Estando assim preso na rede de velhacarias –
E antes que eu pudesse enviar um prólogo ao meu cérebro
Este já tinha iniciado o drama – eu me sentei,
Inventei uma mensagem, escrevi-a com letra burilada –
Como qualquer de nossos estadistas.
Eu, antigamente, considerava uma baixeza
Escrever com letra caprichada
E me esforcei o que pude
Para esquecer essa arte subalterna; mas nesse momento, amigo,
Ela me prestou um serviço inestimável. Queres saber agora
O teor da mensagem?

Horácio – Claro, meu bom senhor.

Hamlet – O Rei da Dinamarca faz um apelo premente –
Já que o rei da Inglaterra é seu fiel tributário;

Já que o amor entre os dois deve florir como as palmas;
Já que a paz deve sempre trazer sua coroa dourada;
Servindo de união entre as duas amizades –
E muitos outros *já-ques* da maior importância –
Para que, visto e conhecido o conteúdo da carta,
Sem qualquer outra deliberação, grande ou pequena,
Seja dada morte aos portadores,
Não se lhes concedendo nem tempo para a confissão.

HORÁCIO – E como selou o escrito?

HAMLET – Ah, até nisso o céu me foi propício.
Eu tinha na bolsa o sinete de meu pai;
Cópia fiel do selo da Dinamarca;
Dobrei a folha como estava a outra;
Assinei-a, timbrei-a; coloquei-a no lugar da verdadeira,
Como as fadas trocam uma criança. No dia seguinte,
Aconteceu a abordagem – tudo o que vem depois
Já é de teu conhecimento.

HORÁCIO – Então Guildenstern e Rosencrantz se foram...

HAMLET – Ora, homem, os dois cortejaram tudo pelo cargo.
Não pensam na minha consciência; sua destruição
Procede do próprio intrometimento.
É perigoso para os inferiores
Se meterem entre o passo e a estocada
Das pontas furiosas de inimigos potentes.

HORÁCIO – Céus, que Rei é esse?!

HAMLET – Pois é; não achas que é meu dever agora –
Com esse que matou o meu Rei e prostituiu minha mãe;
Que se interpôs entre a eleição ao trono e as minhas esperanças;
Que lançou o anzol da infâmia pra pescar minha própria vida –
Não é meu dever de consciência abatê-lo com suas próprias armas?
E não seria criminoso deixar que essa pústula da natureza
Continuasse a disseminar sua virulência?

HORÁCIO – Mas logo ele vai receber notícias da Inglaterra
Contando o que aconteceu por lá.

Hamlet – E não demora. Mas o intervalo é meu;
A vida de um homem é só o tempo de se contar "um".
Mas estou muito triste, Horácio,
Por ter me excedido com Laertes;
Pois na imagem da minha causa
Vejo o reflexo da dele. Vou cortejar sua amizade.
Porém, com franqueza, sua ostentação de dor
Me deixou numa fúria incontrolável.

Horácio – Atenção! Quem vem lá? *[Entra Osric.]*

Osric – Minhas boas-vindas a Vossa Senhoria por ter retornado à Dinamarca.

Hamlet – Lhe agradeço humildemente, senhor. *[À parte, a Horácio.]*
Conhece esse pernilongo?

Horácio – *[À parte, a Hamlet.]* Não, meu senhor.

Hamlet – *[À parte, a Horácio.]* Então estás em estado de graça – conhecê-lo é um pecado. Ele tem muita terra, e fértil. E quando um animal é senhor de animais, acaba tendo a manjedoura na mesa do rei. É uma cacatua, mas, como eu disse, possui vastas áreas de bosta.

Osric – Doce senhor, se Vossa Graça pudesse dispor de algum vagar, eu lhe transmitiria uma coisa emanada de Sua Majestade.

Hamlet – Eu a receberei, senhor, com toda disponência. E pode colocar o cobre-crânio onde é devido – na cabeça.

Osric – Agradeço a Vossa Senhoria: mas faz tanto calor.

Hamlet – Não, pode crer, faz muito frio; venta do Norte.

Osric – Só agora percebo, meu senhor, faz mesmo um friozinho.

Hamlet – Pro meu temperamento está até bem quente e abafado.

Osric – Excessivamente, meu Príncipe – está até sufocante – como se fosse... em nem sei dizer como. Mas, meu senhor, Sua Majestade conjurou-me a informá-lo de que fez uma grande aposta sobre a sua cabeça. Senhor, a coisa é a seguinte...

Hamlet – Eu lhe suplico, não se esqueça... *[Acena pra que ele ponha o chapéu.]*

Osric – Não, meu bom senhor, lhe asseguro que assim estou mais à vontade. Senhor, aqui na corte, recentemente chegado, está Laertes; creia-me, pode crer, um absoluto cavalheiro, cheio das mais excelentes distinções, de trato amabilíssimo e aparência nobre; na verdade falar de seus méritos é falar do atlas e do calendário da fidalguia, pois todos encontram nele o compêndio do comportamento que um cavalheiro deve seguir.

Hamlet – Senhor, o definimento dele não sofreu perdição na sua boca; embora eu saiba que dividi-lo inventarialmente tontearia a aritmética da memória, e seria apenas desviarmos da rota um barco tão veloz. Mas concordo na veracidade do seu panegírico, é uma alma muito bem dotada, com uma essência de tão peregrina raridade, que, pra dizer a verdade final, só encontra semelhante no seu próprio espelho; e só pode segui-lo a sua sombra – ninguém mais.

Osric – Vossa Senhoria fala dele com infalibilidade.

Hamlet – E o correlacionamento, senhor? Por que embrulhar o cavalheiro nesse mau hálito verbal?

Osric – Perdão?

Horácio – Ora, senhor, não entende a própria língua numa outra língua? Vamos, senhor, só um pequeno esforço.

Hamlet – Em que implica ter evocado tal donzel?

Osric – Laertes?

Horácio – *[À parte, a Hamlet.]* Sua bolsa de metáforas esvaziou. Já gastou todas as palavras de ouro.

Hamlet – Ele mesmo, senhor.

Osric – Sabemos bem que o senhor não é ignorante...

Hamlet – Ainda bem. Se fosse o contrário eu me sentiria envergonhado.

Osric – ...que o senhor não é ignorante da excelência de Laertes...

Hamlet – Não conheço bem sua excelência...

Osric – ...a excelência de Laertes, o renome de que goza, seu mérito incomparável no manejo da arma branca.

Hamlet – Qual é a arma dele?

Osric – Adaga e florete.

Hamlet – Já aí temos duas. Mas está bem.

Osric – O Rei, meu senhor, apostou com ele seis cavalos bérberes contra os quais Laertes exigiu, me disseram, seis floretes e seis punhais franceses, com todos os seus acessórios: cintos, alças, boldriés, enfim, tudo. Três desses boldriés são peças refinadas, combinando divinamente com os punhos; uma concepção luxuriosa.

Hamlet – O que é que Vossa Senhoria chama de boldriés?

Horácio – *[À parte, a Hamlet.]* Sabia que o senhor teria que recorrer às notas marginais antes dele terminar.

Osric – Boldriés, senhor, são os suportes.

Hamlet – A frase seria mais suportável se levássemos bandeiras a tiracolo. Mas, enquanto isso, vamos chamar de talabartes. Relembrando: seis cavalos bérberes contra seis espadas francesas, seus acessórios e três talabartes de concepção luxuriosa. Essa a aposta francesa contra a dinamarquesa. E com que fito se exigiu tudo isso, como dizes?

Osric – O Rei, senhor, apostou que, numa dúzia de passes entre o senhor e Laertes, este não levará vantagem de mais do que três toques. Laertes impôs como condição que os assaltos então sejam doze e não nove: e a disputa será imediata, assim que Vossa Senhoria nos consignar sua resposta.

Hamlet – Senhor, vou passear um pouco nesta sala. Se assim agradar a Sua Majestade, este é o momento de descanso do meu dia. Mandem trazer os floretes, caso o cavalheiro concordar e o Rei permanecer em seu propósito; eu vencerei por ele, se puder; se não puder, ganharei apenas a vergonha e as estocadas a mais.

Osric – Devo levar a resposta nesses termos?

Hamlet – Esse é o sentido, senhor; mas pode usar os floreios e meneios que lhe são naturais.

Osric – Aceite Vossa Senhoria os meus serviços.

Hamlet – Aceito. Aceito. *[Sai Osric.]*
Faz bem em oferecer ele próprio os seus serviços. Nenhuma outra língua o faria tão bem.

Horácio – Uma ave inexperiente – quer voar ainda na casca do ovo.

Hamlet – Já cumprimentava a teta antes de mamar. Como tantos outros da mesma ninhada, que nossos tempos frívolos estimulam, só conseguiu pegar o tom da moda e o lado superficial das relações; uma espécie de espuma que flutua sobre as opiniões mais sérias e amadurecidas; não resistem ao menor sopro de prova. Estouram. *[Entra um Fidalgo.]*

Fidalgo – Meu senhor, Sua Majestade mandou cumprimentá-lo através do jovem Osric, o qual, de volta, lhe comunicou que o senhor o espera nesta sala. Sua Majestade deseja saber se o senhor continua no propósito de se bater com Laertes ou se deseja esperar mais algum tempo.

Hamlet – Estou firme em meu propósito, que se ajusta à vontade do Rei. Se ele está preparado, eu estou pronto, agora ou a qualquer momento, desde que me sinta tão apto quanto agora.

Fidalgo – O Rei e a Rainha descem com toda a corte.

Hamlet – Em boa hora.

Fidalgo – A Rainha deseja que, antes de começar o assalto, o senhor dê um acolhimento amável a Laertes.

Hamlet – Eis aí um bom conselho. *[Sai Fidalgo.]*

Horácio – Vai perder essa aposta, meu senhor.

Hamlet – Não creio. Desde que ele foi pra França tenho me exercitado sem cessar; eu vencerei. Com as estocadas de vantagem. Você nem imagina a angústia que tenho aqui no coração. Mas não importa.

Horácio – Como não, meu bom senhor?

Hamlet – Não passa de tolice; só uma espécie de pressentimento, desses que perturbam as mulheres.

Horácio – Se há alguma apreensão em seu espírito, obedeça. Providenciarei pra que não venham, dizendo que o senhor não está preparado.

Hamlet – Em absoluto; desafio os augúrios. Existe uma previdência especial até na queda de um pássaro. Se é agora, não vai ser depois; se não for depois, será agora; se não for agora, será a qualquer hora. Estar preparado é tudo. Se ninguém é dono de nada do que deixa, que importa a hora de deixá-lo? Seja lá o que for! *[Entram o Rei, a Rainha, Laertes, Fidalgos, Osric e Servidores, com floretes e luvas de esgrima; uma mesa e frascos de vinho.]*

Rei – Vem, Hamlet, vem, e aperta a mão que a minha mão te estende. *[O Rei põe a mão de Laertes na de Hamlet.]*

Hamlet – Dá-me teu perdão, senhor. Eu te ofendi.
Mas me perdoarás, como um cavalheiro.
Os presentes sabem,
E tu mesmo deves ter ouvido, que fui atacado
Por cruel insânia. O que eu fiz.
Que tenha agredido tua natureza, teu temperamento,
Honra ou consciência – proclamo aqui que é a loucura.
Foi Hamlet quem ofendeu Laertes? Hamlet, jamais;
Se Hamlet foi posto fora de si.
E com Hamlet fora de si ofendeu a Laertes,
Não é Hamlet quem ofende, e Hamlet o nega.
Quem ofende, então? Sua loucura. E se é assim,
Hamlet está na parte ofendida.
A loucura também é sua inimiga.
Senhor, diante desta audiência,
Que minha negativa de qualquer má intenção
Tire do seu generosíssimo espírito
A ideia de que atirei minha flecha sobre a casa
E feri meu irmão.

Laertes – Estou satisfeito nos meus sentimentos,
Cujos impulsos, neste caso, me incitariam
A um ato de vingança. Mas no que toca minha honra

Me mantenho onde estava e não aceito reconciliação,
Até que conselheiros mais velhos, sábios na matéria,
Me deem julgamento do meu nome. No entanto,
Recebo como afeto o afeto que oferece,
E prometo respeitá-lo.

HAMLET – Aceito isso com ânimo sincero.
E jogarei lealmente a aposta fraternal.
Os floretes, senhores! Vamos lá!

LAERTES – Vamos. Um aqui pra mim.

HAMLET – Serei o floreado do teu hábil florete, Laertes.
Como uma estrela numa noite negra
A tua perícia brilhará mais visível que nunca,
Refletida na minha incompetência.

LAERTES – Tu zombas de mim.

HAMLET – Por esta mão, te juro.

REI – Entrega os floretes, jovem Osric. Primo Hamlet,
Conheces a aposta?

HAMLET – Muito bem, senhor;
Vossa Majestade protege a parte mais fraca.

REI – Não temo por isso; já vi ambos lutando.
Mas ele progrediu; daí tua vantagem.

LAERTES – *[Experimenta o florete.]*
Este é muito pesado; dá um outro.

HAMLET – *[Experimenta o florete.]*
Este me serve. São todos do mesmo comprimento?

OSRIC – Sim, bom senhor. *[Preparam-se.]*

REI – Coloquem os jarros de vinho nesta mesa.
Se Hamlet der o primeiro ou o segundo toque
Ou devolver o toque no terceiro assalto,
Que os canhões disparem de todas as ameias.
O Rei beberá ao fôlego de Hamlet
Jogando na taça uma pérola única,
Mais preciosa do que as que quatro reis sucessivos

Usaram na coroa deste reino. Deem-me as taças;
Que o tambor fale às trombetas,
As trombetas aos canhoneiros,
Os canhões aos céus; o céu à terra:
"O Rei está brindando a Hamlet". *[Trompa.]*
Vamos, comecem:
E vós, juízes, olhos atentos.

HAMLET – Em guarda, senhor.

LAERTES – Em guarda, meu senhor; *[Lutam.]*

HAMLET – Um!

LAERTES – Não!

HAMLET – Julgamento!

OSRIC – Um toque. Um toque bem visível.

LAERTES – Muito bem. De novo.

REI – Um momento; deem-me bebida. Hamlet, esta pérola é tua.
[Envenena a taça.]
À tua saúde. *[Soam trombetas. Tiros de canhão fora de cena.]*
Deem esta taça a Hamlet.

HAMLET – Mais um assalto, antes; deixe a taça aí.
Em guarda. *[Lutam.]*
Toquei outra vez; que diz agora?

LAERTES – Tocou, tocou – eu reconheço.

REI – Nosso filho vai ganhar.

RAINHA – Está suando e sem fôlego.
Aqui, Hamlet, toma meu lenço, enxuga a testa.
A Rainha brinda à tua fortuna. Hamlet.
[Ela pega a taça envenenada.]

HAMLET – Gentil senhora!

REI – Gertrudes, não beba!

RAINHA – Vou beber, meu senhor; rogo que me perdoe. *[Bebe.]*

REI – *[À parte.]* A taça envenenada; tarde demais.
[A Rainha oferece a taça a Hamlet.]

Hamlet – Não, ainda não, senhora; bebo daqui a pouco.

Rainha – Deixa eu enxugar teu rosto.

Laertes – *[À parte.]* Vou acertá-lo agora, meu senhor.

Rei – Não acredito.

Laertes – *[À parte.]* E contudo faço isso quase contra a minha consciência.

Hamlet – Em guarda pro terceiro assalto, Laertes. Tu estás brincando;
Eu te peço: ataca com a maior violência;
Receio que estejas querendo me fazer de bobo.

Laertes – Achas isso? Em guarda, então! *[Lutam.]*

Osric – Nada, de nenhum dos dois.

Laertes – Toma essa agora! *[Laertes fere Hamlet; então, na violência, as armas saltam e são trocadas. Hamlet fere Laertes.]*

Rei – Separem-nos. Estão furiosos.

Hamlet – Não, não. Continua! Ataca! *[A Rainha cai.]*

Osric – Socorram a Rainha – a Rainha!

Horácio – Os dois estão sangrando.
[A Hamlet.] Como está, meu senhor?

Osric – Como está, Laertes?

Laertes – Preso como um engodo em minha própria armadilha, Osric.
Morto, com justiça, por minha própria traição.

Hamlet – Como está a Rainha?

Rei – Desmaiou quando os viu ensanguentados.

Rainha – Não, não, a bebida, a bebida – Oh, querido Hamlet,
A bebida, a bebida! Fui envenenada!

Hamlet – Ó, infâmia! Hei – tranquem as portas.
Traição! Procurem o traidor. *[Laertes cai.]*

Laertes – Está aqui, Hamlet; Hamlet, você está morto;
Nenhum remédio no mundo poderá te salvar
Não sobra em ti meia hora de vida;

O instrumento traidor está em tua mão,
Sem proteção e envenenado. O torpe estratagema
Se voltou contra mim; olha, eis-me caído;
Pra não me erguer jamais. Tua mãe foi envenenada.
Não posso mais – o Rei, o Rei é o culpado.
HAMLET – A ponta! Envenenada também!
Então, veneno, termina tua obra! *[Fere o Rei.]*
TODOS – Traição! Traição!
REI – Ai! Defendam-me ainda, amigos! Estou apenas ferido!
HAMLET – Toma, Rei maldito, assassino –
Incestuoso dinamarquês, acaba esta poção!
Engole tua pérola.
Segue minha mãe. *[O Rei morre.]*
LAERTES – Teve o que merecia;
O veneno que ele próprio preparou.
Troca o teu perdão com o meu, nobre Hamlet.
Que minha morte e a de meu pai não pesem em ti.
Nem a tua em mim! *[Morre.]*
HAMLET – O céu te absolva! Vai, eu te sigo.
Eu estou morto, Horácio. Pobre Rainha, adeus!
[A todos.] Todos vocês que estão pálidos e trêmulos
Diante deste drama; que são apenas comparsas
Ou espectadores mudos desta cena,
Se me sobrasse tempo – mas a morte,
Essa justiceira cruel, é inexorável nos seus prazos –
Oh, eu poderia lhes contar...
Mas que assim seja. Eu estou morto, Horácio;
Você vive. Explica a mim e a minha causa fielmente
Àqueles que duvidem.
HORÁCIO – Não esperes por isso.
Não sou um dinamarquês, sou mais um romano antigo.
Ainda tem um pouco de bebida. *[Levanta a taça.]*
HAMLET – Se você é um homem;
Me dá essa taça. Larga-a, pelos céus, deixa comigo!

Ó Deus, Horácio, que nome execrado
Viverá depois de mim,
Se as coisas ficarem assim ignoradas!
Se jamais me tiveste em teu coração
Renuncia ainda um tempo à bem-aventurança,
E mantém teu sopro de vida neste mundo de dor
Pra contar minha história.
[Marcha ao longe, disparos fora de cena.]
O que são esses barulhos guerreiros?

OSRIC – O jovem Fortinbrás chegou vitorioso da Polônia,
E mandou dar essa salva marcial
Aos embaixadores da Inglaterra.

HAMLET – Oh, eu morro, Horácio;
O poderoso veneno domina o meu espírito.
Não vou viver pra ouvir notícias da Inglaterra;
Mas profetizo que a eleição recairá em Fortinbrás.
Ele tem o meu voto agonizante;
Diz-lhe isso e fala de todas as ocorrências,
Maiores e menores, que me impulsionaram a...
O resto é silêncio. *[Morre.]*

HORÁCIO – Assim estoura um nobre coração. – Boa noite, amado
   Príncipe,
Revoadas de anjos cantando te acompanhem ao teu repouso!
[Marcha fora de cena.] Por que se aproximam esses tambores?
[Entram Fortinbrás, o Embaixador da Inglaterra. Tambores, bandeiras e Servidores.]

FORTINBRÁS – Onde é o espetáculo?

HORÁCIO – O que é que esperavas ver?
Se é um quadro de horror e infelicidade,
Não procures mais.

FORTINBRÁS – Este monte de cadáveres é um grito de extermínio.
Ó morte orgulhosa!
Que festa se prepara em teu antro sinistro,
Para que tenhas derrubado tantos príncipes
Num só golpe sangrento?

Primeiro Embaixador – A cena é sombria:
Nossas mensagens da Inglaterra chegam tarde demais.
Os ouvidos que deviam nos ouvir estão insensíveis,
Não saberão que suas ordens foram executadas,
Não saberão que Rosencrantz e Guildenstern estão mortos.
De quem receberemos nossos agradecimentos?

Horácio – Não de sua boca,
Se ainda tivesse a capacidade viva do agradecimento.
Jamais deu ordem pra que fossem mortos.
Mas como chegaram aqui
Logo após esta luta sangrenta,
Um das guerras polonesas, e outro da Inglaterra,
Ordenem que estes corpos sejam colocados à vista do povo
Numa mesa bem alta, e deixem que eu relate ao mundo,
Que ainda não o sabe, como essas coisas se passaram.
Me ouvirão falar de atos carnais, sanguinolentos
E contra a natureza; julgamentos fortuitos, assassinatos casuais,
Mortes instigadas por perfídias e maquinações,
E, como epílogo, maquinações confundidas,
Caindo na cabeça de seus inventores.
O meu relato trará a verdade inteira.

Fortinbrás – Nos apressamos em te ouvir.
Convocaremos os mais nobres para essa audiência.
Quanto a mim, é com pesar que abraço a minha fortuna.
Tenho neste reino alguns direitos jamais esquecidos
Que a ocasião propícia me obriga a reivindicar.

Horácio – Disso eu também terei motivo de falar.
Em nome de alguém, cuja voz poderosa,
Arrastará outras consigo; mas que tudo se faça bem depressa,
Enquanto os ânimos ainda estão perplexos,
E antes que novas desgraças aconteçam
Por enganos e intrigas.

Fortinbrás – Que quatro capitães
Carreguem Hamlet como soldado para um cadafalso.
É evidente que, se houvesse reinado,

Seria um grande rei.
Que a música marcial e os ritos guerreiros
Falem alto por ele,
Na sua partida.
Levai os corpos.
Esta cena final
Convém mais ao campo de batalha. Aqui vai mal.
Ide! Que os soldados disparem.
[Marcha fúnebre. Saem, levando os corpos; depois do que se ouvem salvas de artilharia.]

FIM

O REI LEAR

Costuma se situar a redação desta tragédia entre 1605-1606, e a primeira publicação, em 1608. Tal como ocorreu em outras peças, Shakespeare baseou-se em contos e histórias antigas, mas aqui o tema do ancião cujo juízo vacila é retomado de forma sombria.

O Rei Lear, já velho, pretende dividir a Grã-Bretanha entre suas três filhas, depois de averiguar-lhes o amor e a dedicação. Goneril e Regana, as mais velhas, professam seu amor, ao passo que Cordélia, a caçula, recusa-se a adular o pai, o que provoca sua ira.

Embora tenha como temas principais o colapso psicológico, familiar e político, o texto – como é o caso das grandes obras do autor – se abre a múltiplas interpretações, inclusive sobre a comunicação e a linguagem.

PERSONAGENS:

Lear, Rei da Bretanha
Rei da França
Duque de Borgonha
Duque de Cornualha
Duque de Albânia, marido de Goneril
Conde de Kent
Conde de Gloucester
Edgar, filho de Gloucester
Edmundo, filho bastardo de Gloucester
Curan, um cortesão
Velho, rendeiro de Gloucester
Médico
Bobo de Lear
Osvaldo, mordomo de Goneril
Um Capitão, às ordens de Edmundo
Fidalgos a serviço de Lear
Um fidalgo a serviço de Cordélia
Arauto
Criados do Duque de Cornualha
Goneril, filha de Lear
Regana, filha de Lear
Cordélia, filha de Lear
Cavaleiros do Séquito de Lear, capitães, mensageiros, soldados e serviçais

CENÁRIO: Bretanha.

PRIMEIRO ATO

CENA I

Salão nobre do palácio do Rei Lear. [Entram Kent, Gloucester e Edmundo.]

Kent – Pensei que o Rei preferisse o Duque de Albânia ao Duque de Cornualha.

Gloucester – Também sempre pensamos assim, nós todos; mas agora, na partilha do reino, é impossível saber qual dos dois ele mais estima. A divisão está tão perfeita que aquele que escolher primeiro não terá maneira de escolher melhor.

Kent – Não é esse o seu filho, meu senhor?

Gloucester – A educação dele ficou aos meus cuidados. Já ruborizei tantas vezes ao ter de perfilhá-lo que não há mais nada no mundo que me ponha vermelho.

Kent – Eu não consigo conceber...

Gloucester – Pois a mãe do rapaz o conseguiu; e logo se pôs de ventre redondo e teve um filho no berço antes de ter um marido na cama. Sente o cheiro do pecado?

Kent – Que importa o pecado quando o fruto é tão belo?

Gloucester – Mas eu tenho outro filho, nos critérios da lei, meu senhor. Mais velho do que este um ano e pouco; mas nem por isso mais amado. Embora este patife tenha entrado no mundo de atrevido, sem ser solicitado, não foi um desprazer confeccioná-lo. Sua mãe era uma beleza, e o filho da mãe teve de ser reconhecido. Conhece este nobre fidalgo, caro Edmundo?

Edmundo – Não, meu senhor.

Gloucester – É o senhor Conde de Kent. De agora em diante lembre-se dele como um meu honrado amigo.

Edmundo – Estou às ordens de Sua Senhoria.

Kent – Pretendo ser seu amigo e conhecê-lo melhor.

EDMUNDO – Senhor, me esforçarei por merecer.

GLOUCESTER – Edmundo esteve fora nove anos e irá embora de novo dentro em breve. *[Soam fanfarras.]* É o Rei chegando. *[Entra um Servidor carregando uma coroa. Depois entram o Rei Lear, os duques de Cornualha e Albânia, com Goneril, Regana, Cordélia e o Séquito.]*

LEAR – Gloucester, cuida dos senhores da França e da Borgonha.

GLOUCESTER – Já vou, majestade. *[Sai, com Edmundo.]*

LEAR – Enquanto isso revelaremos as nossas intenções mais reservadas. Deem-me esse mapa aí. Saibam que dividimos em três o nosso reino. É nossa firme decisão diminuir o peso dos anos, livrando-nos de todos os encargos, negócios e tarefas, confiando-os a forças mais jovens, enquanto nós, liberados do fardo, caminharemos mais leves em direção à morte. Nosso filho da Cornualha, e tu, nosso não menos amado filho da Albânia; é chegada a hora de proclamar os vários dotes de nossas filhas a fim de evitar qualquer divergência no futuro. Os príncipes da França e da Borgonha, fortes rivais no amor de nossa filha mais moça, permaneceram longo tempo em nossa corte em vigília amorosa, e agora temos que lhes dar uma resposta. Digam-me, minhas filhas – já que pretendo abdicar de toda autoridade, posses de terras e funções do Estado –, qual das três poderei afirmar que me tem mais amor, para que minha maior recompensa recaia onde se encontra o mérito natural. Goneril, minha filha mais velha, falará primeiro.

GONERIL – Senhor, eu o amo mais do que podem exprimir quaisquer discursos; mais que a luz dos meus olhos, do que o espaço e a liberdade, acima de tudo que pode ser avaliado – rico ou sublime; não menos do que a vida, com sua graça, beleza, honra e saúde; tanto quanto um filho jamais amou um pai ou um pai jamais se viu amado; um amor que torna a fala inútil e a palavra incapaz. Eu o amo além de todos os valores disso tudo.

CORDÉLIA – *[À parte.]* E o que irá dizer Cordélia, agora? Ama; e cala.

Lear – De todos estes limites, incluindo o espaço desta linha a esta, florestas ensombradas e planícies cultivadas, os rios abundantes e as vastas pradarias, te faço aqui dona e senhora. Um direito perpétuo extensivo aos descendentes teus e da Albânia. Que diz nossa segunda filha, esposa de Cornualha, nossa amada Regana?

Regana – Eu sou feita do mesmo metal de minha irmã e julgo ter valor igual ao dela. Do fundo do coração acho que exprimiu também o meu amor, ao exprimir o dela; fica distante porém quando eu me declaro inimiga de quaisquer desses prazeres que os sentidos têm como supremos; só me sinto feliz em idolatrar Vossa Amada Alteza.

Cordélia – *[À parte.]* E então, pobre Cordélia? Mas, contudo, não sei; pois teu amor, tenho certeza, é mais profundo do que tua fala.

Lear – A ti, e aos que de ti descenderem, pertença para sempre este vasto terço de nosso belo reino, não menor em extensão, valor e encantos naturais do que o que foi dado a Goneril. Agora, nossa alegria, embora a última e mais moça, por cujo amor juvenil os vinhedos da França e os prados da Borgonha disputam apaixonados; que poderás tu dizer que mereça um terço mais opulento do que o delas duas? Fala.

Cordélia – Nada, meu senhor.

Lear – Nada?

Cordélia – Nada.

Lear – Nada virá do nada. Fala outra vez.

Cordélia – Infeliz de mim que não consigo trazer meu coração até minha boca. Amo Vossa Majestade como é meu dever, nem mais nem menos.

Lear – Vamos, vamos, Cordélia: corrige um pouco tua resposta, senão prejudicas tua herança.

Cordélia – Meu bom senhor, tu me geraste, me educaste, amaste. Retribuo cumprindo o meu dever de obedecer-te, honrar-te, e amar-te acima de todas as coisas. Mas para que minhas irmãs têm os maridos se afirmam que amam unicamente a ti? Creio que, ao me casar, o homem cuja mão receber minha honra deverá levar também metade do meu amor, dos meus deveres e cuidados. Jamais me casarei como minhas irmãs, para continuar a amar meu pai – unicamente.

LEAR – Mas, teu coração está no que dizes?

CORDÉLIA – Está, meu bom senhor.

LEAR – Tão jovem e tão dura?

CORDÉLIA – Tão jovem, meu senhor, e verdadeira.

LEAR – Pois se assim é, assim seja: tua verdade será então teu dote. Pelo sagrado resplendor do sol, pelos mistérios de Hécata, deusa do céu e do inferno, pelo negror da noite, por todos os giros das esferas celestes por cujos eflúvios passamos a existir ou deixamos de ser, renego aqui todas as minhas obrigações de pai, parentesco e afinidade de sangue, e, de hoje em diante, e para todo o sempre, te considero estranha a meu coração e a mim mesmo. Ao bárbaro Cita, e ao Canibal que transforma os filhos em alimento para satisfazer o apetite, darei em meu peito acolhida, piedade e proteção igual a ti, que não és mais minha filha.

KENT – Meu bom soberano...

LEAR – Cala, Kent! Não te metas entre o dragão e sua fúria. Eu a amava demais, e pensava confiar o meu descanso aos seus ternos cuidados. Daqui! e sai da minha vista! Agora só me resta a paz do túmulo, agora, depois que retirei dela o coração de pai. Chamem o Rei da França! Ninguém se move? Chamem Borgonha! Cornualha e Albânia, juntem este terceiro dote aos dois anteriores. Que esse orgulho, que ela chama franqueza, case com ela. Transfiro aos dois, conjuntamente, o meu poder, soberania, e todos os grandes privilégios que compõem a realeza. Quanto a mim, ficarei apenas com uma escolta de cem homens, sustentada por ambos, e, em ciclos mensais, morarei com os dois, cada um a seu turno. Conservarei apenas o título real e todas as honras e prerrogativas a ele devidas. O poder, os rendimentos e a disposição do resto lhes pertencem, amados filhos. Confirmando o que, entrego-lhes, para que a compartilhem, esta coroa.

Kent – Real Lear, a quem sempre honrei como meu soberano, amei como pai, segui como senhor e invoquei em minhas orações como meu protetor...

Lear – Meu arco está curvo e a corda tensa; cuidado com a flecha.

Kent – Prefiro que dispares, mesmo que a ponta aguda da flecha atinja o fundo do meu coração. Kent será rude enquanto Lear for louco. Que pretendes fazer, velho Rei? Julgas que o dever terá medo de falar quando o poder se curva à adulação? A honra tem de ser sincera quando a majestade se perde na loucura. Conserva o teu comando, considera e reflete, freia esse impulso hediondo. Respondo por minha opinião com a minha vida; tua filha mais moça não é a que te ama menos; não está vazio o coração cujo som, por isso mesmo, não ressoa.

Lear – Por tua vida, Kent, para!

Kent – Nunca considerei minha vida senão como um peão para jogar contra teus inimigos; e não temo perdê-la quando está em jogo a tua segurança.

Lear – Fora da minha vista!

Kent – Vê melhor, Lear, e deixa que eu continue sendo o verdadeiro ponto de mira dos teus olhos.

Lear – Pois então, por Apolo...

Kent – Pois então, por Apolo! Ó Rei, tu invocas teus deuses em vão.

Lear – Ah, vassalo! Ah, traidor! *[Leva a mão à espada.]*

Albânia e **Cornualha** – Por favor, senhor, contenha-se.

Kent – Mata teu médico e paga os honorários à tua repugnante enfermidade. Revoga essa doação ou, enquanto puder emitir um grito de minha garganta, eu te direi que agiste mal.

Lear – Escuta, renegado! Por teu dever de súdito, escuta! Porque procuras fazer-me repudiar a minha jura, o que jamais fiz antes – e te interpões com obstinado orgulho entre minha sentença e meu poder, o que nem minha natureza nem meu posto podem admitir –, eu vou te demonstrar minha potência, te dando a recompensa que mereces: tens cinco dias para te prevenires contra as desgraças do mundo. No sexto volta ao nosso reino as tuas costas execradas. Se, no décimo dia, tua carcaça infame ainda for encontrada em nossas terras, esse instante será a tua morte. Fora! Por Júpiter – esta sentença é irrevogável.

KENT – Passe bem, meu senhor. Já que procedes assim, a liberdade é lá, o exílio aqui. *[Para Cordélia.]* Que os deuses te tomem sob sua carinhosa proteção, menina, que falaste tão bem o que pensaste tão justo. *[A Regana e Goneril.]* Que as vossas ações confirmem os belos discursos – que palavras de amor gerem atos de amor. Assim, ó príncipes, a todos digo adeus. Kent irá adaptar seu velho estilo a algum país novo. *[Sai. Trombetas. Entram Gloucester, o Rei da França, o Duque de Borgonha e Séquito.]*

GLOUCESTER – Eis o Rei da França e o Duque de Borgonha, meu nobre senhor.

LEAR – Meu senhor de Borgonha, nos dirigimos primeiro ao senhor, rival deste rei por nossa filha. Que mínimo exige agora como dote para não desistir da sua pretensão amorosa?

BORGONHA – Real Majestade, não exijo nada além do que Vossa Alteza ofereceu, nem acredito que pretenda doar menos do que o oferecido.

LEAR – Nobilíssimo Borgonha, quando ela nos era cara, nós a julgávamos também cara em valores; mas agora seu preço decaiu. Senhor, aí está ela; se nessa essência de nada, qualquer coisa, ou mesmo tudo, junto com o dote do nosso menosprezo, convier à ambição de Vossa Graça, ela está aí; é sua.

BORGONHA – Não sei o que responder.

LEAR – Cheia de deficiências como é, incapaz de amigos, renegada como nossa filha, recém-adotada pelo nosso ódio, herdando apenas nossa maldição, que decide o senhor: levá-la ou deixá-la?

BORGONHA – Perdoe-me, augusto Rei, é impossível uma escolha em tais condições.

Lear – Deixe-a então, senhor, pois juro, pelo poder que me criou, ter revelado toda a sua riqueza. *[Ao Rei da França.]* Quanto ao senhor, grande Rei, seria afastar-me demais do seu afeto uni-lo àquilo que eu odeio. Rogo-lhe pois que desvie seu amor para um caminho melhor do que uma desgraçada de quem a natureza se envergonha ao reconhecer como obra sua.

França – Mas é muito estranho que aquela que ainda agora mesmo era seu objeto mais precioso, tema do seu louvor, bálsamo de sua idade, a melhor, a mais amada, tenha, num átimo de tempo, cometido ato tão monstruoso que a dispa assim do manto protetor dos seus favores. Deve ter praticado ação desnaturada ou ofensa monstruosa: ou a afeição que o senhor apregoava antes se corrompeu por si mesma; mas, para acreditar que ela assim tenha agido, seria preciso uma fé que a razão não criaria em mim sem um milagre.

Cordélia – Suplico apenas a Vossa Majestade, por me faltar a arte pérfida e oleosa de falar sem sentir – pois o que eu sinto eu faço sem falar –, suplico que proclame não ter sido a mácula de um vício, nem um assassinato, um ato infamante, ação despudorada ou passo desonroso o que me fez perder sua graça e favor; mas exatamente a falta daquilo que me torna mais rica – um olhar de permanente adulação e uma língua que me orgulho de não ter, embora não tê-la me haja feito perder o seu afeto.

Lear – Melhor que não tivesses nascido do que me seres tão desagradável.

França – Mas então é só isso? Uma relutância natural que tantas vezes torna imprecisa uma promessa que se faz? Meu senhor de Borgonha, que diz o senhor a esta jovem? Amor não é amor quando se mistura com interesses estranhos ao fundamental. Ainda a pretende? Ela em si mesma já é um dote.

Borgonha – Rei Lear, dê apenas a parte do dote que havia prometido e aqui mesmo tomo Cordélia pela mão e a faço Duquesa de Borgonha.

Lear – Nada. Eu jurei. Sou irremovível.

Borgonha – *[A Cordélia.]* Lamento então que, tendo perdido um pai, percas também um marido.

Cordélia – Que a paz acompanhe Borgonha. Já que interesses de fortuna são sua forma de amor eu não serei sua esposa.

França – Belíssima Cordélia, sendo pobre és mais rica, mais desejada abandonada, mais amada desprezada; de ti e de tuas virtudes eu aqui me apodero. Que a lei me dê posse do que foi posto fora. Deuses! Deuses! Estranho como a fria indiferença com que a tratam acende o meu amor em inflamado desejo. Tua deserdada filha, ó Rei!, lançada em meu caminho, é agora Minha Rainha, Rainha nossa, de nossa bela França. Nem todos os duques da pantanosa Borgonha poderão me recomprar esta donzela de valor inestimável... Despede-te deles, Cordélia,
    dessa gente má:
    perdeste-o aqui,
    te dou um melhor lá.

Lear – Ela te pertence, Rei da França: e é só tua, pois não temos tal filha nem pretendemos jamais rever sua face. Parte pois sem nossa graça, nosso amor e nossa bênção. Vem, nobre Duque de Borgonha. *[Trombetas. Saem Lear, Borgonha, Cornualha, Albânia, Gloucester e o Séquito.]*

França – Dá adeus a tuas irmãs.

Cordélia – Joias de nosso pai, é com os olhos úmidos que Cordélia as abandona. Eu sei bem o que vocês são, mas, como irmã, me repugna chamar seus defeitos pelo nome próprio. Tratem bem nosso pai; abriguem-no nesses corações cheios de amor.
    Contudo, se eu ainda pudesse lhe falar,
    seria para lhe indicar melhor lugar.
Assim, o meu adeus a ambas.

Regana – Não venhas nos ensinar nossos deveres!

Goneril – É melhor te preocupares em contentar teu dono, que te recebeu como esmola do destino.
    Você renegou de vez sua raiz
    E bem merece o não ter que tanto quis.

CORDÉLIA – O tempo há de revelar o que se esconde nas dobras da perfídia.
   Aos que disfarçam sua peçonha
   Ele, no fim, sempre expõe à vergonha.
Prosperidade às duas!

FRANÇA – Vamos, minha bela Cordélia. *[Saem França e Cordélia.]*

GONERIL – Irmã, não é pouco o que tenho a te falar de coisas que nos interessam mutuamente. Acho que nosso pai partirá esta noite.

REGANA – É mais que certo; e vai contigo. Ficará conosco o mês que vem.

GONERIL – Tu vês como é cheia de mudanças a velhice. A experiência que tivemos foi bem grave; ele sempre gostou mais de nossa irmã; e a falta de critério com que a repudiou agora se mostrou de maneira bem grosseira.

REGANA – É um mal próprio da idade; aliás, nunca teve um maior conhecimento de si próprio.

GONERIL – Mesmo no tempo melhor e mais saudável de sua vida sempre foi um imprudente: devemos esperar de sua velhice não apenas os defeitos há muito tempo adquiridos e entranhados mas também a impertinência e os caprichos que chegam com os anos de senilidade e doença.

CENA II

Sala no castelo do Conde de Gloucester. [Entra Edmundo com uma carta na mão.]

EDMUNDO – Tu, Natureza, és minha deusa: às tuas leis é que estão presas minhas ações. Por que haveria eu de me submeter à maldição dos costumes e permitir que o preconceito das gentes me deserde apenas porque nasci doze ou catorze luas depois de meu irmão? Por que bastardo e portanto infame, se as minhas proporções são tão corretas, a minha alma tão nobre e minha forma tão perfeita quanto a de qualquer filho de uma dama honesta? Por que nos marcam como infame? Com infâmia? Infâmia infame? Infamante infâmia? Quem, na luxúria furtiva da paixão, recebe mais fogo vital, constituição mais robusta, nós, ou os germinados numa cama insípida, sem calor, leito cansado, uma raça de frouxos e depravados, gerados entre o sono e a insônia? Pois então, legítimo Edgar, eu devo ter tuas terras. O amor de nosso pai se reparte por igual entre o bastardo e o legítimo. Que palavra bonita esse *legítimo*! Bem, meu legítimo, se esta carta convencer e minha invenção triunfar, o infame Edmundo precederá o legítimo. Eu cresço, eu me engrandeço. E agora, ó deuses! do lado dos bastardos! *[Entra Gloucester.]*

GLOUCESTER – Kent banido assim? O Rei da França partindo indignado? Lear indo embora ontem mesmo, depois de limitar sua própria força? Reduzido a uma pensão? E tudo assim, no fulgor de um momento? Edmundo, me diz, que notícias há mais?

EDMUNDO – Que Deus dê graças a Vossa Senhoria, as notícias são essas. *[Procura esconder a carta, sem jeito.]*

GLOUCESTER – Por que tanto empenho em esconder essa carta?

EDMUNDO – Não há qualquer novidade, meu senhor.

GLOUCESTER – E essa carta, o que é?

EDMUNDO – Absolutamente nada, meu senhor.

GLOUCESTER – Nada? Mas então por que a pressa de enfiar no bolso o absolutamente nada? O nada não se esconde. Vejamos; se realmente é nada nem preciso de óculos.

EDMUNDO – Eu lhe peço, senhor, que me perdoe. É uma carta de meu irmão que ainda nem li toda; mas pela parte já lida, acho que não deve examiná-la.

GLOUCESTER – Dá-me essa carta.

EDMUNDO – Meu erro é igual se dou ou se lhe nego a carta. O conteúdo, do que pude entrever, é censurável.

GLOUCESTER – Vejamos, vejamos.

EDMUNDO – Espero, como justificativa de meu irmão, que ele tenha escrito isso apenas para experimentar e provar minha lealdade.

GLOUCESTER – *[Lê.]* "Esse hábito que nos obriga a respeitar os velhos nos faz o mundo amargo nos melhores anos de nossa vida; priva-nos de nossos bens, que só nos chegam quando a idade não nos dá mais condição de desfrutá-los. Começo a achar estúpida e insuportável a escravidão imposta pela tirania senil, que governa não pela força que tem, mas porque permitimos. Vem me ver, para que possamos falar mais a esse respeito. Se nosso pai dormisse até que eu o acordasse, você gozaria para sempre metade de suas rendas e viveria bem amado pelo seu irmão, Edgar." Humm. Conspiração! "... dormisse até que eu o acordasse... gozaria metade de suas rendas..." Meu filho Edgar! Teve mão para escrever isto?! Coração e cérebro para concebê-lo?! Onde tu encontraste isto? Ou quem o trouxe?

EDMUNDO – Ninguém me trouxe, senhor; aí a astúcia. Encontrei no chão; foi atirada pela janela do meu quarto.

GLOUCESTER – E a letra, tu a reconheces como de teu irmão?

EDMUNDO – Se o conteúdo fosse honesto, meu senhor, eu juraria que sim, mas, sendo a carta o que é, prefiro acreditar que não.

GLOUCESTER – É dele, então.

EDMUNDO – A mão é dele, meu senhor; minha esperança é que seu coração não esteja no que ela escreveu.

GLOUCESTER – E antes, ele nunca te sondou a esse respeito?

EDMUNDO – Nunca, meu senhor. Mas muitas vezes eu o ouvi dizendo que, tendo os filhos alcançado certa idade, quando os pais já declinam, o pai deveria ficar sob a tutela do filho, este administrando todos os seus bens.

GLOUCESTER – Ah, canalha! canalha! O mesmo que ele diz na carta. Abominável canalha, filho desnaturado, detestado; besta asquerosa. Pior do que asqueroso. Vai, rapaz, vai procurá-lo, que eu mandarei prendê-lo, o odioso canalha. Onde está ele?

EDMUNDO – Não sei bem, meu senhor. Mas se o senhor concede em suspender sua indignação contra meu irmão até recolher dele mesmo uma prova melhor de suas intenções, estará num caminho mais certo. Pois, se agir contra ele com violência, e descobrir que estava enganado quanto a seus propósitos, isso abalará sua honra e destruirá o coração dele. Ouso apostar a minha vida em favor de meu irmão. Escreveu isso para testar o meu afeto, sem qualquer outra intenção criminosa.

GLOUCESTER – Tu acreditas nisso?

EDMUNDO – Se o senhor achar conveniente poderá ficar num lugar onde nos ouça discutir sobre o assunto, convencendo-se com seus próprios ouvidos: isso sem demora alguma, esta noite mesmo.

GLOUCESTER – Ele não pode ser tão monstruoso...

EDMUNDO – Claro que não, tenho certeza.

GLOUCESTER – ...com seu próprio pai, que o ama tanto e com tanta ternura. Céu e terra! Edmundo, vai procurá-lo; dá corda a ele, por favor; conduz a coisa com tua esperteza. Daria tudo que tenho pela verdade absoluta.

EDMUNDO – Vou procurá-lo correndo, meu senhor; conduzirei o assunto o melhor que puder e logo o informarei do resultado.

GLOUCESTER – Esses últimos eclipses do sol e da lua nada de bom nos anunciam; embora as leis da natureza possam explicá--los de diversos modos, a própria natureza é castigada pelos seus efeitos. O amor esfria, a amizade se rompe, os irmãos se dividem. Na cidade, revoltas, nos campos, discórdia; nos palácios, traição; e se arrebentam os laços entre pais e filhos. Esse vilão que criei caiu nessa maldição; é um filho contra o pai. O Rei desvia-se das leis da natureza: é o pai contra a cria. Nós vimos o melhor de nosso tempo: perfídias, traições, imposturas e toda espécie de agitações funestas vão nos acompanhar sem descanso até a tumba. Revela esse canalha, Edmundo; não perderás por isso. Vai com cuidado. E Kent, nobre e leal, foi exilado. Seu crime, a honestidade. É estranho. *[Sai.]*

EDMUNDO – Eis a sublime estupidez do mundo; quando nossa fortuna está abalada – muitas vezes pelos excessos de nossos próprios atos – culpamos o sol, a lua e as estrelas pelos nossos desastres; como se fôssemos canalhas por necessidade, idiotas por influência celeste; escroques, ladrões e traidores por comando do zodíaco; bêbados, mentirosos e adúlteros por forçada obediência a determinações dos planetas; como se toda a perversidade que há em nós fosse pura instigação divina. É a admirável desculpa do homem devasso – responsabiliza uma estrela por sua devassidão. Meu pai se entendeu com minha mãe sob a Cauda do Dragão e vim ao mundo sob a Ursa Maior; portanto devo ser lascivo e perverso. Ah! Eu seria o que sou, mesmo que a estrela mais virginal do firmamento tivesse iluminado a minha bastardia. Edgar! *[Entra Edgar.]* E eis que ele chega no momento exato, como a catástrofe das antigas comédias: o meu papel tem uma tristeza hipócrita, com grunhidos imitando um mendigo evadido de um hospício. Oh, esses eclipses previram todas as dissonâncias. Fá, sol, lá, mi.

EDGAR – Que foi, mano Edmundo, em que grave meditação estás perdido?

EDMUNDO – Estava aqui pensando, irmão, numa profecia que li há pouco tempo, coisas que deveriam acontecer depois desses eclipses.

EDGAR – E tu te preocupas com isso?

EDMUNDO – Infelizmente as coisas que o autor prevê estão acontecendo; como brutalidade entre pai e filho; morte, fome, rompimento de velhas amizades; divisões no Estado; ameaças e maldições contra o Rei e os nobres; suspeitas infundadas: expulsão de amigos, deserção de tropas, infidelidades conjugais e não sei mais o quê.

EDGAR – Desde quando aderiste à astrologia?

EDMUNDO – Hei, hei! Quando é que tu viste meu pai a última vez?

EDGAR – A noite passada.

EDMUNDO – E falou com ele?

EDGAR – Sim, duas horas seguidas.

Edmundo – E se despediram em bons termos? Não notaste nele nenhum sinal de contrariedade, uma atitude, uma ou outra palavra?

Edgar – Absolutamente nada.

Edmundo – Pois repensa bem em que possa tê-lo ofendido e aceita meu conselho; evita a presença dele um certo tempo, até diminuir um pouco o calor da sua fúria, a qual, neste momento, o transtorna a tal ponto que não se acalmaria mesmo que te aplicasse um castigo violento.

Edgar – Algum canalha me terá caluniado.

Edmundo – É o que eu receio. Peço-te contenção e paciência, até que diminua a violência do ódio dele; e faz como te digo: fica comigo em meu aposento, de onde, no momento devido, poderás ouvir tudo que nosso pai disser. Eu te imploro: vai. Eis minha chave. E se fores obrigado a te afastar de casa, sai armado.

Edgar – Armado, irmão?

Edmundo – Irmão, eu falo por teu bem; anda armado. Não sou um homem honesto se digo que há alguma coisa de bom pra ti em tudo isso. Eu te contei o que vi e ouvi; mas muito pálido. Nada que se assemelha à imagem e ao horror da coisa. Te peço, vai.

Edgar – Dá-me logo notícias?

Edmundo – Estou todo a teu serviço, neste caso. *[Edgar sai.]* Um pai crédulo, e um irmão nobre, cuja natureza está tão distante da maldade que nem acredita que ela exista; nessa honestidade idiota é fácil cavalgar a minha intriga. Já planejei tudo.

As terras que não tive no berço ganharei com a esperteza.
Justo pra mim é tudo que vem em minha defesa. *[Sai.]*

CENA III

Um aposento no palácio do Duque de Albânia. [Entram Goneril e seu mordomo Osvaldo.]

Goneril – Meu pai bateu em meu fidalgo porque ele repreendeu o Bobo?

Osvaldo – Foi, senhora.

Goneril – Assim me agride ele dia e noite; a todo momento insulta e ofende, semeando a discórdia entre nós todos. Não aguento mais. Seus cavaleiros se tornam turbulentos, e ele próprio nos repreende por qualquer ninharia. Quando voltar da caçada não falarei com ele. Diz que me sinto mal. Se vocês relaxarem os serviços farão muito bem; eu respondo por isso.

Osvaldo – É ele chegando, senhora. Estou ouvindo. *[Trombas de caça no interior.]*

Goneril – Assumam um ar de cansada negligência, tu e teus companheiros; gostaria mesmo que isso provocasse uma discussão. Se a ele não lhe agrada, que vá para a casa de minha irmã. Ela pensa exatamente como eu – não queremos mais ser tuteladas. É um velho inútil que pretende ainda exercer os poderes que já não lhe pertencem! Por minha vida, os velhos caducos voltam à infância,

> merecem repreensões e não carinho
> quando se vê que erram no caminho.

Não esqueças o que eu te disse...

Osvaldo – Muito bem, senhora.

Goneril – E que os cavaleiros dele, de ora em diante, encontrem em vocês só olhares de desdém: o que resultar disso não tem importância. Avisa os teus companheiros. Farei nascer daí, tenho certeza, uma boa ocasião para dizer o que sinto. Escreverei logo à minha irmã para que aja exatamente como eu ajo. E preparem o jantar. *[Saem.]*

CENA IV

Antessala no palácio do Duque de Albânia. [Entra Kent disfarçado.]

Kent – Se eu também conseguir modificar os sons de minha voz, alterando o meu modo de falar, a minha boa intenção me fará realizar plenamente o objetivo que me levou a transformar meu aspecto. Agora, banido Kent, se puderes servir a quem te condenou – e espero que possas – o teu senhor, a quem amas, te encontrará pronto pra tudo. *[Trompas soam. Entram Lear, Cavaleiro e Séquito.]*

LEAR – Não me façam esperar nem um minuto pelo jantar; vão logo aprontá-lo! *[Sai Serviçal.]* E então, quem és tu aí?

KENT – Um homem, senhor.

LEAR – Qual a tua profissão? Que desejas de nós?

KENT – A minha profissão, senhor, é não ser menos do que aquilo que pareço; é servir fielmente quem confiar que sou fiel; honrar quem é honrado; me associar com quem é sábio e fala pouco; temer a justiça; lutar quando não houver outra saída; e não comer pescado.

LEAR – Quem és tu?

KENT – Alguém de coração extremamente honesto, senhor, e tão pobre quanto o Rei.

LEAR – Se, como súdito, és tão pobre quanto ele é como Rei, então és mesmo pobre. O que é que desejas?

KENT – Serviço.

LEAR – A quem queres servir?

KENT – Ao senhor.

LEAR – E tu sabes quem sou, companheiro?

KENT – Não, meu senhor; mas há qualquer coisa em seu porte que me leva a querer tê-lo como amo e senhor.

LEAR – Que coisa é essa?

KENT – A autoridade.

LEAR – Que serviços podes prestar?

KENT – Sei guardar um segredo importante, montar a cavalo, correr a pé, estragar, ao contá-la, uma história interessante, e transmitir confusamente uma mensagem simples; enfim, tudo de que é capaz um homem comum: mas minha maior virtude é a ligeireza.

LEAR – Qual é a tua idade?

KENT – Não sou tão novo, senhor, que ame uma mulher pelo seu canto;
nem tão velho que me deixe levar pelo seu pranto: carrego nas costas quarenta e oito anos.

LEAR – Vem comigo; serás meu servidor; se depois do jantar eu não gostar menos de ti, permitirei que fiques. Jantar, oh, jantar?! Onde está esse patife – o meu Bobo? Vai, rapaz, vai chamar o meu Bobo. *[Sai um Serviçal. Entra o Mordomo, Osvaldo.]* Tu, tu aí, ô velhaco, onde está minha filha?

OSVALDO – Com vossa permissão... *[Sai.]*

LEAR – Que é que ele disse, esse patife? Chamem de volta aqui esse idiota. *[Sai Cavaleiro.]* Onde está meu Bobo? Que diabo, o mundo dorme!? *[Entra Cavaleiro.]* Como é? Onde está esse bastardo?

CAVALEIRO – Mandou dizer, senhor, que sua filha não está passando bem.

LEAR – E por que o poltrão não me atendeu quando o chamei?

CAVALEIRO – Senhor, me respondeu grosseiramente; que não atendeu porque não quis.

LEAR – Por que não quis?

CAVALEIRO – Meu senhor, não sei o que se passa mas, na minha opinião, Vossa Alteza não está sendo tratado com a cerimoniosa consideração que lhe é devida. Há uma enorme diminuição de cortesia por parte dos criados em geral, e talvez mais do próprio Duque e sua esposa.

LEAR – Ah! É o que tu dizes?

CAVALEIRO – Suplico que me perdoe, senhor, caso eu me engane; mas minha consciência não pode silenciar quando o senhor está sendo ofendido.

LEAR – Tu apenas reforças as minhas próprias suspeitas. Tenho notado, ultimamente, um descaso geral a meu respeito; coisa que preferi atribuir a uma excessiva susceptibilidade minha do que a intenções e propósitos grosseiros. Prestarei mais atenção. Mas onde está meu Bobo? Há dois dias não o vejo.

CAVALEIRO – Desde que nossa jovem senhora partiu para a França, senhor, ele vem definhando.

LEAR – Não precisa falar; já notei muito bem. Vai e diz a minha filha que quero falar com ela. *[O cavaleiro sai.]* E tu, chama aqui o meu Bobo. *[Sai um Servidor, reentra Osvaldo.]* Hei, o senhor, cavalheiro. É, o senhor, chega aqui. Quem sou eu, cavalheiro?

OSVALDO – O pai de minha senhora.

LEAR – "O pai de minha senhora!" A canalha da tua senhoria; animal sarnento, escravo, cão filho de uma puta!

OSVALDO – Eu não sou nada disso, meu senhor; queira me perdoar.

LEAR – E ainda me olha assim, dessa maneira, seu velhaco? *[Bate nele.]*

OSVALDO – Não vou deixar que me batam, meu senhor.

KENT – Nem que o chutem também, vagabundo jogador de futebol? *[Dá-lhe uma rasteira.]*

LEAR – Obrigado, companheiro; se me ajudas vou gostar de ti.

KENT – Vamos, rapaz, levanta e anda. Vou te ensinar o teu lugar; fora daqui. Fora! Ou pretende dar com o traseiro no chão mais uma vez? Vai – tem juízo! Assim. *[Empurra Osvaldo para fora.]*

LEAR – Agora, patife amigo, te agradeço; pega aí esse adiantamento pelo teu serviço. *[Dá-lhe dinheiro. Entra o Bobo.]*

BOBO – Vou te recompensar também; pega aí o meu barrete. *[Oferece o barrete a Kent.]*

LEAR – Como é que é, meu canalhinha? Estás bem?

BOBO – Meu amigo, se eu fosse o senhor aceitava o meu gorro.

KENT – Por que, Bobo?

BOBO – Por quê? Porque fica do lado de quem está em desgraça. Quem não sabe agradar segundo o vento que sopra, logo pega um resfriado. Vamos, bota o meu barrete. Vê, esse camarada aí baniu duas de suas filhas e, sem querer, fez a felicidade da terceira; se vais servi-lo, é claro que tens que usar o meu barrete. Como é, titio? – Ah, se eu tivesse duas filhas e dois barretes!

LEAR – O que, meu rapaz?

BOBO – Se eu desse a elas todas as minhas posses pelo menos ficaria com os barretes. Pega aí o meu e pede o outro às tuas filhas.

LEAR – Mais cuidado, moleque – olha o chicote.

BOBO – A verdade é um cachorro que tem de ficar preso no canil. E deve ser posto fora de casa a chicotadas quando madame Cadela quer ficar calmamente fedendo junto ao fogo.

LEAR – Pestilência irritante!

BOBO – Camarada, vou te ensinar uns provérbios.

LEAR – Ensina.

BOBO – Presta atenção, titio:
    Mostra menos os teus bens
    No que sabes não te expandas
    Empresta menos do que tens
    Cavalga mais do que andas
    Ouve na justa medida
    Só arrisca o que não importa
    Larga amantes e bebida
    Tranca bem a tua porta:
    E terás em cada vintena
    Mais que o dobro da dezena.

KENT – Isso não é nada, Bobo.

BOBO – Então é como a voz de um advogado sem honorários – também não me deram nada pelo que falei. O senhor não sabe fazer nada com o nada, tiozinho?

LEAR – Claro que não, rapaz; do nada não sai nada.

BOBO – *[A Kent.]* Por favor, diz a ele que isso é tudo que lhe rendem as terras que não tem – ele não vai acreditar num Bobo.

LEAR – Um Bobo insolente.

BOBO – E tu sabes, menino, a diferença entre um bobo insolente e um bobo complacente?

LEAR – Não, rapaz; me ensina.

BOBO – Quem aconselhou a ti
A tuas terras doar
Tem que vir ficar aqui:
Ou ficas tu no lugar.
O insolente e o complacente
Surgem juntos de repente;
Um com roupas de demente;
O outro na sua frente.

LEAR – Estás me chamando de bobo, Bobo?

BOBO – Você abriu mão de todos os outros títulos; esse é de nascença.

KENT – Isso não é completamente bobo, meu senhor.

BOBO – Não, por minha fé, os senhores e os potentados não me permitiriam; não posso ter um monopólio da bobagem porque eles não abrem mão da parte deles. E as senhoras também não deixam a bobagem só pra mim: me arrancam à força. Titio, me dá um ovo que eu te dou duas coroas.

LEAR – Que duas coroas são essas?

BOBO – Eis aqui, as duas cascas vazias,
Depois que parti o ovo ao meio
E comi o seu recheio.
Quando partiste ao meio tua coroa e doaste as duas partes, levaste o burro no lombo através do lamaçal. Não havia nenhum juízo nessa coroa careca ou não terias doado tua coroa de ouro. Ao dizer isto eu não falo como Bobo, mas se alguém perceber isso deve ser chicoteado como um bobo.
Os bobos perdem o emprego
Pois os sábios vieram em bando
E como não têm juízo
Vivem nos macaqueando.

LEAR – Desde quando te encheste de canções, patife?

BOBO – Adquiri o hábito no dia em que transformaste tuas filhas em tuas mães; arriaste os calções e deste a elas a vara de marmelo. *[Canta]*

E aí elas choraram de súbita alegria
E eu me pus a cantar só de tristeza
Vendo o rei cabra-cega em correria
Mais um Bobo entre bobos sem defesa.

Eu te peço, titio, arranja um professor que ensine teu Bobo a mentir. Gostaria tanto de aprender.

LEAR – Mente, vilão, que eu mando te açoitar.

BOBO – Eu gostaria de entender que espécie de parentesco existe entre ti e tuas filhas; elas ameaçam me espancar porque digo a verdade; tu mandas me açoitar porque minto; e algumas vezes apanho por não falar nada; eu queria ser qualquer outra coisa, menos Bobo, menos também ser tu, tiozinho. Repartiste teu juízo à esquerda e à direita e acabaste ficando sem nada no centro; olha aí uma das partes. *[Entra Goneril.]*

LEAR – O que foi, minha filha? Por que estás com essa cara amarrada? Ultimamente você anda sempre assim.

BOBO – Tu eras bem mais Rei quando não precisavas te preocupar com a cara dela. Agora és apenas um zero à esquerda. Valho mais do que tu; pelo menos sou um Bobo – tu não és coisa nenhuma. *[A Goneril.]* Está bem, já sei, já vou calar o bico; é o que tua expressão me ordena embora não tenhas proferido uma palavra.

Mas não ralha, não ralha:
Quem não guarda o pão nem a migalha,
Um dia, arrependido, quererá o que os valha.

[Aponta Lear.] Olha aí uma vagem oca.

GONERIL – Senhor, não só este seu Bobo, a quem tudo é permitido, mas também outros, do seu Séquito insolente, encontram a todos os momentos motivos de queixa e de provocações dando origem a violentos distúrbios, que não podem mais ser tolerados. Pensei, senhor, depois de o informar com precisão, que houvesse tomado medidas corretivas. Mas agora, depois do que o senhor mesmo disse e fez ultimamente, começo a temer que até protege esse tipo de conduta e a encoraja com a sua aprovação. Se for assim, essa falta não passará sem uma censura, nem poderemos deixar de aplicar um corretivo, no interesse do bem-estar de todos. Isso, que poderia lhe parecer ofensa, vergonha mesmo em outras circunstâncias, a necessidade agora nos impõe como medida de elementar prudência.

Bobo – Pois tu sabes, meu tio:
   O pardal que alimentou o cuco com seu muco
   Um dia teve a cabeça comida pelo cuco.
E assim se apagou a vela e ficamos todos no escuro.

Lear – Tu és nossa filha?

Goneril – Gostaria que o senhor usasse o seu bom senso, do qual sei que é bem dotado, e que abandonasse os maus humores que há algum tempo o distanciam tanto do que o senhor realmente é.

Bobo – Será que um burro não percebe quando o carro vai à frente dos bois?
   Hip, Hip, Joana, força, meu amor!

Lear – Tem alguém aqui que me conheça? Este aqui não é Lear. Lear anda desse jeito? Fala assim? Onde estão os olhos dele? Ou sua inteligência enfraqueceu ou tem o discernimento em letargia... Ah! Estou acordado? Não pode ser. Alguém é capaz de dizer quem eu sou?

Bobo – A sombra de Lear.

Lear – Gostaria de saber, pois, pelos sinais de soberania, inteligência e raciocínio, cheguei, erradamente, a me persuadir de que tinha filhas.

Bobo – Que pretendem te transformar num pai obediente.

Lear – O seu nome, linda fidalga?

Goneril – Essa zombaria, senhor, tem o mesmo sabor de muitas de suas últimas infantilidades. Suplico que procure entender o verdadeiro sentido de minhas intenções. Velho e venerável, o senhor deveria ser também sensato. Tem aqui, entre cavaleiros e escudeiros, uma centena de homens, tão desordeiros, debochados, corruptos e violentos, que esta corte, infeccionada pelos seus costumes, se transformou num caravançarai de devassos. O gozo e a luxúria fazem este palácio se parecer mais com uma taverna e um lupanar do que com uma habitação honrada. Essa desgraça exige remédio imediato. O senhor tem de se convencer a diminuir bastante esse seu Séquito e providenciar para que os que ainda ficarem a seu serviço sejam homens que conheçam o senhor como a si próprios, capazes pois de honrar a sua idade.

LEAR – Trevas e demônios! Selem os meus cavalos; reúnam minha gente. Bastarda desgraçada! – não te darei mais incômodos; tenho ainda uma filha.

GONERIL – O senhor agride meus criados; e essa escória dos seus homens trata como criados os seus superiores. *[Entra Albânia.]*

LEAR – Desgraçado de quem se arrepende tarde demais. Ah, senhor, estás aí? É também tua vontade? Fala, senhor. Preparem meus cavalos. Ingratidão, demônio de coração de mármore, mais hediondo quando te mostras numa filha do que num monstro marinho.

ALBÂNIA – Por favor, senhor, tenha paciência.

LEAR – Detestável abutre, tu mentiste. Meu Séquito é feito de cavaleiros de escol e das mais altas virtudes, que conhecem todas as exigências do dever e cuidam da própria honra com extremo cuidado. Ah, aquela falta mínima, como me pareceu horrenda em minha Cordélia. Tu, como um instrumento de tortura, arrebentaste a estrutura do meu ser, esvaziaste meu coração de todo o amor e encheste-o de fel. Ó Lear, Lear, Lear! arromba essa porta *[bate na cabeça]* que deixou entrar tua loucura e pôs pra fora o teu melhor juízo... Vamos, vamos, minha gente.

ALBÂNIA – Meu senhor, estou tão inocente quanto ignorante do motivo de toda a sua ira.

LEAR – Pode ser, meu senhor. Escuta, Natureza, escuta! Querida deusa, escuta: suspende tua intenção de tornar fecunda esta criatura. Enfia a esterilidade em suas entranhas; seca seu ventre, e que do seu corpo degradado não brote jamais um filho para honrá-la. Mas, se ainda assim conceber, nasça-lhe um filho cheio de fel, que sobreviva para ser o seu tormento perverso e monstruoso, que estampe de rugas seu rosto juvenil; escave canais em suas faces com as lágrimas candentes que a fará derramar; e retribua os seus sofrimentos e cuidados maternos com desprezo e escárnio para que ela saiba que mais doloroso do que o dente de uma cobra é ter um filho ingrato! Partamos, vamos. *[Sai.]*

ALBÂNIA – Pelos deuses que adoramos, que foi que aconteceu?

GONERIL – Não te preocupes em saber mais nada; deixa ele desafogar o mau humor que a avançada idade justifica. *[Lear volta.]*

LEAR – Como!? Cinquenta dos meus homens num só golpe! Em apenas quinze dias?

ALBÂNIA – Que foi, senhor?

LEAR – Já te direi. *[A Goneril.]* Vida e morte! Me envergonho que tenhas o poder de abalar assim minha virilidade! Que sejas responsável por estas lágrimas quentes que me são arrancadas à força. Caiam sobre ti furacões e nevadas. As chagas incuráveis da maldição de um pai trespassem todos os teus sentidos. Oh, minhas cansadas e crédulas pupilas, se continuarem a chorar por este motivo eu as arrancarei das órbitas e, junto com as lágrimas que vertem, as misturarei à terra para fazer lama. Como chegamos a isto? Mas que assim seja. Eu tenho outra filha que, tenho certeza, é boa e prestativa. Quando souber do que fizeste marcará com as próprias unhas essa cara de loba. Verás que recuperarei o meu modo de ser que pensas que perdi para sempre. Verás, eu te garanto. *[Sai com Kent e Séquito.]*

GONERIL – Ouviste isso?

ALBÂNIA – Goneril, eu não posso ser tão parcial, apesar do grande amor que te dedico.

GONERIL – Eu te peço, chega. Que foi, Osvaldo, hein? *[Ao Bobo.]* E o senhor, aí, mais canalha do que bobo – com seu patrão!

BOBO – Tio Lear, tiozinho amigo,
    Espera,
    Leva teu bobo contigo.
    Se eu pegasse uma raposa

Ou tivesse tal esposa
Eu trocava meu barrete
Por uma corda bem forte
Pra lhe dar uma boa morte.
Mas não é o caso agora;
É melhor eu ir embora.

GONERIL – Esse homem foi bem-aconselhado – cem cavaleiros! Não é sábio nem seguro deixá-lo manter cem cavaleiros armados e adestrados; sim, ao menor desvario, à menor intriga, capricho, queixa ou antipatia, ele pode muito bem defender sua senilidade com essas forças e dispor de nossas vidas à vontade. Vem cá, Osvaldo!

ALBÂNIA – Teu temor talvez seja excessivo.

GONERIL – É melhor do que confiança excessiva. Prefiro destruir os males que receio, do que recear que eles me destruam. Conheço o seu coração. Tudo que ele disse eu já escrevi a minha irmã. Se ela der abrigo a ele e aos cem cavaleiros, depois de tê-la advertido das inconveniências... *[Entra Osvaldo.]* Então, Osvaldo? Escreveste a carta para minha irmã?

OSVALDO – Sim, minha senhora.

GONERIL – Então pega uma escolta, e a cavalo! Explica-lhe plenamente meu temor pessoal; e acrescenta tuas próprias razões tornando tudo mais consistente. Vai logo e volta o mais depressa. *[Sai Osvaldo.]* Não, não, meu senhor, eu não reprovo a suavidade e a gentileza do seu comportamento, mas, com seu perdão, acredite que é muito mais criticado por sua falta de firmeza do que louvado por sua perigosa indulgência.

ALBÂNIA – Não sei se seus olhos veem bem em redor;
É comum perder-se o bom por querer o melhor.

GONERIL – Mas então...

ALBÂNIA – Bem, bem, vamos ver... *[Saem.]*

CENA V

Pátio diante do mesmo palácio. [Entram Lear, Kent e o Bobo.]

LEAR – Tu vais na frente com estas cartas para Gloucester. Não digas a minha filha senão estritamente o que ela perguntar a respeito da carta. Se não fores de uma rapidez extrema eu chegarei lá antes de ti.

KENT – Não dormirei, meu senhor, antes desta carta chegar a seu destino. *[Sai.]*

BOBO – Se o cérebro do homem estivesse nos pés, não haveria o perigo de pegar frieiras?

LEAR – Claro, rapaz.

BOBO – Então fica contente – teu espírito nunca vai calçar chinelos.

LEAR – Ha, ha, ha.

BOBO – Verás que a tua outra filha te tratará filialmente, pois embora se pareça com esta tanto quanto uma maçã selvagem se parece com uma maçã cultivada, eu digo o que te digo.

LEAR – E o que é que tu me dizes, patife?

BOBO – Que aquela terá o mesmo gosto desta como uma maçã tem o mesmo sabor de outra maçã. Sabes por que é que o nariz fica no meio da cara?

LEAR – Não.

BOBO – Ora, pra cada olho ficar de um lado do nariz, de modo que o que não podemos cheirar nós espiamos.

LEAR – Fui injusto com ela...

BOBO – Sabes como é que a ostra faz a concha?

LEAR – Não.

BOBO – Eu também não; mas posso te dizer por que o caracol tem uma casca.

LEAR – Por quê?

Bobo – Ora, pra guardar a cabeça lá dentro. Ou tu achas que é pra dá-la às filhas e ficar com os cornos sem abrigo?

Lear – Preciso esquecer o meu afeto; um pai tão amoroso! Meus cavalos estão prontos?

Bobo – Os teus burros foram buscar. A razão por que as sete estrelas são apenas sete é muito interessantíssima.

Lear – Porque não são oito?

Bobo – Isso mesmo. Tu darias um bom Bobo.

Lear – E se retomasse tudo pela força?... Monstruosa ingratidão!

Bobo – Se tu fosses meu Bobo, titio, ias apanhar muito pra aprender a não ficar velho antes do tempo.

Lear – Como assim?

Bobo – Tu não devias ter ficado velho antes de ter ficado sábio.

Lear – Não permita que eu fique louco, oh, louco não, céu bendito! Conserva a minha razão; eu não quero ficar louco! *[Entra Fidalgo.]* Então, os cavaleiros estão prontos?

Fidalgo – Prontos, meu senhor.

Lear – Vamos, rapaz.

Bobo – *[Para o público.]*
    Moças aí que são virgens
    E riem destas tiradas
    Entendam bem o que eu digo,
    Ou não serão desvirginadas. *[Saem.]*

SEGUNDO ATO

CENA I

Pátio no castelo de Gloucester. [Entram Edmundo, o bastardo, e Curan, e se encontram.]

EDMUNDO – Deus o tenha, Curan.

CURAN – E ao senhor também. Estive com seu pai e o informei de que o Duque de Cornualha e a Duquesa Regana chegarão esta noite.

EDMUNDO – Como assim?

CURAN – Que sei eu? O senhor já ouviu as notícias que correm por aí. Eu digo; esses boatos, coisas que até agora são apenas murmúrios de ouvido em ouvido.

EDMUNDO – Não ouvi nada. Por favor, me informe.

CURAN – Não ouviu falar de uma guerra provável e iminente entre o Duque de Cornualha e o da Albânia?

EDMUNDO – Nem uma palavra.

CURAN – Mas vai ouvir na certa, em breve. Passe bem, senhor. *[Sai.]*

EDMUNDO – O duque aqui esta noite? O melhor melhora! Mais um fio que reforça a minha trama. Meu pai pôs guardas atrás de meu irmão; meu papel é difícil; devo representá-lo com cuidado. Rapidez e boa sorte – mãos à obra! Meu irmão; uma palavra! Desce aqui! Meu irmão, estou chamando! *[Entra Edgar.]* Meu pai vigia. Amigo, foge deste lugar. Já descobriram onde estás escondido; tens, agora, a valiosa proteção da noite. Falaste alguma coisa contra o Duque de Cornualha? Ele vem para cá, ainda esta noite, a toda pressa, e Regana com ele; não disseste nada a favor dele e contra o Duque de Albânia? Pensa bem.

EDGAR – Estou seguro – não disse uma palavra.

EDMUNDO – Ouço meu pai chegando. Me perdoa; tenho que recorrer à astúcia e desembainhar minha espada contra ti; puxa a tua também e finge defender-te; vamos, simulação perfeita! Rende-te! Vou te entregar a meu pai! Luzes aqui, hei! Foge, meu irmão! Tochas, as tochas! Agora, adeus! *[Sai Edgar.]* Um pouco de sangue de mim mesmo os levará a acreditar que a luta foi violenta; *[fere o próprio braço]* já vi bêbados fazerem mais que isso por pura brincadeira. Pai! Pai! Pega, pega! Ninguém me ajuda? *[Entram Gloucester e Criados, com archotes.]*

GLOUCESTER – Muito bem, Edmundo, onde está o canalha?

EDMUNDO – Estava aí no escuro, empunhando a espada afiada, ruminando cabalísticas maldições, conjurando a lua para ser sua madrinha e protetora.

GLOUCESTER – Mas aonde é que ele foi?

EDMUNDO – Repare, senhor, estou sangrando.

GLOUCESTER – Edmundo, onde está esse canalha?

EDMUNDO – Fugiu por ali, senhor *[aponta na direção errada]*, quando viu que não ia conseguir de modo algum...

GLOUCESTER – Persigam-no, olá! Atrás dele! *[Saem alguns Criados.]* "Não ia conseguir de modo algum"...o quê?

EDMUNDO – Me persuadir a assassinar Vossa Senhoria. Eu o adverti que os deuses vingadores atiram todos os seus raios contra os parricidas; lembrei-lhe dos vínculos múltiplos e fortes que ligam o filho ao pai; em resumo, senhor, vendo a repugnância com que eu me opunha à sua intenção desnaturada, ele, num ímpeto feroz, já com a espada pronta, atacou a fundo o meu corpo indefeso, e me feriu no braço... Mas, assim que percebeu crescerem no combate os meus sentidos despertos pela justiça da causa – ou porque o assustasse o barulho que fiz –, fugiu subitamente.

GLOUCESTER – Que vá para bem longe. Não ficará nestas terras sem ser capturado. E, encontrado – morto! O nobre Duque, meu senhor, digno chefe e protetor, chega esta noite. Com sua autorização farei apregoar que quem encontrar o traidor, levando ao patíbulo o covarde assassino, merecerá a nossa gratidão. Para quem o esconder, a morte.

EDMUNDO – Quando tentei dissuadi-lo e vi que estava decidido a ir até o fim, com palavras violentas ameacei denunciá-lo. Ele respondeu: "Tu crês, bastardo deserdado, que se eu me erguesse contra ti, a existência de qualquer valor, virtude ou lealdade em ti tornaria as tuas palavras confiáveis? Não; por menos que eu negasse (e negaria, mesmo que você apresentasse uma confissão escrita por minha própria mão) eu faria crer que tudo é ideia tua, um plano, uma intriga diabólica. Terias de imbecilizar o mundo todo para que ninguém percebesse que as vantagens da minha morte são motivos claros e suficientes para você desejá-la."

GLOUCESTER – Estranho e rematado canalha! Negaria então sua própria carta? Eu gerei isso? *[Trompas soam no interior.]* Ouve, as trombetas do Duque. Não sei o que ele vem fazer aqui. Mandem fechar todas as saídas: o traidor não escapará; o Duque vai ter de me apoiar. Mandarei a descrição do canalha para todos os lugares, próximos e distantes, a fim de que todo o reino possa identificá-lo; e quanto às minhas terras, filho leal e natural, providenciarei para que sejas o herdeiro. *[Entram Cornualha, Regana e Séquito.]*

CORNUALHA – Então, meu pobre amigo? Desde que aqui cheguei – e pode-se dizer que foi agora – tenho ouvido notícias muito estranhas.

REGANA – Se forem verdadeiras, toda vingança é pouca para punir o culpado. Como está o senhor?

GLOUCESTER – Oh, senhora, com meu velho coração despedaçado, é, despedaçado.

REGANA – Como? O afilhado de meu pai atentou contra sua vida? Aquele a quem meu pai deu o nome? O seu filho Edgar?

GLOUCESTER – Oh, senhora, senhora – eu devia ocultar, só de vergonha.

REGANA – Ele não era companheiro desses cavaleiros devassos que protegem meu pai?

Gloucester – Eu não sei, senhora. É terrível, é terrível.

Edmundo – É verdade, senhora, pertencia a essa cambada.

Regana – Não admira então que tenha tais intenções; foram eles que o induziram a querer a morte do velho para pilhar e consumir suas rendas. Esta tarde mesmo minha irmã me mandou informações sobre eles, com tais recomendações de prudência que, se vierem se instalar em minha casa, eu não estarei lá.

Cornualha – Nem eu, Regana, te garanto. Edmundo, sei que deste a teu pai uma prova de devoção filial.

Edmundo – Apenas o meu dever, senhor.

Gloucester – Descobriu a traição do outro e, ao tentar prendê-lo, recebeu o ferimento que aí veem.

Cornualha – Mandou persegui-lo?

Gloucester – Mandei, meu bom senhor.

Cornualha – Se for preso, não deveremos voltar a temer sua vilania; faça o que bem entender, use como quiser a minha autoridade. Quanto a você, Edmundo, cuja virtude e obediência tanto se recomendam por si próprias neste instante, és um dos nossos; é de naturezas assim, profundamente leais, que estamos precisando. Ficas conosco, imediatamente.

Edmundo – Senhor, eu o servirei fielmente; e acima de tudo.

Gloucester – Agradeço a Vossa Graça em nome dele.

Cornualha – Não sabe por que viemos visitá-lo...

Regana – ...assim, fora de hora, abrindo caminho pela noite cega. Assuntos, nobre Gloucester, de razoável importância e para os quais necessitamos teu conselho. Nosso pai nos escreveu, e nossa irmã também, sobre divergências de tal ordem que achei mais prudente não responder lá de casa: vários mensageiros estão aí fora esperando nossa decisão. Bom e velho amigo, acalma teu coração e dá teu conselho, imprescindível ao nosso problema, que exige uma ação imediata.

Gloucester – A seu serviço, senhora. Vossas Graças são realmente bem-vindas. *[Saem. Fanfarras.]*

CENA II

Diante do Castelo de Gloucester. [Entram Kent e o Mordomo Osvaldo, cada um por um lado.]

Osvaldo – Bom dia, amigo; pertences a esta casa?
Kent – Pertenço.
Osvaldo – Onde podemos botar nossos cavalos?
Kent – No pântano.
Osvaldo – Por favor, me diz, bom amigo.
Kent – Eu não sou teu amigo.
Osvaldo – Pois então também não sou teu.
Kent – Se eu te pegasse ali no curral eu te faria meu.
Osvaldo – Por que me tratas assim? Eu nem te conheço.
Kent – Mas eu te conheço, camarada.
Osvaldo – Por quem você me toma?
Kent – Por um canalha, um patife, um comedor de restos; um velhaco arrogante, estúpido, indigente, apenas com três roupas, não mais de cem libras e meias fedorentas, um filho da puta covarde, sem sangue no fígado, que foge da luta e se queixa à justiça; trapaceiro afeminado e sabujo. Um escravo que herdou apenas um baú, que presta qualquer serviço numa alcova, um alcoviteiro; no fim, uma mistura de canalha, mendigo, covarde, rufião, filho e herdeiro de uma cadela bastarda; a quem eu espancarei até que estoure em berros, se negar a menor sílaba destes títulos.
Osvaldo – Mas que monstruoso indivíduo tu és, para ultrajar de tal forma uma pessoa que não conheces e não te conhece!
Kent – E que lacaio de cara de bronze tu és para negar que me conheces? Há dois dias atrás não te joguei no chão de pernas para o ar e te surrei diante do Rei? *[Puxa a espada.]* Desembainha, velhaco! pois, embora seja noite, a lua brilha; e vou fazer de ti uma papa ao clarão da lua. Saca da espada, filho da puta, nojento podabarbas – em guarda!

OSVALDO – Vai embora; não tenho nada a tratar contigo.

KENT – Saca da espada, canalha; vieste trazer cartas contra o Rei e estás do lado da boneca Vaidade contra a realeza do pai dela. Tira essa espada, escroque, ou tuas patas viram picadinho. Desembainha, patife, e enfrenta a luta.

OSVALDO – Socorro aí! Assassino! Socorro!

KENT – Defende-te, escravo! Em guarda, miserável. Não fujas não, mais que escravo – golpeia, vamos! *[Bate em Osvaldo.]*

OSVALDO – Alguém aí, socorro! Assassino! Assassino! *[Entra Edmundo, com a espada desembainhada, seguido de Cornualha, Regana, Gloucester e Criados.]*

EDMUNDO – O que é que foi? Que aconteceu? Solta! *[Separa os dois.]*

KENT – A vez agora é tua, bonito patrãozinho; faz favor. Vem que eu vou te ensinar o primeiro gosto de sangue; avança, patrãozinho.

GLOUCESTER – Espadas? Armas? O que é que está acontecendo aqui?

CORNUALHA – Parem com isso, paz – se têm amor à vida. Quem der só mais um golpe é um homem morto. Que aconteceu?

REGANA – São os mensageiros do Rei e de nossa irmã.

CORNUALHA – Qual é a divergência entre vocês? Falem.

OSVALDO – Eu mal posso respirar, meu senhor.

KENT – Não admira, depois de exercitar tanto a tua coragem. Canalha covarde, a natureza te renega; foi um alfaiate quem te fez?

CORNUALHA – És um indivíduo estranho; um alfaiate faz um homem?

KENT – Um alfaiate, senhor; um escultor ou um pintor não poderiam tê-lo feito assim tão mal, mesmo que fossem simples aprendizes.

CORNUALHA – Mas, conta; como é que começou essa disputa?

OSVALDO – Esse velho desordeiro, senhor, cuja vida eu poupei em respeito às suas barbas brancas...

Kent – Tu, "zê" filho da puta, letra desnecessária! Meu senhor, se o senhor me permitir, vou triturar este vilão grosseiro e fazer dele massa para rebocar paredes de latrina. Respeitar minhas barbas? Pavão afeminado!

Cornualha – Silêncio, idiota! Patife irracional, não sabes o que é o respeito?

Kent – Sei, meu senhor; mas a raiva tem seus privilégios.

Cornualha – E por que essa raiva?

Kent – Porque vejo um patife como esse ter uma espada, não tendo um mínimo de honra para defender. São os sorridentes canalhas dessa espécie que tantas vezes, como ratos, roem em dois os laços sagrados que, justamente por serem muito sólidos, é impossível desatar; lisonjeiam todas as paixões que habitam na alma dos seus senhores; jogam azeite no fogo, neve nos seus sentimentos mais gelados; ora negam, ora afirmam, e giram seu bico de gavião conforme sopra o vento; e mudam aos caprichos dos patrões, não sabendo senão seguir os donos, como os cães. Caia uma peste em tua cara de epilético! Sorris de minhas palavras, como se eu fosse um imbecil? Ganso, se eu te pegasse na planície de Sarum te levaria cacarejando até teu galinheiro, em Camelot.

Cornualha – Que é isso, está louco, meu velho? Está?

Gloucester – Como começou essa briga? Conta.

Kent – Não há adversários que se antipatizem mais do que eu e esse patife.

Cornualha – Por que o chama assim? Qual é o seu crime?

Kent – Não vou com a cara dele.

Cornualha – Nem vai com a minha, talvez, nem com a dele, nem com a dela.

Kent – Senhor, meu natural é ser franco; já vi em minha vida caras melhores do que as que estão nesse instante em minha frente, nesses ombros.

Cornualha – Deve ser um desses pobres diabos que, uma vez louvado por não ter papas na língua, passa a usar sempre uma franqueza insolente, forçando a própria natureza. Ele é incapaz de adular, ele só! Um espírito simples e honesto; só fala a verdade verdadeira! Se os outros o aceitam, muito bem; se não, ele foi franco! Eu conheço esse tipo de canalha que, em sua franqueza, esconde mais perfídia e corrupção do que vinte bajuladores cheios de salamaleques indecentes se matando para exercer seu servilismo.

KENT – Senhor, em boa fé, verdade sinceríssima, com permissão de sua imponente figura, cuja influência, como a flamejante grinalda de fogo fulgurando na fronte de Febo...

CORNUALHA – O que é que quer dizer isso?

KENT – Mudando o meu estilo, senhor, que tanto o desagrada. Eu sei, acredite, que não sou um bajulador. Quem enganou o senhor com seu tom de franqueza era um franco velhaco; coisa que eu, de minha parte, jamais seria, mesmo que o não sê-lo me dê a certeza de obter seu desagrado.

CORNUALHA – Em que foi que você o ofendeu?

OSVALDO – Em nada. Nunca. Faz pouco tempo, o Rei, seu amo, achou por bem me bater, por um mal-entendido dele; foi quando esse aí se juntou ao Rei e, insuflando sua cólera, me deu um pontapé. Eu caído, insultado, ridicularizado, ele se aproveitou para assumir uma atitude de tal masculinidade, quase de herói; e conseguiu os elogios do Rei, por atentar contra a vida de um homem sem defesa. E foi ainda excitado por essa façanha grosseira que ele aqui tirou de novo a espada contra mim.

KENT – Não há um malandro e covarde desses que não pretenda ser mais esperto do que Ajax.

CORNUALHA – Tragam o tronco! Velho canalha e trapaceiro, venerável farsante, nós te ensinaremos.

KENT – Senhor, sou velho demais para aprender; não mande trazer o cepo para mim, pois eu sirvo ao Rei – e foi ele quem me mandou aqui falar com Vossa Senhoria. Seria de pouco respeito, prova de maldoso atrevimento contra a graça e a pessoa do meu amo, entroncar seu mensageiro.

Cornualha – Tragam logo o cepo. Tão certo quanto eu ter vida e honra ele ficará aí até o meio-dia.

Regana – Até o meio-dia? Até a noite, meu senhor, e a noite toda.

Kent – Olha, senhora, se eu fosse o cão do seu pai, a senhora não me trataria dessa forma.

Regana – Mas trato, porque és apenas seu lacaio.

Cornualha – Esse homem é da mesma raça dos outros de que fala nossa irmã. Vamos, ponham o tronco aqui. *[Trazem o tronco.]*

Gloucester – Permita que eu rogue a Vossa Graça para não fazer isso. A falta dele é grave, mas o Rei, seu patrão, saberá castigá-lo. O castigo humilhante que pretende aplicar-lhe é punição reservada apenas para os criminosos mais vis e miseráveis, culpados de furtos e delitos da mais baixa espécie. O Rei vai se sentir ofendido na pessoa desse seu mensageiro, ao vê-lo submetido a tal vexame.

Cornualha – Eu respondo por isso.

Regana – Minha irmã pode achar pior ainda que um cavaleiro seu tenha sido ultrajado e agredido ao cumprir suas ordens. Enfiem as pernas dele! *[Kent é colocado no tronco.]*

Cornualha – Vamos, meu senhor, vamos embora. *[Saem todos, menos Gloucester e Kent.]*

Gloucester – Lamento por ti, amigo; é um capricho do Duque, cujo temperamento, todo mundo conhece, não admite oposição nem obstáculos: mas intercederei por ti.

Kent – Por favor, não faça isso, meu senhor. Não tenho dormido, pois a viagem foi dura. Vou dormir uma parte do tempo e assobiar a outra. Quem sabe a fortuna de um homem começa pelos calcanhares? Deus lhe dê um bom dia.

Gloucester – O Duque não agiu bem; isto vai acabar mal. *[Sai.]*

Kent – Bom Rei, tens de confirmar o dito popular: "Um dia o frescor do céu, noutro um sol infernal". Aproxima-te, farol deste mundo inferior, para que, com a ajuda de teus raios, eu possa ler esta carta. Só mesmo a desventura é capaz de ver milagres. Sei que isso vem de Cordélia, que, por sorte, foi informada do meu procedimento secreto e espera o momento para remediar esse estado de coisas monstruoso. Ó, meus olhos pesados, tirem vantagem do extremo cansaço da vigília para não ver a vergonha deste alojamento. Fortuna, boa noite: sorri mais uma vez; gira tua roda. *[Dorme.]*

CENA III

Na mata. [Entra Edgar.]

EDGAR – Ouvi gritarem meu nome e, graças ao oco propício de uma árvore, escapei à caçada. Não há saída, nenhum lugar onde um guarda e a mais rigorosa vigilância não procurem prender-me. Enquanto estou livre devo arranjar um meio de salvar minha vida. Estou resolvido a assumir a aparência mais vulgar e miserável, o limite em que a miséria, na sua degradação do homem, o aproxima do animal. Sujarei meu rosto com estrume, enrolarei trapos na cintura, como os duendes darei nós nos meus cabelos e, expondo minha nudez, afrontar os ventos e as inclemências do céu. O lugar me oferece exemplos e modelos – os mendigos do hospício de Bedlam, com berros horripilantes, enfiam, nos braços nus, intumescidos e dormentes, alfinetes, espinhos, pregos, farpas de árvore e, com esse horrível aspecto, percorrem granjas pobres, aldeias miseráveis, currais e moinhos e, às vezes com imprecações lunáticas, outras com orações, forçam a caridade dos que encontram. Ser um pobre maltrapilho, um pobre Tom, ainda é alguma coisa. Edgar já não é nada. *[Sai.]*

CENA IV

Em frente ao castelo de Gloucester. Kent no tronco. [Entram Lear, o Bobo e um Cavalheiro.]

LEAR – É estranho que tenham partido assim, sem mandar de volta o mensageiro.

Cavaleiro – À noite passada eles não tinham a menor intenção de ir embora.

Kent – Saúdo a ti, meu nobre amo.

Lear – O quê? Tu te divertes com essa ignomínia?

Kent – Não, meu senhor.

Bobo – Ele não liga porque as ligas estão apertadas. Os cavalos são amarrados na cabeça, pelo pescoço os cães e os ursos, os macacos pelo ventre e os homens pelas pernas. Quando alguém tem as pernas muito ágeis obrigam-no a usar meias de pau.

Lear – Quem foi que de tal forma ignorou tua posição e te colocou nesse lugar?

Kent – Ele e ela; teu filho e tua filha.

Lear – Não.

Kent – Sim.

Lear – Não, eu digo.

Kent – Eu digo sim.

Lear – Não, não; não o fariam.

Kent – Sim, o fizeram.

Lear – Digo que não, por Júpiter.

Kent – Por Juno, juro que sim!

Lear – Eles não ousariam, eles não poderiam, eles nunca o fariam. É pior que um assassinato praticar deliberadamente afronta tão violenta. Explica, rápido, o que fizeste para merecer tal tratamento e como eles se atreveram, sabendo que fomos nós que te enviamos.

Kent – Meu senhor, quando cheguei na casa deles, e entreguei as cartas de Vossa Alteza, antes mesmo que pudesse me erguer do local em que estava respeitosamente ajoelhado, chegou um outro correio fumegante, cozido pelo suor da própria pressa; quase sem ar arquejou saudações mandadas por Goneril, sua patroa, e, sem se preocupar com a intromissão, entregou cartas que eles leram num instante. Em vista do conteúdo reuniram os servidores, montaram logo a cavalo, me ordenaram que os seguisse e esperasse com calma uma resposta, enquanto me olhavam com frieza. Ao encontrar aqui o outro mensageiro, cuja boa acolhida percebi que tinha envenenado a minha – era o mesmo indivíduo que há pouco tempo foi tão insolente para com Vossa Alteza – eu, sentindo dentro de mim a hombridade vencer o bom senso, puxei fora a minha espada. Ele acordou toda a casa com seus berros de medo. Teu filho e tua filha acharam que essa ofensa merecia a vergonha que aqui sofro.

Bobo – O inverno ainda não acabou se os gansos selvagens voam nessa direção.

    Pai que anda esmolambado
    O filho é cego, o desgraçado.
    Mas se tem o burro do dinheiro
    O filho é quem o vê primeiro.
    A fortuna é puta nobre
    Nunca abre para um pobre.
    Seja como for, este ano tuas filhas
    vão te dar mais dolores do que dólares.

Lear – Oh, como esta ânsia me enche o coração! Fora de meu peito, *histérica pássio*! Baixa, ó angústia crescente. Onde está a minha filha?

Kent – Com o Conde, senhor, aí dentro.

Lear – Ninguém me siga; fiquem aqui. *[Sai.]*

Cavaleiro – Não fizeste outra ofensa além do que contaste?

Kent – Nenhuma. Mas por que o Rei veio com tão poucos homens?

Bobo – Se você tivesse sido colocado aí no tronco por essa pergunta, bem que merecia.

Kent – Por que, Bobo?

Bobo – Te mandaremos na escola da formiga para aprenderes que não se trabalha no inverno. Todos os que vão atrás do próprio nariz são guiados pelos próprios olhos, exceto os cegos; e só um nariz em vinte é incapaz de sentir o fedor da má fortuna. Quando uma roda grande despenca pelo morro, larga o comando senão tu quebras o pescoço, arrastado por ela. Mas se a roda grande sobe o morro, deixa que ela te puxe morro acima. Se um sábio te der melhor conselho do que este, devolve o meu. Eu gostaria que só patifes seguissem esse conselho, já que é um bobo que aconselha.

Quem só serve por ganância
E apenas finge lealdade
Se vê chuva faz a trouxa
Te deixa na tempestade.
Mas eu não partirei. O Bobo fica;
O homem sensato é que abdica.
O patife que foge vira bobo;
Nunca é patife, o Bobo que fica.

Kent – Onde foi que aprendeste isso, Bobo?

Bobo – Aí no tronco não foi, bobo. *[Entram Lear e Gloucester.]*

Lear – Recusam falar comigo? Estão doentes, estão cansados, viajaram a noite inteira? Desculpas frouxas, sinais de revolta e deserção! Eu exijo explicação melhor.

Gloucester – Meu caro senhor, o senhor conhece o temperamento colérico do Duque. Como ele é inflexível e obstinado nas suas decisões.

Lear – Vingança! Peste! Morte! Confusão! "Colérico?" Que "temperamento"? Bom, Gloucester, Gloucester, eu gostaria de falar ao Duque de Cornualha e sua esposa.

Gloucester – Bem, meu caro senhor, eu já os informei.

Lear – Informou! Está me entendendo, homem?

Gloucester – Sim, meu bom senhor.

Lear – O Rei gostaria de falar com Cornualha; o estremecido pai gostaria de falar à sua filha; e exige obediência. Eles estão informados disso? Pelo ar que respiro e por meu sangue! "Colérico", é? "O colérico Duque?" Diga ao fogoso Duque que – não, ainda não, talvez não esteja passando bem. A doença falta sempre a obrigações que a saúde não pode ignorar. Já não somos nós mesmos quando a natureza oprimida obriga o espírito a padecer com o corpo. Terei paciência; meu lado mais precipitado me levou a julgar como são um homem indisposto e doente. *[Olhando Kent.]* Morte à minha realeza! Por que o puseram aí? Esse ato me convence de que a partida do Duque e da mulher é somente uma manobra. Libertem meu servidor agora mesmo. Vai dizer ao duque e à sua mulher que quero falar com os dois, mas sem demora! Agora, já! Que venham aqui e me escutem ou ficarei batendo um tambor na porta deles até que o barulho lhes mate o sono.

GLOUCESTER – Gostaria que tudo voltasse à paz entre os senhores. *[Sai.]*

LEAR – Ai de mim! meu coração, meu coração sufoca! Calma!

BOBO – Grita com ele, titio, como a cozinheira gritava com as enguias quando as metia vivinhas na massa do pastel. Dava-lhes uma paulada na cabeça e gritava: "Para baixo, suas vagabundas, para baixo!" E o irmão dela gostava tanto do próprio cavalo que só lhe dava feno com manteiga. *[Entram Cornualha, Regana, Gloucester, Criados.]*

LEAR – Bom dia para ambos.

CORNUALHA – Salve, Vossa Graça. *[Kent é posto em liberdade.]*

REGANA – Estou contente em ver Vossa Alteza.

LEAR – Regana, acredito que esteja – e tenho minha razão para acreditar. Se não estivesse contente eu me divorciaria da tumba da tua mãe, pois seria a sepultura de uma adúltera. *[A Kent.]* Ah, estás livre? Trataremos disso noutra ocasião. Bem, amada Regana, tua irmã é uma depravada. Ó, Regana, como um abutre ela enterrou aqui o afiado bico da ingratidão. Mal consigo falar. Você nem pode imaginar como tua irmã foi perversa, ó, Regana!

REGANA – Eu lhe rogo, senhor, tenha paciência. Espero que o senhor é quem esteja avaliando mal seus méritos e não ela faltando a seus deveres.

LEAR – Que dizes? Como assim?

REGANA – Não posso acreditar que minha irmã esqueça a menor de suas obrigações. Se por acaso, senhor, ela reprimiu a violência de seus homens, deve ter feito isso com excelentes motivos e com intenções tão salutares que a colocam acima de qualquer censura.

LEAR – Minha maldição sobre ela!

REGANA – Oh, senhor, o senhor está velho; a natureza em seu corpo já atingiu o seu limite extremo; deveria deixar-se guiar e governar pelo discernimento de alguém capaz de compreender sua condição melhor do que o senhor mesmo. Por isso eu lhe peço que retorne para junto de nossa irmã; e confesse que foi injusto para com ela.

LEAR – Pedir-lhe perdão? Repara como isto condiz com a dignidade da realeza: "Querida filha, confesso que estou velho." *[Ajoelha.]* "E a velhice é inútil. Imploro de joelhos que se digne me conceder roupa, cama e mesa."

REGANA – Bom senhor, não prossiga. É uma brincadeira de mau gosto. Volte à casa de minha irmã.

LEAR – *[Levanta-se.]* Nunca, Regana. Ela já reduziu à metade a minha escolta, me olhou com olhares de desprezo, e, com sua língua de víbora, trespassou meu coração. Que todas as reservas de castigos do céu caiam sobre a sua cabeça ingrata! Sopros de ventos pestilentos infectem a medula dos ossos dos filhos que tiver.

CORNUALHA – Basta, senhor, basta!

LEAR – Relâmpagos velozes ceguem com suas chamas seus olhos insolentes! Que o miasma aspirado dos pântanos pelo sol poderoso corroa de varíolas sua beleza, humilhando e destruindo seu orgulho.

REGANA – Oh, deuses benditos! O senhor me amaldiçoará do mesmo modo quando tiver outro acesso de ódio.

LEAR – Não, Regana, jamais terás minha maldição. Tua natureza cheia de ternura não te deixará cair na crueldade. É feroz o olhar de tua irmã; teus olhos tranquilizam e não queimam. Não está em ti limitar meus prazeres, reduzir o meu Séquito, me atirar palavras ofensivas, restringir meus gastos e, por fim, impedir minha entrada com um ferrolho na porta. Tu conheces melhor os deveres naturais, os laços filiais, regras de cortesia, as dívidas da gratidão. Tu não esqueceste que te dei como dote metade do meu reino.

REGANA – Bom, senhor, ao assunto.

LEAR – Quem colocou meu homem nesse tronco? *[Trombetas lá dentro.]*

CORNUALHA – De quem é essa trombeta?

REGANA – Eu conheço – é de minha irmã. Confirma a carta em que dizia que breve estaria aqui. *[Entra Osvaldo.]* Já chegou a sua senhora?

LEAR – Eis aí esse escravo cuja arrogância de aluguel barato se apoia na leviana proteção daquela a quem se aluga. Fora, vagabundo, sai da minha frente!

CORNUALHA – Que quer dizer Vossa Graça?

LEAR – Quem colocou no tronco o meu correio? Regana, espero que não saibas nada sobre isso. *[Entra Goneril.]* Quem vem lá? Ó, Deus! Se tens amor aos velhos, se tua pacífica autoridade recomenda a obediência, se tu próprio és velho, faz da minha a tua causa, manda alguém em meu auxílio, toma meu partido. *[A Goneril.]* Tu não tens vergonha de olhar para estas barbas? Ó, Regana, lhe darás tua mão?

GONERIL – Por que não me dar a mão, senhor? Que crime eu cometi? Não é crime tudo que o desatino chama crime nem o que a senilidade chama assim.

LEAR – Meu peito, como és forte! Resistirás até quando? Quem pôs meu servidor no tronco?

CORNUALHA – Eu o pus ali, senhor; mas as desordens que fez mereciam menor condescendência.

LEAR – Tu? Fizeste isso?

REGANA – Eu lhe peço, meu pai, o senhor está debilitado, não esconda. Se o senhor quiser voltar para minha irmã e ficar com ela até o final do seu mês, dispensando metade de seus homens, poderá então ficar comigo. Agora estou fora de casa e sem as provisões necessárias para acolher o senhor devidamente.

LEAR – Voltar para ela e dispensar cinquenta homens? Não, renuncio primeiro a todo e qualquer teto; prefiro enfrentar a inclemência do tempo, ser companheiro do lobo e da coruja no sofrimento extremo da miséria. Voltar para ela? Seria o mesmo que me ajoelhar diante do trono do tempestuoso Rei da França – que, sem nenhum dote, me levou minha filha mais moça – e, como um escudeiro, mendigar uma pensão só para manter a vida miserável. Voltar para ela? É mais fácil me convencer a ser escravo ou burro de carga deste lacaio desprezível.

GONERIL – Como quiser, meu senhor.

LEAR – Filha, eu te peço; não me faças enlouquecer. Não te incomodarei mais, minha filha; adeus. Não nos encontraremos mais; não nos veremos mais. Mas ainda és minha carne, meu sangue, minha filha; ou melhor, uma doença na carne, que sou forçado a reconhecer que é minha; és um tumor, uma ferida inchada, um furúnculo apustemado em meu sangue apodrecido. Mas não quero te acusar. Que a vergonha caia sobre ti no momento devido; eu não a chamo. Não apelarei para quem tem na mão os raios para que te fulmine; nem te denunciarei a Júpiter, o Juiz Supremo. Emenda-te quando puderes, melhora quando entenderes. Eu posso ser paciente; posso ficar com Regana. Eu e meus cem cavaleiros.

REGANA – Não é bem assim. Eu ainda não o esperava e não estou preparada para acomodá-lo de maneira digna. Dê ouvidos a minha irmã, senhor; pois todos os que comparam a fúria do senhor com o bom senso dela só podem concluir que o senhor está velho, e assim... Mas ela sabe o que faz.

LEAR – E você sabe o que diz?

REGANA – Ouso jurar que sim, meu senhor. Como, cinquenta cavaleiros não são suficientes? Para que o senhor precisa mais? É, ou mesmo tantos? As despesas e os riscos aconselham redução bem maior. É possível, numa mesma casa, manter toda essa gente sob dois comandos e conservar a harmonia? É difícil; eu diria impossível.

GONERIL – Por que, meu senhor, não aceita ser servido pelos criados dela ou então pelos meus?

REGANA – Por que não, meu senhor? Nesse caso, se algum deles se mostrasse negligente em seu serviço, poderíamos controlá-lo. Se o senhor quiser ficar comigo – agora que vejo o perigo – recomendo que não traga mais de vinte e cinco homens. Não posso receber nem alojar mais que isso. Não posso dar mais...

LEAR – Eu lhes dei tudo...

REGANA – E em muito boa hora.

LEAR – Fiz de vocês minhas guardiãs, minhas tutoras; mas reservei o direito de conservar meu Séquito. Por que devo agora ir à tua casa com vinte e cinco homens? Regana, foi o que disseste?

REGANA – Disse e repito, meu senhor. Nem um a mais.

LEAR – As criaturas perversas nos parecem agradáveis quando encontramos outras mais perversas; não ser o pior já é uma qualidade e merece elogio. *[Para Goneril.]* Vou contigo: teus cinquenta dobram os seus vinte e cinco; teu afeto é duas vezes o dela.

GONERIL – Escuta-me, senhor – que necessidade o senhor tem de vinte e cinco? Ou dez? Ou cinco? Numa casa onde criados em número duas vezes maior estarão a seu dispor?

REGANA – Não necessita de um só.

LEAR – Oh, não vamos discutir necessidades! Nossos miseráveis mais miseráveis sempre têm alguma coisa que é supérflua às suas necessidades miseráveis. Se concedermos à natureza humana apenas o que lhe é essencial, a vida do homem vale tão pouco quanto a do animal. Tu és uma senhora; se bastasse estar aquecida para se sentir elegante, bem, a natureza não necessita dessa elegância toda, que mal e mal te aquece. Mas, quanto à necessidade verdadeira... Ó, céus, dai-me paciência, que paciência eu necessito! Vós estais vendo aqui, ó deuses! um pobre velho, tão cheio de acasos quanto de anos; e desgraçado em ambos. Se sois vós que envenenais o coração destas filhas contra o pai, não me obrigueis ainda mais à humilhação de suportar tudo mansamente; despertai-me uma nobre fúria e não deixeis que as armas das mulheres, gota d'água, manchem minhas faces masculinas. Não, bruxas desumanas! Eu me vingarei de tal modo em vocês duas que o universo inteiro verá – eu farei isso! Não sei ainda o que, mas será o terror no universo. Estão pensando que eu vou chorar? Não, eu não vou chorar. *[Sinais de tempestade.]* Tenho muitos motivos para chorar; mas este coração estourará em cem mil pedaços antes que eu chore. Ó, Bobo, estou enlouquecendo. *[Saem Lear, Bobo, Kent e Gloucester.]*

CORNUALHA – Vamos entrar; vem aí tempestade. *[Ouve-se a tempestade.]*

REGANA – Esta casa é pequena; o velho e seus homens não ficarão bem alojados.

GONERIL – A culpa é dele; por vontade própria abandonou sua tranquilidade; tem que pagar por sua loucura.

REGANA – Eu o receberia de bom grado, ele sozinho, mas nem um só dos que o acompanham.

GONERIL – O mesmo digo eu. Onde está o meu senhor de Gloucester?

CORNUALHA – Está lá fora, acompanhando o velho. *[Entra Gloucester.]* Ah, ei-lo de volta.

GLOUCESTER – O Rei está furioso.

CORNUALHA – Para onde vai?

GLOUCESTER – Deu ordem de montar; para onde eu não sei.

CORNUALHA – É melhor lhe deixar o caminho livre; ele se guia.

GONERIL – Meu senhor, não lhe peça para ficar de modo algum.

GLOUCESTER – Ai, a noite se aproxima e os ventos gelados sopram furiosos; em milhas ao redor mal se vê um arbusto.

REGANA – Oh, senhor, para os homens teimosos as desgraças que eles próprios buscaram devem servir de lição. Tranque suas portas. Ele tem uma escolta de gente desesperada. A prudência aconselha a temer os excessos a que esses homens o podem instigar, acostumados como estão a seduzir seus ouvidos.

CORNUALHA – Tranque suas portas, meu senhor; está uma noite pavorosa. Minha Regana aconselhou bem. Fujamos da tempestade. *[Saem.]*

TERCEIRO ATO

CENA I

Um descampado. Tempestade, com trovões e relâmpagos. [Entram Kent e um Cavalheiro. Encontram-se.]

KENT – Quem está aí, além do mau tempo?
CAVALEIRO – Um homem com o espírito do tempo; perturbado.
KENT – Eu te conheço. Onde está o Rei?
CAVALEIRO – Lutando com o furor dos elementos; ordena aos ventos que atirem a terra dentro do mar ou cubram o continente com ondas gigantescas para que as coisas mudem ou deixem de existir. Arranca os cabelos brancos que as rajadas violentas, numa raiva cega, apanham em sua fúria e reduzem a nada. Do seu desprezível mundo de homem ele se agiganta, escarnecendo das voltas e revoltas do combate entre a chuva e o vento. Numa noite assim, quando a ursa esfaimada, que amamenta os filhotes, prefere não sair da toca, e o leão e o lobo, com o estômago roído pela fome, preferem conservar o pelo seco, ele corre com a cabeça descoberta, invocando o fim do mundo.
KENT – Mas quem está com ele?
CAVALEIRO – Somente o Bobo, que se excede em gracejos tentando fazê-lo esquecer as angústias do seu coração magoado.
KENT – Senhor, eu o conheço e, assegurado por esse meu conhecimento, vou lhe confiar uma coisa importante. Há um feroz desacordo entre os duques de Albânia e Cornualha, embora isso, até agora, esteja encoberto por mútua dissimulação. Ambos têm em volta de si – e quem não os tem entre aqueles cuja boa estrela sentou num trono e colocou nas alturas? – servidores com toda a aparência de simples lacaios mas que na realidade são espiões e observadores do Rei da França recolhendo informações em nosso reino. Do que eles viram, seja das brigas e intrigas entre os duques, ou da dura conduta que tiveram contra o velho e generoso

Rei, ou ainda alguma coisa mais grave que torne tudo isso insignificante, o certo é que, se aproveitando de nosso despreparo, um exército francês já penetrou neste reino estraçalhado e pôs os pés, secretamente, em alguns de nossos melhores portos, estando pronto para desfraldar ali a sua bandeira. Aqui entra o senhor; se, acreditando em mim, o senhor se resolve a marchar rapidamente até Dover, ali encontrará alguém que lhe agradecerá logo que lhe tiver feito um relato correto do tratamento desumano e enlouquecedor sofrido pelo Rei. Sou um cavalheiro de sangue e educação e lhe confio esta missão com conhecimento de causa e certo do que faço.

CAVALEIRO – Falaremos mais tarde sobre isso.

KENT – Não, já falamos! Para provar que sou muito mais que minha aparência exterior, abra esta bolsa e fique com o que ela contém. Se encontrar Cordélia – não há que temer, o senhor a encontrará – mostre-lhe este anel e ela lhe dirá quem é este companheiro que o senhor ainda não sabe quem é. Maldita tempestade! Vou procurar o Rei.

CAVALEIRO – Dê-me sua mão. Não tem mais nada a dizer?

KENT – Poucas palavras mas que, por sua importância, valem mais do que todo o já falado. Quando encontrarmos o Rei – e para isso peço a sua ajuda, o senhor indo por ali, e eu por aqui – o primeiro que o avistar gritará pelo outro. *[Saem, cada qual para um lado.]*

CENA II

Outro local do descampado. [A tempestade continua. Entram Lear e o Bobo.]

LEAR – Sopra, vento, até arrebentar tuas bochechas! Ruge, sopra! Cataratas e trombas do céu, jorrem torrentes até fazer submergir os campanários e afogar os galos de suas torres. Relâmpagos de enxofre, mais rápidos que o pensamento, precursores dos raios que estraçalham o carvalho, queimem minha cabeça branca. E tu, trovão que abala o universo, achata para sempre a grossa redondez do mundo! Quebra os moldes da natureza e destrói de uma vez por todas as sementes que geram a humanidade ingrata!

BOBO – Oh, titio, a água benta da bajulação numa casa bem seca é melhor do que esta água de chuva a céu aberto. Entra, titio bonzinho, e pede a bênção a tuas filhas. Esta noite não tem pena nem dos bobos nem dos sábios.

LEAR – Arrota as tuas entranhas! Vomita, fogo! Alaga, chuva! A chuva, o vento, o trovão e o fogo não são minhas filhas. Elementos, eu não os acuso de ingratidão; nunca lhes dei reinos ou chamei de filhos, nunca me deveram obediência alguma. Portanto, podem despejar sobre mim o horror do seu arbítrio. Olhem, aqui estou eu, seu escravo, um pobre velho, débil, doente, desprezado. Mas continuo a chamá-los de cúmplices subservientes que se uniram a minhas duas desgraçadas filhas para lançar os batalhões do céu contra esta cabeça tão velha e tão branca. Oh! Oh! É revoltante!

BOBO – Quem tem uma casa onde botar a cabeça tem um belo capacete.
Quem cuida mais da braguilha
Do que da própria virilha
Terá piolhos à beça
Na cabeça e na... cabéça.
Quem cuida mais do dedão
Do que do seu coração
Não dormirá mais, traído
Por um calo dolorido.
Pois nunca houve uma mulher bonita que não fizesse boquinhas diante do espelho. *[Entra Kent.]*

LEAR – Não; serei um modelo de paciência. Não direi nada.

KENT – Quem está aí?

BOBO – Olá, uma realeza e uma braguilha aberta; isto é, um sábio e um Bobo.

KENT – Salve, senhor, estás aqui? Mesmo os seres que amam a noite não amam noites como esta. Os céus enfuriados assustam até os animais que rondam nas trevas, obrigando-os a não sair de seus covis. Desde que me conheço como homem não me lembro de jamais ter ouvido tais rajadas de fogo; tão assustadores estrondos de trovões; uivos e lamentos da chuva e do vento iguais a esses. A natureza humana não pode suportar essa aflição e esse horror.

LEAR – Que os deuses poderosos, que desencadeiam esse cataclisma sobre nossas cabeças, descubram, afinal, seus inimigos. Treme, infame, que levas dentro de ti crimes ignorados, ainda não flagelados pela justiça. Esconde-te, mão ensanguentada, e tu, mentiroso! Oculta-te, incestuoso que simulas virtudes. Treme até arrebentares em pedaços, canalha que, protegido por tua hipocrisia e tua aparência honrada, atentaste contra a vida de outro homem. Culpas impenetravelmente escondidas, rompam as grades que as ocultam e gritem por misericórdia ante os inquisidores implacáveis. Sou um homem contra quem pecaram muito mais do que pequei.

KENT – Ai de mim! Com a cabeça descoberta! Meu bondoso senhor; a dois passos daqui há uma cabana; pode servir de proteção amiga durante a tempestade. Repouse lá enquanto volto a essa dura casa (mais dura do que as próprias pedras com que foi construída e onde agora mesmo, quando fui lá indagando pelo senhor, me recusaram a entrada). Tentarei forçar a sua mesquinha hospitalidade.

LEAR – A minha razão começa a vacilar. Vem cá, meu filho. Como estás tu, meu rapaz? Estás com frio? Eu também estou com frio. Onde está essa palhoça, companheiro? Que alquimia estranha a das nossas necessidades; torna preciosas as coisas mais miseráveis. Vamos para a tal cabana. Pobre Bobo e pobre servidor, ainda me sobra um pedaço de coração para sentir piedade de ti.

BOBO – *[Canta.]* Quem ainda não caiu em desatino
   Olalá, com tal chuva e ventania
   Deve ficar feliz com seu destino
   Mesmo que chova chuva noite e dia.

Lear – É verdade, rapaz. Vamos, me leva a essa cabana! *[Sai com Kent.]*

Bobo – Esplêndida noite, capaz de esfriar até uma cortesã! Antes de ir embora vou fazer uma profecia:
>   Quando os padres só falarem o que exalte
>   Cervejeiros não puserem água no malte
>   As damas ensinarem honra às freiras
>   Homem de bem não ficar engalicado
>   Só ficarem os que andam com as rameiras
>   Não houver cavalheiro endividado
>   Nem escudeiro vivendo na miséria
>   Todo processo for bem processado
>   Não existir intriga deletéria
>   Nem amigos do alheio no mercado.
>   Avarentos contarem o dinheiro à luz do dia
>   Decaídas e devassos não estiverem
>   No mais alto grau da hierarquia
>   Aí este reino de Albion
>   Vai ser só o que é bom
>   Será esse o tempo, quem viver verá,
>   Em que para andar, os pés se usará.

Merlino fará esta profecia, um dia, pois eu vivo antes do seu tempo. *[Sai.]*

CENA III

Um aposento no castelo de Gloucester. [Entram Gloucester e Edmundo.]

Gloucester – Ai, ai, Edmundo, não estou de acordo com esse cruel procedimento. Quando lhes pedi licença para ter piedade dele, não me deixaram dispor de minha própria casa e, sob pena de seu perpétuo desfavor, me proibiram de falar com ele, suplicar por ele, tomar o seu partido de qualquer maneira.

EDMUNDO – Coisa selvagem, cruel procedimento!

GLOUCESTER – Cuidado! não digas nada. Há uma desavença entre os duques, e coisa pior ainda. Esta noite recebi uma carta da qual é perigoso falar – fechei-a no meu quarto. As ofensas que o Rei agora sofre serão vingadas plenamente; parte de um exército já pôs pés em terra; temos de apoiar o Rei. Procurarei por ele e o ajudarei secretamente. Enquanto isso, tu conversarás com o Duque para que ele não descubra a minha caridade. Se perguntar por mim, estou doente e recolhido ao leito. Se eu morrer por isso – e de nada menos fui ameaçado – o Rei, meu velho senhor, deve ser socorrido a qualquer custo. Coisas estranhas vão acontecer. Edmundo, te recomendo prudência. *[Sai.]*

EDMUNDO – Desse ato de caridade que te foi proibido, o Duque terá conhecimento imediato. E da carta também. Este serviço merece recompensa e deve me fazer ganhar o que meu pai perder;
    isto é, tudo o que tem.
    A sua queda é para o meu bem. *[Sai.]*

CENA IV

No descampado. Uma cabana. Continua a tempestade. [Entram Kent, Lear e o Bobo.]

KENT – É este o lugar, meu senhor. Entre, meu bom senhor. A tirania desta noite ao aberto é violenta demais para a natureza humana. *[Continua a tempestade.]*

LEAR – Deixe-me sozinho.

KENT – Meu bom senhor, entre aí.

LEAR – Queres partir meu coração?

KENT – Mais facilmente partiria o meu. Entre, meu bom senhor.

LEAR – Tu pensas que é demais suportar esta tempestade furibunda penetrando até os ossos. Para ti deve ser – mas onde se alojou a dor maior mal se percebe a dor menor. Evitarias enfrentar um urso – mas se tua fuga te jogasse dentro do mar enfurecido não temerias a goela do animal. Quando a alma está em sossego, o corpo é mais sensível – a tempestade da minha alma apaga em meus sentidos toda outra sensação senão a que dói aqui. Ingratidão filial! É como se esta boca decepasse esta mão que lhe dá o alimento. Mas a minha punição irá até o fundo; não, não quero chorar mais. Numa noite como esta, jogar-me ao desamparo! *[À tempestade.]* Cai, torrente do céu, que eu aguentarei! Em uma noite assim! Ó, Regana, ó Goneril, vosso pai bondoso e velho, cujo coração aberto vos entregou tudo... Oh, esse é o caminho que conduz à demência; é preciso evitá-lo. Chega com isso.

KENT – Meu bom senhor, entre aí.

LEAR – Entra tu, eu te peço; procura proteção para ti mesmo. Esta tempestade não me dará calma para pensar em coisas que me fariam sofrer ainda mais. Mas vou entrar. *[Ao Bobo.]* Entra, rapaz, e dormirei depois. *[Sai o Bobo.]* Pobres desgraçados nus, onde quer que se encontrem sofrendo o assalto desta tempestade impiedosa, com as cabeças descobertas e os corpos esfaimados, cobertos de andrajos feitos de buracos, como se defendem vocês de uma intempérie assim? Oh! Eu me preocupei bem pouco com vocês! Pompa do mundo, é este o teu remédio; expõe-te a ti mesmo no lugar dos desgraçados, e logo aprenderás a lhes dar o teu supérfluo, mostrando um céu mais justo.

EDGAR – *[De dentro.]* Braça e meia, braça e meia. Pobre Tom! *[Entra o Bobo.]*

BOBO – Não entra não, titio; tem um espírito aí dentro. Socorro! Socorro!

KENT – Me dá tua mão. Quem está aí?

BOBO – Um espírito! Um espírito! Diz que se chama Pobre Tom.

KENT – Quem é que está aí grunhindo nessa palha? Sai fora! *[Entra Edgar, como Tom, o maluco.]*

EDGAR – Fujam! O demônio impuro está atrás de mim. Os ventos sopram pelos ramos pontiagudos do pinheiro... Hummm! Vai pra tua cama fria te esquentar!

Lear – Também deste tudo a tuas filhas? É por isso que te encontras nesse estado?

Edgar – Quem dá alguma coisa ao pobre Tom? O desgraçado demônio me fez atravessar o fogo e as chamas, torrentes e redemoinhos, pântanos e areias movediças; colocou facas sob meu travesseiro, laços de forca em meu caminho, veneno de rato em minha sopa e encheu meu coração de tanto orgulho que me achei capaz de montar um cavalo baio e atravessar a trote uma ponte com apenas quatro dedos de largura, perseguindo minha própria sombra como se fosse um traidor. Deus que conserve teus cinco juízos. Tom está com frio. Oh, dá, dé, di, dó, du. Deus te proteja dos furacões, dos astros malfazejos e das pestilências. Uma caridade para o pobre Tom, atormentado pelo espírito do mal. Se eu pudesse pegá-lo agora aqui – ou então ali, depois ali e ali, ali... *[A tempestade continua.]*

Lear – As filhas dele o reduziram a esse estado? *[A Edgar.]* Não pudeste salvar coisa nenhuma? Lhes entregaste tudo?

Bobo – Não, guardou um cobertor, para cobrir com ele suas vergonhas.

Lear – Então que todas as pragas, que o destino mantém suspensas no ar para castigar erros humanos, caiam de uma vez só sobre tuas filhas!

Kent – Ele não tem filhas, senhor.

Lear – À morte, traidor! Nada poderia reduzir um ser humano a tamanha baixeza senão a ingratidão das filhas. É costume que os pais assim rejeitados tenham tão pouca piedade de sua própria carne? Castigo merecido – pois foi essa mesma carne que gerou essas filhas de pelicano.

Edgar – O Peligalo sentou no monte Pintocano. Lololó, lolóri! Có-có-ri-có.

Bobo – Esta noite fria vai nos deixar a todos loucos e assustados.

Edgar – Cuidado com o espírito maligno; obedece a teus pais; cumpre sempre tua palavra; não blasfemes; não prevariques com a esposa legítima de teu próximo; não te enfeites com roupas ostentosas. Tom está com frio.

LEAR – O que é que tu eras?

EDGAR – Um servidor, de coração e espírito orgulhosos; que ondulava os cabelos, punha as luvas no chapéu, atendia aos desejos lascivos do coração de minha senhora, realizando com ela o que se faz nas trevas. Minhas juras eram tantas quanto minhas palavras e as descumpria todas à luz clara do céu. Eu era alguém que dormia pensando em projetos de luxúria e acordava para realizá-los. Amava profundamente o vinho e com ternura os dados; quanto às mulheres eu superava um turco. Falso de coração, fácil de ouvido, mão sanguinária; porco pela preguiça, raposa pela astúcia, leão na pilhagem, voraz como um lobo, um cão raivoso. Não deixes que o ranger de uns sapatos ou o sussurrar de sedas entreguem teu pobre coração a uma mulher: não põe teu pé nos bordéis, tuas mãos nas saias, teu nome em livro de usurários; e poderás desafiar o demônio impuro. O vento gelado continua a soprar pelos ramos do espinheiro; e diz, zuuum, zuum, munn, num. Delfim, meu rapaz, meu rapaz, cessa! Deixa o vento trotar! *[A tempestade continua.]*

LEAR – Estarias melhor na sepultura do que expondo teu corpo nu a tais extremos do céu. O homem é apenas isto? Observem-no bem. Não deve a seda ao verme, a pele ao animal, a lã à ovelha, nem seu odor ao almiscareiro. Ah! aqui estamos nós três, tão adulterados. Tu não, tu és a própria coisa. O homem, sem os artifícios da civilização, é só um pobre animal como tu, nu e bifurcado. *[Começa a despir-se.]* Fora, fora com estes trapos emprestados. Desabotoa aqui. *[Começa a arrancar as roupas.]*

BOBO – Titio, por favor, com calma. A noite não está boa para a natação. *[Vê o archote.]* E essa fogueirinha aí no descampado é como o coração de um velho libertino: um calorzinho só e todo o resto do corpo bem gelado. Ôi, ôi! Vem vindo para cá um fogo-fátuo. *[Entra Gloucester com o archote.]*

EDGAR – Essa é a alma danada chamada Flibbertigibbet: aparece ao toque de recolher e anda até que o galo cante. Transmite a gota serena e a catarata, torna os olhos vesgos, os lábios leporinos; mofa o trigo maduro e amargura a criatura humana.

> São Vital no mundo deu três voltas
> E topou o demônio
> Com seus nove demoninhos como escolta
> Obrigou-o a desmontar
> E a maldade abjurar.

Vai embora, demônio, vai embora!

KENT – Como está Vossa Graça?

LEAR – Quem é ele?

KENT – Quem vem lá? O que procura?

GLOUCESTER – E quem são os senhores? Os seus nomes!

EDGAR – Eu sou o pobre Tom, que se alimenta de rãs, de sapos, salamandras, lagartos e lagartixas. E, na fúria do seu coração, quando o imundo demônio o atormenta, come esterco de vaca como salada, engole ratos velhos e cães podres; bebe o lençol verde no charco estagnado, é espancado de aldeia em aldeia, metido no tronco, jogado em prisão; já teve três roupas nas costas e seis camisas no corpo,

> Cavalo pra cavalgar
> E espada pra lutar.
> Mas só ratos, camundongos
> E mais bichinhos assim
> Foram a comida de Tom
> Por sete anos sem-fim.

Cuidados com os que vêm atrás de mim! Paz, Smulkin, paz, ó demônio!

GLOUCESTER – Como? Vossa Graça não encontrou melhor companhia do que essa?

EDGAR – O Príncipe das Trevas é um cavaleiro. Seu nome é Modo. Ou então Mahu.

GLOUCESTER – A nossa carne e o nosso sangue, senhor, estão tão degenerados que odeiam até quem os botou no mundo.

EDGAR – O pobre Tom tem frio!

Gloucester – Entre comigo. Minha lealdade não permite que obedeça em tudo às duras imposições de suas filhas. Embora tenham ordenado que eu fechasse minhas portas deixando-o à mercê desta noite tirânica, não hesitei em vir procurá-lo para conduzi-lo a um local onde terá fogo e alimento.

Lear – Antes porém quero falar a este filósofo. Qual é a causa do trovão?

Kent – Por favor, senhor, aceite a oferta; vamos para a casa.

Lear – Quero trocar uma palavra com este sábio tebano. O que é que tu estudas?

Edgar – Como evitar o demônio e esmagar piolhos.

Lear – Eu quero te fazer uma pergunta em particular.

Kent – Insista mais uma vez para que vá consigo, meu senhor: sua razão começa a vacilar.

Gloucester – Nada de estranho nisso. *[A tempestade continua.]* As filhas querem sua morte. Ah, o bom amigo Kent! Bem preveniu, o pobre desterrado! Dizes que o Rei está ficando louco – e eu te confesso, amigo, que também estou. Eu tinha um filho, agora renegado do meu sangue, que atentou contra minha vida há pouco tempo, poucos dias. Eu o amava, meu amigo; nenhum filho jamais foi tão amado. Para te dizer toda a verdade, o desgosto transtornou minha razão. Que noite, esta! Suplico a Vossa Graça...

Lear – Oh, imploro o seu perdão, senhor. Nobre filósofo, a sua companhia...

Edgar – Tom está com frio.

Gloucester – Para dentro, rapaz, entra aí na cabana; aquece-te aí.

Lear – Vamos, entremos todos.

Kent – Por aqui, senhor meu.

Lear – Eu vou com ele; não quero me afastar do meu filósofo.

Kent – Meu bom senhor, faça a vontade dele; deixe que leve o rapaz.

Gloucester – Pode trazê-lo.

KENT – Vamos, amigo; por aqui conosco.

LEAR – Conosco por aqui, bom ateniense.

GLOUCESTER – Não falem mais, não falem mais. Shhhiuuuu!

EDGAR – À torre sinistra
Chegou don Roldão
Gritou sua senha:
"Fim, fim, funfarrão!
Eu já sinto o cheiro
De sangue bretão". *[Saem.]*

CENA V

Aposento no palácio de Gloucester. [Entram Cornualha e Edmundo.]

CORNUALHA – Vou me vingar antes de sair desta casa.

EDMUNDO – Ah, meu senhor, tremo só de pensar quanto vão me censurar por ter sacrificado o amor filial à lealdade.

CORNUALHA – Agora estou certo de que não foi apenas a índole má de teu irmão que o levou a querer a morte de teu pai; a consciência do seu próprio valor foi que o instigou à ação contra esse ser detestável.

EDMUNDO – Que ironia do destino, fazer com que eu me arrependa de ter sido honesto! Aqui está a carta de que lhe falei, provando que ele conspira pelo rei da França. Ó, céus, quem dera não houvesse tal traição! Ou não fosse eu seu delator!

CORNUALHA – Venha comigo falar com a Duquesa.

EDMUNDO – Se o que contém este papel é verdadeiro, o senhor tem nas mãos assunto muito grave.

CORNUALHA – Verdade ou não, isso já fez de ti Conde de Gloucester. Descobre onde é que está teu pai para que o possamos prender quando quisermos.

EDMUNDO – *[À parte.]* Se eu o encontrar auxiliando o Rei, isso dará ainda mais consistência à acusação. *[Para Cornualha.]*

Continuarei no caminho da lealdade, por mais doloroso que esse conflito seja pro meu sangue.

Cornualha – Confiarei em ti; e em mim encontrarás um pai mais amoroso. *[Saem.]*

CENA VI

Aposento numa granja próxima ao castelo de Gloucester.
[Entram Kent e Gloucester.]

Gloucester – Aqui se está melhor do que ao ar livre; aceite de bom grado. Procurarei tornar o lugar mais confortável em tudo que puder. Não ficarei longe muito tempo.

Kent – Toda a força de sua razão cedeu ao desespero. Que os deuses recompensem a vossa bondade. *[Sai Gloucester. Entram Lear, Edgar e o Bobo.]*

Edgar – O demônio Frateretto me chama pra dizer que Nero é um pescador no Lago das Trevas. Reza, pobre de espírito, e cuidado com o demônio imundo.

Bobo – Por favor, titio, me diz: um louco é um nobre ou um plebeu?

Lear – Um Rei, um Rei.

Bobo – Não é não; é um plebeu que tem um filho nobre; pois é um plebeu louco quem faz o filho mais nobre do que ele.

Lear – Ah, ter mil diabos com espetos em brasa caindo sobre elas, sibilando...

Edgar – O espírito imundo morde minhas costas...

Bobo – Louco é quem confia na mansidão do lobo, na saúde do cavalo, no amor de um rapaz, e nas juras de uma prostituta.

Lear – Está decidido; vou julgá-las agora mesmo em tribunal. *[Para Edgar.]* – Vem, senta aqui, sapientíssimo juiz. *[Ao Bobo.]* – E tu também, sábio senhor, senta-te aqui. E quanto a ti, elas – raposas!

Edgar – Olhem onde ela se pôs. E que brilho no olhar! Deseja um olhar que a admire, mesmo no tribunal, senhora?
Cruza o arroio e vem pra mim, Bessy!

Bobo – Seu barco está indo ao fundo
Mas Bessy não diz ao mundo
Por que não vem para ti.

Edgar – O demônio imundo assombra o pobre Tom na voz de um rouxinol. O demônio Hoppedance grita na pança de Tom exigindo dois arenques brancos. Não rosna assim, anjo negro; não tenho comida para te dar.

Kent – Como está o senhor? Não fique assim tão espantado; não deseja deitar-se um pouco naquelas almofadas?

Lear – Primeiro devemos julgá-las. Façam entrar as testemunhas. *[A Edgar.]* – Tu, juiz togado, toma teu posto. *[Ao Bobo.]* – E tu, seu colega na igualdade da lei, senta a seu lado. *[A Kent.]* – E o senhor aí do júri, no seu lugar.

Edgar – Procedamos com justiça.
Dormes ou velas, lindo pastor?
Tuas ovelhas estão no trigal
E basta um som de tua bela boca
Que não lhes ocorre nada de mal.

Ron, ron! Todo gato é pardo.

Lear – Julguem esta primeiro; é Goneril. Juro, diante desta honorável assembleia, que essa aí expulsou o pai de casa a pontapés.

Bobo – Aproxime-se, senhora. Seu nome é Goneril?

Lear – Não o pode negar.

Bobo – Queira desculpar, pensei que fosse um banco.

Lear – E aqui está a outra, cujo olhar perverso indica de que estofo é o seu coração. Prendam-na aí! Armas, armas, espada! Fogo! Até aqui corrupção! Falso juiz, por que deixou que ela escapasse?

Edgar – Abençoados os teus cinco sentidos!

Kent – Oh, piedade! Senhor, onde está a paciência de que tão frequentemente te gabavas?

Edgar – *[À parte.]* As minhas lágrimas começam com tanta força a me mostrar do lado dele que podem revelar o meu disfarce.

Lear – Os cachorrinhos e a matilha toda, Bandeja, Branco e Namorado – estão vendo? – ladram atrás de mim.

Edgar – Tom atira a própria cabeça em cima deles. Fora daqui, vira-latas.
Com focinho preto ou rosa
E mordida venenosa,
Mastim, mestiço e lebreiro,
Galgo, de fila ou rafeiro,
Rabo curto ou bem comprido
Jogo em cima minha cabeça
Lhes tiro uivo e gemido
Té que a matilha obedeça.
Brrrr! Brrrrr! Brrrrr!
Do, dê, dô, dá, eia! Vamos em marcha para as festas, para as feiras e para as vilas de mercado. Pobre Tom, o teu corno está vazio.

Lear – Façam agora a autópsia em Regana. Examinem que coisa germina em seu coração. A natureza terá uma razão para criar corações tão duros quanto este? *[Para Edgar.]* – E o senhor, considere-se incluído entre meus cem cavaleiros; só não me agrada o corte de suas vestimentas. Dirá, naturalmente, que são modas orientais; mas vamos trocá-las.

Kent – Agora, meu bom senhor, deite-se aí e descanse um pouco.

Lear – Não façam barulho! Não façam barulho! Fechem as cortinas. Assim. Assim. Cearemos de manhã bem cedo. Assim. Assim. Assim. *[Entra Gloucester.]*

Bobo – E eu irei para a cama ao meio-dia.

Gloucester – Vem aqui, amigo; onde está o Rei, meu amo?

Kent – Aqui, senhor, mas não o incomodemos; ele perdeu a razão.

Gloucester – Bom amigo, eu lhe peço, levanta-o em teus braços. Surpreendi uma trama de morte contra ele. Tenho aí fora uma liteira pronta. Coloca-o lá dentro e leva-o para Dover, amigo. Ali encontrarão boa acolhida e devida proteção. Pega teu amo. Se demorarem mais meia hora, a vida dele, a tua e a de todos decididos a defendê-lo estarão irremediavelmente perdidas. Levanta-o, levanta-o, e segue-me. Vou te conduzir rapidamente a um lugar onde há provisões fundamentais para a viagem.

KENT – Dorme a natureza sucumbida. Esse repouso poderá ser um bálsamo para os teus nervos esgotados, os quais, sem circunstâncias favoráveis, não terão mais cura. *[Ao Bobo.]* – Vamos, ajuda a carregar teu amo. Não fica aí para trás.

GLOUCESTER – Andem, andem! Vamos todos embora! *[Saem todos, menos Edgar.]*

EDGAR – Ao ver nossos maiores com a mesma dor
    Nossas misérias perdem o seu valor
    Quem sofre sozinho esquece suas raízes
    Não lembra mais fatos nem tempos felizes
    Quando a dor tem irmãos e a angústia amigos
    A alma nem sente inúmeros castigos
    A dor já não me dói, por não ser singular
    O mesmo que me curva faz o Rei dobrar
    A ele, as filhas, a mim – o pai. É, Tom, vai embora!
    Observa o que acontece, e só volta na hora
    Em que a infame calúnia, o mal nefando
    Tu destruas com os fatos, te reabilitando.
Aconteça o que aconteça esta noite – desde que o Rei se salve! Esconde-te! Esconde-te! *[Sai.]*

CENA VII

Um aposento no castelo de Gloucester. [Entram Cornualha, Regana, Goneril, Edmundo e Servidores.]

CORNUALHA – *[A Goneril.]* Corra depressa ao senhor seu marido; e lhe mostre esta carta. O exército francês desembarcou. Procurem Gloucester, o traidor. *[Saem alguns Servidores.]*

REGANA – Enforquem-no imediatamente.

GONERIL – E arranquem seus olhos!

CORNUALHA – Deixem-no comigo e meu ódio. Edmundo, faz companhia à nossa irmã. A vingança que somos obrigados a tirar do traidor teu pai não é espetáculo para o teu olhar. Avisa ao Duque, com quem vais te encontrar, que se prepare depressa para a guerra; nós faremos o mesmo. Nossos correios devem estabelecer contatos rápidos entre nós. Adeus, cara irmã; adeus, Conde de Gloucester. *[Entra Osvaldo.]* Como é? Onde está o Rei?

OSVALDO – O senhor de Gloucester enviou-o para longe. Trinta e cinco ou trinta e seis dos seus cavaleiros, que o procuravam febrilmente, o encontraram às portas da cidade e, junto com outros lacaios do Conde, se dirigiram para Dover, onde se gabam de ter amigos bem armados.

CORNUALHA – Prepare cavalos para sua senhora. *[Osvaldo sai.]*

GONERIL – Adeus, meu bom senhor e minha irmã.

CORNUALHA – Edmundo, adeus. *[Saem Goneril e Edmundo.]* Andem, procurem o traidor Gloucester. Amarrem-no como ladrão e tragam-no aqui diante de nós. *[Saem outros Servidores.]* Ainda que não possamos condená-lo à morte sem a justiça formal, o nosso poder fará uma gentileza ao nosso ódio – coisa que os homens poderão censurar mas não impedir. Quem vem lá? É o traidor? *[Entram Gloucester e os Servidores.]*

REGANA – O lobo ingrato; é ele mesmo.

CORNUALHA – Amarrem bem seus braços carcomidos.

GLOUCESTER – Que pretendem Vossas Graças? Meus bons amigos, lembrem-se de que são meus hóspedes: não podem me fazer nenhuma afronta.

CORNUALHA – Amarrem-no, eu ordenei. *[Servidores o amarram.]*

REGANA – Apertem bem o traidor imundo!

GLOUCESTER – Mulher desapiedada, eu não sou traidor.

CORNUALHA – Amarrem-no nessa cadeira. Vilão, vais aprender... *[Regana puxa-lhe a barba.]*

Gloucester – Pela misericórdia divina, puxar minha barba assim, não há nada mais ignóbil.

Regana – Uma barba tão branca, e tamanho traidor!

Gloucester – Mulher perversa, esses cabelos que arrancas do meu rosto vão renascer para te acusar. Estás em minha casa: não podes maltratar o meu rosto hospitaleiro com tuas mãos de ladra. Que pretendem fazer?

Cornualha – Vamos, senhor, mostre as últimas cartas que recebeu da França.

Regana – E responde direto, pois sabemos a verdade.

Cornualha – Que entendimento manténs com esses traidores que acabam de desembarcar em nosso reino?

Regana – Em cujas mãos entregaste o Rei demente. Fala.

Gloucester – Recebi uma carta contendo apenas conjecturas, enviada por uma pessoa de coração neutro, não de alguém do outro lado.

Cornualha – Esperto.

Regana – E falso.

Cornualha – Para onde enviaste o Rei?

Gloucester – Para Dover.

Regana – Por que a Dover? Não foste avisado do perigo...

Cornualha – Por que a Dover? Deixe que ele responda isso primeiro.

Gloucester – Amarrado como um urso tenho que enfrentar essa matilha.

Regana – Por que a Dover?

Gloucester – Porque eu não queria ver as tuas unhas cruéis arrancarem os olhos do pobre velho; nem ver tua feroz irmã cravar os dentes de chacal em sua carne ungida. Com uma tempestade como aquela que sua cabeça nua suportou na noite negra como o inferno, o mar ter-se-ia levantado e apagado o fogo das estrelas. Ele, porém, o grande coração envelhecido, aumentava com suas lágrimas a chuva que caía. Se os lobos uivassem à tua porta com aquele tempo horrendo, terias ordenado: "Bom porteiro, gira a chave", esquecendo qualquer crueldade em noite assim. Mas ainda hei de ver a vingança do céu cair sobre tais filhas.

CORNUALHA – Nunca a verás. Segurem essa cadeira! Vou pôr meus pés sobre os teus olhos.

GLOUCESTER – Quem espera viver até a velhice me preste algum socorro. *[Cornualha arranca-lhe um olho.]* Oh, crueldade! Ó Deuses!

REGANA – Agora um lado vai zombar do outro; o outro olho também!

CORNUALHA – Estás vendo a vingança?

PRIMEIRO SERVIDOR – Suspende essa mão, meu senhor. Eu o sirvo desde minha infância, mas jamais lhe prestei melhor serviço do que agora, pedindo-lhe que pare.

REGANA – Que queres tu, cachorro?

PRIMEIRO SERVIDOR – Se a senhora tivesse barba na cara eu a arrancaria nesta luta. Que pretendem?

CORNUALHA – Ó, meu vilão! *[Saca e luta.]*

PRIMEIRO SERVIDOR – Pois bem, avança e enfrenta o risco da minha indignação.

REGANA – Dá-me tua espada. *[Tira a espada a um Servidor.]* Um lacaio ter essa ousadia! *[Ataca-o pelas costas. Mata-o.]*

PRIMEIRO SERVIDOR – Ai, ela me matou! Meu senhor, ainda tens um olho para um dia ver esse homem desgraçado! Ai! *[Morre.]*

CORNUALHA – Antes que ele veja mais alguma coisa, tomemos providências. Fora, gelatina nojenta. Onde está teu brilho agora?

GLOUCESTER – Tudo negro e desolado. Onde está meu filho Edmundo? Edmundo, inflama todas as centelhas da tua natureza para vingar este ato horrendo.

REGANA – Fora, miserável traidor! Estás chamando quem te odeia; foi ele quem nos revelou tua traição; ele, demasiado honesto para se apiedar de ti.

GLOUCESTER – Ó, loucura minha! Edgar foi então caluniado! Deuses misericordiosos, perdoai-me e protegei-o!

REGANA – Joguem-no fora das portas da cidade e que ele fareje o caminho para Dover. *[Sai um Servidor levando Gloucester.]* Como está, meu senhor? Que expressão é essa?

CORNUALHA – Recebi um ferimento. Vem comigo, senhora. Expulsa esse maldito cego, e joga este escravo na estrumeira. Regana, perco sangue demais. Em que má hora fui eu ser ferido. Dá-me teu braço. *[Sai Cornualha conduzido por Regana.]*

SEGUNDO SERVIDOR – Me sentirei livre para praticar qualquer maldade se esse homem não for castigado.

TERCEIRO SERVIDOR – Se ela viver muito e no fim morrer de morte natural, daí em diante todas as mulheres vão ser monstros.

SEGUNDO SERVIDOR – Vamos seguir o velho Conde e encarregar o Tom-Maluco de levá-lo aonde quiser. Sua loucura irresponsável lhe permite qualquer coisa.

TERCEIRO SERVIDOR – Vai tu; eu vou buscar um pedaço de linho e claras de ovo para cobrir seu rosto ensanguentado. E que o céu o proteja. *[Saem em direções contrárias.]*

QUARTO ATO

CENA I

No descampado. [Entra Edgar.]

Edgar – É melhor assim, eu me saber desprezado, do que adulado, sabendo que me desprezam. O pior, o mais baixo e abjeto filho da fortuna, ainda tem esperança, não vive com temor. A lamentável mudança é do melhor. O pior retorna para o riso. Bem-vindo então, ar impalpável que eu abraço! O desgraçado a quem sopraste no pior não deve nada a tuas rajadas. Mas quem vem lá? *[Entram Gloucester e um Velho.]* Meu pai, guiado como um mendigo. Mundo, mundo, ó mundo! Se não fossem as estranhas mutações que nos fazem te odiar, a vida não aceitaria a morte!

Velho – *[Para Gloucester.]* Ó, meu bom senhor, fui sempre um seu vassalo, e um vassalo de seu pai, já lá vão oitenta anos.

Gloucester – Vai, vai-te embora. Meu bom amigo, me deixa. Teu consolo não me serve de nada e só pode te prejudicar.

Velho – O senhor não enxerga o seu caminho.

Gloucester – Já não tenho caminho, não preciso de olhos. Tropeçava quando via. Sucede muitas vezes; as vantagens que temos nos fazem descuidados e são nossos defeitos que nos trazem vantagens. Oh, caro filho Edgar, vítima do ódio de teu pai enganado. Se eu pudesse viver pra te ver com meu tato juraria ter recuperado meus olhos.

Velho – O que é? Quem vem lá?

Edgar – *[À parte.]* Ó deuses! Quem pode dizer: "Estou no pior"? Estou pior do que jamais estive.

Velho – É Tom, o pobre maluco.

Edgar – *[À parte.]* E ainda posso estar pior. O pior ainda não veio se conseguimos dizer: "Isto é o pior".

Velho – Aonde vais, companheiro?

GLOUCESTER – É um mendigo?

VELHO – Mendigo e também maluco.

GLOUCESTER – Ainda tem algum juízo ou não mendigaria. Na tempestade da noite passada vi um tipo assim que me fez refletir que o homem não é mais do que um verme. Lembrei-me de meu filho, embora meu sentimento lhe fosse pouco amigo. Desde então aprendi muito. Somos para os deuses o que as moscas são para os meninos: matam-nos só por brincadeira.

EDGAR – *[À parte.]* Mas que foi que aconteceu? Triste missão ter que fingir de louco diante da dor, amargurando os outros e a nós mesmos. *[Com sotaque matuto.]* – Binditu seijas, meu sinhô.

GLOUCESTER – É o camarada que anda nu?

VELHO – Ele mesmo, senhor.

GLOUCESTER – *[Ao Velho.]* Então vai embora, por favor. Se, em consideração a mim, quiseres nos encontrar daqui a uma milha ou duas, no caminho de Dover, fá-lo por uma velha amizade. E traz algo que cubra esta alma nua a quem eu vou pedir que me conduza.

VELHO – Ai, meu senhor, é um maluco.

GLOUCESTER – Desgraçado do tempo em que os loucos guiam os cegos. Faz como eu te digo, ou melhor, faz o que bem entender. O importante é ires embora.

VELHO – Eu lhe trarei a melhor roupa que tiver, aconteça o que acontecer. *[Sai.]*

GLOUCESTER – Ô rapaz que anda nu!

EDGAR – O pobre Tom tem frio. *[À parte.]* Não posso fingir mais.

GLOUCESTER – Vem cá, companheiro.

EDGAR – *[À parte.]* Porém, sou obrigado. Benditos sejam teus olhos bondosos: eles sangram.

GLOUCESTER – Conheces o caminho para Dover?

EDGAR – Barreiras e cancelas, estradas de cavalos e caminhos de pedestres. Foi o medo que tirou o juízo ao pobre Tom. Filho de homem de bem, Deus te livre do demônio imundo. Cinco demônios entraram no corpo de Tom ao mesmo tempo; Obdicut, o da luxúria; Hobbididence, príncipe dos mudos; Mahu, o do roubo; Modo, príncipe do assassinato; Flibbertigibbet, príncipe dos dengues e caretas. Esse, desde a aurora dos tempos, possui damas de honra e criadas de quarto. Assim, que Deus o proteja, meu patrão!

GLOUCESTER – Aqui, toma esta bolsa, tu, a quem as pragas do céu humilharam ao ponto de aceitar qualquer humilhação. Eu ser um desgraçado te torna mais feliz. Céus, fazei sempre assim! Fazei com que o homem rodeado do supérfluo e saturado de prazeres, que põe as vossas leis a seu serviço, e não quer ver porque não sente, sinta imediatamente o vosso poder; assim a distribuição destruiria o excesso e cada homem teria o necessário. Conheces Dover?

EDGAR – Sim, meu senhor.

GLOUCESTER – Há um penhasco ali, cuja cabeça alta se inclina assustadoramente para o abismo do mar. Quero só que me guies até a borda e remediarei tua miséria com uma coisa de valor que trago aqui. Dali em diante eu não precisarei mais de quem me guie.

EDGAR – Dá-me teu braço. O pobre Tom te guia. *[Saem.]*

CENA II

Na frente do palácio do duque de Albânia. [Entram Goneril e Edmundo.]

GONERIL – Bem-vindo, meu senhor. Espanta-me que meu complacente esposo não tenha vindo ao nosso encontro no caminho. *[Entra Osvaldo.]* Então? Onde está teu senhor?

OSVALDO – Lá dentro, senhora; mas nunca vi ninguém tão mudado. Eu lhe falei do exército já desembarcado; ele sorriu. Anunciei a vossa chegada. Sua resposta foi: "Tanto pior". E, quando lhe informei da traição de Gloucester e do leal comportamento de seu filho, chamou-me de imbecil e disse que eu virava tudo pelo avesso. O que mais deveria lhe desagradar parece que lhe agrada; o que deveria lhe agradar, ofende-o.

GONERIL – *[A Edmundo.]* Então é bom não ir adiante. É o pusilânime terror de seu temperamento que não o deixa arriscar-se. Não quer saber de ofensas que o obriguem a reagir. Os projetos que fizemos durante a viagem talvez se realizem. Edmundo, volta para junto de meu cunhado. Apressa o recrutamento e dirige as tropas. Vou mudar o comando desta casa e colocar a roca de fiar nas mãos de meu marido. Este servo fiel será nosso intermediário. Muito breve, se ousares arriscar da tua parte, receberás ordens de uma amante às ordens. Usa isto. Não gaste palavras. *[Dá-lhe um presente.]* Inclina a cabeça; este beijo, se ousasse falar, elevaria teu desejo às nuvens. Entenda, boa sorte.

EDMUNDO – Sou seu, nas fileiras da morte. *[Sai.]*

GONERIL – Meu queridíssimo Gloucester! Oh, que diferença de homem para homem. Tu mereces os favores de uma mulher; um imbecil usurpa o meu corpo.

OSVALDO – Senhora, aí está meu amo. *[Sai. Entra Albânia.]*

GONERIL – Menos que um cão; já nem mereço um assobio.

ALBÂNIA – Ó Goneril, não vales nem a poeira que o vento sujo sopra no teu rosto. Eu temo o teu caráter; um ser que despreza a própria origem não pode ser contido em nenhum limite. Aquela que por si mesma se arrebenta e se esgalha do seu tronco vital há de murchar, por força, e ser atirada ao fogo, como coisa morta.

GONERIL – Basta; é um sermão idiota.

ALBÂNIA – Sabedoria e bondade aos vis parecem vis. A imundície adora-se a si própria. O que fizeste? Tigres, não filhas, o que é que realizaram? Um pai, um homem afável e envelhecido, que até um urso acorrentado haveria lambido reverente, tão bárbaras e tão degeneradas, vocês o enlouqueceram! Como meu bom irmão o permitiu? Um homem, um príncipe, que o Rei protegeu tanto! Se os céus não enviam rapidamente seus anjos vingadores para reprimir tão vis ofensas, o caos virá, os homens se entredevorarão como monstros do abismo.

GONERIL – Homem de fígado de leite, que só tens faces para bofetões e cabeça para insultos; que não tens olhos para distinguir o que é desonra e o que é tolerância; que não sabes que só idiotas têm piedade de canalhas castigados para que não consigam cometer suas infâmias. Onde está teu tambor? O Rei da França desfralda suas bandeiras em nosso país despreparado e com seu elmo emplumado já ameaça o teu reino, enquanto tu, moralista idiota, continuas sentado, gritando apenas: "Ai, por que é que ele faz isso?"

ALBÂNIA – Contempla-te a ti mesma, demônio! A deformidade própria do diabo é muito mais horrenda na mulher.

GONERIL – Ó tolo inútil!

ALBÂNIA – Criatura falsa e dissimulada, que só por vergonha não exibes tuas feições de monstro. Se fosse meu costume deixar as minhas mãos obedecerem a meu sangue, elas estariam prontas para desconjuntar teus ossos e rasgar tua carne. Apesar de demônio és protegida por tua forma de mulher.

GONERIL – Pela virgem! Que masculinidade! Miau! *[Entra um Mensageiro.]*

ALBÂNIA – Que aconteceu?

MENSAGEIRO – Ó, meu bom senhor, o Duque de Cornualha morreu; foi assassinado por um servidor, quando ia arrancar o outro olho de Gloucester.

ALBÂNIA – Os olhos de Gloucester!

MENSAGEIRO – Um servidor que ele criou, impulsionado pela compaixão, opôs-se àquele ato, sacando da espada contra o próprio amo. Este, fora de si, lançou-se contra ele e deixou-o cair morto no meio de todos. Mas não antes de receber o golpe fatal do qual sucumbiria logo após.

ALBÂNIA – Isso mostra que existem lá em cima os juízes supremos punindo prontamente nossos crimes aqui embaixo. Mas, e o pobre Gloucester? Perdeu a outra vista?

MENSAGEIRO – As duas, meu senhor, as duas. Esta carta, senhora, exige uma resposta urgente. É de sua irmã.

GONERIL – *[À parte.]* Por um lado isso me agrada muito. Mas, estando viúva, e o meu Gloucester com ela, todo o edifício da minha fantasia pode desmoronar tornando minha vida odiosa. Por outro lado, a notícia não é nada ruim. Vou ler e responder. *[Sai.]*

ALBÂNIA – Onde estava o filho, quando lhe arrancaram os olhos?

MENSAGEIRO – Tinha vindo para cá com minha senhora.

ALBÂNIA – Mas não chegou aqui.

MENSAGEIRO – Não, meu bom senhor; encontrei-o voltando.

ALBÂNIA – Ele sabe da violência?

MENSAGEIRO – Sabe, meu senhor. Foi ele quem denunciou o pai, e abandonou a casa, de propósito, para que eles pudessem agir mais livremente.

ALBÂNIA – Gloucester, eu vou viver para te agradecer o amor que demonstraste pelo Rei; e para vingar teus olhos. – Vem aqui, amigo; conta tudo o mais que tu souberes.

CENA III

Acampamento francês, perto de Dover. [Entram Kent e um Fidalgo.]

KENT – Por que o Rei da França regressou tão repentinamente? Conheces a razão?

FIDALGO – Um negócio de estado que deixou em suspenso e que se tornou urgente depois de sua partida; coisa que traz tanto temor e perigo para o reino da França que sua presença pessoal era exigida e indispensável.

KENT – Quem ele deixou como general?

FIDALGO – O marechal de França, *Monsieur* La Far.

KENT – As cartas que entregaste à Rainha fizeram-na demonstrar alguma emoção?

FIDALGO – Sim, senhor. Leu-as ali mesmo, em minha presença e, de vez em quando, uma enorme lágrima corria por sua face delicada. Como Rainha procurava dominar sua paixão enquanto esta, rebelde, tentava dominá-la como um Rei.

KENT – Ah, então a carta a comoveu?

FIDALGO – Mas não para a raiva. A paciência e a aflição lutavam para ver qual a apresentava em seu melhor. O senhor já viu o sol e a chuva ao mesmo tempo – seus sorrisos e lágrimas eram assim, porém mais belos. Os sorrisos felizes que brincavam em seus lábios vermelhos pareciam ignorar os hóspedes dos olhos, que caíam dali como pérolas gotejadas por diamantes. Em resumo, a dor seria raridade muito apreciada se todos pudessem exprimi-la desse modo.

KENT – Não te fez nenhuma comunicação verbal?

FIDALGO – Na verdade uma ou duas vezes pronunciou o nome *pai*, com uma palpitação, como se aquilo lhe oprimisse o coração. Exclamou: "Irmãs! irmãs! vergonha das mulheres! minhas irmãs! Kent! meu pai! minhas irmãs! Como, na tempestade? no meio da noite? Só não se acreditando mais na piedade!" Aí sacudiu a água bendita dos olhos celestiais, afogando sua emoção, e saiu depressa para ficar a sós com sua angústia.

KENT – São as estrelas, as estrelas que acima de nós governam nossos temperamentos. Senão um mesmo casal não poderia gerar filhos tão diferentes. Não falaste mais com ela?

FIDALGO – Não.

KENT – Isso foi antes do Rei partir?

FIDALGO – Não. Depois.

KENT – Pois bem, senhor, o pobre e angustiado Lear está na cidade. Às vezes, em momentos mais lúcidos, recorda por que viemos aqui; embora de modo algum admita ver a filha.

FIDALGO – Por que, bom senhor?

KENT – Uma vergonha suprema o impede disso; a própria dureza com que negou a ela a sua bênção foi que a atirou a essa aventura no estrangeiro. Foi ele quem a despojou de seus direitos mais sagrados entregando-os às duas filhas de coração canino. Essas coisas pungem sua alma tão venenosamente que o calor da vergonha o afasta de Cordélia.

FIDALGO – Ai, pobre fidalgo.

KENT – Ouviste falar dos exércitos de Albânia e Cornualha?

FIDALGO – Sim, senhor, já estão em marcha.

KENT – Bom, senhor, vou levá-lo à presença de nosso Rei, e deixo-o sob seus cuidados. Razão poderosa me obriga a conservar meu disfarce ainda algum tempo. Quando souber quem eu sou não se arrependerá de ter-me concedido sua amizade. Vem comigo, por favor. *[Saem.]*

CENA IV

Acampamento francês. Uma tenda. [Entram, com tambores e bandeiras, Cordélia, um Fidalgo – Médico e Soldados.]

CORDÉLIA – Ai, é ele! Foi encontrado agora mesmo, louco como um mar de tempestade. Cantava alto, coroado de fétidas ramagens, urtigas, folhas secas, agrião, cicuta, joio, campainhas e todas as ervas daninhas em nosso trigo de sustento. Mandem uma centúria procurá-lo nos campos cobertos de espigas. Procurem palmo a palmo, em todos os sentidos; eu o quero diante de meus olhos. *[Sai um Oficial.]* Que pode o conhecimento humano para restaurar a razão que ele perdeu? Quem o curar pode ficar com tudo que possuo.

MÉDICO – Há recursos, senhora. A cura natural é o repouso, que há tanto ele não tem. Para acalmá-lo existem ervas medicinais cuja eficácia fechará o olhar da sua angústia.

CORDÉLIA – Que todos os benditos segredos e todas as misteriosas virtudes da terra germinem com minhas lágrimas para socorrer e remediar a desgraça desse homem de bem. Procurem, procurem por ele, antes que seu furor descontrolado destrua essa vida que a razão já não governa. *[Entra um Mensageiro.]*

MENSAGEIRO – Notícias, senhora. As forças britânicas marcham nesta direção.

CORDÉLIA – Já se sabia. E estamos preparados para enfrentá-las. Querido pai, é por teu interesse que eu luto. Por isso o grande Rei da França se apiedou de meu pranto, de minhas lágrimas insistentes. Não é a ambição incontida que impele as nossas armas, mas o amor, o terno amor, e o direito do meu pai envelhecido. Em breve possa eu ouvi-lo e vê-lo! *[Saem.]*

CENA V

Aposento no castelo de Gloucester. [Entram Regana e Osvaldo.]

REGANA – Mas, as tropas do meu irmão estão em marcha?

OSVALDO – Sim, senhora.

REGANA – Ele está lá em pessoa?

OSVALDO – Sim, senhora, mas com muita má vontade; dos dois, vossa irmã é o melhor soldado.

REGANA – Lorde Edmundo não falou com teu senhor, em seu castelo?

OSVALDO – Não, senhora.

REGANA – Que significa essa carta de minha irmã escrita a ele?

OSVALDO – Eu ignoro, minha senhora.

REGANA – Por minha fé, deve ter tido sérias razões para partir tão depressa. Foi um erro grave deixar Gloucester vivo, depois de lhe arrancar os olhos. Onde quer que vá erguerá o coração de todos contra nós. Edmundo, eu creio, partiu com pena da desgraça do pai. Foi acabar com aquela existência anoitecida; e também reconhecer as forças do inimigo.

OSVALDO – Tenho que correr até ele, senhora, para entregar-lhe a carta.

REGANA – Nossas tropas partem amanhã. Fique conosco. As estradas estão perigosas.

OSVALDO – Eu não posso, senhora. Minha ama deu-me ordens severas nesse assunto.

REGANA – Por que ela teria escrito a Edmundo? Não podes transmitir verbalmente sua mensagem? Há alguma coisa aí... não sei bem o quê. Te ficaria muito grata se me deixasses abrir essa carta.

OSVALDO – Senhora, eu preferiria...

REGANA – Eu sei que tua senhora não ama seu esposo; tenho certeza. Na última vez em que esteve aqui lançava ao nobre Edmundo expressões estranhas e olhares amorosos. Eu sei, és seu confidente.

OSVALDO – Eu, senhora?

REGANA – Eu sei do que falo; és seu confidente. Por isso te advirto; toma nota. Meu marido morreu. Edmundo e eu já nos entendemos; ele serve mais à minha mão do que à de tua senhora. Daí concluis o resto. Se o encontrares, te peço, dá-lhe isto. *[Dá-lhe uma prenda.]* E quando tua senhora souber de tudo por teu intermédio, por favor, aconselhe-a a que aja com prudência. E assim eu me despeço. Se por acaso ouvir falar desse traidor cego, quem o matar receberá uma bela recompensa.

OSVALDO – Bem que eu gostaria de encontrá-lo, senhora! Poderia mostrar de que lado me encontro.

REGANA – Passe bem. *[Saem.]*

CENA VI

Campos perto de Dover. [Entram Gloucester e Edgar.]

GLOUCESTER – Quando chegaremos ao alto desse morro?

EDGAR – Já estamos subindo agora. Veja o esforço que fazemos.

GLOUCESTER – Mas o terreno me parece plano.

EDGAR – Um despenhadeiro horrível. Escuta; não estás ouvindo o mar?

GLOUCESTER – Sinceramente, não.

EDGAR – Bem, então é porque teus outros sentidos se alteraram com a dor de teus olhos.

GLOUCESTER – Bem, pode ter sido, realmente. Parece que até tua voz mudou, que te exprimes melhor e com mais sentido do que antes.

EDGAR – É puro engano. Nada mudou em mim a não ser minhas roupas.

GLOUCESTER – Não; falas muito melhor.

EDGAR – Pronto, senhor, este é o lugar. Não se mova. Até dá medo e vertigem olhar tão fundo. Os corvos e as gralhas que planam lá embaixo parecem do tamanho de besouros. No meio da encosta, suspenso no precipício, um homem recolhe algas marinhas – tarefa assustadora! Não parece maior que uma cabeça. Os pescadores que andam na praia lembram camundongos e, mais além, o grande barco ancorado ficou diminuído a um escaler! O escaler é uma boia que quase não se vê. Desta altura nem se ouve o rugido das vagas que batem contra as inúmeras pedras movediças da encosta. Não quero olhar mais, senão me dá vertigem, perco a visão e posso me precipitar no abismo.

GLOUCESTER – Coloca-me onde estás.

EDGAR – Dá-me tua mão; estás a um pé da borda do precipício. E eu não daria um passo por nada sob a lua.

GLOUCESTER – Larga minha mão. Amigo, tem aqui outra bolsa; aí dentro há uma joia que vale bem que um pobre a aceite. Fadas e deuses te acrescentem! Vai embora, agora: despede-te de mim. Eu quero ouvir teus passos se afastando.

EDGAR – Pois então adeus, meu bom senhor.

GLOUCESTER – Com todo o meu coração.

EDGAR – *[À parte.]* Eu brinco assim com o desespero dele – mas é para curá-lo.

GLOUCESTER – Ó deuses todo-poderosos *[ajoelha-se]*, renuncio a este mundo e sob vossos olhos me despojo, resignadamente, de toda minha aflição. Se a pudesse suportar por mais tempo sem me desesperar contra a vossa vontade onipotente, deixaria que se consumisse até o fim o pavio inútil desta pobre vida. Se Edgar vive, ó, abençoai-o! E agora, companheiro, adeus.

EDGAR – Estou indo, senhor, adeus. *[Gloucester salta para a frente e cai.] [À parte.]* Contudo não sei imaginar como a decepção pode roubar o tesouro da vida quando a própria vida é favorável ao roubo. Estivesse ele onde pensava estar, neste momento não pensava mais. Vivo ou morto? Eh, aí, meu senhor! Amigo! Está me ouvindo? Fala. *[À parte.]* Bem podia ter morrido mesmo. Mas não, já volta a si. *[A Gloucester.]* Quem é o senhor, amigo?

GLOUCESTER – Vai embora e deixa-me morrer.

EDGAR – Mesmo que fosses feito só de teia de aranha, de penas e de ar, deverias ter te esborrachado como um ovo, caindo dessa altura gigantesca. Mas tens peso considerável; e no entanto respiras, não sangras, falas, estás são e salvo. Dez mastros superpostos não dariam a altura de onde caíste perpendicularmente. Tua vida é um milagre. Fala de novo.

GLOUCESTER – Mas, afinal, caí ou não?

EDGAR – Do pico assustador daquela borda calcárea. Olha para o alto. Desta distância não se vê nem se ouve a estridente cotovia. Olha só um instante.

GLOUCESTER – Ai de mim, não tenho olhos! Será que a desgraça não tem o direito de pôr fim a si mesma com a morte? Seria ainda um consolo a miséria poder enganar a fúria dos tiranos e frustrar sua vontade e orgulho.

EDGAR – Dá-me teu braço. Levanta – assim. Como estás? Sentes as pernas? Podes ficar em pé?

GLOUCESTER – Bem demais. Bem demais.

EDGAR – É uma coisa que ultrapassa o mais estranho. E que era aquilo que se despediu do senhor lá em cima do penhasco?

GLOUCESTER – Um pobre e desgraçado mendicante.

EDGAR – Para mim, daqui de baixo, seus olhos pareciam luas cheias; tinha mil narizes, cornos tortos e ondulados como o mar bravio. Era algum demônio. Por isso, afortunado ancião, convence-te de que os deuses mais justos, cuja glória consiste em realizar o humanamente impossível, querem te preservar.

GLOUCESTER – Estou lembrando, agora. Daqui em diante suportarei minha aflição até que ela mesma grite: "Basta! Basta!" e morra. Isso de que me falas pensei que fosse um homem. Repetia o tempo todo: "O demônio! O demônio!" Foi ele que me levou lá em cima.

EDGAR – Procure pensamentos serenos e resignados. *[Entra Lear, fantasticamente adornado com flores selvagens.]* Mas quem vem lá? Ninguém com a mente sã se enfeitaria assim.

LEAR – Não, não podem me condenar por meus cunhados. O Rei tem o direito de cunhar.

EDGAR – Ó visão desoladora!

LEAR – A natureza supera a arte a esse respeito. Eis aqui o soldo do teu recrutamento. Esse rapaz maneja o arco como um espantalho; vai, atira-me uma flecha com todo o arco esticado. Olha, olha a ratazana! Quieto, quieto; este pedacinho de queijo frito resolverá o problema. Eis minha luva de ferro; vou atirá-la num gigante. Avance o batalhão das alabardas vermelhas! Oh, belo voo, meu falcão! No alvo! Na mosca! Zhiimmm! Qual é a senha?

EDGAR – Manjerona doce.

LEAR – Passa.

GLOUCESTER – Eu conheço essa voz.

LEAR – Ah! Goneril; com uma barba branca? Me adulavam como cães e diziam que eu tinha a barba branca quando eu ainda nem tinha barba preta. Diziam "sim" e "não" a tudo que eu dizia. Dizer "sim" e "não" assim não é boa teologia. Quando a chuva me encharcou e o vento me fez ranger os dentes; quando o trovão não quis calar ao meu comando, foi então que eu descobri e farejei quem eram. Não interessa! elas não são homens de palavra. Pois chegaram a dizer que eu era tudo. Uma mentira! Eu não resisto a uma febre intermitente.

GLOUCESTER – Conheço bem o timbre dessa voz; não é o Rei?

LEAR – Sim, de alto a baixo um Rei. Quando fixo o olhar, reparem como tremem meus vassalos. Poupo a vida a esse homem. Qual foi teu delito? Adultério? Tu não morrerás. Morrer por adultério? Não; o rouxinol o comete e a mosquinha dourada fornica diante de mim. Copulem livremente! Pois o filho bastardo de Gloucester foi mais amoroso para com o pai do que minhas filhas concebidas entre lençóis legais. Ao trabalho: luxúria, à promiscuidade, necessito soldados. Reparem nessa dama de sorriso basbaque, cujo rosto faz pensar que tem a pureza da neve entre as coxas; tão cheia de melindres que sacode a cabeça ao ouvir falar em luxúria. Nem a égua no pasto nem a porca no chiqueiro se entregam com apetite mais desenfreado. Da cintura para cima são mulheres; da cintura para baixo são centauros. Só pertencem aos deuses até a cintura; embaixo é tudo do demônio. Ali está o inferno, a treva, o poço sulfuroso – queimando, ardendo, fedendo, consumindo. Que asco! Asco! Dá-me uma onça de almíscar, meu boticário, para desempestar minha imaginação; tens aqui o dinheiro.

GLOUCESTER – Ah, deixa que eu beije tuas mãos.

LEAR – Vou limpá-las primeiro; cheiram a mortalidade.

GLOUCESTER – Ó fragmento arruinado da natureza. Este mundo imenso também terminará assim, no nada. Me conheces?

LEAR – Lembro-me muito bem dos teus olhos. Por que estás me olhando assim de esguelha? Não, cego Cupido, perdes teu tempo, não quero mais amar. Lê este desafio; repara sobretudo na caligrafia.

GLOUCESTER – Mesmo que cada letra fosse um sol eu não conseguiria vê-las.

EDGAR – *[À parte.]* Se tivessem me dito eu não acreditava; mas é verdade, e meu coração se parte.

LEAR – Lê.

GLOUCESTER – Como, com o buraco das órbitas?

LEAR – Oh, oh. O que é que estás dizendo? Sem olhos na cara nem dinheiro na bolsa? O vazio da cara é mais caro, o da bolsa é mais claro. Mesmo assim, vês como vai indo o mundo?

GLOUCESTER – Um mundo sentido.

Lear – Como, estás louco? Mesmo sem olhos um homem pode ver como anda o mundo. Olha com as orelhas. Vê como aquele juiz ofende aquele humilde ladrão. Escuta com o ouvido, troca os dois de lugar, como pedras nas mãos; qual o juiz, qual o ladrão? Já viste um cão da roça ladrar prum miserável?

Gloucester – Já, meu senhor.

Lear – E o pobre diabo correr do vira-latas? Pois tens aí a imponente imagem da autoridade; até um vira-lata é obedecido quando ocupa um cargo. Oficial velhaco, suspende tua mão ensanguentada! Por que chicoteias essa prostituta? Desnuda tuas próprias costas. Pois ardes de desejo de cometer com ela o ato pelo qual a chicoteias. O usurário enforca o devedor. Os buracos de uma roupa esfarrapada não conseguem esconder o menor vício; mas as togas e os mantos de púrpura escondem tudo. Cobre o crime com placas de ouro e, por mais forte que seja a lança da justiça, se quebra inofensiva. Um crime coberto de trapos a palha de um pigmeu o atravessa. Não há ninguém culpado, ninguém – digo, ninguém! Eu me responsabilizo. Podes acreditar em mim, amigo, tenho o poder para lacrar os lábios do acusador. Arranja olhos de vidro e, como um político rasteiro, finge ver aquilo que não vês. Vamos, vamos, vamos, vamos! Tirem-me as botas. Mais força. Mais força! Assim.

Edgar – *[À parte.]* Oh, que mistura de bom senso e de absurdo. A razão na loucura.

Lear – Se pretendes chorar minha desventura, toma os meus olhos. Te conheço muito bem; teu nome é Gloucester. Tens de ter resignação. Nós chegamos aqui chorando; tu bem sabes, a primeira vez que sentimos o ar vagimos e berramos. Vou fazer-te um sermão; escuta.

Gloucester – Ai, ai, dia funesto!

Lear – Assim que nós nascemos, choramos por nos vermos neste imenso palco de loucos. Eis aqui um bom chapéu. Seria um belo estratagema ferrar com este feltro uma tropa de cavalos. Vou experimentar isso para cair silenciosamente sobre meus genros.

Aí; mata, mata, mata, mata, mata, mata! *[Entra um Fidalgo com Servidores.]*

FIDALGO – Ah, aí está ele! Apoderem-se dele. Senhor, sua muito amada filha...

LEAR – Ninguém me socorre? O que, um prisioneiro? Será que nasci mesmo para joguete do destino? Tratem-me bem que pagarei o resgate. Tragam-me um cirurgião; fui atingido no cérebro.

FIDALGO – Terá tudo e qualquer coisa.

LEAR – Mas ninguém me apoia? Todos me abandonam? Isso é motivo para um homem se converter num rio de lágrimas salgadas, seus olhos podendo servir de regadores para fazer baixar a poeira do outono.

FIDALGO – Meu senhor...

LEAR – Mas quero me acabar gostosamente, como um noivo preparado para o dia. Quero ser jovial! Venham, venham, eu sou um Rei, senhores! ou não sabem?

FIDALGO – Vós sois um Rei, sabemos, e esperamos vossas ordens.

LEAR – Então ainda há esperanças. Mas se querem pegá-la é preciso correr. Assim, assim, assim, assim. *[Sai correndo, seguido dos outros.]*

FIDALGO – Uma visão lamentável, se fosse o último dos infelizes; que dizer então de um Rei? Tens ainda uma filha, que redime a humanidade da maldição universal que as outras duas fizeram cair sobre ela.

EDGAR – Salve, nobre senhor.

FIDALGO – Senhor, o céu vos ajude. Que desejais?

EDGAR – Ouviu falar, senhor, de batalha iminente?

FIDALGO – É coisa certa e sabida. Só não ouve mesmo quem não tem ouvidos.

EDGAR – E, por favor, a que distância se encontra o outro exército?

FIDALGO – Muito perto e se aproxima em marcha batida. O grosso da tropa estará à vista a qualquer momento.

EDGAR – Eu agradeço, senhor; é tudo.

FIDALGO – Embora a Rainha só esteja aqui por uma razão especial, o seu exército está em marcha.

EDGAR – Muito obrigado, senhor. *[O Fidalgo sai.]*

GLOUCESTER – Ó, deuses sempre clementes, tirai-me a vida. Não permiti que o Anjo do Mal me tente novamente a morrer antes da vossa determinação.

EDGAR – É uma boa oração, velho amigo.

GLOUCESTER – E quem és, meu senhor?

EDGAR – Um homem muito pobre, tornado submisso aos golpes do destino; que por artes de dores vividas e sofridas se tornou sensível à compaixão. Dá-me tua mão; eu te conduzirei a algum abrigo.

GLOUCESTER – Eu te agradeço de todo o coração; e que a generosidade e a bênção do céu te recompensem. *[Entra Osvaldo.]*

OSVALDO – Eis a cabeça a prêmio! Que sorte a minha! Tua cabeça sem olhos foi esculpida um dia para aumentar minha fortuna. Velho e infeliz traidor, encomenda depressa os teus pecados. Já está desembainhada a espada que vai te destruir.

GLOUCESTER – Pois que a tua mão amiga ponha bastante força nesse ato. *[Edgar se interpõe.]*

OSVALDO – Que é isso, camponês insolente? Ousas defender um proclamado traidor? Para trás, antes que o contágio de seu azar contamine a ti também. Larga esse braço.

EDGAR* – Num largu num sinhô, sim sapê pruquê.

OSVALDO – Larga, escravo, ou morres.

EDGAR – Pom vacalhêro, vai no sô camin, e dêxa a genti in paz. Si falá grossu mi tirassi a fida eu já tava mortu tem mais de quince tias. Qué dizê – tira as pata do felho. Afaista, afaista, eu

---

* A partir desta fala, Edgar, até a fala antes da queda de Osvaldo, para não se deixar reconhecer, começa a falar num dialeto rústico (*west country*). Não há correspondente em português. Como a atitude é folhetinesca e irreal, sugiro um dialeto inventado. É fundamental que não seja geograficamente localizado. Deve-se endurecer algumas consoantes (D vira T, V vira F, terminar alguns infinitivos sem R e assim por diante). (N.T.)

lhi pervino, simnão fai vê qui meu cajado é mais turo qui sua molêra. Tá fendo qui falo craro!

OSVALDO – Para trás, monte de bosta! *[Lutam.]*

EDGAR – Vô lhi limpá os denti cum essi meu palito, sô. Num me metim medo suas istocada. *[Osvaldo cai.]*

OSVALDO – Escravo, me mataste. Fica com a minha bolsa, vilão. Se quiseres prosperar enterra o meu corpo; e entrega as cartas que estão em meu poder a Edmundo, conde de Gloucester. Tu o encontrarás com as tropas britânicas. Ó morte prematura! Ó Morte! *[Morre.]*

EDGAR – Eu te conheço bem. Um canalha serviçal dedicado aos vícios da patroa até o limite de tua perversidade.

GLOUCESTER – Como!? Ele morreu?

EDGAR – Sente-se aí, ancião – descansa. Deixa eu ver esses bolsos; as cartas de que ele falou poderão me ajudar. Está morto; lamento apenas que não tenha sido outro o carrasco. Vejamos. Abre, delicado lacre. Boas maneiras, nada de censuras. Para conhecer a intenção de nossos inimigos seríamos capazes de lhes abrir até o coração. Abrir suas cartas é coisa bem mais lícita. *[Lê.]* – "Lembre-se de nossos votos mútuos. Tens muitas oportunidades de acabar com ele. Se não te faltar vontade surgirão muitos locais e ocasiões propícias. Mas tudo estará perdido se ele volta vencedor. Serei então prisioneira e seu leito minha prisão. Liberta-me desse calor odioso e ocupa esse lugar como teu prêmio. Tua (esposa, gostaria de dizer) rendida servidora, Goneril."

Que mundo ilimitado é a paixão de mulher! Uma conspiração contra a vida de seu virtuoso esposo: e para substituí-lo, o meu irmão. Vou te enterrar aqui na areia, mensageiro profano de assassinos devassos. E, no momento oportuno, mostrarei ao Duque, cuja morte se trama, este pérfido papel. Felizmente para ele eu posso lhe contar a tua morte e falar de tua missão.

GLOUCESTER – O Rei está louco. Que teimosa é esta minha maldita consciência que ainda conservo clara, e me dá pleno conhecimento de toda minha desgraça! Melhor que eu enlouquecesse.

Aí meus pensamentos abandonariam de vez minhas angústias.
Quem perde a razão, não sabe que a perdeu. *[Tambores ao longe.]*
EDGAR – Dá-me tua mão. Parece-me ouvir, lá muito longe, o rufar de um tambor. Vamos, bom ancião, eu te abrigarei com um amigo. *[Saem.]*

CENA VII

Acampamento francês, perto de Dover. [Entram Cordélia, Kent, o Médico e o Fidalgo.]

CORDÉLIA – Ó bondoso Kent, quanto precisarei viver e fazer para pagar tua bondade? Minha vida será curta demais e muito pouco tudo o que eu fizer.

KENT – Seu reconhecimento, senhora, já é paga excessiva. Tudo que relatei é a mais pura verdade; não tirei nem botei – é só o que aconteceu.

CORDÉLIA – Veste uma roupa melhor. Esse traje traz memórias tristes. Eu te peço para trocá-lo.

KENT – Perdão, boa senhora, ser reconhecido agora estragaria meu plano. Peço-lhe pois que não me reconheça até que o tempo e eu julguemos conveniente.

CORDÉLIA – Então assim será, meu bom senhor. *[Ao Médico.]* Como está o Rei?

MÉDICO – Ainda dorme, senhora.

CORDÉLIA – Ó deuses piedosos, fechai essa ferida enorme aberta em sua alma violentada. Restabelecei a harmonia na cabeça delirante deste pai transformado em criança.

MÉDICO – Vossa Majestade gostaria que despertássemos o Rei? Já dormiu bastante.

CORDÉLIA – Oriente-se por sua ciência e proceda segundo a conclusão que achar melhor. Ele está bem-arrumado? *[Entra Lear numa cadeira, transportado por criados.]*

FIDALGO – Pronto, senhora; durante o sono profundo nós lhe pusemos roupas novas.

MÉDICO – Fique perto de nós quando o acordarmos, senhora, por favor. Não tenho dúvidas de que está tranquilo.

CORDÉLIA – Muito bem. *[Música.]*

MÉDICO – Por favor, aproximem-se. Mais alto, a música.

CORDÉLIA – Ó, querido pai! Que a tua cura dependa do remédio de meus lábios; e este beijo repare os violentos ultrajes que minhas irmãs infligiram à tua figura venerável.

KENT – Boa e amada princesa!

CORDÉLIA – Mesmo que não fosses pai delas, esses cabelos brancos deveriam inspirar-lhes mais compaixão. Esse rosto merecia ser exposto à guerra dos ventos? Enfrentar o ribombo profundo e aterrador de trovões relampejantes? Ficar debaixo da mais terrível e rápida descarga de raios fulgurantes, que ziguezagueiam no céu; vigiando, pobre sentinela perdida, protegido apenas por capacete tão frágil? Numa noite assim até o cão de meu inimigo poderia se abrigar em minha lareira mesmo que tivesse me mordido. Mas tu, meu pobre pai, tiveste que te confundir com porcos e vagabundos famintos, disputando com eles um pouco de palha apodrecida. Ai de mim! Ai de mim! É um milagre que tua vida e tua razão não tenham terminado juntas. Ele acorda. Fala com ele.

MÉDICO – Senhora, falai vós. É o mais indicado.

CORDÉLIA – Como se sente o meu real senhor? Como passa Vossa Majestade?

LEAR – Fizeste muito mal em me tirar da tumba. És uma alma beatificada; mas eu estou no inferno, amarrado a uma roda de fogo e minhas próprias lágrimas escaldam como se fossem chumbo derretido.

CORDÉLIA – Senhor, me reconhece?

LEAR – És um espírito, eu sei; quando morreste?

CORDÉLIA – Ainda, ainda – tão longe ainda.

MÉDICO – Não está bem desperto; deixemo-lo sozinho um certo tempo.

LEAR – Onde é que eu estive? Onde é que eu estou? É dia claro? Estou muito confuso. Morreria de pena se visse outra pessoa neste estado. Não sei o que dizer. Não juraria que estas mãos são minhas. Vejamos: sinto a ponta do alfinete. Gostaria de estar certo da minha situação.

CORDÉLIA – Oh, olha para mim, senhor, e levanta tua mão para abençoar-me. Não deves te ajoelhar.

LEAR – Por favor, não zombes de mim. Sou um velho idiota com oitenta e tantos anos, nem uma hora a mais nem uma hora a menos e, para ser franco, receio não estar com o juízo perfeito. Acho que deveria conhecer a senhora, e esse senhor também. Mas estou em dúvida, porque ignoro totalmente que lugar é este; por mais que faça não consigo lembrar-me destes trajes, nem onde passei a última noite. Não riam de mim; mas, tão certo quanto eu ser um homem, esta senhora é Cordélia, minha filha.

CORDÉLIA – Sou sim! Sou mesmo!

LEAR – Tuas lágrimas são úmidas? Sim, são mesmo. Não chores, por favor. Tens veneno para mim? Eu bebo. Eu sei que tu não me amas... porque... tuas duas irmãs, eu bem me lembro, me maltrataram muito. Tu tens um motivo, elas não tinham.

CORDÉLIA – Motivo algum. Motivo algum.

LEAR – Estou na França?

KENT – Em vosso próprio reino, Senhor.

LEAR – Não me enganei.

MÉDICO – Ficai tranquila, minha senhora... O acesso de furor já terminou – mas ainda é perigoso fazê-lo lembrar de coisas do passado. Aconselhai-o a ir para dentro. Não deve ser perturbado até recuperar toda a tranquilidade.

CORDÉLIA – Gostaria Vossa Alteza de passear um pouco?

LEAR – Tens de ter paciência comigo. Peço só uma coisa; esquece e perdoa. Sou velho e louco. *[Saem Lear, Cordélia, o Médico e os Servidores.]*

FIDALGO – Foi confirmado, senhor, que o Duque de Cornualha morreu dessa maneira?

KENT – Exatamente, senhor.

FIDALGO – E quem ficou à frente do seu povo?

KENT – Dizem que Edmundo, o filho bastardo de Gloucester.

FIDALGO – Dizem também que Edgar, o seu filho banido, está com o Conde de Kent, na Germânia.

KENT – Ah, mas dizem tanta coisa! É tempo de tomarmos decisões. As tropas do reino se aproximam bem depressa.

FIDALGO – O encontro decisivo promete ser sangrento. Passe bem, meu senhor. *[Sai.]*

KENT – E aqui eu jogo tudo
Para o bem e para o mal,
Esta batalha é um ponto,
Talvez meu ponto final. *[Sai.]*

QUINTO ATO

CENA I

Um descampado próximo ao acampamento britânico, em Dover.
[Entram, acompanhados por tambores e bandeiras, Edmundo, Regana, Fidalgos e Soldados.]

EDMUNDO – *[A um fidalgo.]* Pergunte ao Duque se permanece em seu último propósito ou se alguma coisa o induziu a mudar de plano. Está cheio de hesitações e escrúpulos. Traga-nos sua resolução definitiva.

REGANA – Alguma coisa aconteceu ao mensageiro de minha irmã.

EDMUNDO – É o que devemos recear, minha senhora.

REGANA – Agora, amável senhor, bem sabe os favores com que pretendo cumulá-lo. Diga-me sinceramente; mas diga a pura verdade: é certo que ama minha irmã?

EDMUNDO – Um amor respeitoso.

REGANA – Mas nunca seguiste o caminho de meu irmão e foste com ela até o local proibido?

EDMUNDO – É uma suspeita que te ofende.

REGANA – Receio que tenha havido uma grande intimidade entre os dois; que tenham ido até onde essas coisas podem ir.

EDMUNDO – Não, senhora; dou-lhe minha palavra.

REGANA – Eu nunca o suportaria. Caro senhor, evite qualquer aproximação com ela.

EDMUNDO – Não duvide de mim. Aí chega! Ela e seu marido, o Duque! *[Entram, com tambores e bandeiras, Albânia, Goneril e Soldados.]*

GONERIL – *[À parte.]* Eu preferia perder a batalha do que deixar minha irmã nos separar.

ALBÂNIA – Nossa amadíssima irmã, que prazer encontrá-la. Senhor, eis o que eu soube: o Rei já está ao lado da filha, com algumas outras pessoas a quem o rigor de nosso governo obrigou à revolta. Quando eu não posso ser honesto, eu não posso ser corajoso. Se tomei armas neste caso foi porque o Rei da França invadiu as nossas terras, não porque ele apoia o Rei e os outros que, lamento, se ergueram contra nós por causas justas e graves.

EDMUNDO – Senhor, falaste dignamente.

REGANA – Por que se discute isso?

GONERIL – Temos de nos unir contra o inimigo. Não é o momento, agora, de revolver questões pessoais e familiares.

ALBÂNIA – Decidamos então, com os veteranos de guerra, nosso plano de combate.

EDMUNDO – Encontrar-me-ei com o senhor, imediatamente, em sua tenda.

REGANA – Vens conosco, irmã?

GONERIL – Não.

REGANA – Acho muito importante. Vem. Por favor.

GONERIL – *[À parte.]* Ah! Ah! Eu conheço o mistério. Já vou.

[Saem ambos os exércitos. Entra Edgar.]

EDGAR – *[Para Albânia.]* Se Vossa Graça jamais condescendeu em falar com um homem tão pobre, escute uma palavra.

ALBÂNIA – *[Aos outros.]* Já estarei lá. *[Para Edgar.]* Fala.

EDGAR – Antes de começar a batalha, abra esta carta. Se for tua a vitória, manda a trombeta soar chamando quem a trouxe. Por mais miserável que eu pareça, posso me transformar num lutador apto a provar o que está dito aí. Se resultas vencido, chegaram ao fim teus negócios terrenos e as maquinações contra ti. Que a Fortuna te assista.

ALBÂNIA – Espera que eu leia a carta.

EDGAR – Isso me foi proibido. Quando chegar o momento, basta o Arauto gritar, que surgirei de novo.

ALBÂNIA – Então passe bem. Lerei a tua carta. *[Edgar sai. Entra Edmundo.]*

EDMUNDO – O inimigo está à vista. Reúna suas tropas. Aqui está a estimativa aproximada das forças e recursos do inimigo, segundo um reconhecimento cuidadoso. É preciso que o senhor avance sem perda de tempo.

ALBÂNIA – Estaremos a postos. *[Sai.]*

EDMUNDO – Jurei amor a ambas as irmãs. Cada uma suspeita da outra como os que já foram mordidos suspeitam das serpentes. Com qual das duas fico? Ambas? Uma? Ou nenhuma das duas? Não poderei gozar nenhuma, ambas estando vivas. Ficar com a viúva significa exasperar Goneril, deixá-la louca de ódio; e dificilmente tirarei algum partido disso enquanto o marido for vivo. Por enquanto me aproveitarei do apoio dele na batalha. Mas, esta terminada, Goneril, que deseja ver-se livre dele, terá que arranjar um meio rápido de eliminá-lo. Quanto à magnanimidade com que pretende tratar Lear e Cordélia, vencida a batalha, e eles em nosso poder,
    Nunca hão de ver seu perdão.
    Não tenho que dialogar
    Mas defender minha posição. *[Sai.]*

CENA II

Uma planície entre os dois acampamentos. Trombetas soam. [Entram, com tambores e bandeiras, Lear, Cordélia e Soldados, que atravessam a cena e saem. Entram Edgar e Gloucester.]

EDGAR – Aqui, bom ancião, aceita a fresca hospedagem que te oferece a sombra desta árvore. Reza para que vença a causa justa. Se eu voltar a vê-lo será para lhe trazer consolação.

GLOUCESTER – O céu o proteja, meu senhor. *[Sai Edgar. Fanfarras indicando começo e fim de batalha. Edgar reentra.]*

EDGAR – Fujamos, velho! Dá-me tua mão! Fujamos! O Rei Lear perdeu; ele e sua filha são prisioneiros. Dá-me tua mão; vem comigo.

GLOUCESTER – Nem mais um passo, senhor; um homem pode apodrecer aqui mesmo.

EDGAR – O quê? Outra vez pensamentos sombrios? Os homens devem aguardar a hora de sair deste mundo com a paciência com que esperam a hora de entrar nele: estar preparado para tudo. Venha.

GLOUCESTER – Isso também é verdade. *[Saem.]*

CENA III

Campo britânico, perto de Dover. [Edmundo entra triunfalmente, rodeado por bandeiras e tambores. Lear e Cordélia são prisioneiros. Um Capitão e Soldados.]

EDMUNDO – Alguns oficiais os levem embora. Que sejam bem guardados até ser conhecida a decisão dos que os devem julgar.

CORDÉLIA – Não somos os primeiros que com a melhor intenção atraímos o pior. Por ti, Rei oprimido, é que eu me aflijo. Sozinha poderia encarar essa fortuna descarada. Não as veremos nós, essas irmãs e essas filhas?

LEAR – Não, não, não, não! Vem, vamos para a prisão. Nós dois sozinhos cantaremos como pássaros na gaiola. Quando me pedires a bênção eu me ajoelharei e te pedirei perdão. E assim viveremos, rezando e cantando, lembrando histórias antigas, rindo enquanto ouvimos os pobres vagabundos contarem as novidades sobre as borboletas douradas da corte. E também vamos conversar com eles: de quem perde e de quem ganha; de quem vai e de quem fica; e penetraremos o mistério das coisas como se fôssemos espiões de Deus; e entre os muros da prisão sobreviveremos às seitas e aos partidos dos poderosos, que sobem e descem como a maré debaixo da lua.

EDMUNDO – Embora!

LEAR – Sobre tais sacrifícios, minha Cordélia, os próprios deuses espalham incenso. Te reencontrei? Quem pretender nos separar terá de roubar do céu uma tocha ardente e usar o fogo para nos enxotar daqui como raposas. Enxuga os olhos; a peste há de lhes devorar a carne e os ossos antes que consigam nos fazer chorar. Antes nós os veremos perecer de fome! Vem. *[Saem com Guardas.]*

EDMUNDO – Vem cá, Capitão – escuta. Pega este bilhete. *[Dá--lhe um papel.]* Segue-os até a prisão. Já te promovi a um posto. Se seguires as instruções aí escritas, abres caminho a destinos gloriosos. Aprende: a ocasião faz o homem. Ânimo delicado não assenta a quem usa espada. A importância de tua missão não admite relutâncias. Ou garantes que o farás ou procura a fortuna de outra forma.

CAPITÃO – Eu o farei, meu senhor.

EDMUNDO – Ao trabalho; e considera-te feliz ao tê-lo executado. Presta atenção – é imediatamente – e executa como está escrito.

CAPITÃO – Não posso puxar carroça, nem pastar aveia seca; mas coisas que homem faz eu faço. *[Sai. Fanfarra. Entram Albânia, Goneril, Regana, Soldados.]*

ALBÂNIA – Senhor, mostraste hoje tua linhagem valorosa e foste também guiado pela sorte: fizeste prisioneiros os nossos inimigos na batalha que travamos. Eu os requisito para que sejam tratados de acordo com seus atos e a nossa segurança.

EDMUNDO – Senhor, achei por bem enviar para a prisão, sob escolta segura, o velho e desditoso Rei, cuja idade, e, ainda mais, seu título, têm um fascínio enorme, capaz de atrair para seu lado o sentimento popular, podendo fazer com que as lanças de nossos soldados se voltem contra nós, que os comandamos. Com ele mandei a Rainha, e pela mesma razão: e amanhã, ou depois disso a qualquer hora, estarão prontos para serem conduzidos aonde quer que decidas que serão julgados. No momento ainda estamos empapados de suor e sangue: o amigo perdeu o amigo; e as batalhas mais justas, no calor do combate, são amaldiçoadas por aqueles que sofrem sua violência. O julgamento de Cordélia e de seu pai exige um local mais adequado.

ALBÂNIA – Senhor, se me permite, nesta guerra eu o considero apenas um subordinado, não um irmão.

REGANA – É exatamente esse o título com que desejamos agraciá-lo. Parece-me que deverias perguntar minha opinião antes de levares tão longe tuas palavras. Ele conduziu as nossas forças, assumiu minha autoridade e representou minha pessoa. O que desde logo lhe dá o direito de se levantar e se dizer teu irmão.

GONERIL – Modera o teu ardor! Os seus méritos próprios o elevam mais do que o título que lhe dás.

REGANA – Investido por mim nos meus direitos ele se iguala aos mais nobres.

GONERIL – Isso só aconteceria se ele se casasse contigo.

REGANA – Às vezes os engraçadinhos são excelentes profetas.

GONERIL – Ora, ora! O olhar que vê assim é um tanto ou quanto vesgo.

REGANA – Senhora, não estou me sentindo bem; senão minha resposta teria todo o meu ódio. General, dispõe de meus soldados, prisioneiros e patrimônio; dispõe deles e de mim; minhas muralhas são tuas. O mundo é testemunha de que eu aqui te faço meu senhor e meu amo.

GONERIL – Achas que vais usufruí-lo?

ALBÂNIA – Impedir isso não depende da tua vontade.

EDMUNDO – Nem da tua, senhor.

ALBÂNIA – Da minha sim, rapazola mestiço!

REGANA – *[Para Edmundo.]* Faz soar os tambores e proclama que o meu título agora é teu.

ALBÂNIA – Espera um pouco; ainda não terminei: Edmundo, eu te prendo por alta traição – e na acusação incluo essa serpente dourada... *[Aponta Goneril.]* Quanto à tua pretensão, amável irmã, me oponho a ela no interesse de minha mulher: ela tem um contrato secreto com este senhor e eu, marido dela, impugno os teus proclamas: Se queres te casar, faz a mim a corte – minha mulher já está comprometida...

GONERIL – Mas que farsa!
ALBÂNIA – Estás armado, Gloucester. Que soe a trompa. Se não aparecer ninguém para te provar na cara as tuas abomináveis, evidentes e múltiplas traições, eis o meu desafio. *[Atira a luva no chão.]* Não comerei mais pão enquanto não provar, trespassando teu peito, que não és nada menos do que tudo que proclamo.
REGANA – Eu me sinto mal! Oh, eu me sinto mal!
GONERIL – *[À parte.]* Se não fosse assim eu nunca mais acreditaria nos venenos.
EDMUNDO – *[Atira uma luva no chão.]* Eis minha resposta. Seja quem for no mundo que me chame de traidor, mente como um vilão. Toque o trombeteiro; quem ousar dar um passo adiante; contra ele, contra ti, seja contra quem for, defenderei firmemente minha honra e minha verdade.
ALBÂNIA – Um arauto aí!
EDMUNDO – Um arauto! Vamos, um arauto!
ALBÂNIA – Conta só com teu valor; pois teus soldados, recrutados todos em meu nome, em meu nome já foram dispersados.
REGANA – Meu mal-estar aumenta.
ALBÂNIA – Ela não está passando bem; levem-na para minha tenda. *[Sai Regana, amparada. Entra um Arauto.]* Aproxima-te, arauto. Soa tua trompa e lê isto em voz alta.
CAPITÃO – Tocai a trompa! *[Soa a trompa.]*
ARAUTO – *[Lendo.]* "Se houver nas fileiras do exército qualquer homem de alta posição ou qualidade disposto a afirmar que Edmundo, pretenso Conde de Gloucester, é um múltiplo traidor, apresente-se ao terceiro toque da trombeta. Ele está pronto a defender-se."
EDMUNDO – Toque! *[Primeiro toque.]*
ARAUTO – Outra vez! *[Segundo toque.]* Outra vez! *[Terceiro toque. Outro toque responde, de dentro. Ao terceiro toque, Edgar entra, acompanhado pelo trombeteiro.]*
ALBÂNIA – Pergunta-lhe quais são suas intenções e por que se apresentou ao toque da trombeta.

ARAUTO – Quem sois vós? Vosso nome, vossa posição e por que respondestes a esta chamada?

EDGAR – Saibam que meu nome se perdeu. Foi roído e gangrenado pelo dente da traição; mas sou tão nobre quanto o adversário que pretendo enfrentar.

ALBÂNIA – Quem é esse adversário?

EDGAR – Não é um que se diz Edmundo, Conde de Gloucester?

EDMUNDO – Ele mesmo. Que tens para dizer-lhe?

EDGAR – Saca tua espada para que, se as minhas palavras ofenderem um nobre coração, o teu braço possa te fazer justiça. Aqui está a minha. Usá-la é um privilégio de minha honra, meu juramento e minha profissão. Proclamo – apesar de tua força, juventude, função e eminência – apesar de tua espada vitoriosa e de tua fortuna recém-adquirida, teu valor e tua coragem; tu és um traidor; falso com teus deuses, teu irmão e teu pai, conspirador contra este nobre e ilustre príncipe. Desde a ponta dos cabelos até a poeira embaixo dos teus pés, és um traidor, mais venenoso do que um sapo venenoso. Diga "não" agora, e esta espada, este braço, e o melhor do meu espírito, estão prontos a prová-lo em teu coração ao qual eu falo: tu mentes!

EDMUNDO – Se eu fosse prudente deveria perguntar teu nome, mas como tua aparência é tão nobre e marcial, e teu discurso respira alta linhagem, eu desdenho e abandono minúcias e prudências que bem poderia exigir, pelas regras da cavalaria. E devolvo em tua face tua acusação de traidor: que essa calúnia, odiosa como o inferno, esmague teu coração. Mas como minhas ofensas mal te atingem e não te ferem, minha espada vai lhes abrir o caminho sangrento onde ficarão cravadas para sempre. Trombetas, falem!

[Trombetas soam. Luta. Edmundo cai.]

ALBÂNIA – Poupai-o! Poupai-o!

GONERIL – Foi uma perfídia, Gloucester: pela lei das armas não eras obrigado a enfrentar um opositor desconhecido. Tu não foste vencido, mas enganado e traído.

ALBÂNIA – Cale a boca, senhora, ou eu a calarei com este papel.
– Calma, senhor. *[A Goneril.]* Tu, pior que qualquer nome, lê tua própria infâmia. Não o rasgue, senhora; percebo que já conhece o conteúdo.

GONERIL – Digamos que eu conheça – as leis são minhas, não tuas. Ninguém pode me julgar.

ALBÂNIA – É monstruoso demais! Conheces este papel!?

GONERIL – Não me pergunte o que eu conheço. *[Sai.]*

ALBÂNIA – Corram atrás dela. Está fora de si. Segurem-na. *[Sai um Oficial.]*

EDMUNDO – Cometi tudo de que me acusam e mais, muito mais. O tempo o revelará. Tudo agora é passado, como eu. Mas quem és tu que me venceste assim? Se és um nobre eu te perdoo.

EDGAR – Trataremos um ao outro com piedade: meu sangue não vale menos do que o teu, Edmundo. Se vale mais, então foi maior a tua culpa. Meu nome é Edgar; sou filho de teu pai. Os deuses são justos, e nos castigam com nossos vícios mais doces. Ter-te gerado em lugar escuro e vicioso custou-lhe os olhos.

EDMUNDO – Falaste certo; é verdade. A roda completou seu giro. Eu estou aqui.

ALBÂNIA – Percebi logo que o teu porte indicava uma nobreza real. Quero abraçar-te. Que a desolação rompa meu peito se eu jamais senti ódio por ti ou por teu pai.

EDGAR – Eu o sei, digno príncipe.

ALBÂNIA – Onde te escondeste? Como soubeste das desgraças de teu pai?

EDGAR – Cuidando delas, meu senhor. Escuta uma história breve: e quando eu tiver terminado, quero que meu coração rebente! Para escapar do bando sanguinário que me perseguia tão de perto (oh, a doçura da vida nos faz aceitar o horror de morrer a todo instante quando seria preferível morrer de uma vez) decidi disfarçar--me com os andrajos de um demente, ficando com um aspecto de dar nojo até aos cães. Vestido assim eu encontrei meu pai com seus anéis sangrentos, de onde tinham acabado de arrancar as pedras preciosas. E me tornei seu guia. Conduzi-o, mendiguei por ele, salvei-o do desespero. Nunca – ó erro! – revelei quem eu era, até meia hora atrás, quando já estava armado. Inseguro, embora esperançoso, de ter bom resultado, pedi-lhe a bênção e lhe contei, do princípio ao fim, toda a minha peregrinação. Mas seu coração já rachado (fraco demais, ai de mim, para suportar o conflito) entre os dois extremos da paixão, a alegria e a dor, se rompeu sorridente.

EDMUNDO – Tua história me comoveu e talvez traga algum bem; mas continua. Tenho a impressão de que não terminaste.

ALBÂNIA – Se há mais alguma coisa, mais sofrimento, não conte; já estou quase me desfazendo em lágrimas.

EDGAR – Isso já pareceria o cúmulo a todos que têm horror ao sofrimento; mas alguma coisa mais juntou-se a isso, indo além do possível, ultrapassando o limite. Enquanto eu me entregava à minha dor gritando, apareceu um homem que, me vendo nesse estado deplorável, evitou minha repugnante companhia. Mas logo, percebendo quem era o desgraçado ali agoniado, me apertou no peito com seus braços vigorosos e se pôs a gritar com uma violência de estremecer o céu. Atirou-se sobre meu pai e contou, sobre Lear e ele próprio, a história mais comovente que ouvidos humanos já escutaram. E, enquanto contava, sua angústia se tornou tão intensa que as cordas da vida começaram a estalar. Aí a trombeta soou pela segunda vez e eu o deixei lá, inanimado.

ALBÂNIA – E quem era esse homem?

EDGAR – Kent, senhor, o exilado Kent, o qual, disfarçado, seguia sempre o Rei que o desterrou, prestando-lhe serviços indignos de um escravo. *[Entra um Fidalgo com uma faca ensanguentada.]*

FIDALGO – Socorro! Socorro! Oh, socorro!

EDGAR – Para que o socorro?

ALBÂNIA – Fala, homem.

EDGAR – O que quer dizer esse punhal sangrento?

FIDALGO – Ainda está quente, fumegante... Acabou de sair do coração de... Oh, ela está morta.
ALBÂNIA – Quem está morta? Fala.
FIDALGO – Sua esposa, senhor, a sua esposa; e a irmã, envenenada por ela. Ela confessou.
EDMUNDO – Eu estava prometido a ambas. Agora nos casamos os três, no mesmo instante.
EDGAR – Aí vem Kent. *[Entra Kent.]*
ALBÂNIA – Mortos ou vivos, tragam aqui os corpos. *[Sai o Fidalgo.]* Esse julgamento dos céus, que nos assusta, não nos inspira nenhuma compaixão. *[Entra Kent.]* Oh, é ele então? As circunstâncias nos impedem os cumprimentos ditados pela cortesia.
KENT – Vim apenas para dizer adeus para sempre a meu Rei e Senhor. Ele não está aqui?
ALBÂNIA – Mas que esquecimento o nosso! Fala, Edmundo, onde está o Rei? E onde está Cordélia? *[Surgem os corpos de Goneril e Regana.]* Estás vendo este espetáculo, Kent?
KENT – Ai de mim, como foi isso?
EDMUNDO – Contudo Edmundo foi amado. Por minha causa uma envenenou a outra e depois se matou.
ALBÂNIA – Foi assim. Cubram seus rostos.
EDMUNDO – Anseio pela vida; quero fazer algo de bom a despeito da minha natureza... Depressa mandem alguém ao castelo... Não percam tempo... eu dei uma ordem... escrevi... condenando à morte Cordélia e o Rei. Corram, enquanto é tempo.
ALBÂNIA – Corram! Corram! Oh, corram!
EDGAR – Procurar quem, senhor? Quem tem a ordem? Manda uma contraordem.
EDMUNDO – Toma minha espada, entrega-a ao capitão.
ALBÂNIA – Por tua vida, corre! *[Edgar sai.]*
EDMUNDO – Ele tinha ordem minha e de tua mulher para enforcar Cordélia na prisão e depois lançar a culpa em seu próprio desespero, que a teria levado a destruir-se.

ALBÂNIA – Que os deuses a protejam! Tirem-no daqui agora. *[Levam Edmundo. Entram Lear, com Cordélia nos braços, Edgar, Fidalgos e Cortejo.]*

LEAR – Huau! Huau! Huau! Huau! Oh, vós sois homens de pedra! Tivesse eu vossos olhos e vossas línguas eu os usaria de tal modo que faria estalar a abóbada do céu. Ela partiu para sempre. Eu sei quando alguém está morto e quando alguém tem vida. Ela está morta como terra. Dai-me um espelho. Se sua respiração embaçar ou ofuscar o vidro, então ainda tem vida.

KENT – É esse o anunciado fim do mundo?

EDGAR – Ou uma imagem desse dia de horror?

ALBÂNIA – Pois que chegue esse dia, e acabe com tudo para sempre.

LEAR – A pena se move; ela vive. Se for assim, esta felicidade compensa todas as dores que tenho sofrido.

KENT – *[Ajoelhando-se.]* Ó meu bom senhor!

LEAR – Afaste-se, por favor!

EDGAR – É o nobre Kent, teu amigo.

LEAR – A peste caia sobre vós, assassinos, traidores todos! Eu podia tê-la salvo; agora ela foi embora para sempre. Cordélia, Cordélia, fica ainda um pouco. Ah, o que é que tu dizes? Sua voz foi sempre suave, meiga e baixa, uma coisa excelente na mulher. Matei o escravo que estava te enforcando.

FIDALGO – É verdade, senhores, ele o matou.

LEAR – Não foi mesmo, amigo? Já houve tempo em que, com o meu alfanje afiado, fazia todos correr. Estou velho, agora, e todas essas provações me aniquilaram. Quem és tu? A minha vista já não é tão boa – te digo logo.

KENT – Se existem dois homens de quem a fortuna pode se vangloriar de ter odiado e amado ao ponto extremo, um deles é esse aí.

LEAR – Estou com a vista turva? Tu não és Kent?

KENT – Ele mesmo, teu servidor. E teu servidor Caio, onde se encontra?

LEAR – É um bravo companheiro, eu te garanto. Ataca forte; e rápido também. Está morto e apodrecido.

KENT – Não, meu bom senhor; sou esse homem...

LEAR – Logo veremos.

KENT –...que desde o começo de teu infortúnio e declínio seguiu teus tristes passos.

LEAR – Então sejas bem-vindo.

KENT – Não, nem eu, nem ninguém mais, neste momento. Tudo é desolação, trevas e luto. Tuas filhas mais velhas se destruíram; o desespero as matou.

LEAR – Sim, creio que sim.

ALBÂNIA – Ele não sabe o que diz e é inútil tentar fazer com que nos reconheça.

EDGAR – Completamente inútil... *[Entra um Mensageiro.]*

MENSAGEIRO – Meu senhor, Edmundo morreu.

ALBÂNIA – Uma coisa insignificante, no momento. Senhores nobres, e nobres amigos, ouvi nossas intenções. Prestaremos todo o amparo que pudermos a esta ruína de um grande homem. Por isso renunciamos, e, enquanto durar a vida desta veneranda majestade, colocamos em suas mãos o nosso poder absoluto. *[A Edgar e Kent.]* A vós os vossos direitos, acrescentados de títulos e honras que mais do que mereceis. Todos os amigos provarão as recompensas de vossas virtudes e todos os inimigos beberão a taça amarga de vossos merecimentos. Vede! Vede!

LEAR – A minha pobre bobinha foi enforcada: Não, não, não tem mais vida. Por que um cão, um cavalo, um rato têm vida e tu já não respiras? Nunca mais voltarás, nunca, nunca, nunca, nunca, nunca! Por favor, desabotoem aqui. Muito obrigado, senhor. Está vendo isto?... Olhem-na! Olhem seus lábios, olhem ali, olhem ali... *[Morre.]*

EDGAR – Está desmaiando! Meu senhor, meu senhor!

KENT – Estoura, meu coração, eu te suplico, estoura!

EDGAR – Abra os olhos, meu senhor.

KENT – Não atormente sua alma. Deixemos que ele parta. Seria odiá-lo mantê-lo mais tempo na roda de tortura que é este mundo.

EDGAR – Partiu para sempre.

KENT – É espantoso que tenha resistido assim; viveu muito tempo além da própria vida.

ALBÂNIA – Levem-no daqui. E vamos nos dedicar agora ao luto geral. *[Para Kent e Edgar.]*
Amigos de minha alma, juntos governareis o Estado, sustendo e recompondo o Reino ensanguentado.

KENT – Eu tenho uma viagem, senhor, pronta missão.
O meu Rei me chama; não posso dizer não.

EDGAR – Ao peso destes tempos
Temos que obedecer.
Dizer o que devemos;
Não o que é bom dizer,
O mais velho sofreu mais;
Nós jovens, garanto,
Jamais veremos tanto,
Nem viveremos tanto.
[Saem, com marcha fúnebre.]

FIM

SOBRE O AUTOR

WILLIAM SHAKESPEARE nasceu em Stratford-upon-Avon, Inglaterra, em 23 de abril de 1564, filho de John Shakespeare e Mary Arden. John Shakespeare era um rico comerciante, além de ter ocupado vários cargos da administração da cidade. Mary Arden era oriunda de uma próspera família. Pouco se sabe da infância e da juventude de Shakespeare, mas imagina-se que tenha frequentado a escola primária King Edward VI, onde teria aprendido latim e literatura. Em dezembro de 1582, Shakespeare casou-se com Anne Hathaway, filha de um fazendeiro das redondezas. Tiveram três filhos.

A partir de 1592, os dados biográficos são mais abundantes. Em março, estreou no Rose Theatre de Londres uma peça chamada *Harry the Sixth*, de muito sucesso, que foi provavelmente a primeira parte de *Henry VI*. Em 1593, Shakespeare publicou seu poema *Venus and Adonis* e, no ano seguinte, o poema *The Rape of Lucrece*. Acredita-se que, nessa época, Shakespeare já era um dramaturgo (e um ator, já que os dramaturgos na sua maior parte também participavam da encenação de suas peças) de sucesso. Em 1594, após um período de poucas montagens em Londres, devido à peste, Shakespeare juntou-se à trupe de Lord Chamberlain. Os dois mais célebres dramaturgos do período, Christopher Marlowe (1564-1593) e Thomas Kyd (1558-1594), respectivamente autores de *Tamburlaine, the Jew of Malta* (*Tamburlaine, o judeu de Malta*) e *Spanish Tragedy* (*Tragédia espanhola*), morreram por esta época, e Shakespeare encontrava-se pela primeira vez sem rival.

Os teatros de madeira elisabetanos eram construções simples, a céu aberto, com um palco que se projetava à frente, em volta do qual se punha a plateia, de pé. Ao fundo, havia duas portas, pelas quais atores entravam e saíam. Acima, uma sacada, que era usada quando tornava-se necessário mostrar uma cena que se passasse em uma ambientação secundária. Não havia cenário, o que abria toda uma gama de versáteis possibilidades, já que, sem cortina, a peça começava quando entrava o primeiro ator e terminava à saída do último, e simples objetos e peças de vestuário desempenhavam importantes funções para localizar a história. As ações se passavam muito rápido. Devido à proximidade com o público, trejeitos e expressões dos atores (todos homens) podiam ser facilmente apreciados. As companhias teatrais eram formadas por dez a quinze membros e funcionavam como cooperativas: todos recebiam participações nos lucros. Escrevia-se, portanto, tendo em mente cada integrante da companhia.

Em 1594, Shakespeare já havia escrito as três partes de *Henry VI, Richard III, Titus Andronicus, The Two Gentleman of Verona* (Dois cavalheiros de Verona), *Love's Labour's Lost* (Trabalhos de amor perdidos), *The Comedy of Errors* (A comédia dos erros) e *The Taming of the Shrew* (A megera domada). Em 1596, morreu o único filho homem de Shakespeare, Hamnet. Logo em seguida, ele escreveu a primeira das suas peças mais famosas, *Romeo and Juliet*, à qual seguiram-se *A Midsummer's Night Dream* (Sonho de uma noite de verão), *Richard II* e *The Merchant of Venice* (O mercador de Veneza). *Henry IV*, na qual aparece Falstaff, seu mais famoso personagem cômico, foi escrita entre 1597-1598. No Natal de 1598, a companhia construiu uma nova casa de espetáculos na margem sul do Tâmisa. Os custos foram divididos pelos diretores da companhia, entre os quais Shakespeare, que provavelmente já tinha alguma fortuna. Nascia o Globe Theatre. Também é de 1598 o reconhecimento de Shakespeare como o mais importante dramaturgo de língua inglesa: suas peças, além de atraírem milhares de espectadores para os teatros de madeira, eram impressas e vendidas sob a forma de livro – às vezes até mesmo pirateados. Seguiram-se *Henry V* (Henrique V), *As You Like It* (Como gostais), *Julius Caesar* (Júlio César) – a primeira das suas tragédias da maturidade –, *Troilus and Cressida, The Merry Wives of Windsor* (As alegres matronas de Windsor), *Hamlet* e *Twelfth Night* (Noite de Reis). Shakespeare escreveu a maior parte dos papéis principais de suas tragédias para Richard Burbage, sócio e ator, que primeiro se destacou com *Richard III*.

Em março de 1603, morreu a rainha Elizabeth. A companhia havia encenado diversas peças para ela, mas seu sucessor, o rei James, contratou-a em caráter permanente, e ela tornou-se conhecida como King's Men – Homens do Rei. Eles encenaram diversas vezes na corte e prosperaram financeiramente. Seguiram-se *All's Well that Ends Well* (*Bem está o que bem acaba*) e *Measure for Measure* (*Medida por medida*) – suas comédias mais sombrias –, *Othello, Macbeth, King Lear, Anthony and Cleopatra* e *Coriolanus*. A partir de 1601, Shakespeare escreveu menos. Em 1608, a King's Men comprou uma segunda casa de espetáculos, um teatro privado em Blackfriars. Nesses teatros privados, as peças eram encenadas em ambientes fechados, o ingresso custava mais do que nas casas públicas de espetáculos, e o público, consequentemente, era mais seleto. Parece ter sido nessa época que Shakespeare aposentou-se dos palcos: seu nome não aparece nas listas de atores a partir de 1607. Voltou a viver em Stratford, onde era considerado um dos mais ilustres cidadãos. Escreveu então quatro tragicomédias, subgênero que começava a ganhar espaço: *Péricles, Cymbeline, The Winter's Tale* (*Conto de inverno*) e *The Tempest* (*A tempestade*), sendo que esta última foi encenada na corte em 1611. Shakespeare morreu em Stratford em 23 de abril de 1616. Foi enterrado na parte da igreja reservada ao clero. Escreveu ao todo 38 peças, 154 sonetos e uma variedade de outros poemas. Suas peças destacam-se pela grandeza poética da linguagem, pela profundidade filosófica e pela complexa caracterização dos personagens. É considerado unanimemente um dos mais importantes autores de todos os tempos.

SOBRE O TRADUTOR

MILLÔR FERNANDES (1924-2012) estreou muito cedo no jornalismo, do qual veio a ser um dos mais combativos exemplos no Brasil. Suas primeiras atividades na imprensa foram em *O Jornal* e nas revistas *O Cruzeiro* e *Pif-Paf*. Estudou no Liceu de Artes e Ofícios do Rio de Janeiro e, já integrado à intelectualidade carioca, trabalhou nos seguintes periódicos: *Diário da Noite*, *Tribuna da Imprensa* e *Correio da Manhã*, sofrendo, diversas vezes, censura e retaliações por seus textos. De 1964 a 1974, escreveu regularmente para *O Diário Popular*, de Portugal. Colaborou também para os periódicos *Correio da Manhã*, *Veja*, *O Pasquim*, *Isto É*, *Jornal do Brasil*, *O Dia*, *Folha de São Paulo*, *Bundas*, *O Estado de São Paulo*, entre outros. Publicou dezenas de livros, entre os quais *A verdadeira história do paraíso*, *Poemas* (**L&PM** POCKET), *Millôr definitivo – a bíblia do caos* (**L&PM** POCKET; **L&PM** EDITORES) e *O livro vermelho dos pensamentos de Millôr* (**L&PM** POCKET). Suas colaborações para o teatro chegam a mais de uma centena de trabalhos, entre peças de sua autoria, como *Flávia, cabeça, tronco e membros* (**L&PM** POCKET), *Liberdade, liberdade* (com Flávio Rangel) (**L&PM** POCKET), *O homem do princípio ao fim* (**L&PM** POCKET), *Um elefante no caos* (**L&PM** POCKET), *A história é uma história*, e adaptações e traduções teatrais, como *Gata em telhado de zinco quente*, de Tennessee Williams, *A megera domada*, *Hamlet*, *As alegres matronas de Windsor*, *O Rei Lear*, de Shakespeare (**L&PM** POCKET), *Pigmaleão*, de George Bernard Shaw (**L&PM** POCKET), e *O jardim das cerejeiras*, de Anton Tchékhov (**L&PM** POCKET). Foi também um dos mais importantes desenhistas e humoristas do país.

lepmeditores
www.lpm.com.br
o site que conta tudo

IMPRESSÃO:

PALLOTTI
GRÁFICA

Santa Maria - RS | Fone: (55) 3220.4500
www.graficapallotti.com.br